高等教育公共基础课精品系列规划教材

大学生职业生涯规划与就业创业指导

主　编　阮学勇　张　炜　侯济民
副主编　刘　高　刘仲仪　刘有为

北京理工大学出版社
BEIJING INSTITUTE OF TECHNOLOGY PRESS

内 容 简 介

本书为普通高等院校本专科学生学习"职业生涯规划""创新创业教育""就业创业指导"课程而编写的公共课教材。全书以教育部颁布的《大学生职业发展和就业指导课程教学要求》和《国务院办公厅关于深化高等学校创新创业教育改革的实施意见》为指导,以西昌学院应用型人才培养方案为基础,从大学生职业生涯规划、创新创业基础、就业创业指导3个方面介绍职业生涯规划的基本知识和理论,大学生自我探索的方法,创新创业教育内涵,素质提升,团队组建,就业准备与技巧,创业实务,职场融入等知识。

本书可作为普通高校相关课程教材,也可作为成人教育和在职人员的培训教材,还可供广大青年朋友学习参考。

版权专有　侵权必究

图书在版编目（CIP）数据

大学生职业生涯规划与就业创业指导/阮学勇,张炜,侯济民主编.—北京：北京理工大学出版社,2018.1（2019.9重印）
 ISBN 978-7-5682-4897-6

Ⅰ.①大… Ⅱ.①阮… ②张… ③侯… Ⅲ.①大学生－职业选择－高等学校－教材 Ⅳ.①G647.38

中国版本图书馆 CIP 数据核字（2017）第 244295 号

出版发行	/ 北京理工大学出版社有限责任公司	
社　　址	/ 北京市海淀区中关村南大街 5 号	
邮　　编	/ 100081	
电　　话	/（010）68914775（总编室）	
	（010）82562903（教材售后服务热线）	
	（010）68948351（其他图书服务热线）	
网　　址	/ http://www.bitpress.com.cn	
经　　销	/ 全国各地新华书店	
印　　刷	/ 三河市天利华印刷装订有限公司	
开　　本	/ 787 毫米×1092 毫米　1/16	
印　　张	/ 20	责任编辑 / 高　芳
字　　数	/ 497 千字	文案编辑 / 赵　轩
版　　次	/ 2018 年 1 月第 1 版　2019 年 9 月第 5 次印刷	责任校对 / 周瑞红
定　　价	/ 52.00 元	责任印制 / 施胜娟

图书出现印装质量问题,请拨打售后服务热线,本社负责调换

编委会

主　编　阮学勇　张　炜　侯济民

副主编　刘　高　刘仲仪　刘有为

参　编（按姓氏笔画排序）

冯　静　邱　菊　余　虹　吴　萍　陈家才

罗丽萍　林　巧　罗帮州　贺惠英　黄　霖

前　言

　　职业规划起源于20世纪初的美国，经历了近百年的发展，逐渐改变了最初的职业指导形象，尤其是20世纪50年代以来，职业规划走上了国际化的舞台。2005年年初，在教育部学生司的提议和支持下，高等教育出版社引进和翻译了《职业生涯发展与规划》一书，系统介绍了职业生涯规划理论，对国内高校开展职业生涯规划教育起到了较大的促进作用。创新创业教育在发达国家高校于20世纪开始推行，美国麻省理工学院、哈佛大学、加利福尼亚大学等著名大学相继开设了创造学及有关创造活动的训练课程。国内高校于20世纪末开始实施创新创业教育。2002年，高校创业教育在我国正式启动，教育部将清华大学、中国人民大学、北京航空航天大学等9所院校确定为开展创业教育的试点院校。在2014年9月达沃斯论坛上，李克强总理首次发出"大众创业、万众创新"的号召。2015年国务院办公厅印发《关于深化高等学校创新创业教育改革的实施意见》（国办发〔2015〕36号）。目前，各高校高度重视大学生职业生涯规划、创新创业教育与就业指导，促进了高校就业创业指导工作向"全程化、全员化、信息化、专业化"的发展。

　　实施创新驱动发展战略，建设创新型国家，必须加强高等学校创新创业教育。长期以来，我国传统教育重视知识教育，忽视学生的主体性、能动性、创造性。尽管大学生在国家"双创"政策的引导下创业意向高涨，但我国大学生创业形势面临许多挑战，尝试创业、坚持创业、成功创业的比例仍低于发达国家水平。随着我国高等教育的大众化，高校毕业生就业问题成为社会关注的热点，昔日的"天之骄子"陷入"人满为患"的尴尬境地，在某种程度上"天之骄子"成了天之"焦"子。同时，部分大学生对职业生涯规划缺乏认识、对职业方向定位模糊也是其就业难的重要内因。人放对了地方是天才，人放错了地方就是庸才。正是大学生中存在的职业规划的盲点，导致了大学生在就业过程中的盲目和挫折。

　　职业生涯规划教育、创新创业教育与就业指导都是大学生成长教育中不可缺失的内容，职业生涯规划是通过个人和社会相互作用而实现的，它不仅是一个职业选择的问题，更是一个人的人生战略规划问题。科学合理地进行职业生涯规划，有利于激发和培养大学生积极向上、奋发有为的人生态度，为顺利完成大学学习任务并成功就业打下良好基础。创新创业教育是以培养具有创业基本素质和开创型个性的人才为目标，以培育大学生的创业意识、创业精神、创新创业能力为主的教育。就业指导是对学生进行关于系统择业、就业思想和技巧的教育，有助于学生正确地把握就业市场的需求形势和国家、省、市有关大学生就业的制度和政策，帮助大学生树立正确的择就业观念和就业取向。大学生职业生涯规划和创新创业教育的契合之处在于都是致力于解决大学生的就业问题，它们在知识结构、教育方式方法上存在很多共性，二者相互联系又相互作用，为大学生进入社会生存和发展提供有效的帮助。

　　党的十九大提出：创新是引领发展的第一动力，是建设现代化经济体系的战略支撑。要培养造就一大批具有国际水平的战略科技人才、科技领军人才、青年科技人才和高水平创新团队。鼓励创业带动就业，促进高校毕业生多渠道就业创业。实践证明，高校加强职业生涯规划和创新创业教育，对提高高等教育质量、推动毕业生就业创业、服务国家现代化建设发挥了重要作用。大学生是国家未来创新创业的新生力量，帮助大学生做好职业生涯规划、培养大学生创新创业能力，不论是对建设创新型国家，还是促进大学生未来就业创业都具有极其重要的意义。

为培养学生社会适应能力，全面推动西昌学院应用型转型发展，我们在2011年"大学生职业发展和就业指导"课程改革基础上，结合国家创新驱动发展战略对培养创新创业人才的新要求，以及学校应用型人才培养改革的新方案，组织教师编写了本书，做到理论与实践、知识与案例、共性与专业特性、讲授与训练、学生领会与个人档案资料建立的结合。本书贯穿"以生为本"的育人理念，紧密结合应用型人才培养模式改革，设计了课堂自测、案例、实训与练习、思考题等学习环节，提高了全书的体验性、参与性与实用性。此外，本书在编写架构和风格上也进行了一些新的尝试，以问题呈现、问题分析和问题解决为主线，避免了脱离学生实际、偏重理论说教的误区。

参加本书编写的人员是从事应用型人才培养研究、职业生涯规划、创新创业教育和就业指导的教师，他们贴近学生、了解社会，有着丰富的咨询、辅导、教育教学、实践指导经验。本书由阮学勇、张炜、侯济民担任主编，并承担知识体系设计和提纲审定；刘高、刘仲仪、刘有为任副主编。各篇章撰写人员分别为（按姓氏笔画排序）：上篇大学生职业生涯规划由阮学勇、刘仲仪、刘有为、罗丽萍、林巧、黄霖编写，阮学勇统稿；中篇大学生创新创业基础由刘高、罗帮州、邱菊、张炜编写，张炜统稿；下篇大学生就业指导由冯静、余虹、陈家才、吴萍、侯济民、贺惠英编写，侯济民统稿。全书由阮学勇统稿。

本书的编写，是落实应用型人才培养改革的一次探索。由于编者经验有限，书中难免存在不足之处，希望从事相关课程教学、学生管理和就业创业指导的教师，尤其是广大学生提出宝贵的意见和建议，以期完善。

编者希望以本书的出版为契机，进一步强化"大学生职业生涯规划""创新创业就业"理念在校园的传播，并转化为学生的自觉行动，使学生在面对就业创业的时候，少一分盲目，多一分自信。

"大风泱泱兮大潮滂滂！"其实只要把握好自己手中的舵，又何惧风雨。

编　者
2017年11月

目 录

上篇　大学生职业生涯规划

第一章　职业生涯规划基本理论 (3)
　　第一节　职业生涯规划的意义 (4)
　　第二节　职业生涯规划的基本理论与步骤 (13)
　　第三节　职业生涯规划的影响因素 (20)

第二章　自我探索及环境分析 (25)
　　第一节　兴趣与职业 (26)
　　第二节　性格与职业 (34)
　　第三节　能力与职业 (37)
　　第四节　价值观与职业 (43)
　　第五节　环境分析 (49)

第三章　职业认知与决策 (54)
　　第一节　职业概述 (55)
　　第二节　职业世界 (58)
　　第三节　职业定位 (62)
　　第四节　职业决策概述 (65)
　　第五节　职业决策的模型与技术 (68)

第四章　职业目标与实施 (81)
　　第一节　职业目标 (82)
　　第二节　职业目标的实现 (85)
　　第三节　职业目标的评估与反馈 (93)
　　第四节　职业生涯管理与实践 (97)

中篇　大学生创新创业基础

第五章　创新与创业的内涵 (109)
　　第一节　创新概述 (109)
　　第二节　创业的内涵 (128)
　　第三节　创新与创业的关系 (132)

第六章　创新创业素质 (135)
　　第一节　创新素质培养 (136)
　　第二节　创业素质培养 (148)

第七章　组建创业团队 (160)
　　第一节　创业团队的内涵 (161)
　　第二节　创业团队的组建与管理 (167)

第八章　创业实务 (177)
　　第一节　论证创业机会 (177)
　　第二节　制订创业计划书 (181)
　　第三节　实施创业计划 (189)
　　第四节　在校大学生创业实践活动载体 (196)

下篇　大学生就业指导

第九章　就业准备 (209)
　　第一节　认知准备 (209)
　　第二节　心理准备 (218)
　　第三节　知识能力准备 (223)
　　第四节　材料准备 (234)

第十章　就业技巧 (240)
　　第一节　就业信息的收集与处理 (241)
　　第二节　择业技巧 (246)
　　第三节　面试 (249)
　　第四节　笔试 (262)

第十一章　融入职场 (266)
　　第一节　实习与就业 (266)
　　第二节　角色转变 (271)
　　第三节　情商修炼 (279)

附录 (294)
　　附录一　职业索引——职业兴趣代号与其相应的职业对照表 (294)
　　附录二　我的生涯规划档案 (297)
　　附录三　国家创新创业支持政策 (301)
　　附录四　四川省支持大学生创新创业政策 (303)

参考文献 (310)

上 篇
大学生职业生涯规划

"逝去的青春已不在！望还坚持的人加油！哥走了"。这句毕业季留言，曾在网络中广为流传，也让许多网友感动和伤感。这则留言充满了对大学时光的无限眷恋，也许包含了学成收获的骄傲、不尽完美的遗憾与失意、不堪回首的后悔和无奈，它道出了大多数毕业学子的内心写照。的确，四年的大学时光转瞬即逝，毕业时每个学生都有太多的感慨。许多学生感叹：大学四年，自己太幼稚，太不了解自己；如果再上一次大学，一定会比现在做得更好，一定能规划好适合自己的大学生活，确定今后的职业发展目标。

第一章 职业生涯规划基本理论

导读

大学是人生的重要转折点,是人生新的起跑线。迈入大学校门的你,在经历了喜悦和兴奋之后,是否还有一些迷茫?如何面对大学生活?如何面对学习、面对专业、面对未来?美国斯坦福大学的首任校长戴维·乔丹(David Jordan)在开学典礼上这样对学生讲:"生活归根到底是讲究实用的。你们到这里来应该是为了给自己谋求一个有用的职业,这必须包含创新、进取的愿望,良好的设计和最终使之实现的努力。"

上大学不仅是为了工作,还需要实现自我,成就一番事业,然而并非人人都能如愿以偿。如何才能获得好工作,拥有自己的一份事业,并获得成功?职业生涯规划能为你提供方向与方法。要做好职业生涯规划,首先就要去了解它。

要点与要求

通过本章的学习,学生应了解职业生涯规划对自己的意义,提高职业生涯规划意识;了解职业生涯规划的基本理论和概念,加深对职业生涯规划的认识;了解职业生涯规划的步骤、原则和方法。

案例引入

北森测评网曾与原劳动和社会保障部劳动科学研究所、新浪网联合进行了《当代大学生第一份工作现状调查》。结果表明:第一,在找到第一份工作后,有50%的大学生选择在一年内更换工作;两年内,大学生的流失率接近75%。第二,33%的大学生"先就业后择业",第一份工作仅仅是由学校到社会的跳板;16.3%的大学生"没有太多考虑"就"跟着感觉走"地选择了第一份工作。第三,正确的职业选择应兼顾兴趣爱好和未来的发展空间,但事实是仅有17.5%的大学生在择业的同时考虑了这两个因素。

这份调查引起了社会对大学生职业生涯规划的高度重视,职业生涯规划日趋成为大学生了解职业世界、寻找自身定位和职业前景的利器。但仍有大学生在问:我为什么在大学低年级就需要进行职业生涯规划?这不是毕业时才需要面对的问题吗?对在校学生来说,职业生涯规划可能吗?大学低年级学生应如何规划自己的职业生涯?职业生涯规划应如何开展?

第一节　职业生涯规划的意义

据报道，哈佛商学院曾经对部分学生做过这样一个抽样调查："10年后你希望成为一个什么样的人？"100%的学生选择将来在商场上拥有财富、成就或影响力，但是具有明确目标并作出规划的人只有10%。10年后，调查小组追踪发现，这10%的人所拥有的财富占全部受调查者的96%。专家分析认为，世界上只有3%的人有自己的奋斗目标和计划，并且将它明确地写下来而为之奋斗；还有10%的人有目标和计划，但只是停留在脑子里；剩余的87%的人都在随波逐流。

著名管理学家彼得·德鲁克（Peter Drucker）认为："越来越多的职场人需要学习经营、管理自己，他们要懂得将自己放在最有贡献的地方，并努力发展自己的特长。"无疑，掌握职业生涯规划的本领能让大学生更具有独特的眼光、远见和洞察力，能够发现问题、正视问题，并采取积极和有效的方法解决问题，从而不断改进和改善自己的处境。

一、职业生涯和职业生涯规划

（一）职业生涯

"生涯"是日常生活中运用得较广泛的一个字眼，如学习生涯、革命生涯、军旅生涯、教书生涯等。在字典中，"生"是指活着的意思，"涯"泛指边际。一般认为，生涯就是指人的一生。生涯的英文是Career，本义是指战车，现引申为人生发展历程，还蕴含着竞争、竞赛的意思。Career也被翻译成职业生涯。《辞海》对"生涯"一词的定义是：从事某种活动或职业的生活。

目前，大多数西方学者所接受的生涯定义是唐纳德·舒伯（Donald Super）的论点：生涯是生活里各种事态的演进方向和历程，它统合了人一生中的各种职业和生活角色，由此表现出个人独特的自我发展形态。生涯也是人生从青春期到退休之后，一连串有酬或无酬位的综合。除了职业之外，还包括任何与工作有关的角色，如学生、退休者，甚至包含家庭和公民等角色。

职业生涯不仅仅局限于工作或职业，还包含了个人的生活风格，即包含一个人在其一生中所从事的所有活动。工作是指在一个组织机构中，一群类似的、有薪资的职位，且要求工作者具有类似的特性，如建筑设计师、推销员、教育工作者、医护人员、公务员等；职业是指在许多企业或机构中的一群类似的工作，如工人、商人、教师、医生等。而生涯的定义要比这两者都宽泛很多，除了工作和职业之外，它还涵盖了人一生所从事的各种活动的集合。人的一生，扮演着不同的角色，从孩童、学生、上班族、社会公民直到为人父母，不同社会角色的组合就形成了人的"生活风格"，这样的发展过程就构成了"生涯"。

（二）职业生涯规划

一般而言，职业生涯规划是一个人尽其可能地规划未来生涯发展的历程，在考虑个人的智能、兴趣、价值观，以及阻力、助力的前提下，做好妥善的安排，并借此调整，摆正自己在人生中的位置，以期自己能适得其所。

从定义可以看出，职业生涯规划是一个人主动的、有意识的行为。"尽可能地规划未来"的意义在于：对于个人所能做到的，大学生要全力以赴；至于生命中诸多个人无法掌握的因素，如飓风、地震、突如其来的天灾人祸等，大学生必须冷静面对。简单地说，职业生涯规划就是找到引领自己坚定前进的方向。

大学生职业生涯规划可定义为：大学生在大学生活阶段通过对自身和外部环境的了解，为自己确立职业方向、职业目标，选择职业道路，确定教育计划（特别是大学阶段的学习计划）、发展计划，为实现职业生涯目标而确定的行动时间和行动方案。

二、职业生涯规划的意义

渔夫和商人的故事

有一个美国商人坐在墨西哥海边一个小渔村的码头上，看着一个墨西哥渔夫划着一艘小船靠岸。小船上有好几尾大黄鳍鲔鱼，这个美国商人对墨西哥渔夫能抓这么高档的鱼恭维了一番，问：要多少时间才能抓这么多？墨西哥渔夫说：才一会儿工夫就抓到了。美国人再问：你为什么不待久一点，好多抓一些鱼？

墨西哥渔夫觉得不以为然：这些鱼已经足够我一家人生活所需了！

美国人又问：那么你一天剩下那么多时间都在干什么？

墨西哥渔夫解释：我呀？我每天睡到自然醒，出海抓几条鱼，回来后跟孩子们玩一玩，再跟老婆睡个午觉，黄昏时晃到村子里喝点小酒，跟哥们儿玩玩吉他，我的日子可过得充实又忙碌呢！

美国人不以为然，帮他出主意，他说：我是美国哈佛大学企业管理硕士，我倒是可以帮你忙！你应该每天多花一些时间去抓鱼，到时候你就有钱去买条大一点的船，自然你就可以抓更多鱼，再买更多渔船，然后你就可以拥有一个渔船队，到时候你就不必把鱼卖给鱼贩子，而是直接卖给加工厂，然后你可以自己开一家罐头工厂。如此你就可以控制整个生产、加工处理和行销，然后你可以离开这个小渔村，搬到墨西哥城，再搬到洛杉矶，最后到纽约，在那经营你不断扩充的企业。

墨西哥渔夫问：这又花多少时间呢？

美国人回答：15~20 年。

墨西哥渔夫问：然后呢？

美国人大笑着说：然后你就可以在家当皇帝了！时机一到，你就可以宣布股票上市，把你的公司股份卖给投资大众，到时候你就发了，你可以几亿几亿地赚。

墨西哥渔夫问：然后呢？

美国人说：到那个时候你就可以退休了，你可以搬到海边的小渔村去住，每天睡到自然醒，出海随便抓几条鱼，跟孩子们玩一玩，再跟老婆睡个午觉，黄昏时，晃到村子里喝点小酒，跟哥们儿玩玩吉他。

墨西哥渔夫疑惑地说：我现在不就是这样吗？

从这个故事中你有什么启示？

职业生涯规划可以帮助大学生突破障碍，开发自我潜能，从而达到自我实现（图1-1）。

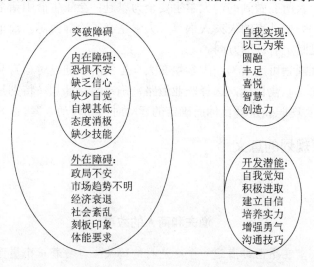

图1-1　职业生涯规划的功能

如果说职业是无法逃避的选择，那么，职业规划则是一种立诸于现实、理想和梦想之上的管理艺术。

（一）职业生涯规划能够帮助个人确定职业发展的目标和方向

职业生涯规划可以帮助个人进行自我全面的分析，从而认识自己，了解自己的特点和兴趣，评估自己的能力、优势和不足。在设计和规划的过程中，通过对客观环境的分析，可以明确职业发展的方向，正确选择职业目标，并运用适当的方法，采取有效的措施，克服职业生涯发展中的困难和障碍，使自己的才能得到充分发挥，从而获得事业上的成功，实现人生的理想。随着社会的快速发展，社会为大学生施展才华提供了更为广阔的舞台，大学生追求事业成功的愿望更为迫切。然而机遇和挑战并存，面对社会的发展、竞争的残酷，那些毫无准备的人将会感到茫然无措、惶恐不安，产生巨大的心理压力。因此，大学生只有在大学期间认真做好职业生涯规划，全面剖析自己，科学地确定自己职业发展的目标和方向，并不断开发自己的潜能，才能正确掌舵自己人生的航向，驶向人生成功的彼岸。

（二）职业生涯规划能够促进个人努力工作

任何工作和事业都必须经过艰苦的个人努力方能获得成功。因此，一旦制定了自己的职业生涯规划，一方面让自己明确了努力的目标，另一方面也是不断督促自己努力工作的鞭策力。制定职业生涯规划就好似给自己树立一个明确的标靶，唯有目标明确我们才能奋勇直前。这些规划内容的逐步实现，增强了自己对目标的成就感，也进一步促进自己向新的目标前进。制定和实现职业生涯规划就好似一场比赛，随着时间的推移，一步一步地实现目标，自己的思想方式和工作方式也会不断地完善和发展。

（三）职业生涯规划有助于个人抓住工作的重点

制定职业生涯规划一个最重要的作用就是有助于合理地安排日常工作，评价工作的轻重缓急。没有职业生涯规划，就很容易被日常事务所缠绕，甚至被日常琐碎的事务所掩埋，无法实现人生目标。通过职业生涯规划，能够使大学生紧紧抓住工作的重点，增强成功的可能性。有人曾经说过："智慧就是懂得该忽视什么东西的艺术。"任何事情、任何项目都有其工作的重点，如果不能根据轻重缓急对工作进行排序，不能紧紧抓住工作的重点，必然是对工作面面俱到、浅尝辄止，而重要的工作却没有用足够的精力去完成，其结果难以成功。正如两个人同时观察同一件事，有目标意识的人和一个无目标意识的人，其注意点和注意的角度是完全不同的，收获的结果也是迥异的。一个人要想成就一番事业，必须树立明确的目标，抓住工作的重点，才会有意识地为工作重点下最大的工夫，为工作的需要创造最有利的条件，从而取得成功。

（四）职业生涯规划能够激发个人发挥潜能

没有制定职业生涯规划的人，很容易沉陷于繁杂事务。精力分散，就很难全神贯注地工作，也很难充分发挥自己的才干。职业生涯规划能够帮助大学生集中精力，为实现自己的职业目标尽可能发挥个人的潜能。其实一个人的潜在能力是无限的，需要大学生充分地去挖掘。并不是任何人都在某些方面具有得天独厚的天赋，唯有善于激发个人潜能，才会努力学习，从而实现能力的锻炼和提高。例如，在大学期间，并不是每一个大学生都在组织协调、科研发明等方面有优势，但是相当一部分大学生在这些方面有很大的潜能。因此，一旦赋予这些大学生以工作任务和目标，调动他们内在的激情，他们都会通过努力学习，充分激发其内在的潜能，最后都将工作和学习完成得很好。历史上很多伟大的科学家、军事家等，开始也不是从事这些方面的工作，但是在客观环境要求和个人人生追求的鞭策下，经过刻苦努力，个人潜能得到开发，最后都获得了巨大成功。因此，通过职业生涯规划，明确了发展的目标和方向，经过个人的努力，使潜能得到发挥，都可以实现人生的事业发展。无论从事什么职业，从事什么工作，通过科学的职业生涯规划，可以帮助一个人更好地实现职业目标，获得事业的成功，帮助一个平凡的人成长为一个出色的人才。

三、大学生职业生涯规划——大学的第一堂必修课

大学阶段是大学生职业生涯发展的重要准备阶段，大学学习是大学生活的主要内容，能否很好地完成大学阶段的学习，直接影响到几年后的就业竞争力和未来的职业生涯发展力。所以，为自己制订一份合理的学业生涯规划也是职业生涯规划中至关重要的环节。大学学习不同于高中学习，有着更加丰富的内涵，同时也要求大学生树立全新的学习观念，优化学习方法。大学是个青春的舞台，有各种各样的社团活动和社会实践活动，充分利用这个平台，不要放过任何锻炼的机会，让自己拥有良好的素质、优秀的能力，把握机遇，积极管理自己的学业及将来的事业，时刻为毕业后的人生道路准备着，才能把握职场和人生的各种机会，才会活得更加精彩。

案例 1-2

求职，不只是大四才考虑的事

从 11 月 2 日到现在，我已经在求职的路途上奔波一个多月了。在这段时间里，我总共向 40 多家企事业单位投过简历或提出过申请，然而，大多数单位都在简历筛选阶段就把我 "PASS" 掉了。也曾有机会进入笔试、面试环节，但最终还是一次次地被拒之门外。我深切地体会到：找工作不只是大四这个阶段一时的事情，而是与自己整个大学生活的规划和前期的职业定位等都密不可分。如果有机会重来，我一定在前三年好好为自己积累"资本"。

找工作之初，虽然我在网上向很多单位投了简历，但仅有交通银行一家给了我复试消息。究其原因是，简历上"个人奖励"这一栏我几乎没什么可填的，而用人单位通常根据这些奖项来评判一个人的能力与素质的高低。

后来我争取到了安踏公司销售岗位的面试机会，但是，作为一个普通的法学本科生，我没有营销学的理论知识和实际经验，销售能力方面受到 HR 的质疑，加上回答提问时，我没有控制好语速，手势过多，条理不明，给 HR 留下不太好的印象，最终面试失败。在建发集团的面试中，HR 问我的英语口语如何，我迟疑了一下，坦诚地说："还可以，但是仍然需要加强。"此话一出，HR 露出迟疑的表情，不用说，又没了下文。我印象最深刻的是，在面试华帝燃具时，HR 看过简历，叫我用英语介绍《演讲与口才》，我磨磨蹭蹭地挤出几句话来，不知道如何表达清楚自己的意思。HR 又问，假如我们接到一个客户的订单，接下来该怎么办？面对这个从来没有思考过的问题，我不知道该说些什么。

遇到这些问题，我开始反省，为什么这么多单位一个都不接纳我？为什么他们的问题我都不能给出令人满意的答案？我又为找工作做过什么准备呢？

回想起来，大学三年多，我很少有拿得出手的成绩。大一时很茫然，想去尝试一些东西，却没有胆量，总怕失败。结果，班干部、学生会干部、协会干事我都没有竞选，社会活动也没参加。虽说加入了五个协会，可是我唯一做的就是等别人把项目做好后，自己去观看，根本没有动手锻炼。大二考四级，大三考六级并准备考研，大四时放弃考研决定去找工作。这个过程中，我看似没有闲着，但基本上是在随大流，周围的人在干什么我就干什么，没有有意识地为以后的就业准备真正可用的条件和素养，致使专业知识掌握很一般，英语口语不流利，表达能力存在欠缺，做项目、做课题的经验缺乏。由于没有清晰的目标和意识，考研也没有结果。

而今大学生活已经接近尾声，我才猛然意识到，曾经总觉得很遥远的就业问题已经迫在眉睫。如果当初就有紧迫感，就能为今天的求职进行定位，并有针对性地去弥补自己欠缺的素养，去创造自己所不具备的条件，大概就不会出现今天的尴尬了。扪心自问，用三年多时间去准备这些，应该绰绰有余了。我终于明白了：找工作要尽早准备，大学生活应该有意识地去经营，切不可沉迷于每天上课、考试及格的程式化生活中，丧失感知和反省。

就大学生而言，需要在不同学年对自己制定不同的目标，并采取相应的措施。

大学一年级——职业规划的试探期。加深对本专业的培养目标和就业方向的认识，增强专业学习的自觉性，确定专业学习目标。对自己将来可能从事的职业、所学专业的特点、学习要领、以后的发展方向以及与该专业相对应的行业的具体特点、从事该行业必须具备的基本素质和技能、从事该行业需要付出什么和将会得到什么、该行业近几年和以后的就业前景等方面做详尽而具体的了解，积极参加各种活动。

大学二年级——职业规划定向期。在学好本专业的基础知识、培养良好素养的同时，选择一些对自己未来发展有意义的选修课，以提高自身的基本素质为主；通过参加各种活动锻炼自己的能力、检验自己的知识技能；可利用课余时间尽可能多地从事与自己未来职业或本专业有关的工作；注意培养自己的解决问题的能力、组织能力、沟通能力，提高自己的责任感、主动性和受挫能力；增强英语口语能力和计算机应用能力，通过英语和计算机的相关证书考试；根据个人兴趣与能力修订个人的职业生涯规划，努力把自己培养成复合型人才。

大学三年级——职业规划冲刺期。目标应锁定在提高求职技能、搜集工作信息方面，积极参加相关职业培训，尽可能地获取相应的能力资格证书或职业资格证书，注意培养自己的创业能力；确定自己是否要考研究生，希望出国留学的应多接触留学顾问，参与留学系列活动，准备参加 TOEFL、GRE 考试，注意留学考试资讯；学习写简历、求职信。

大学四年级——职业规划分化期。对前 3 年的准备做一个总结：首先，检验自己订立的职业目标是否明确，是否与自己所追求的职业目标相一致，前 3 年的准备是否充分；然后，开始工作申请，积极参加招聘活动，在实践中检验自己的积累和准备，并注意弥补自己的缺陷；最后，是预习或模拟面试，积极利用学校提供的条件，了解就业信息，强化求职技巧。

当然，具体情况要具体对待，大学生需要针对自己的专业、教育背景和就业形势对以上规划进行调整。

对大学新生来讲，适应大学生活是进行职业生涯规划的第一步。

（一）了解专业，选择职业

每个人都有一个大学梦，走进大学之前，面对眼花缭乱的专业，不免有许多考生望文生义，从专业和院系的名称上顾名思义地大概猜想专业性质、培养目标和教学内容。等到进入大学后，揭开了专业的神秘面纱，很多大学生却会感到迷茫和困惑：我所选的专业是否适合自己？如果上天能再给一次机会，是否还会选择现在的专业？

专业的选择决定未来职业的定向。一方面，一个好的、对口的专业能极大地调动一个人的学习热情，同时专业在很大程度上影响着职业的决策过程，在一定程度上也影响着一个人的职业生涯；另一方面，择业过程的变迁和社会职业的发展又在一定程度上反作用于大学生专业的选择和高校专业的设置。

但是，社会高速发展，人才竞争日趋激烈，竞争使得单一专业型人才已经不能适应社会的发展需求。一方面，社会需要知识面广、一专多能、综合素质高的"厚基础、宽口径、高素质"的复合型人才；另一方面，随着分配制度的改革，学生有了更大的择业自主权，他们迫切希望最大限度地扩大自己的知识面，以便毕业后能有更多的择业机会。所以，了解专业必须了解社会需求情况。

人生好比马拉松比赛，选择专业，仅仅只是比赛刚刚开始。开始跑第一，并不代表最终就能胜利；一开始的落后，也并不能说明没有超越的可能。只要通过不懈的努力，就能朝着胜利的方向迈进。无数事实也证明：一个人无论主动或者盲从地选择了某一学科，他都无法保证那个专业一定是自己将来要从事的职业或事业。在大学毕业时，当初的专业选择只是人生过程中的一些经历。未来的成功绝不仅仅依靠所学的专业，更多地是靠明确的目标、坚定的信念和发展潜力。大学时的专业也不会成为职业选择的唯一条件而决定一个人的一生。大学不仅仅以传授知识为主，更是一个人全面发展和塑造的开始。大学阶段一定程度上仍然属于通才教育阶段，是大学生各种能力养成、自我意识完善、心理特征进一步成熟的阶段。学习任何一门专业都是为了达到掌控"如何学习的方法"的目的，大学生在进入大学后不能仅仅把眼光局限于专业，更重要的是学会用科学的方法和积极的心态去学习，以备将来发展之用。大学生有必要接触各个学科领域，全方位学习，培养自己各方面的综合素质，不断充实自己，不断提高自己解决问题的能力，成为当今社会所青睐的"复合型人才"。所以，应该用科学合理的方法、认真慎重的态度、轻松乐观的心态去对待自己的专业，合理安排学习计划，积累适应个人职业发展需要的专业技能。

案例 1-3

持之以恒，理性对待

一个已经上大二的计算机专业的学生要求退学，家长非常苦恼地找到了学校老师。其实这位学生从初中以来就非常喜欢计算机，自己能动手组装、修理计算机，而且上大一的时候，学习成绩非常优异，还获得了奖学金，这更激发了他对计算机学习的兴趣，父母也非常高兴。但上了大二，他感到学习非常吃力，有些课程怎么也学不懂，他一下子感到像掉进了泥潭。他曾跟父母说，计算机专业学这些课有什么用，真烦。他的这种烦恼的情绪持续了一年，最后终于忍不住要退学。

父母不明白，到底是什么原因使孩子产生了退学的念头。经过科学测试，发现这位学生的数学逻辑能力一般，而空间判断能力、动手能力强。经过分析，这位学生在计算机软件学习上可能有些困难，但硬件学习却是强项，这位学生的"持之以恒性"较低。于是，老师鼓励这位学生："你的优势很明显，将来在计算机硬件方面可以得到很好的发挥。虽然暂时学习计算机编程有困难，但只要努力了，学到什么程度是什么程度，也是锻炼自己毅力的机会。"

这位学生最终接受了老师的建议，满怀信心地继续学习下去。毕业后，某电脑公司老板很欣赏他在电脑硬件上的才华，他也找到了能发挥自己才干的用武之地。

（二）把握时间，管理自己

走进大学校园，很多大学生便觉得从此拥有了一个几乎完全属于自己的生活空间，在选课、上课、吃饭、休闲的过程中体味着自主支配时间的乐趣。他们在享受这份乐趣的同时，却不曾发现时光飞逝如白驹过隙。大学时光是宝贵的，也是不可再生的。所以，大学生要学会把握时间，树立强烈的时间观念，养成良好的学习和生活习惯，对于管理自己的大学生活、规划自己的学业生涯和未来有着至关重要的作用。

时间管理学者杰克·弗纳（Jack Foner）对时间管理的定义是："有效地应用时间这种资源，以便我们有效地达成个人目标。"时间管理实际上就是自我管理，它针对自己在时间管理上的种种困难，通过详尽的计划和检讨，进而了解如何运用有效方式提升自己的工作和学习效率。时间管理的重点不在于如何管理自己的时间，而是在如何善于从时间的角度来管理自己，自我管理才是时间管理的核心任务。

为了能合理地分配自己的大学时间，使大学生活有序并有趣，大学生应注意以下几个方面。

1. 树立时间管理意识

树立时间管理意识，是管理好时间的前提。因为人的行为是由意识来支配的，包括欲望、目标、行动和持之以恒的毅力。有强烈的时间管理欲望，是进行有效时间管理的关键，只有在欲望的驱使下才能制定出有效的目标并为之付出行动。确立合理的价值观，明确什么事对自己最重要，就能合理分配时间，从而提高效率，充分利用时间。

2. 改变对时间的态度

俗话说：时间就是金钱。其实时间比金钱更重要，因为有效地管理时间不仅可以带来生活质量的提高，还可以帮助大学生实现理想、塑造形象、提升自我价值、实现自我管理等。

3. 列出时间清单，设定优先顺序

时间对于每个人都是公平的，合理地分配与使用时间是一个人获取成功的关键。每个人每天都有非常多的事情要做，仅靠脑子的记忆，很难保证不会遗漏某些重要的事情。把自己每天要做的事情都写下来，根据80/20原理：在日常工作中，有20%的事情可以决定80%的成果。所以，必须将没有头绪的一堆事情根据其紧急与重要程度分为紧急、不紧急以及重要、不重要四大类，然后有重点地处理。按照紧急的事先办，重要的事先办，重要但不紧急的事后办，不重要也不紧急的事最后办的顺序和方法处理，这样处理事务便会有条不紊、应对自如，不会被烦琐的事务搞得焦头烂额（图1-2）。

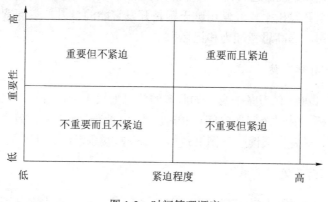

图1-2 时间管理顺序

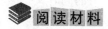

大学时间安排

每天90分钟阅读书籍。

每天15分钟浏览自己关心的专业领域新闻，并写出至少一条点评。

每天 30 分钟晨练。
每天 30 分钟外语听力训练。
每天 10 个新单词，40 个复习单词。
每天不缺课，上课认真听讲适当做笔记，认真完成当天作业。
每天保持良好的卫生习惯。
每周参加一次公益或社团活动。
每周写一篇有关自己最新的心得体会收获与成长的文章。
每月安排一次周末外出徒步或短途旅行，并且撰写心得总结。
每学期掌握一门新技能，如驾驶。
每个假期参加一次实习或者中远途旅行，并且撰写心得总结。
每年考取一个证书。

（三）学会思考，享受独立

"我思，故我在。"这是笛卡儿（Descartes）的一句名言。思想是人本身最重要的东西，做一个有思想的人，才能获得人格意义上的独立，才不会依附于别人，才是真真切切地实现自我。

诚然，一切成果的取得，都离不开实践。光想不干，想得再好，于事无补；脱离实际，想入非非，还会把事情搞砸。所以，要学会从实际出发，进行思考，学会分析事物的方法，养成分析的习惯，在实践中思考，在思考中实践。

要学会思考，必须掌握一些诀窍。

1. 经常用脑，提出问题

思考对大脑来说，如机器运转，不思考的大脑就像久停的机器一样会锈蚀。经研究证明，人脑智能远未被完全开发出来。经常用脑无疑是开发智能的良方，多阅读、多提问能促进脑细胞更好地新陈代谢，提高思考能力和记忆力。

2. 信息筛选，有张有弛

人脑可以储存 1 000 亿万条信息，如此多的信息如果不加以筛选，必将互相干扰，影响记忆效果。当思考研究某一个问题时间过长时，人往往会感到疲劳，效率会下降。这时可转换一下思考的内容，或者去阅读一下图书资料，做一些娱乐活动，使紧张的脑神经松弛下来。

3. 明确目的，面面俱到

做事情的时候应该将所做事情的目的铭记于心，将注意力集中在如何解决这个问题上，避免思维的不必要发散，这样就可以很快找到解决问题的答案。此外，在思考的同时又要面面俱到，不要有所遗漏，也不要有所忽视，任何细节的遗漏和忽视，都会影响决策的质量。所以，要辩证地思考，既要明确目的，又要面面俱到。

4. 客观思考，剔除成见

大学生在思考任何一件事情的时候，都不要戴着有色眼镜，要客观地认识周围的事物，不要被大脑中的定式所左右，从而在思考中带着偏见，让思维陷入某种困境不易自拔。

5. 突破传统，解放思想

固有的思考模式经常会束缚人的创新思维。在遇到问题百思不得其解时，不妨突破固有模式，开阔思路，这时便会达到柳暗花明的境界。必要的时候，可以"狂想"，让思维突破传统模式，大胆地设想，也许会有所创造。

大学生活强调自我管理，大学生有更多的时间自我支配，那么，学会独立思考，享受孤独就非常的重要。

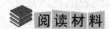

独立思考的窍门

自助管理专家艾伦·加尔布雷思（Allen Galbraith）认为，独立思考是一种随着年龄增长而必须拥有的能力，并且总结了他培养独立思考能力的10个窍门。

（1）有疑问就发问。不要害怕问问题，即便是别人都没问过的问题。

（2）经验比权威更重要。如果有专家、权威人士要让你相信什么和你的实际经验相抵触的东西，不要被他们吓倒。

（3）理解对方的意图。别人找你谈话的意图是什么？他们对你所说的话有没有什么背后的原因？

（4）不要觉得你必须随大流。

（5）相信自己的感觉。如果你觉得不对头，很可能真的有什么不对的地方。

（6）保持冷静。保持冷静和客观可以让你头脑更清醒。

（7）积累事实。事实是验证真理的唯一标准。

（8）从不同的角度看问题。每个事物都有其多面性，尝试从不同的角度去认识问题解决问题。

（9）设身处地。了解对方的处境才能更好地了解对方的想法。

（10）勇敢。鼓励自己站起来说"我不同意"，不要害怕，只有经过磨炼才能成长。

第二节　职业生涯规划的基本理论与步骤

一、职业生涯规划的基本理论

职业生涯是一个人长期的发展过程，在不同的发展阶段，个人有着不同的职业需求和人生追求。例如，20多岁注重多学习、长见识，把职业工作更多地看成是历练的机会；30～40岁的人开始成家立业，追求人生的发展；40岁以上的人想获得稳定的地位和收益，追求事业的稳定，趋向于避免风险；50岁以后，享受职业生活的成果，开始为退休生活做准备。职业生涯发展阶段的划分是职业生涯规划研究的一个重要内容。对于具体阶段的划分，不同的专家学者有不同的观点，下面主要介绍两种著名的理论：舒伯的职业发展阶段论和埃德加·施恩（Edger Schein）的职业锚理论。

（一）舒伯的职业发展阶段论

最常见的、应用得最广泛的职业生涯规划理论是舒伯的职业发展阶段论。通过长期的研究，舒伯系统地提出了有关职业生涯发展的观点。舒伯认为，每个人都有一个职业周期（Career Cycle），1953年，他根据自己"生涯发展形态研究"的结果，将人生职业生涯发展划分为成长、探索、建立、维持和衰退5个阶段。之后提出一个更为广阔的新观念——生活广度、生活空间的生涯发展观，这就是彩虹图（图1-3）。在生涯彩虹图中，纵向层面代表的是纵观上下的生活空间，是由一组职位和角色所组成，分为子女（儿童）、学生、休闲者、公民、工作者、持家者（家长）6个不同的角色，他们交互影响交织出个人独特的生涯类型。

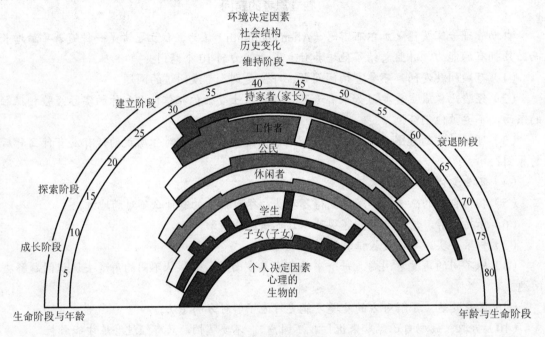

图1-3　职业生涯彩虹图

1. 成长阶段（0～14岁）

成长阶段属于认知阶段。在这个阶段，孩童开始发展自我概念，学会以各种不同的方式来表达自己的需要，且经过对现实世界不断地尝试，修饰自己的角色。这个阶段发展的任务是发展自我形象、发展对工作世界的正确态度并了解工作的意义。这个阶段共包括3个时期。

（1）幻想期（0～10岁）：以"需要"为主要考虑因素，在这个时期幻想中的角色扮演很重要。

（2）兴趣期（11～12岁）：以"喜好"为主要考虑因素，喜好是个体抱负与活动的主要决定因素。

（3）能力期（13～14岁）：以"能力"为主要考虑因素，能力逐渐具有重要作用。

2. 探索阶段（15~24 岁）

探索阶段属于学习打基础的阶段。处于该阶段的青少年，通过学校的活动、社团体验活动、打零工等机会，对自我能力、角色和职业作了一番探索，因此选择职业时有较大弹性。这个阶段发展的任务：使职业偏好逐渐具体化、特定化并表现职业偏好。这个阶段也包括 3 个时期。

（1）试探期（15~17 岁）：考虑需要、兴趣、能力及机会，做暂时的决定，并在幻想、讨论、课业及工作中加以尝试。

（2）过渡期（18~21 岁）：进入就业市场或专业训练，更重视现实，并力图实现自我观念，将一般性的选择转为特定的选择。

（3）试验承诺期（22~24 岁）：职业生涯初步确定并试验其成为长期职业生活的可能性，若不适合则可能再经历上述各时期以确定方向。

3. 建立阶段（25~44 岁）

建立阶段属于选择、安置阶段，它是大多数人工作生命周期的核心部分。由于经过了上一阶段的尝试，不合适者会谋求变迁或作其他探索，因此该阶段较能确定在整个事业生涯中属于自己的职位，并在 31~40 岁开始考虑如何保住该职位并固定下来。这个阶段发展的任务是统合整理、稳固并求上进。这个阶段细分又可包括两个时期。

（1）尝试期（25~30 岁）：个体寻求安定，也可能因生活或工作上的若干变动而尚未感到满意。

（2）稳定期（31~44 岁）：个体致力于工作上的稳固时期，由于资历深厚往往业绩优良。

4. 维持阶段（45~65 岁）

维持阶段属于升迁和专精阶段。个体仍希望继续维持属于他的工作职位时会面对新的人员的挑战。这一阶段发展的任务是维持已有的成就与地位。

5. 衰退阶段（66 岁以上）

衰退阶段属于退休阶段。由于生理及心理机能日渐衰退，个体不得不面对现实，从积极参与到隐退。这一阶段往往注重发展新的角色，学会适应退休生活，寻求不同方式以替代和满足需求。

（二）施恩的职业锚理论

1978 年，施恩在《职业动力论》中首次使用"职业锚"的概念。在他的描述中，职业锚由早期工作实践而来，是自我意向的一个习得部分。个人进入早期工作情境后，由习得的实际工作经验所决定，与在经验中自省的动机、需要、价值观、才干相符合，达到自我满足和补偿的一种稳定的职业定位。职业锚就是个人能力和内心动机、需要、价值观、态度等相互作用并逐渐整合的结果，在实际工作中，通过不断审视自我，逐步明确自己的需要与价值观、特长及今后发展的重点，最终在自己的潜意识里找到自己长期稳定的职业定位。

中国职业生涯开发与管理体系建立者、职业生涯发展指导师程社明博士对职业锚做这样的解释：职业锚就是最佳职业定位，是一个人在长期的职业生涯实践中通过内外部条件、因素的比较，自觉主动选择最有利于自身发展和能够做出最大贡献的职业定位。

施恩认为，要想对职业锚提前进行预测是很困难的，这是因为一个人的职业锚是在不断变化的，它实际上是一个不断探索过程所产生的动态结果。职业锚有两个特点：一是由个人的职业经验逐步稳定、内化下来的；二是当个人面临多种职业选择时，职业锚是最不能放弃的自我职业意向。

施恩和他的学生从大量跟踪调查研究中总结了8种职业锚类型。

（1）技术/职能型。技术/职能型的人愿意在专业领域里发展，追求在技术或职能领域的成长和技能的不断提高，以及应用这种技术/职能的机会。他们对自己的认可来自他们的专业水平，他们喜欢面对专业领域的挑战；他们往往不喜欢从事一般的管理性质的工作，因为这将意味着他们放弃在技术/职能领域的成就。在我国，过去经常将技术拔尖的科技人员提拔到领导岗位，但他们本人往往并不喜欢这个工作，而是更希望能继续研究自己的专业。

（2）管理型。管理型的人有强烈的愿望去做管理他人，同时经验也告诉他们自己有能力达到高层领导职位。他们倾心于全面管理，追求权力；具有强烈的升迁动机和价值观，追求并致力于职位、收入的提升；善于与人沟通；具有较强的分析能力和领导、操纵、控制他人的能力；对组织有很大的依赖性；他们愿意承担整体的责任，把组织的成功看成自己的工作，而把具体的技术/职能型的工作作为通向更高、更全面管理层的道路。

（3）创造型。创造型的人希望建立完全属于自己的东西，用自己的能力去创建自己的公司，或以自己名字命名的产品或工艺，或是能反映个人成就的私人财产，而且为此愿意冒险。他们认为只有这些实实在在的事物才能体现自己的才干。他们具有强烈的创造需求和欲望；他们可能正在别人的公司里工作，但他们一直在学习和寻找机会，一旦时机成熟，他们会义无反顾地去创立自己的事业。

（4）安全/稳定型。安全/稳定型的人最关心的是职业的长期稳定性与安全性。他们为了安定的工作、可观的收入、优越的福利与养老制度等付出努力。对他们来说，一份安全稳定的职业，一笔可观的收入，优越的福利与良好的退休保障是至关重要的。尽管有时他们能达到一个较高的职位，但他们并不关心具体的职位和具体的工作内容。

（5）自主/独立型。自主/独立型的人更喜欢独来独往，希望随心所欲地安排自己的工作方式、工作习惯和生活方式。追求能施展个人才能的工作环境，最大限度地摆脱组织的限制和制约。他们宁可放弃提升和工作发展的机会，也不愿放弃自由和独立。很多有这种职业向往的人同时也有相当高的技术型职业定位。但是他们不同于那些单纯技术定位上的人，他们并不愿意在组织中发展，而是宁愿做一名咨询人员，或是自主创业，或是与他人合伙开业。另外，一些自由/独立型的人往往会成为自由撰稿人，或是开一家小零售店。

（6）服务型。服务型的人一直追求他们认可的核心价值观，可以影响所服务的组织或社会政策，他们喜欢帮助他人，如医师、护士、社会工作者。在缺少他人支持的情况下，会向有更大自由度的职业（如咨询师）上转。即使变换了工作岗位或单位，他们也不会接受不允许他们实现这种价值观的变动或提升。他们希望根据自己的贡献得到公平的回报，将此类个体晋升到有更大影响力和工作自由度的职位是比金钱更大的激励，需要来自上司和同事的赞扬和支持，需要感到价值被高层管理者认可。

（7）挑战型。挑战型的人喜欢解决看上去无法解决的问题、战胜强硬的对手、克服无法克服的困难和障碍，对他们来说，做一件事情的原因就是这件事情允许他们去战胜各种不可能，他们需要新奇、变化和困难，如果事情变得很容易，他们就没有兴趣。

（8）生活型。生活型的人希望将生活的各个主要方面整合为一个整体，喜欢平衡个人、家庭、职业的各种需要，因此，生活型的人需要一个能够提供"足够弹性"的工作环境来实现这一目标。他们对成功的定义远远超出了职业的范围，相对于具体的工作环境和工作内容，他们更关注自己如何生活、在哪里居住、如何处理家庭事宜等方面的问题。

上述几种职业锚之间可能会存在交叉，但是每一种最强烈、最突出、最易识别的特征就是个人的职业锚。由于职业锚是个人与工作环境之间相互作用的产物，职业锚不可能像职业性向那样通过各种测评来预测，而必须通过若干年实际工作的内化沉积，才能被发现。

职业锚实际上是内心中个人能力、动机、需要、价值观和态度等相互作用和逐步整合的结果。在实际工作中，通过不断审视自我，逐步明确个人的需要与价值观，明确自己擅长所在及今后发展的重点，最终在潜意识里找到自己长期稳定的职业定位即职业锚。

要清楚了解职业锚的内容，应该回答3个问题：我到底想干什么？我到底能干什么？我到底为什么干？回答好这3个问题，就会找到属于自己的职业锚。许多人对此回答的很草率，认为找到一个压力少一点、工资高一点、管理松一点的工作就是找到了好工作。事实上，这并不是一个脱口而出的话，往往需要几年时间来思考。当大学生离开学校进入社会时，就像驾驶人生之舟在智慧的海洋航行或漂泊，总有一天，你的职业生涯要找到一个锚地，即你的职业生涯要找到一个最佳贡献区，即最佳停靠区。在找到职业锚前，你只是人生之舟的一个水手，因为你不知道向哪儿开，你的目的地在何方。找到职业锚后，你才真正成为人生的船长。确定职业锚之日，就是你的职业转变为事业之时。找到职业锚之时，你才是自己人生之舟的船长。

不管我们现在是否发现了自己的职业锚，这个职业规划的工具都可启发我们，我们未来的职业生涯是否成功，关键是我们要找准自己的定位，过我们想要过的生活，而不是盲从别人的做法。

二、职业生涯规划的步骤

职业生涯规划不但是要寻找你喜欢且适合你的工作，也要考虑怎样的工作会带来什么样的生活。科学的生涯规划包含了知己、知彼、抉择、制定目标和行动五大要素，具体依照以下7个步骤进行。

（一）确立志向

"志不立，天下无可成之事。"纵观古今中外，各行各业的佼佼者都有一个共同的特点，就是具有远大的志向。职业理想指人们对未来职业表现出来的一种强烈的追求和向往，是人们对未来职业生活的构想和规划。大学生树立职业理想的过程，便是心目中进行职业生涯规划的过程，一旦在心目中有了自己认为理想的职业，就会依据职业理想的目标，去规划自己的学习和实践，并为获得自己认为理想的职业而做各种准备。你的职业生涯是一条险象环生但同时也充满机遇的道路，在这条道路上，只要不放弃目标，每一次挫折、每一次失败都是有价值的。

（二）自我探索

一份有效的职业生涯规划，必须在充分正确地认识自身的条件与相关环境的基础上进行。自我探索包括自己的兴趣、特长、性格、学识、技能、智商、情商、思维方式、道德水准以及社会中的自我等内容。

作为刚开始大学生活的新生，应该尽可能多地积累知识和能力，发展自己的兴趣爱好等。这些有助于你更好地定位自己，发现自己在哪一方面更有潜力。对于中国的大学生来说，由于信息的不对称，大多数高中生在选择专业时没有经过认真考虑和调研。现在有足够的时间和条件来重新考虑这个问题，选择一个你真正感兴趣和适合的专业并潜心钻研。

（三）环境评估

我们生活在信息发达的社会中，有关职业的信息扑面而来，要判断一项职业是否满足自己的需求，你就需要去了解该职业的工作内容、薪资水平、所需要的技能和训练、工作条件、典型的工作环境以及晋升的机会等。在职业生涯规划中，当你做决定时，就应该对自己的职业选择有清楚的了解。环境因素评估主要包括组织环境、政治环境、社会环境、经济环境。所以，在制定个人的职业生涯规划时，要分析环境条件的特点、环境的发展变化情况、自己与环境的关系、自己在这个环境中的地位、环境对自己提出的要求以及环境对自己的有利条件与不利条件。

（四）确定职业发展目标

目标是指引我们获取生活中想要获得的东西的路标。职业生涯目标是指一个人渴望获得的与职业相关的结果。职业生涯目标的设定，其抉择是以自己的最佳才能、最优性格、最大兴趣、最有利的环境等条件为依据。从目前的就业环境来看，选择职业发展目标时，切忌贪高贪快。我们的目标越具体，实现目标的可能性就越大。一个具体的目标包括具体的行动方案、条件和时间计划，在确立目标时你得问自己：我愿意为之作出多大的牺牲？完成大目标和小目标的时限是多久？目标高到了不能实现的地步吗？怎样在实现目标之后奖励自己？

（五）设定职业发展路线

职业发展路线是指当一个人选定职业之后为实现其职业目标和职业理想所选择的路径。一个人在选定职业并确定目标之后，发展路线不同，对其要求也就不同。因为，即使同一职业，也有不同的岗位，有的人适合搞行政，可在管理方面大显身手，成为一名卓越的管理人才；有的人适合搞研究，可在某一领域有所突破，成为一名著名的专家学者；有的人适合搞经营，可在商海大战中屡建功勋，成为一名经营人才。如果选择的方向和路径不正确，再多的尝试过程都是徒劳的。

（六）制订行动方案

空有计划无行动，一切便如梦幻泡影。对于有些大学生来说，职业生涯规划程序做到决策的时候就结束了，可是我们若不行动，选择又有何意义？确定目标后，需要把目标转化成具体的方案和措施。目标与现实之间总是存在差距，从观念、知识、能力、心理等方面寻找差距，然后制定改进措施，这就是行动方案的制定。例如，如何提高综合能力、如何改进不良习惯、如何培养特长、如何完善人格、如何改正缺点、如何提高成绩并寻求弥补差距的办法等。

（七）反馈与评估

职业生涯规划不只是在做人职匹配的工作，也是一个周而复始的历程。职业生涯规划的评估与反馈过程是个人对自己的不断认识过程，也是对社会的不断认识过程，是使职业生涯规划更加有效的有力手段。

成功的职业生涯设计需要时时审视内外环境的变化，妥善、快速地将新信息吸纳到你的职业生涯规划中去，调整自己的前进步伐，以一种积极向上的态度应对难以预料的困难。目标的存在只是为你的前进指示一个方向，而你是它的创造者，你可以在不同时间，不同环境下更改它，让它更符合你的理想

三、职业生涯规划的方法

（一）"What"归零思考法

用5个问题归零思考，这5个问题分别是：

（1）What am I?（我是谁？）应该对自己进行一次深刻的反思，比较清醒地认识自己的优点和缺点，并一一列出来。

（2）What do I want to do?（我想干什么？）这是对自己职业发展做心理趋向的检查。每个人在不同阶段的兴趣和目标并不完全一致，有时甚至是完全对立的，但随着年龄和经历的增长而逐渐固定，并最终锁定自己的终生理想。

（3）What can I do?（我能干什么？）这是对自己能力与潜力的全面总结，一个人职业的定位最根本的还要归结于他的能力，而他职业发展空间的大小则取决于自己的潜力。对于一个人潜力的了解应该从几个方面着手去认识：对事的兴趣、做事的韧力、临事的判断力以及知识结构是否全面、是否及时更新等。

（4）What can support me?（环境支持或允许我干什么？）这种环境支持在客观方面包括本地的各种状态，如经济发展、人事政策、企业制度、职业空间等；人为主观方面包括同事关系、领导态度、亲戚关系等。两方面的因素应该综合起来看。

（5）What can I be in the end?（自己最终的职业目标是什么？）明确回答了前面4个问题，就会从各个问题中找到对实现有关职业目标的有利和不利的条件，列出不利条件最少的、自己想做而且又能够做的职业目标，那么有关"自己最终的职业目标是什么"自然就有了一个清楚明了的框架。

（二）"三角模式"职业生涯规划法

美国伊利诺伊大学教授R.斯威恩（R.Swain）为帮助大学生对自己的职业生涯作出良好的规划，提出了职业生涯规划的三角模式。斯威恩认为，职业生涯目标的决策来自3个方面的依据：自我、环境、教育与职业。职业生涯规划的过程，就是通过价值观、个人兴趣、个人风格的自我评估，结合对来自家庭和所在环境等社会背景的助力和阻力的分析，再根据自己

教育与职业的实践、考察中树立起来的榜样，逐渐发展对自己职业生涯的认同，最终建立起自己的职业生涯目标（图1-4）。

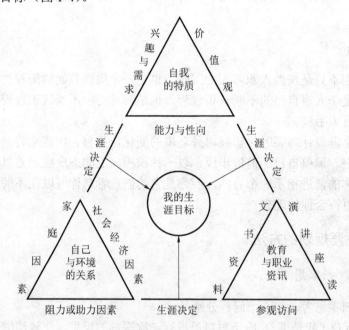

图1-4 "三角模式"职业生涯规划示意

（三）职业测评法

职业测评是一种了解个人与职业相关的各种心理特征的方法，即职场的心理测评。它通过一系列科学的手段对人的基本心理特征，包括能力、兴趣、性格、气质、价值观等方面进行测量和评估，分析个人的特点，再结合工作要求，帮助个人进行职业选择。

这些测试都需要大学生到正规的职业规划机构去做，需要有专门的测评咨询人员和职业规划指导师。需要大学生注意的是，职业测评是人与人的测试，具有相对性。一方面，测评方案的设计及测试活动的实施都是凭借施测人的个人经验进行的，而不同的施测人对测评目标的理解、测评工具的使用及对测评结果分数的解释都难免带有个人色彩，不可能完全一致；另一方面，作为测评对象的人，其素质是抽象模糊的，其构成是极其复杂的，且测评工具本身也带有一定的局限性。因此，我们只能把测评的结果和职业规划指导师的意见作为参考，结合自己的特点，规划适合自己的职业生涯。

第三节 职业生涯规划的影响因素

职业生涯规划并非在真空中进行，个人的特点和生活境遇影响着决策结果和过程。影响职业生涯的因素可以分为个人因素和环境因素两大类。

一、个人因素

（一）职业价值观

职业价值观是指个人对客观事物及对自己的行为结果的意义、作用、效果和重要性的总体评价，是对什么是好的、是应该的的总看法，是推动并指引一个人采取决定和行动的原则、标准。职业价值观在人们的职业生涯发展中起到极其重要的、决定性的作用，甚至往往超过了兴趣和性格对我们的影响。当我们有矛盾冲突，或妥协与放弃时，常常也是出于价值观的考虑。很少有工作能够完全满足一个人所有的重要价值观，生活中亦是如此。因此，我们总是要不断地作出妥协和放弃，它们是不可避免也是必要的。所以，我们需要对自己的价值观进行澄清和排序，才能知道如何取舍。

（二）个性特质

1. 性格

性格在我们的职业乃至一生都会起到很大的作用，我们也会常常听到性格决定命运这样的话，但是我们又有谁能够真正了解自己的性格呢？每一个人都会有自己独特的个性，所以每一个人的职业和人生也就不同，正是因为性格的不同也就造就了现在形形色色的人。

2. 气质

气质是人典型的稳定的心理特点，一般分为胆汁质、多血质、黏液质和抑郁质4种。这4种气质在工作中各有利弊，没有好坏之分，关键在认识到自己的优缺点，适当扬长避短。气质虽然分为4种，生活中人们却很少简单地属于哪一种，一般的人都是好几种气质的混合，只是在这几种气质中，更倾向于其中的一种。在选择职业上，气质特点往往会影响人的职业选择和发展。

3. 兴趣

兴趣对职业生涯的规划影响巨大。诺贝尔物理学奖获得者丁肇中说过："兴趣比天才重要。"实践证明：在影响个人职业生涯规划与发展的众多主观因素中，兴趣就像一双无形的手，对职业生涯的发展至关重要，所以兴趣自然是职业选择应考虑的重要因素之一。现在有一大部分的人在从事自己不喜欢的工作，这也是造成职业倦怠和职业边缘化的一个主要原因。

4. 能力

能力是一个人完成任务的前提条件，是影响工作效果的基本因素。职业发展和具有卓越能力之间有不容置疑的直接关系。因此，了解自己的能力倾向及不同职业的能力要求对合理地进行职业选择具有重要意义。能力的不同，对职业选择就有差异。很多人在选择工作的时候会有这样的想法，就是我想做什么，我适合做什么，但有时却忽略我能做什么。一些职业往往要求就业者具备一定的学历教育，具备一定的职业理论基础知识。从事职业前，一般必须获得某个专业的一定学历、取得一定成果、得到一定荣誉、建立一定的社会关系等。一些职业还要求就业者具备一定的业界服务经验，具备一定的独立工作技能。

（三）身心状况

1. 健康

健康对于职业选择特别重要，几乎所有的职业都需要健康的身心。有人问古希腊哲学家赫拉克利特（Heraclitus）身体健康的重要程度，他说："如果没有健康，智慧就无法表露，文化就无法施展，力量就无法战斗，知识就无法利用。"不仅如此，职业适应也与身心状况有内在的关系，有的职业要求视力、身高、体重，有的职业要求反应敏捷。

2. 年龄和性别

年龄和性别对职业生涯规划的影响也不容忽视。对工作的态度和看法、对机会尝试的勇气、对任务的能力和经验，不同的年龄表现都有所不同。古人所谓"三十而立，四十不惑，五十知天命，六十耳顺"是有深刻道理的。"性别因素"在职业发展中扮演着重要角色，职业性别隔离严重存在，很少有人能忽视性别问题。当然，如果自己坚信男女两性在智慧和能力上基本相同，那么性别对事业选择和事业成功的影响就会小得多。

二、环境因素

（一）社会环境因素

社会环境主要是指政治制度和氛围、经济发展水平、社会文化环境、价值观念、人才市场的管理体制、职业的社会评价等。社会环境因素决定了社会对职业岗位的数量、结构、层次等，决定了人们对不同职业岗位的接受、赞誉或贬低的程度，决定了个人步入职业生涯的基本方式、开始职业生涯后的基本态度以及由此引起的个人职业生涯的变化。例如，在市场经济条件下，我国高校普遍建立了在国家方针政策和宏观调控下，学校和各级政府推荐，学生和用人单位双向选择的毕业生就业工作模式。用人单位和大学毕业生都有了选择的自主权。例如，行业的特点、现状、未来趋势、就业竞争状况等，对大学生的职业发展的影响和制约，这方面需要大学生必须现实面对和认真、谨慎斟酌，再对自己的职业进行有效选择。

（二）家庭环境因素

家庭环境对个人职业发展的影响不容忽视。个人在成长过程中，常常受到成长经历和家庭环境的影响，使个人在职业发展过程中，不断修正、调整，并最终确立职业理想和职业目标规划。首先，家庭教育方式的不同，造成个人认识世界的方法不同。其次，父母的职业是孩子最早观察模仿的角色，孩子必然会得到父母职业技能的熏陶。最后，父母的价值观、性格、人际关系等对子女职业的选择起到直接或间接的深刻影响。

（三）社会资本因素

社会资本理论认为，个人所拥有的社会资本对职业发展过程及其后果具有巨大的影响力。信息不对称阻碍了劳动力与相关就业岗位的有效匹配，而社会资本则有可能提供就业信息，缩短失业期限，节约就业信息搜寻成本。对拥有就业岗位资源的人来说，为求职者直接提供职业岗位，也就为求职者实现就业提供了巨大帮助。但也应看到它的消极影响，如社会资本的负外部性给整个社会带来的消极结果、社会资本在局部人群中的狭隘性造成的"社会隔离"等。这就要求大学生在职业生涯的过程中利用社会资本时尽量扬长避短。

（四）重要他人因素

个体生命中的重要他人、同事、朋友和同龄群体的生命历程和榜样事迹，以及他们的工作价值观、工作态度、行为特点等不可避免地会影响到个人对职业的偏好和选择。

三、大学生活的影响

根据舒伯的职业发展阶段论，大学生正处在职业探索期，这个时期在整个人生生涯规划过程中占有重要的地位，它是职业生涯发展的准备阶段。大学阶段主要的生涯发展任务是从多种机会中探索自我，逐渐确定职业偏好，并在所选定的领域中开始起步。根据大学生心理特征和学习的重点，按自然年限可以将大学全过程分为适应期、准备期、提升期和收获期。

大学一年级处于适应探索、了解自我的阶段。在此阶段大学生要适应大学的生活，完成从高中生到大学生的角色转变，适应大学的学习特点，打牢专业基础知识，要了解自己所学专业目前发展的状况、未来发展的趋势、面对的职业群和岗位群以及岗位的入职要求。特别要重点了解未来所希望从事的职业与自己所学专业联系度高的职业信息，运用一些职业评测工具，对自己的性格、兴趣、能力、价值观做一些探索。

大学二年级处于准备期。大学生要初步确定毕业后的发展方向以及培养相应能力与素质。毕业后是直接工作、考研、考公务员、留学还是创业？如果直接工作，是立志走专业技术路线，向业务方面发展？还是走管理路线，向管理方面发展？或者是走技术和管理相结合的道路？还是走仕途发展、科学研究、自主创业？不同发展方向要求的知识、能力和素质各不相同，也影响了大学生在校学习与活动的侧重点。明确发展目标是为了有的放矢，在学校中可以通过参加学生活动或不同的社团，培养和锻炼自己相应的能力，还可尝试兼职工作、社会实践等活动，最好能在课余长时间从事与自己未来职业或本专业有关的工作。在工作中提高自己的责任感，培养主动性和受挫能力，在活动中不断总结分析，积累职业经验，锁定感兴趣的职业，进行职业化塑造。

大学三年级是提升期。这个时期应根据不同的发展方向，进行不同的实践活动，进一步提升职业修养。例如，想直接工作的大学生，可以考取与目标职业有关的职业资格证书或者参加职业技能鉴定获取相应证书，也可以到相关单位实习，了解单位各部门运营情况，熟悉各岗位工作职责和工作流程等。

大学四年级是收获期。大学生应初步完成从学生到职业人的角色转换，通过最后的努力，实现自己的梦想。在这个时期，想直接工作的同学要准备简历、求职信，学习求职的技巧，进行模拟面试，搜集就业信息，有针对性地参加招聘活动，做好面试准备。

✎ 实训与练习

1. 认真思考，独立完成句子。目的：在完成句子的过程中，体会职业对人的意义。

（1）我将来想干_____
（2）我10年后会是个_____
（3）到了一定年龄,每个人都应该有自己的_____
（4）我最大的期望是_____
（5）我认为成功是_____
（6）对我来说,职业是_____

然后,与同学一起分享,再看看他们是如何完成句子的。

最后,将同学们能够形成共识的内容进行归纳,记下相应的关键词或句子:
_____
_____
_____

2. 用5个问题归零思考:
（1）我是谁?
（2）我想做什么?
（3）我会做什么?
（4）环境支持或允许我做什么?
（5）我的职业与生活规划是什么?

3. 写下自己的墓志铭。

假如你的生命此时即将结束,你希望熟悉你的人们如何记着你?你能给自己写下墓志铭吗?你想写些什么?

想一想:你的父母会怎样看待你?你的同学会怎样看待你?你希望你所看重的人会怎样看待你?

思考题

1. 什么是职业生涯规划?大学生进行职业生涯规划有何意义?
2. 大学生应如何进行职业生涯规划?
3. 职业生涯规划有哪些基本理论?其主要内容是什么?
4. 职业锚有哪几种类型?
5. 职业生涯规划的基本步骤是什么?
6. 职业生涯规划有哪些主要的方法?
7. 影响职业生涯规划的因素有哪些?

第二章 自我探索及环境分析

导读

"人啊！认识你自己"。这是古希腊先哲给后人发出的最重要的提醒，认识自我成为人类与生俱来的内在要求和至高无上的思考命题。然而，许多大学生或是迫于高中学习的紧张，或是迫于能够升入大学的无奈，或是迫于今后就业的机会等，在种种因素与诱惑下已经失去了对自我全面客观的了解和评价，产生了"我是谁？"的疑问，出现了专业学习不感兴趣、学习困难、学习目标不明确、学习适应障碍等现象。这些"自我认识"的不足直接影响着大学生的大学生涯和职业发展。弗兰克·罗宾逊（Frank Robinson）说："你的卓越、成功和最大的骄傲，只能来自于一个人：你自己。"大学生要想在快乐中学好自己的专业，规划好未来的职业发展，有必要对自己的人格特征进行认真的分析，即认识自己的兴趣、性格、能力和价值观，并对职业环境进行正确的分析。

要点与要求

通过本章的学习，学生应了解自我人格特征对职业发展的意义；了解兴趣、性格、能力、价值观的基本内容以及与职业的关系；了解 MBTI 理论、霍兰德职业兴趣理论；掌握职业兴趣、性格、职业能力倾向、价值观自我探索的方法；学会正确分析职业环境。

案例引入

2010年6月14日《中国青年报》报道：毕业于名牌大学计算机专业的张建军因与母亲发生矛盾，用菜刀把母亲捅死。而母子关系不好源于高考填志愿时母亲干涉了张建军，张建军想学医学专业，但父母却认为他不适合学医，强行让张建军选择了当时热门的计算机专业。这一悲剧给我们带来什么启示？

甲同学是汉语言文学专业的大二学生，从小就喜欢当老师，做一个辛勤的园丁是她的梦想，通过两年的学习，她越来越喜欢所学的专业，也在积极学习教师所需的各项技能，为今后申请中学教师资格做准备。教师这一职业要求具有开朗的性格、良好的语言表达能力和沟通协调能力，但她觉得自己性格内向，在陌生人面前很胆怯，说话很紧张，很担心自己的性格和能力是否适合做教师。你是否也遇到过这样的困惑？

乙同学学习了近四年的旅游管理专业，成绩优异被一家在当地有名的酒店试录用，而用人单位把他安排到了餐饮部，每天让他做着上菜员的工作，乙同学很是郁闷。如何帮助他走出困惑？

在人格因素中，兴趣、性格和能力对人生的职业发展具有重要的作用，人们常说"兴趣选择工作""性格决定命运""能力影响效率"就是这个道理。

第一节 兴趣与职业

一、兴趣概述

兴趣是人们认识、掌握某种事物，并经常参与该种活动的心理倾向。当一个人从事自己感兴趣的工作时，会有很强的幸福感，可以为之废寝忘食，乐此不疲。爱因斯坦（Einstein）曾说："对一切来说，只有热爱才是最好的教师，它远远超过责任感。"

职业兴趣是一个人积极探究某种职业或者从事某种职业活动时所表现出来的特殊个性倾向，它使人对某种职业给予优先的注意，并具有向往的情感。职业兴趣是职业观的意向成分和情感成分，它是人们对某种职业活动所具有的比较稳定而持久的心理倾向，并伴随着浓厚的情感状态。职业兴趣的产生和发展一般要经历有趣—乐趣—志趣3个阶段。

二、兴趣对职业生涯规划的影响

兴趣是影响人们工作满意度、职业稳定性和职业成就感的重要因素，同时也是对职业进行分类的主要基础。它对职业生涯规划的影响体现在以下3个方面。

（一）兴趣是大学生职业生涯选择的重要依据

兴趣是最好的老师，可以使人集中精力去获得自己所喜欢的职业知识和职业技能，并创造性地开展工作。当一个人对某种职业发生兴趣时，他就会积极地去感知和关注该职业领域的知识、发展动态，并且积极思考，大胆探索，增强克服困难的意志等。反之，"强按牛头不喝水"，是不会取得良好效果的，当然也就很难在该职业领域发挥个人的优势、做出巨大贡献。正像一个人在日常生活中喜欢从事自己感兴趣的活动一样，具有一定兴趣类型的人更倾向于寻找与此有关的职业，特别是在外界环境限制较小时，个体更倾向于选择自己感兴趣的职业。

（二）兴趣可以提高工作效率，充分发挥个体的才能

人对某一方面的工作产生兴趣时，枯燥的工作也会变得丰富多彩、趣味无穷。兴趣使工作不再是一种负担，而是一种享受。它可以调动人的全部精力，使人以敏锐的观察力、高度的注意力、深刻的思维能力和丰富的想象力投入工作，促进个体能力的超水平发挥。兴趣和能力的合理结合，更会大大提高个人的工作效率。曾有人进行过研究：如果一个人从事自己感兴趣的职业，则能发挥其全部才能的80%～90%，而且能长时间保持高效率而不感到疲劳；如果一个人对所从事的工作没有兴趣，则只能发挥其全部才能的20%～30%。

（三）兴趣是保证职业稳定、职场成功的重要因素

一般来说，兴趣是个人职业生涯稳定发展的一个基本方面，它可以用于预测个人的工作

满意度和工作稳定性。工作满意是职业生涯稳定的一大标志，在其他条件相似的情况下，从事自己感兴趣的职业，不但能让个体自己感到满意，而且能够让周围的领导和同事感到满意，从而实现工作的长期性和稳定性。

因此，在规划自己的职业生涯时，只有将能力和兴趣结合起来考虑，才更有可能规划好职业生涯并取得职业生涯的成功。

三、兴趣的调查

课堂自测

> **我的岛屿计划**
>
> 你获得了一次免费度假的机会，有机会去下列 6 个岛屿中的一个。唯一的要求是你必须在这个岛上待满至少半年。请不要考虑其他因素，仅凭自己的兴趣顺序挑选出你最想前往的 3 个岛屿。
>
> 岛屿 A——美丽浪漫的岛屿。岛上有许多美术馆、音乐厅、街头雕塑和街边艺人，弥漫着浓厚的艺术文化气息。当地的居民很有艺术修养、创新和直觉能力。他们保留了传统的舞蹈、音乐与绘画。许多文艺界的朋友都喜欢到这里寻找灵感。
>
> 岛屿 I——深思冥想的岛屿。岛上人迹较少，建筑物多偏于一隅，平畴绿野，适合夜观星象。岛上有多处天文馆、科技博览馆以及科学图书馆等。岛上居民喜好观察、学习、探究、分析，崇尚和追求真知，常有机会和来自各地的哲学家、科学家、心理学家等交流心得。
>
> 岛屿 C——现代井然的岛屿。岛上建筑十分现代化，是进步的都市形态，以完善的户政管理、地政管理、金融管理见长。岛民个性冷静保守，处事有条不紊，善于组织规划，细心高效。
>
> 岛屿 R——自然原始的岛屿。岛上保留有原始森林，自然生态保持得很好，有多种野生动物。岛上居民生活状态还相当原始，他们以手工业见长，自己种植花果蔬菜，修缮房屋，打造器物，制作工具，喜欢户外运动。
>
> 岛屿 S——友善亲切的岛屿。岛上居民个性温和、十分友善、乐于助人，社区均自成一个密切互动的服务网络，人们重视互助合作，重视教育，关怀他人，充满人文气息。
>
> 岛屿 E——显赫富庶的岛屿。岛上的居民善于企业经营和贸易，能说会道，以口才见长。岛上的经济高度发展，处处是高级饭店、俱乐部、高尔夫球场。来往者多是企业家、经理人、政治家、律师等，曾数次在这里召开财富论坛和其他行业巅峰会议。

前面列举的 6 个岛屿实际上代表了 6 种兴趣类型。美国职业指导专家约翰·霍兰德（John Holland）在研究中发现，职业选择是个人人格的延伸和表现，人格特质反映在职业上就是职业兴趣。不同的人具有不同的职业兴趣和能力，不同的职业兴趣和能力适合从事不同的职业。霍兰德认为，大多数人的人格特质可以归纳为 6 种类型：实用型（R）、研究型（I）、艺术型（A）、社会型（S）、企业型（E）、事务型（C）。同一类型的职业通常会吸引相同人格特质的人，从而产生特定的职业氛围、价值观念、态度倾向、行为模式；工作环境也可以分为 6 种类型，与人格类型的分类一致（表 2-1）。他认为：个人人格类型和职业环境之间的适配将增加个人的工作满意度、职业稳定性和职业成就感。

表 2-1　职业兴趣类型与典型职业对应表

类型	特点	典型职业
实用型（R）	愿意使用工具从事操作性工作，动手能力强，做事手脚灵活，动作协调。偏好于具体任务，不善言辞，做事保守，较为谦虚。缺乏社交能力，通常喜欢独立做事	喜欢使用工具、机器，需要基本操作技能的工作。对要求具备机械方面才能、体力或从事与物件、机器、工具、运动器材、植物、动物相关的职业有兴趣，并具备相应能力。例如，技术性职业（如计算机硬件人员、摄影师、制图员、机械装配工）、技能性职业（如木匠、厨师、技工、修理工、农民）
研究型（I）	抽象思维能力强，求知欲强，肯动脑，善思考，不愿动手。喜欢独立的和富有创造性的工作。知识渊博，有学识才能，不善于领导他人。考虑问题理性，做事喜欢精确，喜欢逻辑分析和推理，不断探讨未知的领域	喜欢智力的、抽象的、分析的、独立的定向任务，要求具备智力或分析才能，并将其用于观察、估测、衡量、形成理论、最终解决问题的工作，并具备相应的能力。例如，科学研究人员、教师、工程师、电脑编程人员、医生、系统分析员
艺术型（A）	有创造力，乐于创造新颖、与众不同的成果，渴望表现自己的个性，实现自身的价值。做事理想化，追求完美，不重实际。具有一定的艺术才能和个性。善于表达、怀旧，心态较为复杂	喜欢的工作要求具备艺术修养、创造力、表达能力和直觉，并将其用于语言、行为、声音、颜色和形式的审美、思索和感受，具备相应的能力，不善于事务性工作。例如，艺术方面（如演员、导演、艺术设计师、雕刻家、建筑师、摄影家、广告制作人）、音乐方面（如歌唱家、作曲家、乐队指挥）、文学方面（如小说家、诗人、剧作家）
社会型（S）	喜欢与人交往，不断结交新的朋友，善言谈，愿意教导别人。关心社会问题，渴望发挥自己的社会作用。寻求广泛的人际关系，比较看重社会义务和社会道德	喜欢要求与人打交道的工作，能够不断结交新的朋友，从事提供信息、启迪、帮助、培训、开发或治疗等事务，并具备相应能力。例如，教育工作者（如教师、教育行政人员）、社会工作者（如咨询人员、公关人员）
企业型（E）	追求权力、权威和物质财富，具有领导才能。喜欢竞争、敢冒风险、有野心、有抱负。为人务实，习惯以利益得失、权力、地位、金钱等来衡量做事的价值，做事有较强的目的性	喜欢要求具备经营、管理、劝服、监督和领导才能，以实现机构政治、社会及经济目标的工作，并具备相应的能力。例如，项目经理、销售人员、营销管理人员、政府官员、企业领导、法官、律师
事务型（C）	尊重权威和规章制度，喜欢按计划办事，细心、有条理，习惯接受他人的指挥和领导，自己不谋求领导职务。喜欢关注实际和细节情况，通常较为谨慎和保守，缺乏创造性，不喜欢冒险和竞争，富有自我牺牲精神	喜欢要求注意细节、精确度，有系统，有条理，具有记录、归档、根据特定要求或程序组织数据和文字信息的职业，并具备相应能力。例如，秘书、办公室人员、记事员、会计、行政助理、图书馆管理员、出纳员、打字员、投资分析员

然而，大多数人并非都只有一种性向（如一个人的性向中很可能同时包含着社会性向、实用性向和研究性向 3 种）。霍兰德认为，这些性向越相似，相容性越强，则一个人在选择职业时所面临的内在冲突和犹豫就会越少。为了帮助描述这种情况，霍兰德建议将这 6 种性向分别放在一个正六边形的每一角（图 2-1）。

从图 2-1 中可以看出：每一种类型与其他类型之间存在不同程度的关系，大体可描述为以下 3 类。

（1）相邻关系。如 RI、IR、IA、AI、AS、SA、SE、ES、EC、CE、RC 及 CR。属于这种关系的两种类型的个体之间共同点较多，实用型 R、研究型 I 的人就都不太偏好人际交往，这两种职业环境中也都较少机会与人接触。

（2）相隔关系。如 RA、RE、IC、IS、AR、AE、SI、SC、EA、ER、CI 及 CS。属于这种关系的两种类型的个体之间共同点较相邻关系少。

（3）相对关系。六边形上处于对角位置的类型之间即为相对关系，如 RS、IE、AC、SR、

EI 及 CA，相对关系的人格类型共同点少，因此，一个人同时对处于相对关系的两种职业环境都感兴趣的情况较为少见。

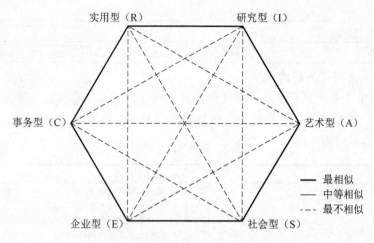

图 2-1　霍兰德的兴趣六角形模型

人们通常倾向选择与自我兴趣类型匹配的职业环境，如具有实用型兴趣的人希望在现实型的职业环境中工作，可以最好地发挥个人的潜能。但职业选择中，个体并非一定要选择与自己兴趣完全对应的职业环境。一是因为个体本身常是多种兴趣类型的综合体，单一类型显著突出的情况不多，因此在评价个体的兴趣类型时，也时常以其在六大类型中得分居前 3 位的类型组合而定，组合时根据分数的高低依次排列字母，构成其兴趣组型，如 RCA、AIS 等；二是因为影响职业选择的因素是多方面的，不能完全依据兴趣类型，还要参照社会的职业需求及获得职业的现实可能性。因此，职业选择时会不断妥协，寻求相邻职业环境、甚至相隔的职业环境，在这种环境中，个体需要逐渐适应工作环境。但如果个体寻找的是相对的职业环境，意味着所进入的是与自我兴趣完全不同的职业环境，则工作起来可能难以适应，或者难以做到工作时觉得很快乐，相反，甚至可能会工作得很痛苦。

基于霍兰德的理论，人们编制了多个职业兴趣调查表，如《自我定向调查（SDS）》《职业偏好调查表（VPI）》以及《工作世界图》等，这些调查表为自我兴趣的探索提供了极大的方便。

霍兰德职业倾向测验量表

　　本测验量表将帮助您发现和确定自己的职业兴趣和能力特长，从而更好地作出求职择业的决策。如果您已经考虑好或选择好了自己的职业，本测验将使您的这种考虑或选择具有理论基础，或向您展示其他合适的职业；如果您至今尚未确定职业方向，本测验将帮助您根据自己的情况选择一个恰当的职业目标。本测验共有 7 部分，每部分测验都没有时间限制但请您尽快按要求完成。

　　第一部分　您心目中的理想职业（专业）
　　对于未来的职业（或升学进修的专业），您得早有考虑，它可能很抽象、很朦胧，也可能很具体、很清晰，不论是哪种情况，现在都请您把自己最想干的 3 种工作或最想读的 3 种专业，按顺序写下来。

1. _____。
2. _____。
3. _____。

第二部分　您所感兴趣的活动

表 2-2 列举了若干种活动，请就这些活动判断你的好恶。喜欢的，请在"是"栏里打 √；不喜欢的，请在"否"栏里打 ×。请按顺序回答全部问题。

表 2-2　感兴趣的活动类型

R：实用型活动	是	否	A：艺术型活动	是	否
1. 装配修理电器	□	□	1. 素描、制图或绘画	□	□
2. 修理自行车	□	□	2. 表演戏剧、小品或相声节目	□	□
3. 装修机器或机器零件	□	□	3. 设计家具或房屋	□	□
4. 做木工活	□	□	4. 在舞台上演唱或跳舞	□	□
5. 驾驶卡车或拖拉机	□	□	5. 演奏一种乐器	□	□
6. 开机床	□	□	6. 阅读流行小说	□	□
7. 开摩托车	□	□	7. 听音乐会	□	□
8. 上金属工艺课	□	□	8. 从事摄影创作	□	□
9. 上机械制图课	□	□	9. 阅读电影、电视剧本	□	□
10. 上木工手艺课	□	□	10. 读诗写诗	□	□
11. 上电气自动化技术课	□	□	11. 上书法美术课	□	□
统计"是"的得分			统计"是"的得分		
I：研究型活动	是	否	S：社会型活动	是	否
1. 阅读科技书刊	□	□	1. 给朋友们写信	□	□
2. 在实验室工作	□	□	2. 参加学校、单位组织的正式活动	□	□
3. 研究某个科研项目	□	□	3. 加入某个社会团体或俱乐部	□	□
4. 制作飞机、汽车模型	□	□	4. 帮助别人解决困难	□	□
5. 做化学实验	□	□	5. 照看小孩	□	□
6. 阅读专业性论文	□	□	6. 参加宴会、茶话会或联欢晚会	□	□
7. 解一道数学或棋艺难题	□	□	7. 跳交谊舞	□	□
8. 上物理课	□	□	8. 参加讨论会或辩论会	□	□
9. 上化学课	□	□	9. 观看运动会或体育比赛	□	□
10. 上几何课	□	□	10. 寻亲访友	□	□
11. 上生物课	□	□	11. 阅读与人际交往有关的书刊	□	□
统计"是"的得分			统计"是"的得分		
E：企业型活动	是	否	C：事务型活动	是	否
1. 对他人做劝说工作	□	□	1. 保持桌子和房间整洁	□	□
2. 买东西与人讨价还价	□	□	2. 抄写文章或信件	□	□
3. 讨论政治问题	□	□	3. 开发票、写收据或打回执	□	□
4. 从事个体或独立的经营活动	□	□	4. 打算盘或用计算机计算	□	□
5. 出席正式会议	□	□	5. 记流水账或备忘录	□	□
6. 做演讲	□	□	6. 上打字课或学速记法	□	□
7. 在社会团体中做一名理事	□	□	7. 上会计课	□	□
8. 检查与评价别人的工作	□	□	8. 上商业统计课	□	□
9. 结识名流	□	□	9. 将文件、报告、记录分类与归档	□	□
10. 带领一群人去完成某项任务	□	□	10. 为领导写公务信函与报告	□	□
11. 参与政治活动	□	□	11. 检查个人收支情况	□	□
统计"是"的得分			统计"是"的得分		

第三部分 您所擅长获胜的活动

表2-3列举了若干种活动，其中您能做或大概能做的事，请在"是"栏里打√；反之，在"否"栏里打×。请回答全部问题。

表2-3 擅长的活动类型

R：实用型活动	是	否	A：艺术型活动	是	否
1. 使用锯子、钳子、车床、砂轮等工具	□	□	1. 演奏一种乐器	□	□
2. 使用万能电表	□	□	2. 参加二重唱或四重唱表演	□	□
3. 给自行车或机器加油使之正常运转	□	□	3. 独奏或独唱	□	□
4. 使用钻床、研磨机、缝纫机等	□	□	4. 扮演剧中角色	□	□
5. 修整木器家具表面	□	□	5. 说书或讲故事	□	□
6. 看机械、建筑设计图纸	□	□	6. 表演现代舞或芭蕾舞	□	□
7. 修理结构简单的家用电器	□	□	7. 人物素描	□	□
8. 制作简单的家具	□	□	8. 油画或雕塑	□	□
9. 绘制机械设计图纸	□	□	9. 制造陶器、捏泥塑或剪纸	□	□
10. 修理收录音机的简单部件	□	□	10. 设计服装、海报或家具	□	□
11. 疏通、修理自来水管或下水道	□	□	11. 写得一手好文章	□	□
统计"是"的得分			统计"是"的得分		
I：研究型活动	是	否	S：社会型活动	是	否
1. 了解真空管的工作原理	□	□	1. 善于向别人解释问题	□	□
2. 知道3种以上蛋白质含量高的食物	□	□	2. 参加慰问或救济活动	□	□
3. 知道一种放射性元素的半衰期	□	□	3. 善与人合作、配合默契	□	□
4. 使用对数表	□	□	4. 殷勤待客	□	□
5. 使用计算器或计算尺	□	□	5. 能深入浅出地教育儿童	□	□
6. 使用显微镜	□	□	6. 为一次宴会安排娱乐活动	□	□
7. 辨认3个星座	□	□	7. 帮助他人解决困难	□	□
8. 说明白血球的功能	□	□	8. 帮助护理病人或伤员	□	□
9. 解释简单的化学分子式	□	□	9. 安排学校或社团组织的各种集体事务	□	□
10. 理解人造卫星不会落地的道理	□	□	10. 善察人心或善于判断人的性格	□	□
11. 参加科技竞赛或科研成果交流会	□	□	11. 善与年长者相处	□	□
统计"是"的得分			统计"是"的得分		
E：企业型活动	是	否	C：事务型活动	是	否
1. 学校里当过班干部并且干得不错	□	□	1. 一天能抄写近一万字	□	□
2. 善于督促他人工作	□	□	2. 能熟练地使用算盘或计算器	□	□
3. 善于使他人按你的习惯做事	□	□	3. 能熟练地使用中文打字机	□	□
4. 做事具有超常的经历和热情	□	□	4. 善于将书信、文件迅速归档	□	□
5. 能做一个称职的推销员	□	□	5. 做过办公室职员工作且干得不错	□	□
6. 代表某个团体提出建议或反映意见	□	□	6. 核对数据或文章时既快又准确	□	□
7. 担任领导职务期间获过奖或受表扬	□	□	7. 会使用外文打字机或复印机	□	□
8. 说服别人加入你所在的团体	□	□	8. 善于在短时间内分类和处理大量文件	□	□
9. 创办一家商店或企业	□	□	9. 记账或开发票时既快又准	□	□
10. 知道如何做一位成功的领导人	□	□	10. 善于为自己或集体作财务预算（表）	□	□
11. 有很好的口才	□	□	11. 能迅速誉清贷方和借方的账目	□	□
统计"是"的得分			统计"是"的得分		

第四部分 你所喜欢的职业

表2-4列举了多种职业，请逐一认真地看，如果是您喜欢的工作，请在"是"栏里打

√；如果是您不太喜欢、不关心的工作，请在"否"栏里打×。请回答全部问题。

表 2-4 喜欢的工作类型

R：实用型活动	是	否	A：艺术型活动	是	否
1. 飞行机械技术人员	□	□	1. 诗人	□	□
2. 鱼类和野生动物专家	□	□	2. 文学艺术评论家	□	□
3. 自动化工程技术人员	□	□	3. 作家	□	□
4. 木工	□	□	4. 记者	□	□
5. 机床安装工或钳工	□	□	5. 歌唱家或歌手	□	□
6. 电工	□	□	6. 作曲家	□	□
7. 无线电报务员	□	□	7. 剧本写作人员	□	□
8. 长途汽车司机	□	□	8. 画家	□	□
9. 火车司机	□	□	9. 相声演员	□	□
10. 机械师	□	□	10. 乐团指挥	□	□
11. 测绘、水文技术人员	□	□	11. 电影演员	□	□
统计"是"的得分			统计"是"的得分		
I：研究型活动	是	否	S：社会型活动	是	否
1. 气象研究人员	□	□	1. 街道、工会或妇联负责人	□	□
2. 生物学研究人员	□	□	2. 中学教师	□	□
3. 天文学研究人员	□	□	3. 青少年犯罪问题专家	□	□
4. 药剂师	□	□	4. 中学校长	□	□
5. 人类学研究人员	□	□	5. 心理咨询人员	□	□
6. 化学研究人员	□	□	6. 精神病医生	□	□
7. 科学杂志编辑	□	□	7. 职业介绍所工作人员	□	□
8. 植物学研究人员	□	□	8. 导游	□	□
9. 物理学研究人员	□	□	9. 共青团负责人	□	□
10. 科普工作者	□	□	10. 福利机构负责人	□	□
11. 地质学研究人员	□	□	11. 婚姻介绍所工作人员	□	□
统计"是"的得分			统计"是"的得分		
E：企业型活动	是	否	C：事务型活动	是	否
1. 供销科长	□	□	1. 簿记员	□	□
2. 推销员	□	□	2. 会计师	□	□
3. 旅馆经理	□	□	3. 银行出纳员	□	□
4. 商店管理人员	□	□	4. 法庭书记员	□	□
5. 厂长	□	□	5. 人口普查登记员	□	□
6. 律师或法官	□	□	6. 成本核算员	□	□
7. 电视剧制作人	□	□	7. 税务工作者	□	□
8. 饭店或饮食店经理	□	□	8. 校对员	□	□
9. 人民代表	□	□	9. 打字员	□	□
10. 服装批发商	□	□	10. 办公室秘书	□	□
11. 企业管理咨询人员	□	□	11. 质量检查员	□	□
统计"是"的得分			统计"是"的得分		

第五部分　您的能力类型简评

表 2-5 和表 2-6 是您在 6 个职业能力方面的自我评定表。您可以先与同龄者比较出自己在每一方面的能力，经斟酌后对自己的能力作评估。请在表中适当的数字上画圈，数字越大，表示您的能力越强。注意，请勿全部画同样的数字，因为人的每项能力不可能完全一

样。

表2-5 能力自我评定表

R型 机械操作能力	I型 科学研究能力	A型 艺术创作能力	S型 解释表达能力	E型 商业洽谈能力	C型 事务执行能力
7	7	7	7	7	7
6	6	6	6	6	6
5	5	5	5	5	5
4	4	4	4	4	4
3	3	3	3	3	3
2	2	2	2	2	2
1	1	1	1	1	1

表2-6 技能自我评定表

R型 体育技能	I型 数学技能	A型 音乐技能	S型 交际技能	E型 领导技能	C型 办公技能
7	7	7	7	7	7
6	6	6	6	6	6
5	5	5	5	5	5
4	4	4	4	4	4
3	3	3	3	3	3
2	2	2	2	2	2
1	1	1	1	1	1

第六部分 统计和确定您的职业倾向

请将第二部分至第五部分的全部测验分数按前面已统计好的6种职业倾向（R型、I型、A型、S型、E型和C型）的得分填入表2-7，并做纵向累加。

表2-7 测验分数汇总表

测试	R型	I型	A型	S型	E型	C型
第二部分						
第三部分						
第四部分						
第五部分A						
第五部分B						
总分						

请将表2-7中6种职业倾向的总分按大小顺序依次从左到右排列：＿＿＿＿型、＿＿＿＿型、＿＿＿＿型、＿＿＿＿型、＿＿＿＿型、＿＿＿＿型。

最高分＿＿＿＿；您的职业倾向性得分＿＿＿＿；最低分＿＿＿＿。

得分最高的职业类型意味着最适合您的职业。例如，假如您在I型上得分最高，说明您适合做自然科学方面的研究工作，如气象研究、生物学研究、天文学研究等，或科学杂志编辑，以此类推。

如果最适合您的工作和您在第一部分所写的理想工作之间不太一致，或者在各种类型的职业上您的能力和兴趣不相匹配，那么请您参照第 7 部分——你的职业价值观来做出最佳选择。

第七部分　您所看重的东西——职业价值观

这一部分测验列出了人们在选择工作时通常会考虑的 9 种因素：①工资高、福利好；②工作环境（物质方面）舒适；③人际关系良好；④工作稳定有保障；⑤能提供较好的受教育机会；⑥有较高的社会地位；⑦工作不太紧张、外部压力少；⑧能充分发挥自己的能力特长；⑨社会需要与社会贡献大。现在请您在其中选出最重要的两项因素，并将序号填入下边相应空格上。

最重要：_____；次重要：_____；最不重要：_____；次不重要：_____。

以上全部测验完毕。

最后，您可将测验得分居第一位的职业类型找出来，对照本书附录一"职业索引"，判断自己适合的职业类型。

第二节　性格与职业

一、性格概述

性格是一种人格特质，也是个性心理特征的核心部分。在大学生群体中，有的活泼开朗，有的深沉内向；有的踏实仔细，有的粗心马虎；有的遵守纪律，有的自由散漫；有的关心集体、乐于助人，有的却自私自利。这些经常性的表现及特点，就是通常说的性格。

从心理学的角度看，性格是一个人对客观现实的稳定态度以及与之相适应的习惯化了的行为方式。也就是说，性格包含人的态度和行为方式两个方面，这两方面紧密联系形成了具有独特性、相对性、稳定性和一致性的性格特征。个体的一时性的偶然表现不能认为是他的性格，只有经常性、习惯性的表现才能认为是他的性格，"江山易改，本性难移"就说明了这种稳定性。但性格也不是一成不变的，"近朱者赤，近墨者黑"就说明性格是可以塑造的。

性格作为个人鲜明而稳定的心理特征，是由多方面的特征有机地结合而成的，每个人在其成长经历中，可能受到生理、遗传、家庭教养、文化、学习经验等因素的影响不同，而形成不同的性格特征，各种性格特征的不同组合带来了性格类型的差异。在性格的类型上，有多种分类，常见的有外向型与内向型、理智型与情绪型、独立型与顺从型，以及 ABCDE 型。不同性格类型的个体在不同的情境中会表现出特定的气质和行为方式，进而影响到他们的职业发展。

二、性格对职业的影响

印度有一句古谚语："播种行为，收获习惯；播种习惯，收获性格，播种性格，收获命运。"一个人的性格塑造对其一生都有重大影响。在职业心理中，性格影响着一个人对职业的适应性，一定的性格适于从事一定的职业，同时，不同的职业对人有着不同的性格要求。就性格类型而言没有对与错，但每种性格都有优势与不足，清楚地认识自己的性格类型既可以更好地帮助我们发挥优势、避免劣势，也能很好地理解和接纳与他人之间的差异。因此，在考虑或选择职业时，不仅要考虑自己的职业兴趣，还要考虑自己的职业性格特点及性格类型，只有性格与职业的最佳匹配才能使我们的工作更有效率，更好地提升职业稳定性和满意度，成为有效的工作者。

三、MBTI 性格自我分析

"我性格是内向还是外向，适合什么工作？""怎样通过我的性格查找到适合我的职业？""我这样性格的人选什么专业好？"很多大学生面对这类问题都会感到困惑。

MBTI（Myers-Briggs Type Indicator）性格理论源自瑞士著名心理学家卡尔·荣格（Carl Jung）有关知觉、判断和人格态度的观点，后经凯瑟琳·布莱格斯（Katherine Briggs）和她的女儿伊莎贝尔·B. 迈尔斯（Isabel B. Myers）深入研究而发展成形。MBTI 是一种自选型、自我报告式的性格评估理论模型，用以衡量和描述人们在获取信息、作出决策、对待生活等方面的心理活动规律和性格类型。经过 70 多年的实践和发展，MBTI 现已广泛应用于职业发展、职业咨询、团队建议、婚姻教育等方面，是目前国际上应用广泛的职业规划和个性测评理论。通过 MBTI 模型，性格和职业之间的联系得到了比较清晰地阐释。

（一）MBTI 的 4 个维度

MBTI 着重从 4 个维度考察个人的偏好，这些偏好是一种天生的倾向性，无优劣之分，但不同的特点对于不同的工作存在"适合"与"不适合"的区别。MBTI 中每个维度的偏好均由两极组成，并用二分法来评估个人的类型偏好（表 2-8 和表 2-9）。

表 2-8 MBTI 的 4 个维度的个人偏好

维度	偏好
态度倾向	外倾（Extraversion，E），内倾（Introversion，I）
接受信息	感觉（Sensing，S），直觉（Intuition，N）
处理信息	思考（Thinking，T），情感（Feeling，F）
行动方式	判断（Judging，J），知觉（Perceiving，P）

表 2-9 MBTI 的维度解释

态度倾向维度（E—I）	
外倾	内倾
外倾型的人主要定位于外部世界，倾向于把知觉和判断集中在人和事上，具有易沟通、好交际的特点，易适应环境，随环境变化随时调整。外向者趋向于通过感觉来了解世界，会更趋向于参加很多活动，喜欢成为活动的焦点，而且更容易接近	内倾型的人主要定位于内部世界，倾向于把知觉和判断集中于观念和思想上，他们更多地依赖于持久的观念而不是暂时的外部事件。他们总是避免成为注意的焦点，而且他们一般要比外向者沉默一些
接受信息维度（S—N）	
感觉	直觉
感觉型的人倾向于通过收集具体、特殊的信息了解外在世界，通常具有善于观察，对细节敏感，关注事物的现实性等特点。他们专注于看到、听到、感觉到、闻到及尝到的事物，他们信赖自己的经验，关注此时此刻发生的事情	直觉型的人倾向于认知外界环境的全貌或整体，关注事物的现状及发展变化，通常具有反应敏捷、思维跳跃、追求变化等特点。他们注重暗示和推理，依赖自己的灵感和预感，注重将来，喜欢预测事物，并总想改变事物

续表

处理信息维度（T—F）	
思考	情感
思考型的人主要以逻辑推理为基础，通过理智思考进行活动和决策。社会公认的标准是他们分析、解决问题的依据，具有客观、理性、有条理等特点。	情感型的人主要是通过权衡问题的相对价值和利益进行决策，他们判断时依赖于对个人价值观或社会价值观的理解，在决策时往往照顾他人的感受。具有同情心、渴望和谐
行动方式维度（J—P）	
判断	知觉
判断型的人喜欢井然有序，当他们的生活被规划好，事情被解决好之时，他们是最快乐的。判断型的人想方设法管理和控制生活，具有善于组织，有目的性、决断性等特点。通常在获得行动所必要的信息时，就不再寻求新的信息而直接付诸行动。	知觉型的人以一种比较宽松的方式生活，并且当生活很有余地时，他们感到快乐。知觉型的人试图去理解生活而不是控制它，具有比较开放、适应性强、灵活多变、不拘小节等特点。通常喜欢随遇而安，思考多于行动，反感规则和约束

（二）16 种 MBTI 类型及匹配职业

对以上 4 个维度的两极进行组合，就能得到 16 种性格类型（表 2-10）。每个人通过 MBTI 测试都可以获得有关自己性格类型的信息，并据此选择适合自己性格类型的职业。

表 2-10　16 种 MBTI 性格特征与职业匹配

类型	性格特征	职业倾向
ISTJ（内向感觉思考判断型）	一丝不苟，认真负责，明智豁达，讲求实际、务实，专注	会计师、财务核查员、工程师、财务经理、警察、技师等
ISFJ（内向感觉情感判断型）	忠心耿耿，一心一意，富有同情心，喜欢助人为乐	健康工作者、图书馆员、服务性工作者、教师等
INFJ（内向直觉情感判断型）	极富创意，感情强烈，原则性强，品德良好，善于独立创造性地思考	艺术工作者、神职人员、音乐家、心理医生、教师、作家等
INTJ（内向直觉思考判断型）	追求完美，自主独立，看重个人能力，逻辑性强，有判断力，对人、对己要求严格，喜欢我行我素	电脑分析师、工程师、法官、律师、工程人员、科学家等
ISTP（内向感觉思考知觉型）	实用务实，喜欢行动，长于分析，敏于观察，好奇心强	手工艺者、建筑工作者、机械工作者、保全服务工作者、统计人员等
ISFP（内向感觉情感知觉型）	温柔、体贴、敏感，有耐心，能屈能伸，随和，无意控制他人	健康护理人员、商人、执法者、文书、建筑工作者、户外工作者、油漆工
INFP（内向直觉情感知觉型）	敏感、理想化、忠心耿耿，有强烈的荣誉感，通常很灵活、有包容心	艺术工作者、娱乐工作者、编辑、心理学家、社会工作者、作家等
INTP（内向直觉思考知觉型）	善于解决抽象问题，满腹经纶、睿智，外表恬静，内心专注，目光挑剔，独立性极高	艺术工作者、电脑分析师、工程师、科学家、作家等
ESTP（外向感觉思考知觉型）	无忧无虑、活泼、随和、率性，喜欢安于现状，不愿从长计议，心胸豁达、包容心强	财务核查员、工匠、行销人员、警察、销售职员、服务性工作者等
ESFP（外向感觉情感知觉型）	生性爱玩，充满活力，适应性强，平易随和	采矿工程师、秘书、督导等
ENFP（外向直觉情感知觉型）	热情奔放，满脑子新观念，乐观、率性，充满自信和创造性	演员、神职人员、咨询师、记者、音乐家、公关人员等
ENTP（外向直觉思考知觉型）	激动、健谈、聪明，有创业心，爱钻研，机敏善变，适应能力强	演员、记者、营销人员、摄影师、销售人员等
ESTJ（感觉思考判断型）	办事能力强，喜欢出风头，责任心强，诚心诚意，忠于职守	督导、行政人员、财务管理、推销人员等

续表

类型	性格特征	职业倾向
ESFJ (外向感觉情感判断型)	喜欢合作，注重人际关系，态度认真，遇事果断，通常表达意见坚决	美容师、健康工作者、办公人员、秘书、教师等
ENFJ (外向直觉情感判断型)	有爱心，对生活充满热情，挑剔自己，很少发表批评意见，对行为的是非曲直明察秋毫，是社交高手	演员、神职人员、咨询顾问、咨询师、音乐家、教师等
ENTJ (外向直觉思考判断型)	能明察一切事物中的各种可能性，喜欢发号施令，做事深谋远虑、策划周全	行政人员、律师、经理、营销人员、工程人员等

值得提醒的是，大学生的性格还在不断形成与发展中，在进行自我探索时，不能简单地贴标签，性格类型的划分只是一个参考，不能将之绝对化。所以，对自己性格的了解，不要局限于某一种性格测评，特别是当你疑惑自己的 MBTI 类型的有些描述与自己不符合时，可以借助多个测评或其他的方法来分析自己。

第三节 能力与职业

一、能力概述

能力是人顺利完成某种活动必须具备的心理特征，是保证活动取得成功的基本条件。人的能力按适用范围，可分为一般能力和特殊能力。一般能力通常人们又称为智力，包括注意力、观察力、记忆力、思维能力和想象力等；特殊能力是指从事某种专业活动的能力，也可称为一个人的特长，如计算能力、音乐能力、动作协调能力、语言表达能力、空间判断能力等。按照获得的方式，能力可分为能力倾向和技能两大类。能力倾向是每个人都有的先天具有的特殊才能，但有可能未被开发而荒废；技能是指人在一定的知识、经验基础上学习和训练形成的能顺利实施某种活动的行为方式。在现实生活中，个人的能力水平往往是能力倾向和技能两方面的结果。

职业能力是个体顺利地进行某种职业活动必须具备的、直接影响职业工作效率的个性心理特征。它以人的各种能力为基础，是各种能力在职业活动中的综合应用。

二、能力对职业的影响

明尼苏达工作适应论认为：当工作环境满足个人需要和个人能够满足工作要求达到内在外在"两个满意"时，个人与环境之间的关系就比较协调，个人的工作满意度会比较高，在该工作领域也能持久发展。在这一过程中，个人的职业能力与"外在满意"的实现直接相关，个体只有具备了相关的职业工作能力，才能胜任相应的职业工作。

（一）职业能力影响职业的胜任

不同的职业对能力有不同的要求，每个人都有自己的优势和劣势，如有的人擅长形象思维，有的人擅长逻辑思维，还有的人擅长具体行动思维。如果根据思维能力类型来选择职业，形象思维的人比较适合从事文学艺术方面的工作，逻辑思维的人比较适合从事哲学、数学等理论性强的工作，具体行动思维的人比较适合从事机械修理方面的工作。如果不考虑能力类型，而让其从事与能力不匹配的职业工作，效果就不会好。因此，应弄清胜任职业所需要的职业能力。

（二）职业能力影响职业的选择

社会上任何一种职业对工作者的能力都有一定的要求。例如，会计、出纳、统计等职业，工作者必须有较强的计算能力；工程、建筑及服装设计等职业的工作者要具备空间判断能力；飞行员、外科医生、运动员、舞蹈演员等职业的工作者则要具备眼与手的协调能力。因此，大学生在选择职业时，要特别注意能力与职业的匹配。

（三）职业能力影响职业的发展

职业能力是个人职业发展的基础，个体职业能力越强，各种能力越综合发展，就越能促进人在职业活动中的创造和发展，越能给个人带来职业成就感，使其在该工作领域持久的发展。

三、能力测评

为寻求个人能力与职业技能要求的适配，大学生可以通过多种能力测评来了解自己所具备的能力。

（一）能力倾向的含义

能力倾向是一种潜在的素质，是指一个人能够获得新知识、新技能的潜力。能力是能够从事某种工作或完成某项任务的主观条件，它是当时就已经具备的，已经成为了现实；而能力倾向只是一种成功的可能性，而不是已有的水平和现实。能力倾向与能力对人的职业影响有不同的意义，能力影响人在职业上的成就，而能力倾向影响人在职业上的选择。

不同的人具有不同的能力倾向，1983年美国发展心理学家霍华德·加德纳（Howard Gardner）提出的多元智力理论将能力倾向的分类引向深入。他认为人类的智能至少由语言智能、数学逻辑智能、空间智能、身体运动智能、音乐智能、人际智能、自我认知智能7项组成，每个人都拥有不同的智能优势组合。

加德纳的多元智力理论启示我们：对于世界上的每一个人来说，不存在有谁更聪明的问题，只存在不同个体在哪个方面更聪明的问题，即"天生我材必有用"。如果个人能将自己独特的天赋发挥出来，那么，每个人都可以是出色的。

（二）能力倾向测评

能力倾向测评分为多重能力倾向测验和特殊能力倾向测验。西方心理学家开发了许多能力倾向测验，如学业能力倾向成套测验、一般能力倾向测验、飞行能力测验、音乐能力测验、美术能力测验、文书能力测验、机械能力测验等。我国一般职业能力倾向测验也有不少成果。有人已经通过考查被测试者的文字运用、语文推理、数字理解、推理能力、机械工作能力、适应环境、想象力、判断能力、领导能力等方面因素，借以确定被测试者的能力倾向，用于人员的选拔录用工作。

一般能力倾向成套测评

下面的测验包括9个方面的能力倾向测评，每种能力倾向都有5道试题，请你仔细阅读每一道题，并采用五级评分法对自己进行判断（表2-11～表2-20）。

表2-11 一般学习能力倾向（G）

序号	内容	强（1）	较强（2）	一般（3）	较弱（4）	弱（5）
1	快而容易地学习新内容					
2	快而正确地解答数学题					
3	你的学习成绩处于					
4	对课文的字、词、段落、篇章的理解、分析和综合能力					
5	对学过知识的记忆力					
	总分数=∑（每项等级次数之和×等级分数）					
	自评等级=总分数/5					

表2-12 言语能力倾向（V）

序号	内容	强（1）	较强（2）	一般（3）	较弱（4）	弱（5）
1	善于表达自己的观点					
2	阅读速度和理解能力					
3	掌握词汇量的程度					
4	你的语文成绩					
5	你的文学创作能力					
	总分数=∑（每项等级次数之和×等级分数）					
	自评等级=总分数/5					

表2-13 算数能力倾向（N）

序号	内容	强（1）	较强（2）	一般（3）	较弱（4）	弱（5）
1	作出精准的测量					
2	笔算能力					
3	口算能力					
4	打算盘					
5	你的数学成绩					
	总分数=∑（每项等级次数之和×等级分数）					
	自评等级=总分数/5					

表2-14 空间判断能力倾向（S）

序号	内容	强（1）	较强（2）	一般（3）	较弱（4）	弱（5）
1	解决立体几何方面的习题					
2	画三维立体图形					
3	看几何图形的立体感					
4	想象盒子展开后的平面图					
5	想象三维度的物体					
总分数=∑（每项等级次数之和×等级分数）						
自评等级=总分数/5						

表2-15 形态知觉能力倾向（P）

序号	内容	强（1）	较强（2）	一般（3）	较弱（4）	弱（5）
1	发现相似图形中的细微差别					
2	识别物体的细节部分					
3	注意物体的细节部分					
4	观察物体的图像是否正确					
5	对物体的细微描述					
总分数=∑（每项等级次数之和×等级分数）						
自评等级=总分数/5						

表2-16 书写知觉能力倾向（Q）

序号	内容	强（1）	较强（2）	一般（3）	较弱（4）	弱（5）
1	快而准确的抄写资料（如姓名、日期、电话号码等）					
2	发现错别字					
3	发现计算错误					
4	能很快查找编码卡片					
5	自我控制能力（如较长时间抄写资料）					
总分数=∑（每项等级次数之和×等级分数）						
自评等级=总分数/5						

表2-17 眼手运动协调能力倾向（K）

序号	内容	强（1）	较强（2）	一般（3）	较弱（4）	弱（5）
1	玩电子游戏					
2	打篮球、排球、足球等一类活动					
3	打乒乓球、羽毛球运动					
4	打算盘的能力					
5	打字能力					
总分数=∑（每项等级次数之和×等级分数）						
自评等级=总分数/5						

表 2-18　手指灵巧度（F）

序号	内容	强（1）	较强（2）	一般（3）	较弱（4）	弱（5）
1	灵巧地使用很小的工具					
2	穿针眼、编制等使用手指的活动					
3	用手指做一件小工艺品					
4	使用计算器的灵巧程度					
5	弹琴					
	总分数=∑（每项等级次数之和×等级分数）					
	自评等级=总分数/5					

表 2-19　手腕灵巧度（M）

序号	内容	强（1）	较强（2）	一般（3）	较弱（4）	弱（5）
1	用手把东西分类					
2	在推拉东西时手的灵活度					
3	很快地削苹果皮					
4	灵活地使用手工工具					
5	在绘画、雕刻等手工活动中的灵活性					
	总分数=∑（每项等级次数之和×等级分数）					
	自评等级=总分数/5					

表 2-20　职业能力倾向自评等级

职业能力倾向	自评等级	职业能力倾向	自评等级
G		Q	
V		K	
N		F	
S		M	
P			

根据结果对照表 2-21，可以找到你适合的职业（等级数为能力倾向等级，表示从事此职业必须达到的职业能力的最低水平）。

表 2-21　职业能力与职业对照表

职业类型	职业能力倾向								
	G	V	N	S	P	Q	K	F	M
生物学家	1	1	1	2	2	3	3	2	3
建筑师	1	1	1	2	2	3	3	3	3
测量员	2	2	2	2	2	3	3	3	3
测量辅导员	4	4	4	4	4	4	3	4	3
制图员	2	3	2	2	2	3	3	3	3
建筑和工程技术专家	2	2	2	2	2	3	3	3	3
建筑和工程技术员	2	3	3	3	3	3	3	3	3

续表

职业类型	职业能力倾向								
	G	V	N	S	P	Q	K	F	M
物理科学技术家	2	2	2	2	3	3	3	3	3
物理科学技术员	2	3	3	3	2	3	3	3	3
农业、生物、动物、植物学技术专家	2	3	3	4	2	3	3	3	3
数学家、统计学家	1	1	1	3	3	2	4	4	4
系统分析和计算机程序员	2	2	2	2	3	3	4	4	4
经济学家	1	1	1	4	4	4	4	4	4
社会学、人类学家	1	1	3	2	2	4	4	4	4
心理学家	1	1	2	2	2	3	4	4	4
历史学家	1	1	3	4	4	4	4	4	4
哲学家	1	1	4	3	3	4	4	3	4
政治学家	1	1	3	4	4	4	4	4	4
社会工作者	2	2	3	4	4	4	4	4	4
社会服务助理人员	3	3	3	4	4	4	4	4	4
法官	1	1	3	4	3	4	4	4	4
律师	1	1	3	4	4	4	4	4	4
公证人	2	2	3	4	4	4	4	4	4
图书馆管理学家	2	2	3	3	4	2	3	4	4
图书馆、博物馆和档案管理员	3	3	3	2	2	4	3	2	2
职业指导者	2	2	3	4	4	4	4	4	4
大学教师	1	1	3	3	2	3	4	4	4
中学教师	2	2	3	4	3	3	4	4	4
小学和幼儿园教师	2	2	3	3	3	3	3	3	3
职业学校教师（职业课）	2	2	2	3	3	3	3	3	3
职业学校教师（普通课）	2	2	3	4	3	3	4	4	4
内科、外科、牙医医生	1	1	2	1	2	3	2	2	2
兽医学家	1	1	2	1	2	3	2	2	3
护士	2	2	3	3	3	3	3	3	3
护士助手	2	4	4	4	2	2	2	3	2
工业药剂师	2	1	2	3	2	2	3	2	3
医院药剂师	2	2	2	4	2	2	3	3	3
营养学家	2	2	2	3	3	3	4	4	4
配镜师	2	2	2	3	3	3	3	3	3
眼镜商	3	3	3	3	3	3	3	2	3
放射科技术人员	3	3	3	3	3	3	3	3	3
药物实验室技术专家	2	2	2	3	3	3	3	2	3
药物实验室技术人员	2	3	3	3	3	3	3	3	3
画家、雕刻家	2	3	4	2	2	5	2	1	2
产品设计和内部装饰者	2	2	3	2	2	4	2	2	3

续表

职业类型	职业能力倾向								
	G	V	N	S	P	Q	K	F	M
舞蹈家	2	3	3	2	3	4	2	2	3
演员	2	2	4	3	4	4	4	4	4
电台播音员	2	2	3	4	4	3	4	4	4
作家和编辑	2	1	3	3	3	3	4	4	4
翻译人员	2	1	4	4	4	3	4	4	4
体育教练	2	2	2	4	4	4	4	4	4
运动员	3	3	4	3	4	4	2	2	3
秘书	3	3	3	4	3	3	3	3	3
打字员	3	3	4	4	4	3	3	3	3
记账员	3	3	3	4	4	3	3	3	4
出纳员	3	3	3	4	4	3	3	3	3
统计员	3	3	2	4	3	3	3	3	4
电话接线员	3	3	4	4	4	3	3	3	3
普通办公室职员	3	4	4	4	4	3	3	4	4
商场经营管理者	2	2	3	3	3	3	4	4	4
售货员	3	3	3	4	4	3	4	4	4
警察	3	3	3	4	3	3	3	4	3
门卫	4	4	5	4	4	4	4	4	4
厨师	4	4	4	4	4	4	4	3	3
招待员	3	3	4	4	4	4	3	4	3
理发员	3	3	4	4	2	4	3	3	3
导游	3	3	4	3	3	5	3	3	3
驾驶员	3	4	4	3	3	3	3	4	3
农民	3	4	4	4	4	4	4	4	4
动物饲养员	3	4	4	4	4	4	4	4	4
渔民	4	4	4	4	4	5	3	4	3
矿工	4	4	4	4	4	5	3	4	3
纺织工	4	4	4	4	3	5	3	3	3
机床操作工	3	4	4	3	3	4	3	3	3
锻工	3	4	4	4	4	4	3	3	3
无线电修理工	3	3	3	3	2	3	3	3	3
细木工	3	3	4	3	3	4	3	4	3
家具木工	3	3	4	3	3	4	3	4	3
一般木工	3	4	4	3	3	4	3	4	3
电工	3	3	3	3	3	4	3	3	3
裁缝	3	3	4	3	3	4	3	2	3

第四节 价值观与职业

价值观是指一个人对周围的客观事物（包括人、事、物）的意义、重要性的总评价和总看法。这种对事物的看法和评价在心目中的主次、轻重的排列次序,就是价值观体系。价值观和价值观体系是决定人的行为的心理基础。价值观是因人而异的、相对稳定的,也是可以改变的,它是人们职业行为的内驱力。

一、价值观与需要

价值观是人对事物的价值特性的认识。价值观的最终目的在于按照主体生存与发展的需要来有效地配置价值资源,因此人的需求层次结构在根本上决定着价值观的层次结构。不同的人有不同的需求,一个人在不同的时间阶段,其需求也会有相应的变化。

(一)马斯洛需求层次理论

人的需求有不同的层次。美国社会心理学家亚伯拉罕·马斯洛(Abraham Maslow)曾经将人的需求划分为 5 个层次,依次是生理需求、安全需求、情感需求、尊重需求和自我实现需求。这个理论在管理学界广为传播并占据着重要地位。马斯洛的需求层次理论有两个基本点:

(1)人的需求是有层次的,某一层次的需求得到满足后,更高层次的需求才会出现。
(2)某一层次的需求一旦得到满足,便不能再起激励的作用。

不同层次的需求在人们的工作生活中反映出来,就体现为不同层次的价值观(表 2-22)。

表 2-22 不同层次需求与价值观的对应表

需求层次	价值观	
自我实现需求	发展和成长、兴趣、创造、社会意义	精神性价值观
尊重需求	事业与成就、社会地位、声望、自主性	
情感需求	人际关系、团队与合作、友情与关爱	
安全需求	工作稳定、工作环境、社会保险	物质性价值观
生理需求	经济保障、工资待遇、福利条件	

(二)职业生涯满足需求

一个人职业生涯的发展程度,决定着人生需求,特别是高级需求的满足程度。在社会中,人的需求怎样得到满足?怎样才能更好地满足由基本到高级的需求?就是通过职业生涯,即通过从事一个或多个职业来满足人生需求与价值。人的价值是在为社会做出贡献和对自我价值的不断认定过程中来实现的,而这个过程就是职业生涯。

每个人都要认真地想一想:自己一生最高层次的追求是什么?怎样才能更多地实现自己的人生价值?你需要通过什么途径来实现?有人说:"我家里有钱,不愁吃穿,一生无忧。"没错,基本的温饱问题确实得到保障。如果一个人不从事一个或几个职业,只在家里待着,最多满足的是自己吃饭、喝水和安全这些基本的需求,但是他能够满足受尊敬的需求吗?他能够感受到团队中的归属感吗?他能够去发挥自己的潜能,实现自己的人生梦想吗?他能够让别人觉得他的一生是一个求知求美的创造过程吗?事实上很难做到,甚至不可能做到。

二、职业价值观

职业价值观是指人生目标和人生态度在职业选择方面的具体表现,也就是一个人对职业的认识和态度,以及对职业目标的追求和向往。俗话说:"人各有志。"这个"志"表现在职业选择上就是职业价值观。哪个职业好?哪个岗位适合自己?从事某一项具体工作的目的是什么?这些问题都是职业价值观的具体表现。

(一)职业价值观的构成

1. 发展因素

发展因素包括符合兴趣爱好、机会均等、公平竞争、工作有挑战性、能发挥自身才能、工作自主性大、能提供培训机会、晋升机会多、专业对口、发展空间大、出国机会多等。这些职业要素都与个人发展有关,因此称为发展因素。

2. 保健因素

保健因素包括工资高、福利好、保险全、职业稳定、工作环境舒适、交通便捷、生活方便等。这些职业要素与福利待遇和生活有关,因此称为保健因素。

3. 声望因素

声望因素包括单位知名度、单位规模和拥有的支配权力大、行政级别和社会地位高、职业名誉好等。这些职业要素都与职业声望和地位有关,因此称为声望因素。

(二)职业价值观的考查

北京智诺信企业管理咨询有限公司提出了价值观的13大类法,即通过测试量表可以让大学生了解个人职业价值观在利他主义、美感、智力刺激等13个方面的类型与倾向。

职业价值观测试量表

下面有52道题目,每个题目都有5个备选答案(A—非常重要;B—比较重要;C——般重要;D—较不重要;E—很不重要),请根据自己的实际情况或想法,在题目后面圈出相应字母,每题只能选择一个答案。通过测验,你可以大致了解自己的职业价值观倾向。

1. 你的工作必须经常解决新的问题。
   A B C D E
2. 你的工作能为社会福利带来可见的效果。
   A B C D E
3. 你的工作奖金很高。
   A B C D E
4. 你的工作内容经常变换。
   A B C D E
5. 你能在你的工作范围内自由发挥。
   A B C D E

6. 你的工作能使你的同学、朋友非常羡慕你。
   A B C D E
7. 你的工作带有艺术性。
   A B C D E
8. 你的工作能使人感觉到你是团体中的一分子。
   A B C D E
9. 不论你怎么干,你总能和大多数人一样晋级和涨工资。
   A B C D E
10. 你的工作使你有可能经常变换工作地点、场所或方式。
    A B C D E
11. 在工作中你能接触到各种不同的人。
    A B C D E
12. 你的工作上下班时间比较随便、自由。
    A B C D E
13. 你的工作使你不断获得成功的感觉。
    A B C D E
14. 你的工作赋予你高于别人的权力。
    A B C D E
15. 在工作中,你能试行一些自己的新想法。
    A B C D E
16. 在工作中你不会因为身体或能力等因素,被人瞧不起。
    A B C D E
17. 你能从工作的成果中,知道自己做得不错。
    A B C D E
18. 你的工作经常要外出、参加各种集会和活动。
    A B C D E
19. 只要你干上这份工作,就不再被调到其他意想不到的单位和工种上去。
    A B C D E
20. 你的工作能使世界更美丽。
    A B C D E
21. 在你的工作中,不会有人常来打扰你。
    A B C D E
22. 只要努力,你的工资会高于其他同年龄的人,升级或涨工资的可能性比干其他工作大得多。
    A B C D E
23. 你的工作是一项对智力的挑战。
    A B C D E
24. 你的工作要求你把一些事务管理得井井有条。
    A B C D E

25. 你的工作单位有舒适的休息室、更衣室、浴室及其他设备。
　　A　B　C　D　E
26. 你的工作有可能结识各行各业的知名人物。
　　A　B　C　D　E
27. 在你的工作中，能和同事建立良好的关系。
　　A　B　C　D　E
28. 在别人眼中，你的工作是很重要的。
　　A　B　C　D　E
29. 在工作中你经常接触到新鲜的事物。
　　A　B　C　D　E
30. 你的工作使你能常常帮助别人。
　　A　B　C　D　E
31. 你在工作单位中，有可能经常变换工作。
　　A　B　C　D　E
32. 你的作风使你被别人尊重。
　　A　B　C　D　E
33. 同事和领导人品较好，相处比较随便。
　　A　B　C　D　E
34. 你的工作会使许多人认识你。
　　A　B　C　D　E
35. 你的工作场所很好，比如有适度的灯光，安静、清洁的工作环境，甚至有恒温、恒湿等优越的条件。
　　A　B　C　D　E
36. 在工作中，你为他人服务，使他人感到很满意，你自己也很高兴。
　　A　B　C　D　E
37. 你的工作需要计划和组织别人的工作。
　　A　B　C　D　E
38. 你的工作需要敏锐的思考。
　　A　B　C　D　E
39. 你的工作可以使你获得较多的额外收入，如常发实物、常购买打折扣的商品、常发商品的提货券、有机会购买进口货等。
　　A　B　C　D　E
40. 在工作中你是不受别人差遣的。
　　A　B　C　D　E
41. 你的工作结果应该是一种艺术而不是一般的产品。
　　A　B　C　D　E
42. 在工作中不必担心会因为所做的事情领导不满意，而受到训斥或经济惩罚。
　　A　B　C　D　E
43. 在你的工作中能和领导有融洽的关系。

    A B C D E
44. 你可以看见自己努力工作的成果。
    A B C D E
45. 在工作中常常要你提出许多新的想法。
    A B C D E
46. 由于你的工作，经常有许多人来感谢你。
    A B C D E
47. 你的工作成果常常能得到上级、同事或社会的肯定。
    A B C D E
48. 在工作中，你可能做一个负责人，虽然可能只领导很少几个人，你信奉"宁做兵头，不做将尾"的俗语。
    A B C D E
49. 你从事的那种工作，经常在报刊、电视中被提到，因而在人们的心目中很有地位。
    A B C D E
50. 你的工作有数量可观的夜班费、加班费、保健费或营养费。
    A B C D E
51. 你的工作比较轻松，精神上也不紧张。
    A B C D E
52. 你的工作需要和影视、戏剧、音乐、美术、文学等艺术打交道。
    A B C D E

  上面的52道题分别代表13项职业价值观。选择A得5分，选择B得4分，选择C得3分，选择D得2分，选择E得1分。请你根据表2-23中每一项的题号，计算每一项的得分总数，然后在表格下面依次列出得分最高和最低的3项，以此判断自己的职业价值倾向。

表2-23　价值观倾向得分统计与说明表

职业价值观	得分题号	得分合计	工作的目的和价值
利他主义	2, 30, 36, 46		直接为大众的幸福和利益尽一份力
美感	7, 20, 41, 52		能不断地追求美的东西，得到美感的享受
智力刺激	1, 23, 38, 45		不断进行智力的操作，动脑思考，学习并探索新事物，解决新问题
成就感	13, 17, 44, 47		不断创新，不断取得成就，不断得到领导与同事赞扬，或不断实现自己想要做的事
独立性	5, 15, 21, 40		能充分发挥自己的独立性和主动性，按自己的方式、步调或想法去做，不受他人干扰
社会地位	6, 28, 32, 49		所从事的工作在人们的心目中有较高社会地位，从而使自己得到他人的重视与尊敬
管理	14, 24, 37, 48		获得对他人或某事物的管理支配权，能指挥和调遣一定范围内的人或事物
经济报酬	3, 22, 39, 50		获得优厚的报酬，使自己有足够财力去获得自己想要的东西，使生活过得较为富足
社会交际	11, 18, 26, 34		能和各种人交往，建立比较广泛的社会联系和关系，甚至能结识知名人物

续表

职业价值观	得分题号	得分合计	工作的目的和价值
安全感	9, 16, 19, 42		工作安稳，不会因为奖金、工资、调动或被领导训斥等而经常提心吊胆、心烦意乱
舒适	12, 25, 35, 51		将工作作为消遣或享受的形式，追求舒适、轻松、自由、优越的工作条件和环境
人际关系	8, 27, 33, 43		希望大多数同事和领导人品较好，相处愉快、自然，认为这是很有价值的极大满足
追求新意	4, 10, 29, 31		希望工作内容应该经常变换，使工作和生活显得丰富多彩，不单调枯燥

得分最高的三项依次是_____。
得分最低的三项依次是_____。

实训与练习

登录 xcc.ncss.org.cn/jixun，进入西昌学院吉讯测评系统，了解个人的职业兴趣、性格、职业能力倾向。

第五节 环境分析

人们通过奋斗完全可以让职业理想变成现实。大学生应该"心怀感激接受命，积极主动改变运"。"命"是人出生时就已经发生、正在发生和必然发生的事情；"运"是通过自己的努力可以影响、改变的事情，就是历经磨砺，梦想成真。

使职业理想变成现实，需要分析和利用周围的环境，顺势而行，事半功倍。对现存职业环境是否有深刻的认识，关系到大学生能否长期坚守自己的职业价值观，坚定职业生涯的发展方向，建立明确的职业目标和发展路径。

一、职业环境分析

职业环境分析是指大学生需要认清所选定的职业在社会环境中的发展过程和目前所处的社会地位，以及社会发展趋势对此职业的影响，包括职业的发展趋势，职业内涵中的社会分工、专门知识技能、创造财富的方式、报酬水平、满足需求的程度等因素的发展趋势。职业环境分析主要包括社会环境分析、行业环境分析、组织环境分析和岗位环境分析4个层次。

经济的发展和社会的进步，一定会导致社会职业结构的变化。新的职业会出现，还有一些职业会衰退，或是有些职业虽然存在，但其相关属性或内涵已经发生了变化。是否能预测一种职业的发展趋势，是否能预测职业内涵的演化，对一种职业是否有深刻的认识将关系到我们能否在把握职业环境变化的基础上，为自己人生的发展找到或创造适宜的职业平台，有效地规划职业生涯。职业环境分析应从以下几个方面进行。

（1）社会发展趋势对于目前所从事的职业有何需求？

(2) 国家发展战略对于目前所从事的职业有何影响？
(3) 目前你选择的是不是社会越来越需求的行业？
(4) 在此行业里，所选企业是否具有竞争力和发展机会？
(5) 你如何让自己在选择的职业中保持核心竞争力？
(6) 你的职业环境可能的风险是哪些？该如何应对？

二、社会环境分析

所谓社会环境分析，就是通过对社会大环境的宏观分析与把握，了解所在国家或地区的社会、政治、经济、法制、文化环境及其发展趋势，既关心当前的社会运行状况，更关注未来的发展态势，以寻找有利的职业发展机会。

中国正处于近代以来经济社会发展最好的历史时期，经济繁荣，社会稳定，法治化进程不断深入，社会主义市场经济机制基本形成并步入正轨，中华大地充满各种人才成长发展的机遇。但是也要看到，人才的竞争日趋激烈，当前职业发展的社会环境有以下特征。

（一）人力资源是社会发展的根本

中国改革开放取得了巨大成果，市场经济日趋成熟，国有企业改革、改制步伐加快，中小企业、民营企业蓬勃发展，国外公司和资金大量涌入。加入世界贸易组织（World Trade Organization，WTO）之后，中国与国际全面接轨，中国的中小企业和创业者将直面国外企业的人才竞争。因此，人才成为信息社会的第一稀缺资源，大学生作为高端人力资源，有望获得更多更好的职业发展机会。

（二）大学生就业形势依然严峻

首先，大学毕业生人数继续保持较大规模，高校扩招速度未见明显减弱。其次，中国依然是加工制造型的发展中国家，而非知识创新型的发达经济体。目前的产业升级步伐缓慢，创新型国家发展战略进展有限，传统的产业工人依旧是多数企业的需求对象，经济社会发展对于大学生就业的吸纳能力不足。再次，劳动力市场发育尚不成熟，还存在某些体制性缺陷，劳动法律法规的执行刚性不足，劳动力市场表现为"强资本、弱劳动"的失衡态势。

（三）大学生自主择业朝多元化转变

在高等教育大众化背景下，为了应对严峻的就业形势，以尽快找到一份工作，大部分的高校毕业生能够适时地调整职业期望值。在以自我定位为基础，追求自我价值实现的转变中，大学毕业生既向往外资企业、国家公务员、事业单位、国有垄断企业的体制性保障，也开始更多地把目光转向基层、转向中西部地区，以及体制外的民营企业，希望通过职业实践提升自己的职业素养。"公务员热""考研热""先就业、再择业""自主创业""逃离北上广""上岸""跳槽"等多种职业现象出现了，也引发社会的热议与反思。

三、行业环境分析

行业环境分析就是一个人对目前所在行业和将来想从事的目标行业的环境进行分析，包括行业的运作现状、行业目前的优势与问题所在、行业发展的前景预测、国际国内重大事件对该行业生存与发展的影响等因素。

行业环境分析的路径包括以下几个方面。

（一）目前从事行业的性质

你现在从事的是什么行业？是加工制造型行业？还是咨询服务型行业？这个行业在我们国家是怎样一个发展趋势？是一个逐渐萎缩的行业？比如资源耗费大、造成环境污染的小型采矿业。还是一个朝阳行业？比如旅游业、保险业、管理咨询行业等。这个行业是行政垄断行业、自然垄断行业？还是自由竞争行业？是暴利行业？还是薄利行业？是成熟性行业？还是新兴的成长性行业？是高端的科技型行业？还是中低端的传统型行业？……。

（二）企业是否跨行业发展

你所处的企业是在原来的领域发展还是要跨领域发展？企业是否决定跨领域发展取决于以下两点：一是取决于外界环境有没有这样的机遇，这是外部条件；二是取决于企业的内部条件，如有没有相应的人才和资金。有的企业一看保健品赚钱赶紧投资保健品；一看建筑业赚钱赶紧投资建筑业。别人赚了钱不等于你一定也会赚钱。有没有相关的人才和所从事这个行业的专业知识和技能，是决定是否跨行业经营的关键因素。一般来说，欧美企业多为专业化发展，亚太企业则偏爱多元化发展。

（三）国家产业政策解读

政府部门会根据国家宏观经济状况对一些行业发布法规政策，如对一些行业推行鼓励、扶持政策；对另一些行业则予以限制、缩小规模，乃至逐步淘汰。国家政策还可能会对一些地区优先发展，对某些专业人才的培养给予鼓励支持，对某些职业人员给予限制。这些政策对企业和职业的发展都会产生极其重大的影响，尤其是国家发展战略层面的产业政策。

四、组织环境分析

组织环境分析是指一切社会组织的内部环境分析，主要指企业内部环境分析，包括企业在本行业或新的发展领域中的地位和发展前景，以及企业产品或服务在市场上的表现与发展前景，包括企业性质、类型、企业实力、资本构成体系、发展历程与背景、企业领导、人才选拔机制、发展战略、薪酬结构、企业文化和规章制度等因素。

组织环境分析的路径包括以下几个方面。

（一）企业实力

企业在本行业中具备很强的竞争力，还是处于一个很快被吞并的境地？发展前景如何？是不是企业越大，企业越强，生命力就越强？物竞天择，适者生存，在激烈的市场竞争当中不一定是最大的企业就能生存，即不是大者生存，而是适者生存。

（二）企业领导人

企业战略层领导人的抱负及能力是企业发展的决定性因素。企业主要领导层是想捞了钱就走人，还是真的想干一番事业？企业家要做的事主要是找到顾客群，并且制造顾客群，满足顾客的显在需求和激发顾客的潜在需求。一个真正的企业家能够制造顾客群，他的产品和服务就能满足顾客的潜在需求。另外，该领导人的管理风格如何？是以人为本？还是以物为本？有没有考虑员工的职业生涯发展？

（三）企业文化

企业文化是指企业领导所倡导的且身体力行的、得到员工认同和遵循的价值观和行为准则的总和。墙上的标语、公司宣传的口号和领导在大会上讲的那些是企业文化吗？是的，但并不是最本质的企业文化。最本质的企业文化可以到企业的卫生间里去找，到食堂找，到电梯里找，到楼道里找，因为往往是员工私下所说的悄悄话才是企业文化的真实表露，也就是人们常说的"潜规则"，这是最核心的深层文化。"听其言、观其行"，你所在企业的企业文化到底是什么？最根本的价值观是什么？用人制度到底是用人为贤，还是用人为亲？

通过企业分析，能够清晰地认知我们自己对企业发展战略、企业文化和管理制度的认同程度，以及企业组织结构发展的变化趋势与自己有关的未来职务的发展预期的把握程度。每个人都要考虑自己在本企业内实现职业生涯目标的可能性有多大。如果你是刚刚毕业的大学生，在选择目标企业的时候，应该通过多种渠道尽可能多地了解和分析企业的过去、现在和未来；如果你是刚刚就职的新员工，就必须做到韬光养晦，才能有所作为，就是多做事、少说话，多观察、少评论，更多地了解企业文化，更准地把握企业的本质内核。

五、岗位环境分析

岗位环境分析是职业环境分析中最具体化的部分，岗位即我们选择的职业是干什么的，简单说就是职位。对岗位进行环境分析主要是了解该岗位的工作内容是什么，需要具备什么样的素质和能力，在企业部门中的地位和作用如何，工作的同事有哪些，其晋升的渠道是什么，该渠道是否畅通等。对岗位的信息有了详细的了解之后，一方面可以评估自己是否喜欢该岗位；另一方面为就业提前做好心理准备，不至于上岗之后产生较大的心理落差，以至于出现焦虑或倦怠情绪，影响职业生涯发展。

岗位环境分析的路径包括以下几个方面。

（一）分析岗位描述

岗位描述是对岗位的定义、工作内容及具体素质要求的描述。这是岗位的基本内容，是理解一个岗位的最直观方面。包括：这个岗位是什么（岗位的一般定义）？这个岗位做什么（核心工作内容——典型的一天工作的内容）？这个岗位要具备什么（岗位胜任素质）？谁做过和谁从事着这个岗位（过来人的看法）？

岗位分析是对企业各类岗位的性质、任务、职责、劳动条件和环境，以及员工承担本岗位任务应具备的资格、条件所进行的系统分析与评估，并由此制订岗位规范、工作说明书等人力资源管理文件的过程，其中，岗位规范、岗位说明书都是企业进行规范化管理的基础性文件。在企业中，每一个劳动岗位都有它的名称、工作地点、劳动对象和劳动资料。

（二）了解岗位晋升通路

岗位是在职能的基础上根据具体需要而分化产生的，所以在同一部门、同一职位上一定会有多个类似的岗位，而了解这个岗位能为自己岗位轮换、工作转换、升职等带来很大的方便。包括：与这个岗位相关的岗位是什么（拓展发展方向及为轮岗、转换工作做准备）？这个岗位的职业发展通路是什么（岗位的晋升方向）？

（三）明确不同背景下的岗位要求

岗位的通用要求加上不同背景下的岗位理解构成了一个岗位的最终描述，大学生在求职时要特别考虑以下因素：一是不同行业对这个岗位的理解（行业背景下的岗位要求）；二是不同类型企业及企业所处发展阶段对这个岗位的理解（企业背景下的岗位要求）；三是不同领导和上司对这个岗位的理解和要求（人为背景下的岗位要求）。这些因素才是制约大学生在公司发展的关键。

（四）量化个人与岗位的差距

大学生在综合了解岗位要求后，就可以进行差距量化和差距补充了。全面准确地了解自己是量化与岗位差距的前提和基础。差距是可以量化的，如组织能力不强，英语口语不好等。如果差距不进行量化，就不能明确地行动，那么补充也就没有针对性。

思考题

1. 人格特征对职业生涯发展有何意义？
2. 霍兰德职业兴趣理论的主要内容是什么？
3. MBTI 理论是如何解释个人性格在 4 个维度上的偏好的？
4. 能力倾向对职业发展有何影响？大学生应从哪些方面来了解自我能力倾向？
5. 构成职业价值观的因素有哪些？
6. 如何分析职业环境？

第三章 职业认知与决策

导读

列夫·托尔斯泰（Leo Tolstoy）说：理想是指路的明灯。没有理想，就没有坚定的方向，没有方向，就没有生活，理想的实现离不开对职业的合理定位和决策。大千世界，千行百业，书生意气，何去何从？如何准确定位并作出有利于自身长远发展的职业决策，这似乎已经成了一个难题。

要点与要求

通过本章的学习，学生应了解职业的内涵、职业分类概况以及我国劳动力市场的现状；了解职业定位的作用，掌握职业定位的原则及方法；分析自己的决策风格；理解生涯决策有效策略的特征及类型；分析自己的决策 CASVE 循环，掌握职业决策平衡单的使用方法；能应用 SWOT 分析法对自己的职业生涯进行探索分析；对自己感兴趣的职业进行职业前景分析。

案例引入

魏勇，是某大学 2003 届计算机科学与技术专业本科毕业生，毕业时应聘到成都高新区软件园某软件公司做程序员。几个月后，他感觉日子特别乏味，因为晚上经常加班到 12 点，周末也少有休闲时间。后来魏勇辞职去了另一家公司做硬件销售员，由于性格比较内向，不善与人沟通，业绩平平，只能拿到保底工资，而且东奔西跑，不仅辛苦，还饱受冷遇。

后来魏勇听说公务员地位高、收入高、工作稳定，社会上很流行考公务员，于是他辞职加入到"考碗"族中。魏勇努力学习，积极备考，顺利通过笔试后，没想到最后面试被淘汰。

几年时间很快过去了，读研的同学学业有成，做技术的做到了项目经理，做公务员的当了科长，做销售的成了区域经理，有的同学还自主创业开了公司，而自己换了一茬又一茬的职业，快"而立之年"了还在为生存不停地奔波。同学聚会，酒过三巡，魏勇倍感失落，不禁仰天长问，路在何方？

第一节 职业概述

一、职业的含义

职业是指从业人员为了获取主要的生活来源而从事的社会性工作类别,它是由一定人数组成的相对稳定的、从事社会活动的工作门类。职业产生于公众对产品和服务的需要,当社会对某种类型的产品或服务的需要达到一定数量时,就可以给这个类型命名为一个新的职业。

职业具有目的性、社会性、稳定性、规范性、群体性的特征。

职业(Occupation)与工作(Job)、岗位(Professional Position)的含义存在着一些差别。工作是由一系列的相似职位所组成的一个特定的专业领域,如从事教学工作。岗位是和分配给个人的一系列具体任务直接相关的,岗位和参与工作的个人相对应,如张某是某学院的学生工作辅导员。职业是指在不同的专业领域中一系列相似的服务,如教师是一种职业。职业的背景是产业与行业。

二、职业的分类

所谓的职业分类就是根据一定的分类原则、标准和方法,对各种社会职业进行全面、系统地划分和归类。

我国的职业分类结构分成4个层次,即大类、中类、小类和细类(职业)。细类也就是职业,是最基本的类别。2015年修订的《中华人民共和国职业分类大典》将我国社会职业总体结构分为8个大类、75个中类、434个小类和1 481个职业。8个大类具体如下。

第一大类:党的机关、国家机关、群众团体和社会组织、企事业单位负责人。

第二大类:专业技术人员。

第三大类:办事人员和有关人员。

第四大类:社会生产服务和生活服务人员。

第五大类:农、林、牧、渔业生产及辅助人员。

第六大类:生产制造及有关人员。

第七大类:军人。

第八大类:不便分类的其他劳动者。

以上分类是国家制定职业标准、进行职业资格认证考核活动的依据。

除了参考职业分类和职业要求来了解职业、明确职业发展方向、选择目标职业外,大学生还可以根据社会舆论来考察职业本身,如"最赚钱的职业""最热门的职业""职业地位排行榜"等。大学生也可以对职业做形象地描述,如曙光职业、朝阳职业、如日中天的职业、夕阳职业、黄昏职业、流星职业、恒星职业、昨日星辰职业等。

大学生在选择未来希望从事的工作时,不能只看分类中的职业名称,还要充分地挖掘职业信息,既要从"职业"的角度来分析问题,还要从"职位"的角度来思考问题。过分重视目前单位所提供的报酬和环境,而忽视对其他职业信息的探索,不充分考虑个人的职业兴趣、职业能力和职业性格，会限制自己可持续发展的空间。

三、未来职业的发展趋势

（一）国内外职业发展的新趋势

国内外职业发展的新趋势包括以下几个方面。

（1）职业周期缩短，职业本身的变化也在加速。旧的职业在消失，新的职业在涌现，职业更新的速度不断加快。劳动者就业选择权越来越得到承认和落实，就业实现自主化。

（2）不同类别的职位数量、比例不断变化，第三产业中的职位数量不断增加。社会经济组织数量增多，形式多样，劳动关系、劳动内容、劳动形式也随之多样化和灵活化。

（3）未来职业对从业人员的知识经验、技能、能力的要求越来越全面，职业综合化趋势明显。职业人需要不断地"充电"，补充工作岗位对新知识、新技能的要求，防止"人才折旧和贬值"。

（4）职业岗位对专业技术水平的要求越来越高。职业劳动的知识含量大大增加。体力劳动比重下降，脑力劳动比重增加，出现知识智能化等特点。

（5）职场竞争会加剧，职业危机更明显。员工在一个企业里"从一而终"的现象将再难出现，从业人员更换多家单位已成常态，职业的流动性呈加速化趋势。

（6）就业岗位与国际接轨。全球经济一体化大势所趋，发达国家的职业管理模式、职业种类、职业劳动技能、工具、手段会大量渗入我国，跨国公司、外商独资公司、合资公司会大量出现，并提供了许多国际规范的职业岗位。出国就业也有更广阔的发展前景，尤其"一带一路"构想提出以后。

（二）职业的发展形式

经济的全球化和科学技术日新月异的发展不仅改变了整个世界的面貌，也改变了人们的工作和生活方式，并对职业的发展产生了巨大的影响，很多职业的工作方式也在改变，职业呈现出新的发展形式。

（1）全职工作。这是传统的工作观念，指在一个或大或小、稳定的单位里面为同一雇主连续工作。每周工作40小时或以上的永久性全职性工作，有长远的职业发展和稳定的收入待遇。

（2）兼职工作。兼职工作是指一个人同时兼有2个或以上的独立的工作角色。工作环境具有多样性、灵活性和变化性，但是工作需要不断地更新自我技能。

（3）自由职业者。自由职业者是一种个人的经营模式，不属于某个固定的组织。他可以自由地决定工作时间和服务对象，根据工作成果来获得报酬。

（4）自我创业。做企业家，雇用其他人经营企业，具有高风险、高回报的特点。企业家重视独立、刺激和成功，具有很好的控制内在因素的特质，很能容忍不确定的状态。

不同职业的工作时间也出现了多种形式。有固定工作时间制、弹性工作时间制、轮班工作制、流动工作制、远程办公、自由工作时间制。

四、职业化与职业资格

（一）职业化

职业化（professional）就是职业素养的专业化，职业化是专业的、职业的、专业人员、职业人的意思。职业素质在职业化进程中起着核心作用。

职业化是指精于业务。首先，专业化是职业化的基础；其次，要理性地对待工作，喜不喜欢的事都要认真做好，并且要学会喜欢所做的事情，这才是一个职业人成熟的心态。良好的职业心态是事业成功的基础。

进行职业化，就是要求自己必须具备职业道德、职业精神、职业心态、职业习惯、职业形象，必须具备了解自我、制定适合自己的职业规划、能够根据时间环境的变化适时调整自己职业目标的能力。

（二）职业资格

某一职业对必备知识与技能的基本要求称为职业资格。职业资格包括从业资格与执业资格。从业资格是指从事某一专业（职业）学识、技术和能力的起点标准。执业资格是指政府对某些责任较大，社会通用性强，关系国家、社会公共利益的专业（职业）实行的准入控制。

职业资格与学历文凭不同，学历文凭是一个人接受教育的年限、文化程度和学业程度的证明，是由教育部门颁发；而职业资格是一个人能否胜任某一职业的证明，是由人力资源和社会保障部门或其委托的部门颁发。它是劳动者进入劳动力市场，实行就业准入控制，持证上岗，与工资待遇相对应，与养老保险、医疗保险相衔接，实施劳动监察、劳动合同签证的有效证件。

职业资格分别由国家人力资源和社会保障行政部门通过学历认定、资格考试、专家评定、职业技能鉴定等方式进行评价，对合格者授予国家职业资格证书。

大学生有可能涉及以下三大系列的职业资格。

1. 人力资源和社会保障部门认定的国家公务员职业资格

公务员指各级国家行政机关除工勤人员以外的工作人员。国家公务员的录用考试采取笔试和面试相结合的方式，主要测试公共基础知识、专业知识水平，以及其他适应职位要求的业务素质和工作能力。

2. 人力资源和社会保障部门认定的专业技术人员职业资格

在专业技术工作领域实行专业技术人员职业资格证书制度。专业技术人员的从业资格通过学历认定或考试取得。专业技术人员在普遍实施从业资格的基础上，不少职业还开始推行执业资格，如注册土木工程师、注册会计师、注册税务师等。执业资格考试由国家定期举行，采用全国统一考试形式。

3. 人力资源和社会保障部门认定的技术工作职业资格

以技能为主的职业资格鉴定，由人力资源和社会保障部门委托职业资格鉴定站（所）组织，是一项基于职业技能水平的考核活动，分为知识要求考试和操作技能考核两部分。采用笔试和现场操作形式。有些涉及人身安全的工作，需有关行业主管部门核发"上岗证"，如汽车驾驶员、电工等。

第二节 职业世界

一、我国单位、行业与劳动力市场

职业是根据工作的特征来确定的。职业属性是一份工作的第一属性，单位是第二属性。

单位是为了完成某种特定目标，而将许多不同职业的人组织在一起。在一个单位里存在很多种职业，同一职业存在于多个单位中。

职位包含了职业和单位两个维度的信息，是职业与单位两个维度的交集。单位构成行业，行业构成产业，产业决定了劳动力市场的基本结构。

（一）单位

单位也叫组织，是为了达到特定的目标而故意建构、重建的社会单位。

1. 单位的类型

根据不同单位的工作目标我国的单位可分成以下几类。

（1）政府机关，是指各级党委和政府行政管理机构。包括中央和地方各级党委、政府、人大、政协、人民法院、人民检察院等管理机构。

（2）事业单位，是指不以营利为主要目的，接受国家财政支持，但不履行行政管理职能，不从事独立经营而从事为社会服务的工作单位。

（3）企业单位，是以营利为目的，进行生产经营，为社会提供产品和服务的经济组织。

（4）社会团体，是社会上各种群众性组织的总称，如红十字会、环保组织等。

2. 单位的组织结构

组织结构可以看成是组织部件的排列组合。组织结构可以从组织结构的复杂性、规范性和集权程度3个角度来考察。

复杂性可以从垂直方向的层级数和水平层面的部门数来衡量。管理层级越多，职能部门越多，单位就越复杂。

单位的规范性程度显示了决策者对组织成员的管理，涉及单位对成员个人的控制。员工自由过少，就会感到受压抑、异化和"官僚化"，会为遵守规则而遵守规则。员工自由过多，行为则可能会反复无常，违背组织意图，甚至违反组织纪律。

集权指组织内部权力的配置。组织中参与决策的群体数目越小，层次越少，集权程度就越高。

3. 组织文化及类型

组织文化是指由单位的战略目标所决定的，被广大员工内心认同的价值观，并在行为上表现出来的行为方式，是一个单位内一系列习惯、习俗的总称。组织文化往往表现为员工普遍的价值观、思维方式、风格、评价标准、传播和行为方式。

（1）政府及国有事业单位的组织文化：官本位色彩深厚，管理体制庞大，决策机构复杂，形式化的程序较多，重视正式化、规则、标准操作程序和等级协调的组织文化。强调规定，照章办事，员工的任务、职责、工作流程和方法都有较为明确的定义，按"规定"办事。注重资历，人情味较重，工作非常稳定，一般工作强度很轻，普通员工压力很小，职业发展极度依靠个人修养，依靠人际网络，依靠人际洞察力。

（2）学校和科研单位的组织文化：整体文化氛围自由，以自律为主，他律为辅，要求人的自觉性较高。人际关系相对简单，业绩考核几乎没有强制，靠良心工作，成绩和他人评价主要依赖于人自身的基本素养和努力。

（3）传统国有企业的组织文化："国"字号、"中"字号大型企业资源优势较明显，使命一般较为抽象，经营理念内容较多。说教式的会议较多，人际关系较复杂，人情味浓，比较看重论资排辈，做人一般重于做事。工作一般很稳定，工作强度较轻，压力较小。办事程序较多，做一件事需要很多人签字批准，采取集体负责。或明或暗的派系在多数地方存在，越级、跨部门指挥人的现象比较普遍。在传统国有企业里，职业发展首先要学会做人。

（4）传统民营企业的组织文化：企业文化的家族色彩最重，企业的使命、核心业务随机性很强，人治色彩较重。经营的总体规范程度较低，部分企业社保福利不一定齐全。非常强调做事能力，要求员工是多面手，强调实用、成效，工作强度相对最大，压力不一定很大，加班情况往往非常多。个人发展的机会不确定性因素较强，主要依靠老板眼中的"忠诚可靠"。

（5）新型民营企业的组织文化：企业发展速度较快，管理制度相对不够成熟，有时职责分工不是很明确。小的公司一人要身兼数职，临时性工作较多，考核以业绩为导向，就事论事，人际关系相对简单。在企业发展机会多、空间大，主要靠能力和业绩。

（6）欧美外企的组织文化：管理理念一般比较清晰、可操作性强，依靠完整的流程体系贯彻理念，一切均有章可循。管理风格上职责分工明确，功过比较清晰。管理制度相对成熟和完善，压力较大，收入高，保险齐全，人情味较淡，强调个人奋斗，鼓励个人发展。企业使命可操作性强，对日常工作指导力度大，企业的核心任务就是股东利益最大化。职业发展多靠能力和业绩。

（7）东亚地区外企的组织文化：管理理念一般比较清晰、可操作性强，但执行时往往有些潜规则，特别是中小型企业人治味道较重。决策有一定的民主机制，但家长作风通常较重。工作强度较大，压力较大，加班往往非常多。强调集体，不太突出个人能力。部分企业有家族色彩，对规范、细致、礼仪有较高要求。寻求职业发展要有一定的策略，不仅仅凭能力和业绩。

（二）行业与产业

1. 行业与产业

不同的行业在我国有着不同的发展前景，有的如旭日东升，有的像夕阳西下。了解单位所属的行业和产业，了解行业的发展前景是职业探索和定位的重要内容。

行业是指从事相同性质活动的所有单位的集合。行业领域反映了职业的工作门类和工作单位性质。我国2017年颁布了新的国家标准《国民经济行业分类》（GB/T 4754—2017）。新标准将国民经济行业划分为门类、大类、中类和小类4级，共有20个行业门类、96个大类、396个中类和913个小类。20个行业门类是：A. 农林牧渔业；B. 采矿业；C. 制造业；D. 电力、热力、燃气及水生产和供应业；E. 建筑业；F. 批发和零售业；G. 交通运输、仓储和邮政业；H. 住宿和餐饮业；I. 信息传输、软件和信息技术服务业；J. 金融业；K. 房地产业；L. 租赁和商务服务业；M. 科学研究和技术服务业；N. 水利、环境和公共设施管理业；O. 居民服务、修理和其他服务业；P. 教育；Q. 卫生和社会工作；R. 文化、体育和娱乐业；S. 公共管理、社会保障和社会组织；T. 国际组织。

产业是行业的集合，是对经济活动最基本的描述即各种生产、经营事业。产业是根据社会生产活动发生的顺序对其进行划分，我国按国际通用方法把产业分为3个大类：第一产业、第二产业、第三产业。产品直接从自然界取得的行业称为第一产业，包括农、林、牧、渔业；对农业等初级产品进行加工，为社会提供各种生产资料和生活资料的行业称为第二产业，包括采矿业、制造业、电力、热力、燃气及水的生产和建筑业等；为生产和消费提供各种服务的行业称为第三产业，第三产业包括除第一、第二产业以外的其他行业。

现在第一产业的劳动生产率逐步提高，就业数量比例不断减少，呈现高科技、深加工的特点，新型职业岗位要求"少而精"，知识、技术含量高，对从业者的技能素质要求高。从工业社会的中后期起，随着科技的迅猛发展，第三产业的从业人数和产业份额进一步加大，新职业大量出现，职业层次中出现若干大的"高新第三产业"职业群，新兴产业正在逐步形成，这也是产业发展的总体趋势。

目前我国作为"世界工厂"，制造业仍旧是一大支柱产业，它正从"制造"朝"智造"发展。第三产业在整个经济结构中的比重还远远低于发达国家。发达国家的第三产业产值一般占国内生产总值（Gross Domestic Product，GDP）的2/3，信息服务业已成为一些工业发达国家的主导产业，第三产业的从业人员接近总就业人数的70%。2014年，我国第三产业增加值占GDP比重继续提升，达到48.2%，高于第二产业5.6%，这意味着中国经济正在由工业主导向服务业主导加快转变。第三产业的发展将是我国经济发展的重心所在，也必将是未来劳动力需求量最大的产业。

2. 21世纪我国的一些热门行业

进入21世纪，我国已经或将成为热门行业的有信息产业、生物工程、制药与保健品生产业、金融业、经贸行业、建设业、现代生活产品制造业、科学技术业、环境科学业、教育产业、健康产业、社会服务业、社会管理业、文化与生活休闲业、知识产业等。

（三）劳动力市场

1. 劳动力市场的含义

劳动力就是个体作为一个劳动者所具备的劳动能力，是个体的体能、知识、技能、品德、性格、态度等多方面特性的综合。

劳动力市场是在符合相关法律要求的前提下，劳动力的需求者和提供者之间自由、自愿地对劳动力进行买卖，实现劳动力资源合理配置的机制。

某种类型劳动力的供求状况也就是稀缺情况决定了某类型劳动力的市场价值。例如，英语人才的市场价值较往年相比就在降低。

2. 我国劳动力市场的现状与存在的问题

我国劳动力市场现实供给的构成主要来自3个部分：每年新增的劳动力、现有的下岗失业人员、农村剩余的劳动力。自从"十一五"以来，这三部分的总和每年都在2 500万人左右。

传统产业如农业、采矿业等就业人数大幅下降，第三产业的就业人数大幅提高。服务业已经成为国家吸纳就业的主要渠道。

就业的结构性矛盾突出，不是因为缺乏就业机会，而是合格的劳动力不足。高级技术人才和高级管理人才尤为短缺，并对我国的教育体制提出了严峻挑战。《北京软件与信息服务外包产业研究报告》就指出，传统的高等教育过度注重基础知识和理论培养，输出大量的"研究型"人才，但企业需要的是职业素养较高的"工程型"人才。"有的人没活干，有的活没人干"现象严重突出。

3. 影响劳动力市场发展变化的因素

（1）经济形势的影响。短期内对劳动力市场影响最大的因素是经济形势。经济繁荣则失业率低，劳动力需求旺盛，价格也相对较高。产业升级或者支柱产业转型也会对劳动力市场带来结构性的改变。

（2）政策方面的影响。人口政策、经济政策、户籍政策等都影响劳动力市场发展变化。

（3）科技对劳动力市场的影响。科技改变了人们的生活方式、工作方式，同时也深刻影响了劳动力市场。

（4）教育、培训的影响。它对劳动力市场的影响主要体现在改变劳动者的结构，更新他们的知识结构，提升工作技能。例如，高校密集地的城市发展知识密集型经济成为可能，规划不当也可能人为造成结构性失业。

（5）经济全球化的影响。全球100多个国家加入了WTO，按照规定的贸易规则在全球内做生意，各种贸易壁垒逐渐被打破，地球逐渐变成了一个"地球村"。信息化、全球化时代使得国际人才竞争加剧。

二、职位信息

（一）工作内容

工作内容是职位信息最关键的部分。入职前需要明确地知道进入职位后该做什么、如何做、做到什么程度。具体来说要考虑该工作的直接对象以及其他所需的活动对象，工作的任务及责任，工作所需的设备，工作量，作息时间，加班情况以及出差等情况。

（二）工作环境

工作环境尤其是社会环境的好坏，对于当代求职的大学生来说，是直接影响到去留的问题。在职场中，性格和工作环境的匹配越来越受到人们的重视。工作环境主要分社会环境和物理环境。社会环境包括人际关系、工作气氛、学习氛围、领导管理方式与风格等，物理环境主要指工作的空间环境和工作所使用的设施等。

（三）工作报酬

工作报酬是员工用时间、劳动努力获得的回报，包括物质的报酬和非物质的报酬。物质报酬有工资、奖金、津贴、各种福利、假期等。非物质报酬包括了乐趣、自信和成就感等内容。现代人越来越重视非物质报酬，经济学中著名的"雷诺尔雪山效应"现象就是非物质报酬的典型案例。

（四）入职条件

入职所需的条件包括受教育程度，学历和专业水平，资格、水平及经验，性格和能力要求等。不同的职位对性格和能力有不同的要求，聘用时可能更看中专业技能，但是随着工作的长期发展，个人的一般能力和内在素质将会起到举足轻重的作用。

第三节 职业定位

一、职业定位的作用

目前工作世界中有2万多种职业，对于大多数人来说，都有多种职业适合他们。但是没有哪一种工作能够完全满足一个人所有的需要，所有的工作都有它的优势，同时也有令人遗憾之处。很多人问：我学的专业对应什么职业？其实许多专业之间是可能变通的，许多技能是可以迁移的，同一个专业可以从事多个职业群。大学生应该了解和自己专业直接和间接相关的职业群有哪些，学习专业知识的目的是帮助大学生更好地发展自己，而不是限制人的发展。

职业定位准确才能充分发挥自己的能力与特长，才能在自己规划的道路上持续地发展，也能够集中优势资源排除外界的干扰，朝着自己的预定目标发展。很多人常说"机遇总是偏爱有准备的人"，然而"准备总是事先做出来的"。

职业定位是自我定位和社会定位两者的统一，只有在了解自己和了解职业的基础上才能够给自己作出准确的定位，做到"知己知彼"。"知己"就是要认识自己与了解自己，要全面了解自己的性格、气质、兴趣、能力、特长、情商、价值观以及职业倾向等。"知彼"就是要了解外部的环境，充分了解社会的需要，结合社会的发展，全面获取目标行业的职业信息，并对信息进行分析，包括行业发展方向、前景、存在的机会，单位环境与发展战略，职业的工作内容，对知识、技能、经验、性格有什么要求，具体的工作环境、工作角色以及晋升发展的机会等。同时还要了解自己和职业要求之间的差距，从而选择出最适合自己并且最可能持久的方向作为我们的目标。根据自己的最佳才能、最优性格、最大兴趣、最有利的环境等信息来设定目标，化"被动就业"为"主动择业"，找到真正适合自己的职业。

二、职业定位的原则

(一) 择己所爱

尊重自己的兴趣。从事一项你喜欢的工作,工作本身就能给你一种满足感,你的职业生涯也会从此变得妙趣横生。

(二) 择己所长

任何职业都要求从业者必须要掌握一定的技能,具备一定的能力条件。职业不同,对技能的要求也不一样,任何一种技能都是经过一定时间的训练后才能被劳动者所掌握的。而人的生命和精力都是有限的,因此选择职业时要择己所长,扬长避短,尽量选择优势冲突较少的属于自己的优势行业,这就是所谓的"错位竞争"策略。

(三) 择世所需

社会的需求不断变化着,旧的需求可能消失,新的需求又不断产生。职业的存在就是为了满足人类的需求,因此在职业定位时一定要分析社会的需求,择世所需,高瞻远瞩。要能够准确预测未来行业或职业发展的趋势,以及长久发展的潜力。

(四) 择己所利

职业是一个人谋生的手段,是谋取人生幸福的途径。职业中的"收益最大化原则"就是指从由收入、社会地位、成就感和付出等变量组成的函数中找到一个最优值,在"舍与得"之间有效地平衡,以利益最大化原则权衡利弊,充分考虑自己的利益。

(五) 择己所向

随着阅历的提高、学识的增长、志趣的转移,我们对自己的职业生涯会有新的认识并作出相应调整。职业受社会各种因素的影响,也在不断地变化。职业生涯规划为我们设计出合理可行的发展方向。在职业生涯的道路上,重要的不是现在所处的位置,而是下一步前进的方向。

三、职业定位的方法

所谓职业定位,就是从行业范围、就业岗位、就业地点 3 个角度分别进行职业的定向、定岗、定点。

1. 定向:就业的行业范围

通常情况下,职业方向由本人所学的专业确定。但现实的情况是学非所用、用非所学,专业不对口的情况比比皆是。在这种情况下,大学生就需要认真考虑,选择适合自己的行业。

2. 定岗:就业的岗位

择业前要对自己的水平、能力、薪资期望、心理承受度等进行全面分析,作出较准确的定位。既不好高骛远，也不妄自菲薄，从基层做起、从基础做起，逐步积累经验，循序渐进，对人的一生都会有好处。

3. 定点：就业的地域

毕业后发展地点选得准，有助于自己在一个地方、围绕一个职业长期稳定发展，对自己的资历和经验都有益。而频繁更换地点、飘忽不定，则对大学生职业生涯成长弊多利少。

四、职业定位的误区

误区一：定了位就失去了很多机会。很多人认为职业定位是限制选择的范围，于是花很多精力考取各种甚至不相关的证书，"海投"简历，认为这样被录用的机会更多。实际上这种毫无目的地、漫天撒网的方式看似机会众多，实则徒费精力，还不如有的放矢，集中精力去挖掘那些真正有实质性的目标机会。

误区二：定位会使人僵化，限制发展空间。定位不是"一选定终身"，它不是一成不变的，是动态发展的。自身环境在变，外部因素在变，职业定位也需要及时调整。定位是让人找到自己最适合的位置，绝不是限制人的发展。

误区三：不想当元帅的士兵不是好士兵。其实在现实生活中"元帅"的职位很少，况且每种职位对具体能力的要求也是不同的，并不是谁都适合。最好采用 SMART 原则[①]来辅助定位，一切从实际出发，要切实可行。自己最适合的才是最合适的。

误区四：自己定位可能不准，要请资深人士来做。我的前途谁做主？做策划的确需要时间和精力，而且有时对自己还是一件残酷的事情。但是真正知道你内心想做什么、喜欢做什么、能做什么、适合做什么的人只有你自己，专家的建议仅供参考，绝不能代替你做决定，最终你的道路还是要靠你自己去走。

误区五：别人的工作比自己的工作好。这山望着那山高，总是觉得别人的工作更理想，很多人因此频繁跳槽，毫不考虑退出成本造成的损失。到了新的工作岗位才发现又需要面对一套新的竞争机制，新的矛盾和挑战等新情况。要客观分析自己的工作，要有现实的态度，不能靠直觉、情绪等非理性信念随意定位。

案例 3-1

王佳是某重点大学法律专业的学生，聪明伶俐、办事干练。毕业后进入律师事务所做了律师，成了令人羡慕的白领。虽然工资待遇和工作环境都不错，也没什么太多的烦心事，但小王觉得在这里做事按部就班，工作环境气氛比较沉闷，与自己开朗的性格有些不协调。

在经商朋友的劝说下，王佳辞职去了房地产公司。可是没多久，小王发现营销工作不是自己的能力优势，巨大的工作压力让她发现自己更适宜在机关单位工作，而此时她还发现，其实自己很擅长处理行政机关的人际关系，比如自己外向活泼的性格就特别受到原来同事的喜爱。现在王佳真是后悔不已，进退两难。

[①] SMART 原则：目标必须是具体的（Specific）；目标必须是可以衡量的（Measurable）；目标必须是可以达到的（Attainable）；目标是要与其他目标具有一定的相关性（Relevant）；目标必须具有明确的截止期限（Time-bound）。

第四节 职业决策概述

一、职业决策的概念与意义

决策（Decision-making）是一种选择行为，是指个体将相关数据或信息加以组织和整理后，在许多可能的备选方案或项目中，经过主观评估、选择、确定、承诺并付诸实施的一个循环发展过程。

职业决策（Career Decision-making）综合了个体的自我认识、对教育与职业等外在因素的判断以及在面临生涯抉择情境时所作出的各种反应。其基本的构成要素包括：①决策者的个人目标；②可供选择的方案和结果；③对各个结果的评估和评价。

智者说："人生的道路很漫长，但关键的只有几步。"只有拥有合适的职业，大学生毕业后才能够充分发挥自己的聪明才智，成就一番事业，立于不败之地。职业决策是人生必经的门槛，是大学毕业生必须面对的人生关键的一步。大学生只有掌握科学、有效的职业决策方法，才能作出合理的职业选择。当前，大学生在就业过程中存在着明显的区域性流向特征，职业选择的随意性较大，更多地关注工资待遇等外在要素，择业缺乏科学性和主动性，没有明确的职业目标，面临职业选择时无所适从，既不知道企业需要什么样的人才，也不清楚自己要找何种工作，始终处在被动就业状态。因此，针对大学生职业选择过程中存在的各种典型问题，加强职业生涯规划教育，使其深刻地认识自我和职业，形成科学、成熟的择业观，提高其职业决策能力等，具有重要意义。

二、职业决策理论

（一）决策风格

决策风格（Decision Style）是指决策的习惯和方式，而不涉及决策的内容和目的。决策风格直接影响决策的效率和效果。有些人倾向于依据逻辑分析进行决策，在搜集了大量信息的基础上，经过严密推导再做决定。如果有充分的时间，这种人往往能够作出有效的决策，但这种决策的效率不高，如果时间比较紧迫，那就很有可能失去良机。有些人具有敏锐的洞察力，能够在纷繁复杂的环境中迅速抓住一些主要环节，果断地作出决策，但有时会由于考虑不周而造成损失。决策风格的形成往往与决策者的年龄、心理素质、知识、经验、阅历、性格、习惯等因素有直接关系，还受到决策者所处社会环境和时代特点的影响。上述诸多不同的因素，使决策者对待决策的态度和方法也各有不同，久而久之，就形成了不同的决策习惯和决策风格。

陶菲克·哈伦（Tewfik Harem）和弗瑞德·伦恩伯格（Fred Lunenburg）考察了决策风格和决策结果满意度之间的关系后发现，决策风格和决策结果的满意度之间有一定相关，决策风格对决策效果、决策效率有非常重要的影响。因此，大学生很有必要清楚地了解自己和他人的决策风格。

（二）有效策略的特征及类型

哈伦认为，职业决策策略能够反映一个人稳定的品质特征与行为风格，而非单纯的品质特征和行为风格。因为个体完全具有自主选择策略的能力，他们会在不同情境下选择使用不同的决策策略，甚至在具体情境下还倾向于组合使用几种策略。

1. 职业决策有效策略应具备的特征

（1）信息数量的多少。

（2）全面性或选择性：全面性是综合分析所有的已知信息；选择性是聚焦于相对重要的信息。

（3）基于职业或基于职业特征：基于职业是对多个职业进行纵向的整体比较和评价；基于职业特征是对所备选的职业的某个方面进行横向比较和评价。

（4）补偿性或非补偿性：当一个职业的某个特征可以弥补另一个职业特征的不足时，该职业特征就具有补偿性功能。这是择业者对多个职业特征的一种权衡。如果职业决策者不采用这种弥补与权衡则称为非补偿性。

2. 生涯决策有效策略的类型

（1）加权策略：根据偏好赋予职业特征一定的权重，比较每个职业的各个特征加权之后的总分，选择得分最高的职业。

（2）满意策略：按一定顺序对每个职业进行审视，这种顺序会直接影响决策的结果。如果发现一个职业的各个方面都能达到自我期望，个体将作出选择这个职业的决定。

（3）排除策略：择业者往往对某些职业特征有一些期望，选择时，首先去除那些不能满足某个特征最低期望值的职业，然后再去除不能满足另一个特征最低期望值的职业，按此方法对各种备选职业逐个进行评价，直至只剩下一个最符合各个特征期望的职业，作为最终选定的职业。

（4）优劣势策略：该策略为每个职业特征设定一个分界点，在此分界点之上的备选职业记为正，在此分界点之下的记为负。择业者对各个备选职业进行评价，正号最多的职业将被选中。

三、影响职业决策的因素

职业决策是个复杂的过程，影响它的因素有很多，既有外在的，也有内在的。著名的职业辅导理论家约翰·克朗伯兹（John Krumblotz）将影响个人职业决策的因素划分为4类。

（一）遗传和特殊能力

遗传和特殊能力，即个人得自于遗传的一些特质，如种族、性别、外表特征、智力、个人天赋等，在某种程度上决定了个人的职业表现或影响到个人的职业生涯。例如，在现阶段的大学生就业中，性别因素仍然不可否认地影响到求职者是否有机会参与面试和被录用，而身高、体形、健康状态等先天条件在诸如模特、文艺工作者、军人等职业的招募中也占据了重要的地位。

（二）环境和重要事件

环境和重要事件包括人类活动（如社会、文化、政治、经济活动，家庭、教育活动）的影响和自然力量（如自然资源的分布或自然灾害，如地震、洪水以及干旱）的影响。很显然，家庭的社会经济地位（偏远农村还是沿海城市，是否贫困家庭）、家庭对于个人的期望（如是否重视教育）、所在地区的教育水平等，都会在很大程度上影响到个人的求学背景和发展机会。而像改革开放这样重大的社会政治经济变革，也极大地改变了中国社会中千万人的人生轨迹。

（三）学习经验

这里所说的"学习"是广义的学习，即每个人在日常生活中不断积累的经验和认识。例如，一个孩子在与小伙伴玩耍的过程中，发现如果自己愿意与伙伴们分享玩具，别人就会更乐意和自己玩。那么，这个孩子可能由此学到了"分享""合作"。如果父母总是为自己的孩子包办代替一切，不允许他有自己独立的想法或喜好，那这个孩子就学到了"不负责任"。这样的孩子到该独立进行职业决策的时候，就很难承担决策的责任，也没有自己的主见。由此可见，每个人在其成长过程中都积累了无数的学习经验，个人的学习经验是独特的，而这对于个体的职业生涯选择又具有重要的影响。一个人是自信还是自卑、敢于冒险还是畏惧变化，他怎样看待他人，他对教师、医生、警察等各种职业有什么印象，他更看重工作带来的成就感还是与家人相处的时间……这一切，无不与个人的学习经验有关。

（四）任务取向的技能

受到上述种种因素的作用，个人在面临一项任务时，会表现出特定的工作习惯、解决问题的能力、心理状态、情绪反应和认知的历程，这称为"任务取向的技能"。例如，面对找工作这件事，同一个班里的学生都没有经验，都感到犯怵。但其中有的人可能会积极地面对困难，会想到利用学校就业中心所提供的各种信息和资源（如选修职业生涯规划课程、听讲座、参加学校组织的各种考察实践活动等），向自己的亲友、老师和高年级的同学请教，之后会开始探索和思考自己的兴趣、能力，并着手联系实习的机会。这样，当他们到了大四的时候，已经对自己和劳动力市场都有了相当的认识，也积累了不少的信息和资源，可以说是胸有成竹了。而另外一些学生则一味地拖延，不去面对困难，直到大三或大四时才开始着急，或寄希望于自己的某个亲戚能够帮助找一份工作，或埋怨学校不帮助毕业生联系就业单位，最后草草找到一个职位了事。在这个过程中，不同的人所表现出来的心态、习惯和能力，其实反映了他们不同的任务取向的技能。

在克朗伯兹所说的这 4 类影响职业决策的因素中，前两类因素（遗传和环境）通常都在个人的控制之外，而后两类（学习经验和任务取向的技能）则是个人在成长过程中可以不断积累和更新的。克朗伯兹认为：上述 4 种因素交互作用的结果，形成了个人对自我和世界的推论或信念（Self-observation Generalization/World-view Generalization）。这些推论不一定完全正确，要视个人的学习经验是否丰富而定。

第五节　职业决策的模型与技术

一、CASVE 循环

在进行重大决策时，为了减少风险，尽可能充分地考虑到决策所涉及的多方面因素。我们推荐使用计划型（Planning）决策，它由沟通（Communication）—分析（Analysis）—综合（Synthesis）—评估（Evaluation）—执行（Execution）5 个步骤构成，其英文缩写为 CASVE 循环（图 3-1）。图 3-2 是决策时每个技巧如何以个体思考自己和职业的方式来呈现。

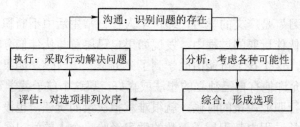

图 3-1　职业决策的 CASVE 循环过程

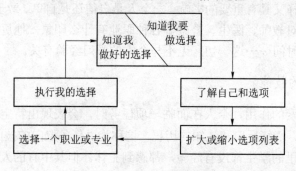

图 3-2　职业决策指导

（一）沟通

沟通是生涯决策过程的首要阶段。这是个体意识到"我需要作出一个选择"的阶段。此阶段的主要任务是个体通过接触各种内部、外部信息，找到理想与现实之间的差距。个人如果没有意识到自己的需要，则后面的步骤都无从谈起。

（二）分析

分析是生涯决策过程的第二阶段。这是个体了解"我自己和我的各种选择"及对所有信息进行分析的阶段。这当中还包括确认要作出的决定——决定的性质、具体的目标、决策的标准等。不少人将目标与达成目标的手段混淆，比如为了学历而读书，但实际上学历只是手段，就业才是最终目的。可以说，分析是决策过程中最容易出现问题的阶段。许多人倾向于用简单化的方式得出结论，直接跳到行动步骤，而未能真正弄清问题的关键，也未能收集充足的信息。

（三）综合

综合是生涯决策过程的第三个阶段。这是个体"扩大或缩小我的选择清单"的阶段。在分析的基础上，个人形成可能的解决方法并进一步收集相关信息，确认自己的选择。这里需要注意的是，不要在没做探索之前就匆忙决定，这样会将自己的选择面限制得很窄。

（四）评估

评估是生涯决策过程的第四个阶段。一般来说，评估阶段要遵循以下程序。

（1）评价每一种选择对决策者自身和他人的影响，作出是或非的道德评判。决策者需要回答这些问题：对我个人而言什么是最好的？对我生活中的重要他人而言什么是最好的？对我所处的社会而言什么是最好的？

（2）对列出的各种选择进行优先排序。个体在评价过程中要整合自我知识和职业知识，综合考虑工作机会、资格、工作职责、学校教育成本等因素。

（五）执行

执行是生涯决策过程的第五个阶段。这是个体尝试"实施我的选择"的行动阶段。此阶段个体将考察如何尝试一个选择，评价其自我适合性。需要注意的是，决策是一个循环的过程，也就是说，在行动之后，还需要对自己的决定及其结果进行评估，由此可能进入新一轮的决策过程。

二、职业决策平衡单

职业决策平衡单是协助决策者综合与职业选择相关的各个要素，作出科学决策的一种方法和范式。一般来说，如果一个人已经初步确定了几个自己所喜欢的职业选项，并准备将它们作为长期的职业目标时，决策者可以使用职业决策平衡单，帮助自己作出最终决定。

职业决策平衡单的具体步骤包括以下几个方面。

（1）列出自己的职业选项，最好能够具体到职位。

（2）列出自己选择职业时所关注的因素。有效的职业决策往往需要考虑自我物质方面的得失、他人物质方面的得失、自我精神方面的得失和他人精神方面的得失（表3-1）。可以按照自己的实际状况作出选择，也可以添加自己觉得比较重要的一些因素。

表 3-1　职业得失表

1. 个人物质方面的得失	
① 收入	⑥ 生活变化
② 工作的困难	⑦ 对健康的影响
③ 升迁的机会	⑧ 就业机会
④ 工作环境的安全	⑨ 其他
⑤ 休闲时间	
2. 他人物质方面的得失	
① 家庭经济	③ 与家人相处的时间
② 家庭地位	④ 其他

续表

3. 个人精神方面的得失	
① 生活方式的改变	⑤ 挑战性
② 成就感	⑥ 社会声望的提高
③ 自我实现的程度	⑦ 其他
④ 兴趣的满足	
4. 他人精神方面的得失	
① 父母	③ 配偶
② 师长	④ 其他

（3）评价表 3-1 中的各个因素对自己的重要性，赋予一定的权重。最重要为 5，最不重要的为 1。一般来说，可以先问一下自己：哪些因素是非要不可的？把这些因素挑选出来之后，重复这个操作，直到分出 5 个等级。

（4）平衡单的加权记分，完成表 3-2 的内容。在"选择项目"中填入自己已有的选项；在"考虑因素"项中填入刚刚选择的因素；在"加权分数"项中填入权重分数。

（5）评分。在每个选项和因素的交叉格，根据该方案的优势和劣势进行加分和减分。计分范围为 1~10 分，1 分最差，10 分最好。

（6）计算分数。在每个评分右边的"加权分数"项，计算该评分的加权分数。加权分数＝权重×分数。

（7）总分。将选项的加权分数相加，得到该选项的总分，并比较每个选项分数的差别。

（8）反思。审视自己已经评分完毕的选项，自问一些问题。例如，这个结果是不是明晰了我原先模糊的选择？还有什么因素我没有考虑？这些因素的重要程度需要我再重新考虑一下吗？

表 3-2　职业决策平衡单的加权计分

考虑因素	选择项目 加权分数	职业选择一		职业选择二		职业选择三	
		得（+）	失（-）	得（+）	失（-）	得（+）	失（-）
个人物质方面的得失	1						
	2						
	3						
	4						
	5						
他人物质方面的得失	1						
	2						
	3						
	4						
	5						
个人精神方面的得失	1						
	2						
	3						
	4						
	5						

续表

考虑因素 \ 加权分数 \ 选择项目	职业选择一		职业选择二		职业选择三	
	+	−	+	−	+	−
他人精神方面的得失 1						
2						
3						
4						
5						

职业决策平衡单范例

阿娇是一名会计专业的大三学生。即将毕业,自己何去何从,她心里很矛盾。她一方面希望工作稳定,另一方面更希望工作具有挑战性。阿娇个性外向、活泼、能力强、自主性强。目前,她感兴趣的3个意向是考公务员、在国内读研、出国读MBA(表3-3)。

表3-3 阿娇的三个意向

意向	考公务员	在国内读研	出国读MBA
优点	① 满意的工作收入 ② 铁饭碗 ③ 工作轻松稳定、工作压力小 ④ 一劳永逸	① 和国内行业发展不脱节 ② 能建立与师长、同学、朋友的人际网 ③ 较高的文凭	① 圆留学梦 ② 丰富人生 ③ 提高英文水平 ④ 训练独立性 ⑤ 日后职位升迁较易 ⑥ 激发潜能 ⑦ 旅游
缺点	① 铁饭碗也会生锈,容易厌倦 ② 不易升迁 ③ 无法想象自己会做一辈子公务员 ④ 不符合自己个性	① 就业压力大 ② 没有收入 ③ 就业有难度	① 课业压力较大 ② 语言文化可能不适应 ③ 花费高 ④ 挑战性较强 ⑤ 没有收入
其他	父母支持	男朋友的期望(男朋友研究生毕业)	① 自己有些资金,但不足够 ② 自己一直想到国外走走

阿娇根据自身情况填写了职业决策平衡单(如表3-4所示),经过加权,形成的职业决策平衡单如表3-5所示。

表3-4 阿娇的生涯决策平衡单(原始分数)

考虑因素 \ 加权分数 \ 选择项目	第一方案 考公务员		第二方案 在国内读研		第三方案 出国读MBA	
	得(+)	失(−)	得(+)	失(−)	得(+)	失(−)
1. 适合自己的能力		−4	5		6	
2. 适合自己的兴趣		−3	4		8	
3. 符合自己的价值观	5		3		7	

续表

选择项目 加权分数 考虑因素	第一方案 考公务员		第二方案 在国内读研		第三方案 出国读MBA	
	得(+)	失(-)	得(+)	失(-)	得(+)	失(-)
4. 满足自尊心		-2	3		7	
5. 较高的社会地位		-5	3		6	
6. 带给人家的声望	2		1		2	
7. 符合自己理想的生活形态	3		5			-3
8. 优厚的经济报酬	7			-1		-8
9. 足够的社会资源	2		8			-1
10. 适合个人目前的处境	5		2		1	
11. 有利于择偶和建立家庭	7		5			-5
12. 未来的发展性		-5	5		8	
合计	31	-19	44	-1	45	-17
得失差数	12		43		28	

表3-5 加权后的阿娇职业决策平衡单

选择项目 加权分数 考虑因素	第一方案 考公务员		第二方案 在国内读研		第三方案 出国读MBA	
	得(+)	失(-)	得(+)	失(-)	得(+)	失(-)
1. 适合自己的能力×5		-20	25		30	
2. 适合自己的兴趣×2		-6	8		16	
3. 符合自己的价值观×4	20		12		28	
4. 满足自尊心×2		-6	6		14	
5. 较高的社会地位×3		-15	9		18	
6. 带给人家的声望×2	4		2		4	
7. 符合自己理想的生活形态×5	15		25			-15
8. 优厚的经济报酬×3	21			-3		-24
9. 足够的社会资源×2	4		16			-2
10. 适合个人目前的处境×5	25		10		5	
11. 有利于择偶和建立家庭×4	28		20			-20
12. 未来的发展性×3		-15	15		24	
合计	117	-60	148	-3	139	-61
得失差数	57		145		78	

根据"得失差数",阿娇最后作出了在国内读研的决定。

在使用决策平衡单的时候,要注意其目的不仅在于得出最后的排序结果,填写的过程也很重要。因为列举各项考虑因素、给各项价值观分配权重以及给各项选择打分的过程本身,就是在帮助个人理清自己的思维。这样一个仔细思索和反复推敲的过程,可能比单纯得出一个结果更为重要,更能够帮助个人作出适合于自己的决策。

三、SWOT分析法

1971年,哈佛大学商学院的肯尼思·安德鲁斯(Kenneth Andrews)教授在《公司战略概念》一书中提出 SWOT 分析法，并用于企业的投资决策和战略分析。SWOT：S（Strength）代表强项和优势，W（Weakness）代表弱项和劣势，O（Opportunity）代表机会和机遇，T（Threat）代表威胁和对手。其中，S、W 属于内部因素，O、T 属于外部因素（如表 3-6 所示）。

表 3-6 职业决策中的 SWOT 矩阵

	优势：个体可控并可利用的内在积极因素	劣势：个体可控并努力改善的内在消极因素
内部因素	• 工作经验 • 教育背景 • 丰富的专业知识和技能 • 特定的可转移技巧（沟通、领导能力等） • 人格特征（职业道德、自我约束、工作压力、创造性等） • 广泛的人际网络 • 专业的影响力	• 缺乏工作经验 • 缺乏目标，自我认识和工作认识不足 • 学习成绩差，专业不对口，缺乏专业知识 • 较差的领导能力、人际交往技巧、团队合作能力等 • 较差的求职能力 • 负面的人格特征（职业道德、自律性、工作动机、情绪化等）
	机会：个体不可控但可利用的外部积极因素	威胁：个体不可控但可以弱化的外部消极因素
外部因素	• 就业机会增加 • 再教育机会 • 专业领域急需人才 • 自我提高所带来的机遇 • 专业晋升机会 • 专业发展机会 • 职业道路选择带来的独特机会 • 地理位置优势 • 强大的关系网	• 就业机会减少 • 同专业名校大学生带来的竞争 • 具有丰富技能、经验、知识的竞争者 • 缺少培训、再学习所造成的职业发展障碍 • 工作晋升有限 • 专业领域发展有限 • 工作不再聘用与你同等学历或专业的员工

运用 SWOT 分析要遵循以下步骤。

（一）评估内部优势和劣势

每个人都有独特的天赋和能力。利用 SWOT 矩阵一方面可以发现自己喜欢和不喜欢的事情，另一方面可以找出自己做事情的强弱处所在，并标出其权重。这些都是生涯设计的关键因素。一位应届毕业生，分析自身优势的内容可以包括：①主要经历和体验分析，如参与社会、学校组织活动以及学校班级干部的实践经验，曾得到的荣誉等；②教育背景分析，了解分析大学生在校期间有哪些专业课程方面的积累，是否参与过某些突出的科研活动等；③最成功的事件分析等。

一位大学生的劣势可能有很多方面，对于成功的职业规划来说，以下两个方面最为重要：①正确认识性格弱点。大学生必须对性格弱点有正确的认识，并能勇敢面对，因为性格弱点在长时间里很难改变。例如，一个犹豫不决、瞻前顾后的人很难担当组织管理者的重任；一个独立性强、处处张扬个性的人很难与他人默契合作。②尽量避免经验或经历中的缺陷。

寻找弱点的方法：一是请生涯咨询专家分析；二是利用关键提问法，不断追问自己以澄清问题所在。基于这些分析结果，可以进行两方面的改进：一是努力避免常犯的错误，提高相应技能；二是放弃不擅长的职业选择。例如，按照程度列出自己喜欢做的事情，并写出完成这些事情的优势、劣势以及相应程度。

（二）评估外部职业机会和威胁

不同的人在不同行业，所处的客观情境不同，就会面对不同的职业机会和威胁。外部的机会和威胁分析有助于对职业环境及各种周围可供选择的职业前景进行分析，认清周围职业环境和前景，这样可以减少个体职业决策的难度，更容易进行职业选择。外部环境分析包括社会热点职业门类分布与需求如何，大学生选择的职业当前与未来趋势如何，其社会价值观如何，未来的科技发展或企业文化趋势会对个人发展产生何种直接与间接的影响，企业所从事行业的发展状况及前景如何，企业在本行业中的地位如何等。例如，某企业经常受行业不利因素影响，则该企业提高职业的机会和晋升可能很少；反之，充满有利因素支持的企业能为求职者提供广阔的职业前景。因此，大学生在分析这些因素的同时，要将这些因素分为机会和威胁两大类，然后根据这些外部因素合理取舍职业发展方向。外部因素掌握得越多，职业发展方向修正得就越准确。

（三）职业目标

大学生在自我评估和环境分析后，可制定出毕业后5年最想实现的4～5个职业目标。目标越具体越好，包括从事什么职业，拿到哪一等级薪酬，处于公司哪个职层。目标设定应紧密联系个人的优势和弱势，行业的机遇和威胁，使之具有可操作性。同时，制定目标之后应该咨询相关专家或亲朋好友，避免目标过于浮夸。

（四）职业行动计划

拟订出一份实现每项职业目标的行动计划，并详细说明实现该计划需要的时间和时限、进行的课程或培训，特别是需要寻求的一些外界帮助以及如何得到帮助。

职业锚类型

下面给出了40个问题，根据你的实际情况，从1～6中选择一个数字，填写在每道题目后面的括号里。数字越大，表示这种描述越符合你的实际情况。

数字代表的含义：1—从不；2—偶尔；3—有时；4—经常；5—频繁；6—总是。

例：我的梦想是成为单位的最高领导。　　　　　　　　　　　　　　　　（　）

你可以作出以下选择：在括号中填1代表你从不这样想；填2代表你偶尔这样想；填3代表你有时这样想；填4代表你经常这样想；填5代表你频繁这样想；填6代表完全符合你的日常想法。

（1）我希望做我擅长的工作，这样我的内行建议可以不断地被采纳。　　（　）
（2）当我整合并管理其他人的工作时，我非常有成就感。　　　　　　　（　）
（3）我希望我的工作能让我用自己的方式，按自己的计划去开展。　　　（　）
（4）对我而言，安定与稳定比自由更重要。　　　　　　　　　　　　　（　）
（5）我一直在寻找可以让我创立自己事业的创意。　　　　　　　　　　（　）
（6）我认为只有对社会作出真正贡献的职业才算是成功的职业。　　　　（　）
（7）在工作中，我希望去解决那些有挑战性的问题，并且胜出。　　　　（　）
（8）我宁愿离开单位，也不愿从事需要个人和家庭作出一定牺牲的工作。（　）

（9）将我的技术和专业水平发展到一个更具有竞争力的层次是成功职业的必要条件。（　）

（10）我希望能够管理一个大的单位，这样我的决策会影响更多人。（　）

（11）如果职业允许自由地决定自己的工作内容、计划、过程等，我会非常满意。（　）

（12）如果工作的结果使我丧失了在组织中的安全稳定感，我宁愿离开这个工作岗位。（　）

（13）对我而言，创办自己的公司比在其他单位中争取一个更高的管理位置更有意义。（　）

（14）我的职业满足来自于我可以用自己的才能去为他人提供服务。（　）

（15）我认为职业的成就感来自于克服自己面临的非常有挑战性的困难。（　）

（16）我希望我的职业能够兼顾个人、家庭和工作的需要。（　）

（17）对我而言，在我喜欢的专业领域内做资深专家比做最高领导更具有吸引力。（　）

（18）只有在我成为单位的最高领导后，我才认为我的职业人生是成功的。（　）

（19）成功的职业应该允许我有完全的自主与自由。（　）

（20）我愿意在能给我安全感、稳定的单位中工作。（　）

（21）当通过自己的努力或想法完成工作时，我的工作成就感最强。（　）

（22）对我而言，利用自己的才能使这个世界变得更适合生活或居住，比争取到一个更高的管理职位更重要。（　）

（23）当我解决了看上去不可能解决的问题，或者在必输无疑的竞赛中胜出，我会非常有成就感。（　）

（24）我认为只有很好地平衡了个人、家庭、工作三者的关系，生活才能算是成功的。（　）

（25）我宁愿离开单位，也不愿频繁接受那些不属于我专业领域的工作。（　）

（26）对我而言，作一个全面管理者比在我喜欢的专业领域内做资深专家更具有吸引力。（　）

（27）对我而言，用我自己的方式不受约束地完成工作，比安全、稳定更加重要。（　）

（28）只有当我的收入和工作有保障时，我才会对工作感到满意。（　）

（29）在我职业生涯中，如果我能成功地创造或实现完全属于自己的产品或想法，我会感到非常成功。（　）

（30）我希望从事对人类和社会真正有贡献的工作。（　）

（31）我希望工作中有很多的机会，可以不断挑战我解决问题的能力或竞争力。（　）

（32）很好地平衡个人生活与工作，比达到一个高的管理职位更重要。（　）

（33）如果在工作中能经常用到我特别的技巧和才能，我会感到特别满意。（　）

（34）我宁愿离开单位，也不愿意接受让我离开全面管理的工作。（　）

（35）我宁愿离开单位，也不愿意接受约束我自由和自主控制权的工作。（　）

（36）我希望有一份让我有安全感和稳定感的工作。　　　　　　　（　　）
（37）我梦想着开创属于自己的事业。　　　　　　　　　　　　　（　　）
（38）如果工作限制了我为他人提供帮助或服务，我宁愿离开这个单位。（　　）
（39）去解决那些几乎无法解决的难题，比获得一个高的管理职位更有意义。（　　）
（40）我一直在寻找一份能最小化个人和家庭之间冲突的工作。　　　（　　）

括号所填的数字代表你的给分，现在重新看一下你给分较高的描述，从中挑出与你的日常想法最符合的3个，在原来给分的基础上，再将这3个题目的得分各加上4分，然后开始评分。

技术/职能型：第1、9、17、25、33题的平均分。得分：＿＿＿分。
管理型：第2、10、18、26、34题的平均分。得分：＿＿＿分。
自主/独立型：第3、11、19、27、35题的平均分。得分：＿＿＿分。
安全/稳定型：第4、12、20、28、36题的平均分。得分：＿＿＿分。
创造/创业型：第5、13、21、29、37题的平均分。得分：＿＿＿分。
服务型：第6、14、22、30、38题的平均分。得分：＿＿＿分。
挑战型：第7、15、23、31、39题的平均分。得分：＿＿＿分。
生活型：第8、16、24、32、40题的平均分。得分：＿＿＿分。

先将结果按分值从高到低排序，得到排序结果。再与同学交流，列出"别人眼中的你"的排序结果。最后综合评判给出一个排序，结合表3-7所列的职业锚类型表看一看你的职业锚情况。

表3-7　职业定位（职业锚）类型

技术/职能型	喜欢面对专业领域的挑战，追求在技术/职能领域的成长和技能的不断提高，对自己的认可来自于专业水平，通常不喜欢从事一般的管理工作
管理型	追求并致力于工作晋升，能发展和提高自己的人际沟通、解决问题的能力，倾心于全面管理，独立负责
自主/独立型	希望随心所欲地安排自己的工作方式、工作习惯和生活方式，追求能够施展个人才华的工作环境，最大限度地摆脱组织的限制和制约
安全/稳定型	关注单位的稳定、工作的保障和收益的安全，追求工作中的安全与稳定感
创造/创业型	渴望用自己的能力去创建属于自己的产品，如作品、公司等，并且愿冒风险，勇于克服面临的障碍
服务型	希望用自己的知识、技巧帮助他人，一直追求他们认可的核心价值
挑战型	渴望超越自我，喜欢解决看上去无法解决的问题，战胜强硬的对手，克服无法克服的困难障碍等。他们需要新奇、变化和困难，太容易则感觉厌烦
生活型	希望有"足够弹性"的工作环境，可以同时兼顾个人、家庭和职业的需要

5W职业定位

1. Who am I?（我是谁？）＿＿＿＿＿＿＿＿＿＿＿＿＿＿＿＿＿＿＿＿＿
＿＿＿＿＿＿＿＿＿＿＿＿＿＿＿＿＿＿＿＿＿＿＿＿＿＿＿＿＿＿＿＿＿。

提示：这是对自己的反思，应该对自己有一个比较清楚地认识，如我的兴趣、性格、气质的类型和特点、自然条件、人际资源、学习情况等都应尽量列出。

2. What do I want to do?（我想干什么？）＿＿＿＿＿＿＿＿＿＿＿＿＿＿

提示：这是对自己职业发展的心理趋向的检查，也是对自己人生价值观的剖析。

3. What can I do? （我能干什么？）_____

提示：这是对自己能力与潜力的全面总结。一个人职业的定位最根本的还要归结于他的能力，职业发展空间的大小则取决于他的潜力。

4. What can support me? （环境支持或允许我做什么？）_____

提示：环境指就业地域和行业的大环境以及家庭和个人的小环境。我们在进行选择时应该把主、客观两方面的因素综合起来，把一切有利于自己发展的因素调动起来。

5. What can I be in the end? （我的职业目标定位是什么？）_____

提示：分析完前面的问题之后，我们就可以找出对实现有关职业目标有利和不利的因素，最终确定不利条件最少、自己想做并且能做的职业目标。

反思个人的决策风格

请回想迄今为止，你在生活中所做的5个重要决定，并按以下内容予以描述：①目标或当时的情景；②你所有的选择；③你作出的选择；④你的决策方式；⑤对结果的评估。在纸上记录下来。

想一想：你如何描述自己在上述几项中的决策风格？它们有共同之处吗？当你做一番回顾的时候，你有没有想过自己通常采用了什么样的决策模式？

1. 我的5个重大决定：

（1）_____

（2）_____

（3）_____

（4）_____

（5）_____

2. 我在重大事件上通常采用的决策风格：_____
_____
_____

分析自己的决策 CASVE 循环

请使用 CASVE 循环来分析你所写出的5个重大决策以及你现阶段面临的职业决策问题，可以参考以下问题进行。

1. 你是怎样意识到自己的需求的？
_____
_____

2. 你是如何分析这个问题、收集相关信息（包括关于你自己和关于问题解决的信息）的？
_____
_____

3. 你是如何形成解决方案的？以你今天的眼光，你是否能看到自己当时所没有看到的其他可能性？
_____
_____

4. 你是如何在不同的解决方案之间作选择的？你的选择标准是什么？
_____
_____

5. 你是如何落实行动的？过程是否如你所预期的那样？
_____
_____

6. 怎样评价自己当时的决策过程？你对结果感到满意吗？如果不满意，是哪个步骤出现了问题？
_____
_____

7. 如此分析了5个重大决策的过程之后，你对于自己的决策模式有了什么新的了解？这对你处理现阶段所面临的职业决策问题有什么指导意义？
_____
_____

选择自己感兴趣的职业群

在《职业前景手册》的职业群一览表中，列出了11个职业群类。这11个职业群类被分为4个类别：特殊专业类、服务类、办公室与行政支持类、生产类。请选出或标出您所感兴趣和想进一步探索的职业，至少选择3个职业群。

A 群：管理、商业和金融运作职业（会计、财务经理、采购员、高级经理等）。
B 群：专业性职业（分9个亚群）。
B-1 群：建筑师、工程师、设计师、测量师等。
B-2 群：艺术、设计、娱乐、媒体和通信职业。
B-3 群：社区与社会服务职业（如健康教育工作者、咨询员和社会工作者等）。
B-4 群：计算机和数学专业。
B-5 群：教育、培训、图书馆和博物馆职业。
B-6 群：社会科学和法律职业（如经济学家、律师、心理学家等）。
B-7 群：生命科学、物理科学、科学家（如生命学家、化学家、地理学家等）。
B-8 群：健康诊所和治疗职业（如营养学家、牙医、药剂师、外科医生、护士等）。
B-9 群：保健技术学家和技术员（如临床试验技师、放射科技术员等）。
C 群：服务类职业（分4个亚群）。
C-1 群：食物准备和相关服务知识（如面包师、烹调师、服务员等）。
C-2 群：健康护理支持职业（如牙医助理、医疗助理等）。
C-3 群：个人护理和服务行业（如动物看护者、理发师或化妆师、儿童护理工作人员等）。
C-4 群：保护和建造服务行业（如劳教工作者、消防员、警署官员、安全保安等）。

D 群：销售和相关职业（如出纳员、保险销售员、房地产经纪人等）。
E 群：办公室和行政支持职业（分 4 个亚群）。
E-1 群：金融职员（如收银员、结账员、银行出纳员等）。
E-2 群：信息和记录职员（如客服代表、文书、订购员、接待员等）。
E-3 群：材料登记、时间规划、派送和分配职业（如送信人员、派送人员、生产和计划人员、仓库职员等）。
E-4 群：其他办公室和行政支持职业（如计算机操作者、数据录入和信息加工人员、邮政服务人员、秘书等）。
F 群：农业、渔业和林业（如农场主、牧场主、渔船船主、护林员、伐木设备操作者等）。
G 群：建筑贸易和相关工作者（如砖瓦工、木匠、电工、油漆工、管道安装工等）。
H 群：安装、保养、修养（如机车修理工、汽车服务技术员和机修工、计算机和办公机器修理工等）。
I 群：生产性行业（包括两个亚群）。
I-1 群：生产行业，除金属、塑料、木材工人以外的工人（如装配工、食物加工者、质检员等）。
I-2 群：金属、塑料和木材工人（如技工、机械安装工、制模工、焊接工、木工等）。
J 群：运输和原材料搬运（如飞机驾驶员、汽车司机、机车工程师等）。
K 群：军队/军事服务。

实训与练习

根据 SWOT 分析步骤，完成自我 SWOT 分析（表 3-8）。

表 3-8 SWOT 分析表

内部分析 \ 外部分析	机会： 1. 2. 3.	威胁： 1. 2. 3.
优势： 1. 2. 3.	优势机会策略： 1. 2. 3.	优势威胁策略： 1. 2. 3.
劣势： 1. 2. 3.	劣势机会策略： 1. 2. 3.	劣势威胁策略： 1. 2. 3.

思考题

1. 你所在专业的劳动力市场的现状如何？
2. 你职业定位的原则及方法是什么？

3. 影响你职业生涯发展的因素有哪些？你的应对措施有哪些？
4. 职业定位有什么作用？
5. 你的职业定位有误区吗？如果有，应该如何消除？
6. 你在面临决策时通常会使用哪种策略？
7. 生涯决策有效策略的特征及类型是什么？
8. 分析自己的决策 CASVE 循环。

第四章 职业目标与实施

导读

从学校走向社会，你将面对一个全新的世界。在这个世界里，能够使你立足的是你的职业，它不仅是你生活的基础，更重要的是将体现你存在的价值。什么样的职业适合你？你又喜欢怎样的职业？"不经历风雨，怎能见彩虹"，一旦确立了自己的职业目标，我们就要为此去努力。

要点与要求

通过本章的学习，学生应了解职业生涯目标分解和组合的方法；认识实现职业生涯目标的途径和措施；学会能正确有效地全面评估自己的职业生涯，并作出相应调整；了解职业生涯管理的起源、含义及特点；学会撰写职业生涯规划书，建立个人职业生涯规划档案。

案例引入

由古至今，最典型的不忠诚的人物，当属武艺超群的吕布。在那个英雄辈出的时代，吕布力压群雄，他先是跟丁原，后跟董卓，再随王允，日渐没落，后被曹操所擒。曹操本来惜才，想留下吕布为己所用，刘备则说："难道你忘记丁建阳、董卓了吗？"曹操想到那两人被吕布背叛、死无葬身之地的悲惨下场，不由得吓出了一身冷汗，下令把吕布给处死了。吕布曾凭个人能力得到过重用，却不得善终。

最值得赞扬的就是萧何这样聪明的从业者：在洗劫秦皇宫时，他是唯一一个保持清醒冷静的人，他收好各种战略地图、物资记录。因为这时的准备，萧何才能在刘邦做汉中王的时候，利用汉中之地的富庶物资积蓄力量，杀了项羽个措手不及。在军中缺乏将才时，萧何选择了军事谋略过人的韩信，将实力悬殊的项羽打败。当韩信构成威胁的时候，又是萧何用计谋将其除去。刘邦死后，萧何做了两朝良臣，他的忠诚使自己的能力发挥到极限，实现了个人价值，也留名千古，成为人人皆知的忠臣典范。

当一个人树立了远大目标后，为了实现人生目标，他勤奋工作、积极行动；他相信"一分付出就有一分收获"，相信"世上无难事，只要敢登攀"。但是，他可能奋斗一生，仍是两手空空，一事无成。他会咒骂上天对自己不公，大骂命运对自己太残忍……是命运辜负了这个有心人吗？是上天欺骗了他的勤奋吗？其实不然，因为并不是每一份付出都能带来一分收获，它还需要许多的先决条件：有效的目标、有效的计划、有效的行动。

所谓有效的行动,就是行动要始终围绕着目标而进行。好像射箭一样,无论从哪个方向射,无论怎么射,都要对准靶心,这样才能使自己的行动成为有效的行动。要做到这一点,就要对自己的行动加以强化和约束,那么我们该怎么做呢?

第一节 职业目标

只有当个人在头脑中对自己的职业发展方向有了清晰的定位,他的生命才会有意义和方向,而这也许是人生中最珍贵的财富之一。

一、职业目标的含义

职业目标是指个体渴望获得的与职业相关的结果,是个体所选定的职业领域中未来某个时刻所要达到的具体成就。

设定职业目标是职业生涯规划的核心内容,具体表现在:①有助于激励个体朝向目标努力的坚持度;②有助于个体选择实现目标的战略战术;③有助于个体的生涯成功,影响和引领个体现实的行为表达方式;④有助于个体衡量自己行为结果的有效性,提供即时的积极反馈。

大学生的职业目标是指大学生根据社会期望和自身发展的需要,选择的自我奋斗目标和发展方向。它不仅为大学生的自我发展提供导向作用,而且能够充分调动大学生的积极性、主动性和创造性。

二、职业目标的类型

概念性职业目标属于哲学层次上的一个目标,与具体的工作和职位无关,它所表达的是工作任务的性质、场所和全部的生活方式,反映的是个体的价值观、兴趣、才能和生活方式偏好。

操作性职业目标是将概念性职业目标转换为一种具体的工作或岗位,如获得某公司的市场调研部经理或市场总监职位。在设计职业目标时,个体要在概念性和操作性这两个目标层次上进行认真分析和权衡。

从时间维度看,职业目标可以分为短期目标与长期目标。长期目标的时间跨度是 5～7 年,短期目标的时间跨度是 1～3 年。表 4-1 是某人力资源经理助理所设定的短期和长期职业目标。

表 4-1 人力资源经理助理的职业目标

项目	短期目标	长期目标
概念性目标	①承担人力资源管理的职责 ②学习人力资源的知识和技能 ③创造更多机会与经理互动沟通	①参与公司的人力资深战略规划活动 ②参与公司的长期发展规划 ③参与公司的政策制定与执行
操作性目标	2～3 年成为公司的人力资源经理	6～8 年成为公司的人力资源总监

三、职业目标的设定

（一）选择职业生涯发展路线

职业生涯发展路线是指一个人未来的职业发展方向。不同的生涯发展路线对从业者的素质要求有所不同，且影响日后的生涯发展阶梯。职业生涯发展路线呈现为一个自下而上的职业阶梯，如大学教师的生涯发展路线是助教—讲师—副教授—教授，企业财务人员的职业发展路线是会计员—主管会计师—财务部经理—公司财务总监。

不同素质的个体所适合的职业生涯发展路线会有所不同。职业生涯发展路线的类型有：

（1）专业技术型路线。它是一种技术职能取向的专业路线，需要从业者具备特定的知识、能力和技术，尤其是良好的分析与综合能力。

（2）行政管理型路线。它是一种管理职能取向的路线，以从事一定的管理岗位为目标，对一个人的综合素质，尤其是人际技能的要求较高。

（3）自我创业型路线。它是一种以自主选择和自由发展为特色的生涯路线。自我创业型路线客观上要求具备创业的良好机会和适宜创业的社会土壤，主观上则需要创业人员具有较高的创造性、强烈的成就动机、较高的心理素质和承担风险的意识与能力，善于开拓新领域、新产品和新思维。

（二）选择职业目标

职业生涯规划需要设立一个有效而可行的职业目标。职业目标要符合以下要求：①每一个行为设定明确方向；②反映一个人真正追求和真实需要，便于科学管理时间；③立足现在和利于未来发展相结合；④清晰地评价每一个具体行为的效率、效能和进展状况；⑤结果导向重于过程导向；⑥结果具有可预见性，以产生持续信心、热情和动力；⑦具体、明确而不空泛；⑧高低适度，不宜好高骛远；⑨兼顾平衡，与生活目标有机结合。

职业目标的选择流程通常表现为：自我认知—职业认知—职业目标确立。职业目标的确立是建立在自我认知和职业认知基础之上的，其内部过程可以用图4-1呈现出来。

从图4-1中我们可以看到，自我认知的结论作为职业目标确立流程的起始因素，影响着个人对职业目标的判断，进而结合职业认知的观念使我们对职业产生了不同的划分，即适合的职业、喜欢的职业、能干的职业和可干的职业，我们通常把这称为职业定向。到这里，我们基本上对职业有了一个相对个性化的判断，也有了一个职业目标选择的大致方向，我们称为职业目标选择的第一阶段，即个体认知阶段。

接着，我们进入这个流程的第二阶段，即分析评估阶段，这个阶段包括个体职业选择策略的明确和优势整合两个步骤。职业选择策略指的是在面对众多的职业选择对象时个体所采取的选择方针和选择方法。从利益最大化原则来看，每个人在选择职业的时候一般总希望选择那些适合自身特点而又有发展前途的职业。也就是说，该职业应该既是适合自己的，又是自己喜欢的、自己能干的和可干的。与优势整合环节相结合，这样的职业目标可能对于某些选择者来说不止一个，那么他就必须从多个目标中作出取舍；而对另一些人来说，也许这样理想的目标一个也没有，因此就必须退而求其次，如选择适合自己、能干、可干但不一定喜欢干的职业作为目标。

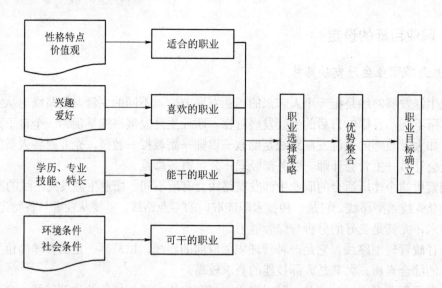

图 4-1 职业目标选择的一般流程

最终,选择者会进入最后一个阶段,即目标确立阶段。在此阶段,选择者必须既考虑到个人实现目标的资源和精力,又要考虑到其中可能会面临的风险,因而目标保留的最终数量一般不应该超过 3 个(多则精力达不到),但至少应该有一个。保留多个目标的人,还应考虑协调几个目标之间的关系,争取使它们之间具备互补支撑和相互替代的关系;目标有缺陷的选择者,从确立该目标之日起,就应该着手创造条件弥补缺憾,力争在条件改善、资源改造、个体能力增强的同时使目标得以实现。

实际操作中,这样的选择过程对于一个人的职业发展来说,仅做一次是远远不够的,在面临学业方向改变、就业前景考察、职位升迁等状况的时候,就需要在反复审视和循环发展中多次运用。所以,熟悉这一流程,对个人的职业目标确立乃至实现显得尤为重要。

(三)设立职业目标的原则

职业目标的设立一般要遵循 SMART 原则。

1. 具体、明确的(specific)

不使用含糊笼统的语言,比如不要说"我的目标是更好地利用时间",应该说"我一天只能花不超过一个小时的时间来看电视"或"我每周要花两个小时的时间来上网查找有关服装设计师这一职业的资料"。

2. 可量化的(measurable)

有一个可衡量成功或失败的标准,从而准确评价是否达到了自己的目标。例如,"加强社会实践",应改为"在这个月内,参加一个学生社团(摄影协会),并访谈两位摄影师"。

3. 可达到但有挑战性(achievable but challenging)

根据个人的情况,实现目标是现实的,但可能有一定难度。例如,如果你目前只是一个大学四年级学生,并且没有什么相关的工作经验,却计划在两年内就成为大公司的中层经理,这个目标也许就不那么可行;但如果你计划10年内才做到中层经理的位置,那又缺乏挑战性,可能不太有激情去实现这个目标。

4. 有意义、有价值(rewarding)

实现这个目标能给你带来成就感、愉快感;反之,会使你有所损失。例如,如果你没有按计划在一个月内完成对两位摄影师的访谈,那么你就不能在"十一"时外出旅游,而要利用7天的假期完成访谈任务。

5. 在限定时间范围内完成(time-bounded)

不要将目标笼统定为"在大学毕业前完成",而要有计划、分步骤地在限定的时间内完成。以一周、一个月或一个学期为单位设立目标,会比将事情都推到毕业前完成要有效得多。

在设定好职业目标的基础上,接下来要做的工作就是实现职业目标。

第二节 职业目标的实现

职业生涯规划能否实现,很大程度上取决于能否立即行动。俗话说:心动不如行动。因为只有行动,才有成功的可能性;只有从现在做起,才能完成你的人生规划。如果没有行动,职业生涯规划就毫无价值,目标也就失去了意义。冥思苦想,谋划如何有所成就,是不能代替实际行动的,没有行动的人,只是纸上谈兵,成不了大业。大学生要使自己的职业生涯规划变为现实,就必须按照计划去行动。

一、实现职业目标的途径

职业生涯目标的实现不可能一蹴而就,需要将目标分解实施。将职业生涯长期的远大目标进行科学分解和组合,使其清晰化、具体化,便形成了可采取的具体步骤和可操作实施的具体方案。

(一)职业目标分解

1984年,在东京国际马拉松邀请赛上,名不见经传的日本选手山田本一出人意料地夺得了冠军,当记者问他凭什么取得如此惊人的成绩时,他说了这么一句话:"凭智慧战胜对手。"当时很多人都认为,这个偶然跑在前面的矮个子选手是故弄玄虚。马拉松是体力和耐力的运动,只要身体素质好又有耐性就有望夺冠,爆发力和速度都在其次,说用智慧取胜,实在是有点勉强。

两年后,在意大利国际马拉松邀请赛上,山田本一又获得了冠军。有记者问他:"上次在你的国家比赛,你获得了冠军;这一次远征米兰,你又压倒所有的对手取得第一名,你能谈一谈经验吗?"山田本一性情木讷,不善言谈,回答记者的仍是上次那句让人摸不着头脑的话:"用智慧战胜对手。"这回记者在报纸上没再挖苦他,只是对他所谓的智慧迷惑不解。

10年后，这个谜团终于被解开了，山田本一在他的自传中这样写道："每次比赛之前，我都要乘车把比赛的线路仔细看一遍，并把沿途比较醒目的标志画下来，比如第一个标志是银行，第二个标志是一棵大树，第三个标志是一座红房子，这样一直画到赛程的终点。比赛开始后，我就以百米冲刺的速度奋力向第一个目标冲去，等到达第一个目标，我又以同样的速度向第二个目标冲去。四十多公里的赛程，就被我分解成这么几个小目标轻松地跑完了。

不难看出，山田本一的智慧就在于：分解目标，步步为营，最后获得胜利。在实际生活中，我们也应该凭智慧谋划自己的蓝图。在选择好目标时，衡量好自己的实力。一开始就追求难如登天的目标，一定会跌得惨痛，留下刻骨铭心的挫折感，以致后来畏缩不前。我们应该把高远而美丽的目标藏在心里，务实一点，从伸手可及的目标开始，依据自己的能力，把宏大的计划分成几段，如近期目标、中期目标和远期目标，从容易的着手，一步一步达到自己的最终目标。

职业目标分解的方法一般有两种：按时间分解和按性质分解（图4-2）。

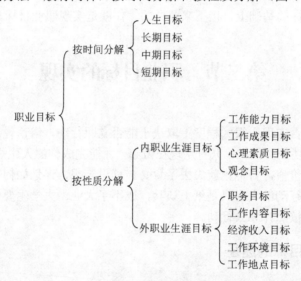

图4-2 职业目标的分解示意

1. 按时间分解

按时间分解是最常用的职业目标分解方法，也比较容易掌握。在经过SWOT分析以后，选择职业路线并确定总体目标，这个总体目标就是职业目标。分解目标的具体方法是将最终目标分解为若干个长期目标，每一个长期目标都有一个具体的目的，然后再将每一个长期目标继续分解成各个中期目标，最后，继续将中期目标分解为短期目标。分解方法参照表4-2。

表4-2 按时间分解职业生涯目标

目标	内容
人生目标	① 你想成为什么样的人 ② 你想做哪件大事或哪几件大事 ③ 你想成为哪一领域的佼佼者 ④ 你想发挥自己哪些方面的优势和特长

续表

目标	内容
10年计划	① 今后10年你想成为什么样的人 ② 事业上有什么成就 ③ 收入达到多少 ④ 你的家庭及健康水平如何 ⑤ 你的生活状态和社会地位怎样
5年计划	将10年计划进一步具体，把目标进一步分解
3年计划	使5年计划更具体，制定自己的行动准则
明年计划	制订实现明年计划的步骤、方法和时间表，并确保这些是切实可行的
下月计划	包括下个月计划做的工作、应完成的任务、质和量方面的要求、财务上的收支、学习计划、结识新朋友的计划等
下周计划	在每周末提前制订下周的行动计划，把下月的计划中的一部分分解在下周
明日计划	明天要做哪几件事？分清楚轻重缓急，制定出执行的顺序和相应事情以及对应的时间

每种目标的特征及要求如下。

（1）长期目标：一般指时间为5年以上的目标，通常是粗线条的，不具体，可以随着形势的变化而变化。它的主要特征：目标是个人认真选择的，目标和社会需求相吻合；目标有可能实现，但难以确定实现的时间，在一定的时间范围内实现都可以；目标符合自己的价值观，能鼓舞自己，为自己的选择而自豪。

（2）中期目标：一般3～5年，相对长期目标要具体一些。其主要特征：与长期目标保持一致；需要对目标实现的可能性作出评估；它必须是结合自己的意向及组织（企业）的要求来制定的目标；能用定性和定量的数据说明；符合自己的价值观，能增强自己的成就感。

（3）短期目标：一般指时间在1～2年内的目标，是中期目标和长期目标的具体化，具有操作性。其主要特征：服从和服务于中期目标；目标明确、具体，切合实际且具有可操作性；明确规定目标具体完成的时间；目标可能是自己选择的，也可能是组织安排、被动接受的；目标要适应环境，适当提高一点，经过努力能够达到。

一般来说，短期目标服从和服务于中期目标，中期目标服从和服务于长期目标，长期目标又服从和服务于人生目标。

2. 按性质分解

个人职业目标按性质可以分为外职业生涯目标和内职业生涯目标。

1）外职业生涯目标

外职业生涯目标侧重于职业过程的外在标记，包括职务、工作内容、工作环境、经济收入、工作地点等。

（1）职务目标。应当具体明确，一般包括技术职务和行政职务，如技术员、工程师、高级工程师、人力资源经理、财务经理、生产副厂长、厂长等。

（2）工作内容目标。由于在生活中能够达到高层职位的人毕竟是少数，况且能否晋升最终决定权也不取决于自身，所以应把外职业生涯的重点转移到工作内容上来，即把在某一阶段的工作内容列出详细的计划并付诸实施。工作内容目标，对于选择专业技术型发展路线的人尤为重要，因为这些人的发展体现在本专业技术领域取得的成果及相应的职称晋升上。

（3）经济收入目标。经济收入是每个人生存的物质基础，将它列入职业生涯目标无可厚非。可结合自己的实际能力大胆设想，如 30 岁之前年收入 10 万元，40 岁之前年收入 30 万元。这些数字将成为个人今后重要的激励因素，但也要注意切合自己的实际，不要含混不清或不敢写。

（4）工作地点目标和工作环境目标。如果对于工作地点和环境有特殊要求，就要在规划中列出这两项内容。

2）内职业生涯目标

内职业生涯目标是指从事一项职业时所具备的知识、观念、能力、心理素质、成功的内心感受等因素的组合及其变化过程。这些因素不是靠别人施舍的，而是通过努力自己获得和掌握的，一旦取得，就成为别人拿不走、收不回的个人财富。制定外职业生涯目标与内职业生涯目标是同时进行的，内职业生涯的发展是外职业生涯发展的前提，内职业生涯发展了，外职业生涯自然会得到提升。所以，在分解和组合自己的职业生涯目标时，内职业生涯目标是尤其应该重点把握的内容。

（1）工作能力目标。工作能力是对处理职业生涯中各种工作问题的能力的统称，如组织大型公关活动的能力，能够和上级领导及同事无障碍沟通的能力，组织结构设计的能力等。

（2）工作成果目标。工作成果是指发现和应用新的管理方法、发表管理方面的文章、创造新的业绩等。工作成果目标既有外职业生涯内容，又有内职业生涯内容。例如，每年为组织（企业）创造盈利 800 万元，为外职业生涯目标，而在取得这一目标的过程中所获得的知识、能力、经验等都属于内职业生涯目标，达到工作目标的同时内心也增强了成就感。

（3）心理素质目标。在职业生涯旅途中，有的人能正视现实，努力克服困难，追求卓越，而有的人只会怨天尤人、自暴自弃。为了实现职业生涯规划的蓝图，就要不断通过培训和锻炼来提高心理素质。提高心理素质主要包括能够经受得住挫折，正确对待成功，做到临危不惧，宠辱不惊等。

（4）观念目标。观念主要是指人对事的态度、价值观。观念随时影响着人们的行动，影响着组织、领导、同事、客户对自己的态度。保持观念更新，始终把握思想阵地的前沿，也是规划个人职业生涯的重要一环。观念目标是自己在学习、工作中逐步形成的。

（二）职业目标组合

职业目标组合是处理不同职业规划目标之间相互关系的有效措施。职业规划的目标包括概念目标与行动目标、内职业生涯目标与外职业生涯目标、短期目标与长期目标，还有目标的表现功能与手段功能。虽然有时它们之间存在排斥性，使我们只能在不同目标当中作出选择，但是不同目标之间还具有因果关系与互补性，我们可以积极地进行不同目标的组合，达到职业生涯和谐发展。

职业目标组合有 3 种方法：时间组合、功能组合和全方位组合。其中，全方位组合已经超出了职业规划的范畴，它涵盖了生涯全部活动。

职业目标的组合如图 4-3 所示。

1. 时间组合

职业目标在时间上的组合可以分为并进组合和连续组合两种情况。

（1）并进组合，是指同时着手实现两个平行职业目标或指同时实现与目前内容不相关的职业准备目标。例如，一个秘书为了今后的发展，在做好本职工作的同时，业余学习新闻专业课程。再如，高校的系主任一般同时肩负教学、科研工作。做合格的系主任可以同时成为优秀教师，尽管是两种不同方向的工作，工作内容和目标以及相应的工作能力要求也不同，但可以并行实现，互不矛盾。这就称为目标的并进组合，它有利于一个人发挥更大的潜能。

（2）连续组合，是指将各个目标按时间先后连接起来，实现一个目标再进行下一个，连续而有序地实现各个目标。例如，一个土建工程师计划念完 MBA 后，当 3 年建筑设计室主任，再去创建自己的建筑装饰公司。各个目标分阶段一个一个地实现，这种目标组合的方法就是连续组合。

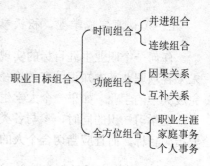

图 4-3　职业目标组合示意

2. 功能组合

职业生涯目标的实现在功能上可以产生因果关系和互补关系。

（1）因果关系。通常情况下，内职业生涯发展是外职业生涯发展的前提，内职业生涯带动外职业生涯的发展。内职业生涯发展主要靠自己探索、努力获得，外职业生涯发展通常由别人决定、给予，也容易被别人否定。内职业生涯是原因，外职业生涯是结果。例如，能力目标的实现会促进职务目标的实现，而职务目标的实现又会带来经济收入的提高。要想实现能力目标，就必须更新观念，学习知识，提高素质，不断实践，作出成绩。

（2）互补关系。它就是把存在互补关系的目标进行组合。例如，一位高校行政管理人员希望在成为某一个部门处长的同时获得教育学硕士学位，这两个目标存在着互补关系。管理工作为研究生学习提供了实际经验和体会，而研究生学习又为实际的管理工作提供了理论和方法。

3. 全方位组合

全方位组合是指个人、职业和家庭的均衡发展，相互促进。这就要求大学生在建立职业生涯目标时，考虑个人事业发展、家庭生活和职业生涯中的各种愿望。事业不是生活的全部，任何一个人都不能离开家庭和休闲娱乐，完美的职业生涯规划不应把生活中的其他内容排斥在外，而是要在生活中的不同目标间建立平衡的协调关系，获得全方位的发展。

二、实现职业目标的方法

将职业目标分解和组合只是实现职业目标的第一步，具体的行动方案还要结合自己的实际情况认真制订。许多人心中虽有一个大致、模糊的设想，但没有形成文字性的东西，而且计划不清晰、不具体，也缺乏可操作性，影响了职业生涯的发展。成功的人，往往是确定了职业生涯目标并按照计划逐步落实的人。

如果没有行动，计划就毫无价值，目标也就失去了意义。要使职业生涯规划变为现实，就必须按照计划去行动。

(一)认真完成学业,积极参与培训

任何一个职业生涯目标的实现,都应该以基本的知识储备作保证,而大学教育正是获得未来各项职业基本知识的有效途径。大学生无论树立了多么宏伟的职业生涯目标,首先必须完成大学的学业。如果一个大学生连毕业证都拿不到,怎么能进入职业的门槛?

在学习知识的同时,参与各类培训是大学生提高工作能力的重要途径。有效的培训不仅要指向目标,而且应当切合个人的实际情况和环境条件。

(二)严格实行计划,分清轻重缓急

一个好的计划,就是个人努力的方向。为了保证自己的行动能与努力的目标一致,就需要最大限度地根据个人职业生涯发展规划,约束自己的行为,将计划放在心上,保证经常回顾自己的构想和行动规划。

如果出现无法应对的情况,就应该分清轻重缓急予以解决。职业目标的实现,一方面靠苦干、实干;另一方面也需要巧干。特别是在当今这个多变的时代,一切因素都处在变化之中,如果你的理想已经发生变化,你的构想和行动规划就要作出相应的变动,从而阶段性目标和策略也应随之改变。计划毕竟是计划,往往需要与现实结合起来动态性地管理,否则,缺乏灵活性,就会导致计划落空。

(三)注意抓住机遇,投入有效行动

实现职业目标,除了个人自己创造的机会外,还应该注意抓住组织所提供的机会。如果单位有培训机会,千万不要因为工作忙、家庭事务多、身体状况不佳等理由而放弃。也许机会失去就永不再来,很可能失去此次机会,就失去了一个晋升或选择更有挑战性职业的机会。

抓住机会就要立即行动。俗话说:心动不如行动。请记住歌德的一句名言:"仅有知识是不够的,我们必须应用;仅有愿望也是不够的,我们必须行动。"

(四)监督工作进度,克服拖延恶习

保证至少每3个月检查一次工作进度。过程监督是十分重要的,监督可以发现计划的问题,可以考察计划的落实情况,可以有针对性地提出解决方案。例如,如果感到工作和生活过于舒适,那就意味着目标定低了,需要适当地调高目标,使目标的难度更合理。

学习工作过程中,有些人总是喜欢拖延,对于应该当天做的事情,用种种借口拖着不办。有些人虽然有行动,但行动的附加条件太多,行动太磨蹭,这实际上也是一种拖延。时间久了,这种"小拖延"就变成"大拖延",人生规划就难以实现。

(五)锻炼坚强毅力,努力克服困难

在工作、学习和技能培训等实现职业生涯目标的过程中,会遇到许多正常的"杂事""杂念"的影响。如恋爱与学习的冲突,婚姻与工作的冲突,家庭与事业的冲突,兴趣爱好与辛勤耕耘的冲突等,都需要处理好,需要亲人、朋友的理解。否则,计划很难长期执行。有时工作太累了,很想休息;有时,朋友约你去旅行,很有诱惑力;有时很多人都在娱乐,自己也有兴趣参加。所有这些都需要用坚强的毅力来坚持,所以坚强的毅力是实现目标的保证。

困难都是难以解决的问题，往往不是一时半刻就能解决的。要实现自己的职业目标，就要敢于克服困难。有的人遇到困难，马上就如同放了气的皮球一样，垂头丧气，意志消沉；有些人不是没有能力解决困难，而是觉得解决困难太累，不愿为此付出努力；有些人在职业生涯规划的初期，很容易坚持行动，但随着时间的推移，动力就逐渐减弱，行动也就难以坚持了。凡此种种，实际上都是畏难情绪在作怪。大学生要明白，世界上没有一件真正有价值的事情不是通过辛勤劳动而得以实现的。

三、实现职业目标的措施

制定职业生涯规划后，就该进入为实现职业目标而努力的实施性阶段。目标分解和目标组合不能代替具体的行动方案。这里所指的行动方案，是指落实职业目标的具体措施，包括教育、培训、实践锻炼、讨论交流等。

（一）教育培训

教育培训就是根据目标分解制订教育培训计划，它是提高竞争力、接近目标的重要策略。有效的教育培训计划必须是指向性的、切合自身实际的和可实施的。

目前在一些大公司或国外企业出现了结构化在职培训（Structured on the Job Training）。它如同系统学习，连贯一致，又好似现场培训，有的放矢。它能够迅速提升员工的能力和专业知识水平，适应经济全球化的特点，即更加灵活地提供产品和服务，采用更先进的技术，更快地回应客户的需求等。它是有计划地培养员工工作能力的一种培训方法。其特征有4个方面：第一，按照事先规划的培训流程，稳步实现培训目标；第二，培训目标明确，通过培训提高特定能力；第三，培训强调采用一对一的方式；第四，培训要在工作现场或者与工作现场相似的环境中由资深员工主持进行。例如，某国际航空公司对新招聘的国际航班乘务员进行培训，一方面在刻意布置成商业航班客舱的教室里向他们讲解服务顾客的基本技巧，参加一段时间的集体授课；另一方面，让新乘务员进行额外的训练飞行。在实际飞行训练中，由经验丰富的老乘务员对新乘务员进行一对一的在职培训。

（二）实践锻炼

接受教育培训是重要的，但任何教育培训都会带有基础性、普遍性、时段性的特点。"实践出真知"，知识的积累、技能的培养、素质的提高主要靠在平时实践中实现。实践锻炼是缩小能力差距最有效、最直接的方法。人们在实际工作中需要具备的许多才干，更多的是从实践中学来的。集中理论学习是学习，实践中学习也是学习，而且是更重要的学习。在工作中学，干什么学什么，缺什么补什么，不要放过任何一个增长才干的锻炼机会。在做好本职工作的同时，也不要拒绝领导、同事给的"分外活"，说不定在"帮忙"的过程中，就会有新发现，得到新的启示，从一个人说你"行"，到大家都说你"行"，得到新的成功体验，积累到一定时候，就可能成为职业生涯发展的新起点。

（三）讨论交流

讨论交流是指为了缩小差距，通过讨论交流获得新知、灵感、经验和帮助。这就是经常所说的"他山之石，可以攻玉""三人行必有我师"的道理。在职业生涯中，总有些过来人树立了榜样。平时应注意吸取他人的长处,无论是你的上级还是同事,是父母还是配偶,是同学还是客户,甚至是竞争对手,仔细考虑他们对你的职业生涯发展可能产生的积极影响,设法与他们保持联系,从与他们的交谈中学习经验,撷取智慧,从而应用到自己的职业生涯中。假如你所追求的是组织目标,讨论交流更为重要,因为想单枪匹马地完成所有工作是不可能的。如果能把自己培养成反应敏捷、知识广博的谈话高手,对日后的成功必定会有很大帮助。这种自我栽培可以带来多重利益,不仅可以使自己更优秀,还能使自己的内在生活更丰富,也能在所追求的目标范围内发挥更大的创意性思考能力。这样会让你更受欢迎、更有吸引力。

(四)储备良好的人际资源

美国斯坦福研究中心曾经发表的一份调查报告指出:一个人赚的钱,12.5%是靠知识,87.5%则来自人际关系。可见,人际资源在个人职业生涯发展过程中具有举足轻重的作用。所谓人际资源,必定是你认识的人愿意"认同你",可以"为你所用",愿意帮助你,使得"做事更有效果,更方便",这样的人才能称为人际资源。在一个人周围,什么样的人可以作为自己的人际资源?怎样才能建立一个良好健康的人际网络呢?

储备人际资源应以自己职业生涯规划的发展方向为依据,通常要与下面这些人建立人际关系:老板、上司以及在工作中表现出色的同事;家族中事业成功的长辈;同龄的朋友和同学;志同道合的社团朋友。值得一提的是,由于职场中的年轻朋友还处于前途未卜阶段,交朋友不可带有太重的功利心,对所有朋友,无论他现在处境如何,都应以平等态度与之相处。

要建立真正的人际资源,最简单的方法就是培养自己的魅力,增加自己被利用的价值。如果你能引起别人心中的渴望,让别人被你吸引,主动靠近你,就可以为自己建立一个人际大磁场。然而魅力从何而来?往往就从你的内涵开始。在职场的内涵就是专业能力,或互动过程的沟通能力。在具备了个人内涵的情况下,当然也需要一些实际的技巧。

案例 4-1

蚯蚓是我从小到大的朋友。蚯蚓不是原名,由于他长得黑矮瘦弱,因而得名。我们18岁分开后,我在外为生活四处漂泊奔波;蚯蚓却上了大学,什么事都挺顺当。在这分开的10年里,我们几乎每隔两三年见一次面。每一次我都喜欢问他同一个问题:你将来的目标是什么?

我得到的答案总是不相同。下面记录的是蚯蚓每次谈及目标的原话:

18岁,高中毕业典礼上:我发誓要当李嘉诚第二!我要当中国首富(好大的口气)!

20岁,春节老同学团聚会上:我想创立自己的公司,30岁前拥有资产2 000万元。

23岁,在某市工厂当技术员,第二职业是炒股:我正在为离开这家工厂而奋斗,因为在这里工作太没前途了,我将全力炒股,三年内用5万元炒到300万元(似乎有点实现的可能)。

25岁,炒股失意而情场得意,开始准备结婚:我希望一年后能有10万元,让我风风光光地结婚(挺现实的想法)。

26岁,不太风光的结婚典礼上:我想生一个胖小子,不久的将来当个车间主任就行,别的不想了(是不是结婚都会使人成熟)。

28岁,所在工厂效益下滑,偏偏正是妻子怀胎十月的时候:希望这次下岗名单里千万不要有我的名字。

蚯蚓在职业生涯规划方面缺乏知识和能力。他分不清美好愿望与目标的区别；不会将大目标分解成小目标；不懂得内职业生涯的发展是外职业生涯发展的前提；不懂职业生涯发展是从做好本职工作开始的；没有处理好自己与企业的关系；总是抱怨，不懂得适应、利用和改变环境。

第三节　职业目标的评估与反馈

在人生的发展阶段，由于社会环境的巨大变化和一些不确定因素的存在，会使我们与原来制定的职业生涯规划有所偏差，这时需要对职业生涯规划进行评估和作出适当的调整，以更好地符合自身发展和社会发展的需要。职业生涯规划的评估与反馈过程是个人对自己的不断认识过程，也是对社会的不断认识过程，从而使职业生涯规划更加有效。

职业生涯规划具体实施的过程，是一个与规划过程相反的过程，先从具体的、短期的目标开始实施，等短期目标逐一实现，中期目标就开始实现，而中期目标实现了，长期目标也就会逐步实现。同时，一个好的职业生涯规划应该是可修正的，因此，职业生涯规划要有反馈机制，能根据实施结果及时评估并修正。职业生涯规划的实施与评估如图4-4所示。

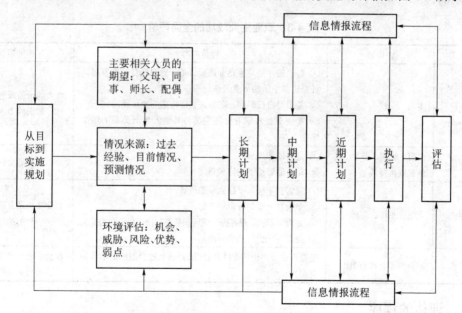

图4-4　职业生涯规划的实施与评估

那么，应从哪些方面、以什么标准来评价职业生涯的发展状况呢？

一、职业生涯成功及其标准

职业生涯成功是个人职业生涯追求目标的实现。因此，弄清职业生涯成功的标准与影响因素，有利于我们对职业生涯规划进行评估。

虽然成功没有统一的标准,但是每个人都应当有自己明确的成功标准,并时时用这个标准来检验实际行动。

一般认为,职业生涯成功的标准有以下 5 种。

(1)进取型:视成功为升入组织或职业的最高阶层,特别注重在群体中的地位,追求更高职务。

(2)安全型:追求认可、稳定,视成功为长期稳定和相应不变的工作。

(3)自由型:追求不被控制,视成功为经历的多样性,希望有工作时间和方法上的自由,最讨厌按部就班。

(4)攀登型:追求挑战、刺激、冒险,愿意做创新工作,视成功为螺旋式上升、自我完善。

(5)平衡型:视成功为家庭、事业、自我等均衡协调发展。要对职业生涯成功进行全面的评价,就必须综合考虑个人、家庭、企业和社会等各方面的因素。

有人认为职业生涯成功意味着个人才能的发挥以及为人类社会作出贡献,并认为职业生涯成功的标准可分为自我认为、社会承认和历史判定。对于企业管理人员来说,按照其人际关系范围,可以将其职业生涯成功标准划分为自我评价、家庭评价、企业评价和社会评价 4 类评价体系,如表 4-3 所示。如果一个人能在这 4 类体系中都得到肯定的评价,其职业生涯就是成功的。

表 4-3 职业生涯成功的全面评价

评价方式	评价者	评价内容	评价标准
自我评价	本人	① 自己的才能是否充分施展(是否对自己在企业发展、社会进步中做的贡献满意) ② 是否对自己职称、职务、工资待遇的变化满意 ③ 是否对处理职业生涯发展与其他人生活关系的结果满意	个人的价值观念及个人知识能力水平
家庭评价	父母、配偶、子女、其他家庭重要成员	① 是否能够理解 ② 是否能够给予支持和帮助	家庭文化
企业评价	上级、平级、下级	① 是否有下级、平级同事的赞赏 ② 是否有上级的肯定和表彰 ③ 是否有职称、职务提升或同职务责、权、利范围的扩大 ④ 是否有工资待遇的提高	企业文化及企业总体经验的结果
社会评价	社会舆论、社会组织	是否有社会舆论的支持和好评(是否有社会组织的承认和奖励)	社会文明程度以及社会历史进程

二、评估的程序

1. 重温生涯目标

(1)保证经常回顾你的构想和行动计划。有的人虽有计划,但总不将计划放在心上,只要有事做,就不知道自己努力的方向在哪里。

(2)把你的构想和任务方案存入电脑,或贴在床头等可经常看见的地方,时刻提醒自己。

(3)当你作出一个对生活和工作极其重要的决定时,请考虑一下你的构想和行动计划,并确保你正在仔细考虑的决策与你的本意相符。

（4）常常问一问：你正在做的是最想做的事吗？你真的适合做这个职业吗？你能如期完成既定目标吗？是否将重心放在了最重要的地方？

2. 分析当前的实际情况与当初目标的吻合程度

（1）确定精确的位置，判断实际行为效果与期望值的偏差。
（2）研究导致失败结果的原因。

3. 运用结果修正、完善目标

（1）采取及时、适当的纠正措施。
（2）调整策略，改变行动。
（3）经常自省是必要的，过程监督也十分重要。保证至少每3个月检查一次工作进度。
（4）有意识地回顾得失，检查验证前期战略措施的执行效果，可以有针对性地提出解决方案，纠正各阶段目标中出现的偏差。

三、评估要点

评估可以参照各类短期、中期目标和实际结果进行。一般来说，任何形式的评估都可以归结为自我素质和现实环境的适应性判断，分析自己的现状，特别是针对变化的环境，找出偏差所在，并作出修正。

（一）抓住最重要的内容

猎人如果想同时瞄准几只兔子，那他可能一只兔子也打不到。同样，在我们的评估过程中也不必面面俱到，而是抓住一两个关键的目标和最主要的策略方案进行追踪。在职业生涯的某一阶段，一两年内或者三五年内，总要有一个最重要的目标，其他目标都是指向这个核心的，你完全可以通过优先排序，重点评估那些可能达到这个核心目标的主要策略执行的效果。

（二）分离出最新的要求

针对变化的内、外部环境，要善于发掘最新的趋势和影响；对于新的变化和需求，要找出最有效而且最有新意的策略。

（三）找到突破方向

有时候，在某一点上取得突破性的进展将使整个局面发生意想不到的改变。想一想，先前规划中的策略方案，哪一条对于目标的达成应该有突破性的影响？达到了吗？为什么没达到？如何寻求新的突破？

（四）关注最弱点

管理学中有一个著名的木桶理论，即一只沿口不齐的木桶，其容量的大小，不取决于最长的那块木板，而取决于最短的那块木板。在反馈评估过程中，当然要肯定自己取得的成绩与长处，但更重要的是切合变化的环境，发现自己的素质与策略的"短木板"，然后想办法修正，或者把这块短木板换掉。唯有如此，你的职业生涯这只桶才能有更大的容量。

一般来说，"短木板"可能存在于下列方面。

（1）观念差距。观念陈旧往往会造成策略的失误，导致行动失效。

（2）知识差距。按照实施策略所积累的知识仍然不够，是否学错了方向。

（3）能力差距。环境在变化，对人的能力的要求也是在不断变化的。彼一时期你通过种种努力提高了某些能力，但此一时期可能又会出现新差距。另外，前一阶段是否坚持按计划措施来提高能力了，提高了多少，遇到过什么困难，这对后一阶段都有重要的启发。

（4）心理素质差距。很多时候，我们没有取得预期的进步，并不是规划得不够好，或者措施不够得当，而是心理素质不够。一个人职业生涯的发展，首先是心理素质的成长过程。

四、调整修正

俗话说"计划赶不上变化"，一些始料未及的事情可能会打乱原来制定好的职业生涯规划。例如，本来计划出国留学，可是想去的那个国家政局变动，无法顺利签证，在这种情况下，你的整个计划都将会因此而搁浅，那么你需要立即对原有职业生涯规划进行调整。

职业生涯规划调整并非代表职业生涯的失败，而是为了取得成功而采取的应变措施。有些人通过职业生涯评估发现自己的计划出现了不可控偏差，却仍然坚持采取原来的职业生涯规划，为的是向自己和别人证明自己原来的决策没有错，这严重违背了职业生涯规划的意义。在调整职业生涯规划时，我们一定要本着实事求是、与时俱进的方针，促进职业生涯的顺利发展。

为保证职业生涯规划的有效实行，可参考图4-5所示的流程进行校正。

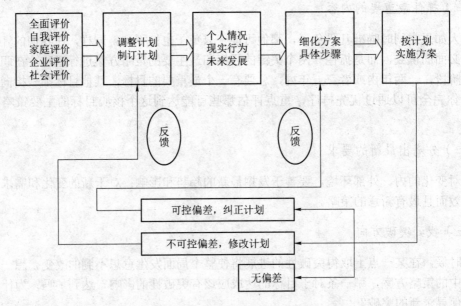

图4-5 职业生涯规划的校正反馈

通过反馈评估和修正，应该达到以下目的：对自己的强项充满自信（我知道我的强项是什么）；对自己的发展机会有清楚的了解（我知道自己什么地方还有待改进）；找出关键的有待改进之处；为这些有待改进之处制订详细的行为改变计划；以合适的方式答复那些给予反馈的人，并表示感谢；实施你的行动计划，确保你能取得显著的进步和商业成就。

总之，职业生涯规划的实施是一个持续动态的过程，有效的职业生涯规划需要反复修正职业目标，反省策略方案是否恰当，以适应环境的改变，同时可以作为下一轮规划的参考依据。

案例 4-2

齐瓦勃出生在美国乡村。由于家庭的贫穷，齐瓦勃少年时代没有受到什么教育。为了生活，15岁的齐瓦勃便辍学到山村给人当马夫。但为了改变自己的命运，无论何时何地他都没有放弃心中的理想和追求，寻找机会发展自己、提升自己。18岁那年，齐瓦勃带着梦想和追求，来到钢铁大王卡内基的一个建筑工地打工。别的打工者只知埋头苦干卖力气，抱怨工资低，而齐瓦勃除了埋头苦干之外，还利用一切可以利用的时间自学建筑方面的知识。别人休息、闲聊、玩耍时，齐瓦勃总是躲在角落里埋头看书。打工者中有人挖苦讽刺齐瓦勃，齐瓦勃说："我不光是在为老板打工，更不单为了赚钱，我是在为自己的梦想打工，为了自己远大的前途而打工。我只能在业绩中提升自己。我要使自己工作所产生的价值，远远超过所得的薪水。只有这样我才能够得到重用，获得提升的机遇。"一天，公司经理到工地检查工作，工人正在休息。他发现正在工地角落里看书的齐瓦勃，便走过去随手翻阅一下齐瓦勃的笔记，经理什么也没说就走了。第二天，经理把齐瓦勃叫到办公室，问："你学那些东西干什么呢？"齐瓦勃回答经理："我想我们公司并不缺少打工者，缺少的是既有工作经验又有专业知识的技术人员或管理者。"经理点了点头，不久齐瓦勃被提升为技师。后来，齐瓦勃靠着自己的勤奋和刻苦晋升为总工程师。25岁那年，齐瓦勃成为这家建筑公司的总经理。几年后，齐瓦勃被钢铁大王卡内基任命为钢铁公司董事长。凭着自己超人的工作热情、智慧和管理才能，齐瓦勃终于建立了伯利恒钢铁公司，并创下非凡的业绩，真正完成了从一个打工者到创业者的飞跃。

齐瓦勃的外职业生涯发展不是偶然的，不是天上掉的馅饼。他的外职业生涯发展是在其知识、观念、经验、能力等内职业生涯因素内容不断更新、水平不断提高的基础上发展的。在职业生涯发展的道路上，重要的不是你现在所处的位置，而是你迈出下一步的方向。什么时候你的工作热情和努力程度不为你的工资、待遇以及同事、老板对你的议论、评价所减低时，你就开始为自己打工了。为什么从这时候就叫给自己打工了呢？因为你已经把关注点从外职业生涯的工资、职务转向了知识能力、心理素质等内职业生涯因素的提高，这些都是无法用金钱衡量的报酬。既然开始给自己发报酬了，那就是开始为自己打工了。

第四节　职业生涯管理与实践

20世纪早期，职业只是人们生存的手段，人们通过从事一定的职业来满足生存的需要。因此，在这个时期几乎没有个人的职业生涯，个人的从业经历更多地表现出跟随企业命运变化而缺乏规划的特征。但是进入20世纪70年代以来，尤其是随着自我价值实现的盛行，个人的职业更多地受到个体选择的影响，更多地控制在个人的意愿之下。同时，随着人力资源成本在企业总成本中所占份额的不断上升，企业开始将员工个人的发展与组织的整体发展结合在一起。在这种背景下，人力资源专家提出了职业生涯管理的概念。

一、职业生涯管理概述

职业生涯管理是现代企业人力资源管理的重要内容之一,是指企业及其员工把个人发展目标与企业发展目标紧密结合,对影响员工职业生涯的个人因素和环境因素进行分析,制定员工个人职业发展战略规划,并创造各种条件促成这种规划得以实现,从而促进企业和员工共同发展的人力资源管理模式。

个人职业生涯规划是指个人结合自身情况以及眼前的机遇和制约因素,为自己确立职业目标,选择职业道路,确定发展计划、教育计划等,并为自己实现职业目标而确定行动方向、行动时间和行动方案。职业生涯管理的内容包括以下几个方面。

(一)开展个人职业生涯的目标管理

要管理好自己的职业生涯,获得未来事业的成功,就要充分分析自己的兴趣、知识结构和能力,在此基础上探索自己的职业需要和职业兴趣,初步确定职业目标。确立目标必须在知己知彼的情况下,根据自己的特点和现实条件,确立自己的职业生涯目标。目标通常分为短期目标、中期目标、长期目标。短期目标一般为1~2年;中期目标一般为2~5年;长期目标一般为5~10年。职业生涯目标是个人职业生涯规划的核心。

在进入自己选择的职业领域后,个体要加强学习和锻炼,注意积累工作知识和经验,同时,不断评估自己的职业需要、职业兴趣和职业目标,当存在差异时,要及时作出调整。在确定自己的发展方向后,要争取一切机会,发展和展示自己的工作技能和专长,力争成为某一领域的专家或职业能手,评估自己的职业目标和新的职业机会,作出适当的调整,致力于职业目标的实现,获得事业上的成功。之后,也可以凭借自己丰富的工作经验和智慧探索新的职业机会,尝试进行二次职业开发的可能性。

目标决定成功,要将自己的职业目标与人生目标有机地结合起来,并在个人发展(健康与能力)、事业经济(理财与事业)、兴趣爱好(休闲与心灵)、和谐关系(家庭与人脉)4个部分8个方面实现协调与平衡,体察生命的真义,活出精彩的自己。

(二)做好个人职业生涯的计划管理

职业生涯发展基本上有3个方向:①纵向发展,即个人职务等级由低到高的提升。②横向发展,指在同一层次不同职务之间的调动,如由部门经理调任办公室主任。此种横向发展既可以发现个人的最佳发挥点,又可以使个人积累各个方面的经验,为以后的发展创造更加有利的条件。③向核心方向发展,虽然职务没有晋升,但是却担负了更多的责任,有了更多的机会参加单位的各种各样的决策活动等。

(三)构想个人职业生涯不同阶段的具体任务

职业生涯贯穿人的一生,是一个漫长的过程。科学地将其划分为不同的阶段,明确每个阶段的特征和任务,做好规划,更好地从事自己的职业,对实现确立的人生目标非常重要。

职业生涯发展分为3个时期和阶段:早期、中期和后期。在不同的时期,由于个人生命特征的不同,其所面临的职业生涯发展任务也各不相同,必须把握好各个不同阶段的发展任务，不断创造生命中闪耀的火花。

在校大学生做好自己的职业生涯管理工作十分重要。就其职业生涯管理的内容而言，学会撰写职业生涯规划书，建立起自己的职业生涯规划档案尤为重要。

二、职业生涯规划书的撰写

当代大学生，若是一脸茫然踏入这个拥挤的社会，怎么能满足社会的需要，使自己占有一席之地？因此，需要为自己拟订一份职业生涯规划，将自己的未来好好的设计一下，有了目标才会有动力。

（一）职业生涯规划书的写作程序

1. 个人基本情况分析和职业倾向定位规划

拟订个人职业生涯规划，首先要对自己个人的基本情况和潜在的能力作出全面、客观、真实的测定和评价，这是合理规划职业生涯的前提条件。在自我剖析、自我评定时，既要实事求是，一分为二，看到优势，找出差距，又要以发展的眼光看待自己，充分认识自己的潜能和未来发展的希望。

2. 社会环境和行业、职业的分析

社会环境对每个人的职业生涯乃至发展都有重大影响，通过对社会大环境进行分析，了解所在国家和地区的政治、经济、文化、法制建设的发展方向，以寻找各种发展机会。

行业分析是对目前所在行业或将来想从事的目标行业的环境分析，其内容包括行业发展现状、国际国内重大事件对该行业的影响、目前行业优势与问题所在、行业发展前景预测等。职业分析则是人们需要认清所选定的职业在社会环境中的发展过程和目前的社会地位，以及社会发展趋势对职业的影响。因此，进行职业生涯规划，必须对所选定的职业有深刻的认识，这样才能根据个人实力和社会发展趋势，坚定职业长期方向，明确职业具体目标。

3. 职业生涯目标设定

目标设定是基于自我认识和对社会环境及现有行业、职业分析的基础上，对自己未来职业生涯设定明确方向和目标。总之，一个人在选择职业主攻目标时，必须考虑自己的主客观因素，即个人的文化基础、智力水平、兴趣爱好、职业或所学专业状况、自身素质的优劣、时间的充分程度和社会的需要、时代的客观环境、单位和家庭的微观环境。权衡优劣利弊得失之后，确定长期目标和近期目标、宏观目标和微观目标，从而把握个人发展的方向。

4. 确定实现职业生涯目标的策略和措施

首先，要找出个人在思想观念、知识水平与结构、心理素质与能力等与目标要求之间的差距。其次，根据这些差距采取相应的措施和行动，如提升个人对组织的价值，进一步展示和证明自己的实力，增强人际交往能力，参加教育和培训，获取未来目标成功所需的知识与技能等。最后，制定职业生涯规划书，明确实施步骤和时间。

5. 及时反馈与修正职业生涯规划

事物都是在运动变化中的。由于在制定职业生涯规划时，人们对自身和外部环境了解有限，最初确定的目标也可能比较模糊，甚至有错。随着时间的推移、规划者认识的提高、自身及外部环境的变化，经过一段时间执行后，人们应不断总结经验教训，重新评估职业生涯规划，并根据具体情况，对其进行修正，纠正规划目标与现实目标的偏差，使之更加行之有效，以增强规划者实现职业目标的信心和决心。

（二）撰写的基本要求

1. 资料翔实，步骤齐全

收集资料有多种途径，可以通过访谈、从报刊图书中摘抄、上网下载等方式获取资料，要尽可能注明资料的出处，并多运用图表数据来说明问题，以提高资料来源的可信度和说服力。主要分为以下4步。

第一步，分析需求，分析条件及目标设定。
第二步，分析阻碍和可行性研究。
第三步，设计方案和提升（改变）计划。
第四步，制订详细的实施计划和措施。

2. 论证有据，分析到位

要了解有关的测评理论及知识，认真审视并思考自己的测评报告并对照自我认识与测评结果的异同，分析与测评结果形成差距的原因，从而确定自我评估结果，达到"知己"；要理清自己所处的地理环境（包括居住的地方、喜欢的地方、亲朋的意见等），明确自己最大兴趣是什么、最喜欢与之共事的人的类型、最重视的价值与目标、最喜欢的工作条件是什么，再通过目前环境评估（社会影响、家庭影响、学校因素、就业形势等）和当前社会环境分析（组织环境分析、技术的发展、经济的兴衰、政策法规的影响等）来确定自己的职业方向，做到说理有据，层层深入。

3. 言简意赅、结构紧凑、重点突出、逻辑严密

语言朴实简洁，用词精练准确，行文流畅，条理清楚，这是最基本的写作要求。撰写时还应密切注意整篇文章的结构和重心所在。职业生涯规划书一般包含对职业规划的认识、对自我的剖析、对所学专业的认识、对职业方向的探索及确定目标并制订计划这5个方面的内容。在对这些内容进行分析阐述时，必须紧紧围绕职业目标这条主线来展开，从而体现文章论述的逻辑性和连贯性。要将重点放在自我评估、环境评估、目标实施上。职业生涯规划是自己将来的规划，这个规划只有建立在对自我和职业的充分认识的基础上才能体现出它的科学性和可行性。

4. 目标明确，合理适中

撰写职业生涯规划书应围绕论述的中心展开，职业生涯目标不能过于理想化，应"择己所爱""择己所长""择世所需""择己所利"。职业生涯规划书撰写是否成功，在很大程度上

取决于有无正确适当、切实可行的目标。

5. 分解合理，组合科学，措施具体

目标分解、实现路径选择要有理论依据，而且备用路径之间要有内在联系性。目标组合要注意时间上的并进、连续，功能上的因果、互补作用，全方位的组合要涵盖职业生涯、家庭生活、个人事务等方面。

6. 格式清晰，图文并茂

职业生涯规划书应该严格按照格式书写，做到清晰明了，语言精练准确，条理清楚。最好将文字与图片相衬，色彩更加形象具体，使之一目了然且内容更丰富多彩，必能为规划书增色不少。

（三）大学生职业生涯规划书的基本类型

1. 表格式

这种格式的规划书为不完整的职业生涯规划书。常常仅写有最简单的目标、分段实现时间、职业机会评估和发展策略等几个项目，有的只相当于一份完整的职业生涯规划书的计划实施方案表。这种形式适合作为日常警示使用。

2. 条列式

这种格式的规划书具有职业生涯规划的主要内容，多只是作简单的表述，没有详细的材料分析和评估。文章精练，但逻辑性和说理性不强。

3. 复合式

复合式是表格式与条列式的综合。

4. 论文格式

一份优秀的论文格式的职业生涯规划书能够对一个人职业生涯规划做全面、详细的分析和阐述，是最完整的职业生涯规划书。

（四）大学生职业生涯规划书的基本内容

职业生涯规划书是对职业生涯规划的书面化呈现，不仅能呈现大学生的宏观职业生涯规划，还能对具体的学习和工作起到指导及鞭策作用。大学生职业生涯规划书的基本内容主要有以下几个方面。

（1）扉页：题目、目录、姓名及基本情况介绍、年限、起止日期等。

（2）职业方向及总体目标。

（3）社会环境分析结果：对政治环境、经济环境、法律环境、职业环境的分析。

（4）组织分析结果：对行业、组织制度、组织文化、领导人、组织运行机制、发展领域等的分析。

（5）自我分析：对家庭因素、学校因素、自身条件及性格、潜力等的测评结果。
（6）角色及其建议：记录对自己职业生涯影响最大的一些人的建议。
（7）目标定位以及目标的分解和组合：发展策略、发展路径。
（8）成功的标准。
（9）差距：自身现实状况与要实现的目标之间的差距。
（10）缩小差距的方法及实施计划和方案。
（11）评估调整预测：评估的内容、评估的时间、规划调整的原则。

案例 4-3

职业生涯规划书

一、引言

步入了大学生活，我们的生活空间自由大了，很可能会因无目标而迷失方向，给自己制定了目标，就像有了启航的方向，而大学生职业规划设计大赛为我们提供了这样的机会。我们要更好地规划我们的职业生涯，使自己能够有目标地学习，有目标地工作，有目标地生活，使自己每一天都过得那么有意义，那么实在！

二、自我分析

基于人才测评分析报告以及本人对自己的认识、朋友对我的评价的前提之下，进行了客观的自我分析。

1. 职业兴趣

从测评分析报告中得出：我对抽象的、分析的、灵活的定向任务性质的职业比较感兴趣，对研究型、领导型、社会型、创造型的工作比较有兴趣，其他方面职业的兴趣一般。

2. 职业能力

我的逻辑推理能力相对较强，信息分析能力也不错，比较喜欢对复杂的事物进行思考，工作认真、负责。但是，有时我的想法过于复杂以至于较难与别人交流和让别人理解。

3. 个人特质

我的观察力强，工作自觉性比较好，对工作有热情，能够吃苦耐劳，更善于处理概念和想法。总是试图运用理论分析各种问题，对观点或形势能作出超乎常人的、独立准确的分析，会提出尖锐的问题，也会向自己挑战以发现新的合乎逻辑的方法。喜欢在工作中接触人，喜欢团队工作。十分讨厌那些固定的工作模式，不喜欢做一成不变的操作性工作。

4. 职业价值观

在测评结果中可以知道，自我实现取向、经营取向、才能取向的得分是最高的。我认为，如果在不考虑收入的前提之下，我会将自己最喜欢做的工作列为第一位。所选择的职业要有能从中不断学习知识的机会，收入要不低于我的工作能力的价值，同时也会考虑这份工作是否能实现我的目标或者理想。

5. 胜任能力

（1）能力优势：头脑灵活，有较强的发展、提升意识，逻辑推理能力比较强，注重团体精神。具有创造性地解决问题的能力，具有探险精神、创造意识以及克服困难的勇气，独立自主，能独立工作，并且全神贯注。能够客观地分析和处理问题，而不是感情用事。交际能力较强，对自己要求严格，有强烈的上进心。

（2）能力劣势：做事过于理性，不喜欢按传统的、程序化的方式来办事。一旦有自己的主张就会执行到底，会不听别人的劝导。有时做事会半途而废。做事情有时太任由自己的想法，一意孤行。

6. 自我分析小结

我认为自己有明确的职业兴趣，有一定的能力优势，但是也存在一定的劣势，所以要发挥自己的优势，减少自己的劣势。平时要多针对自己的不足进行强化训练，如要多练习写作，多看一些课外书，开阔自己的视野等。

三、职业分析

1. 家庭环境分析

我的家庭经济能力不是很富裕，但能够支付我的学习费用。家庭文化氛围很好。

2. 学校环境分析

我就读的学校是××省的普通大学，教学设施基本齐全，但不是那么的先进，教学水平一般。

3. 社会环境分析

我国现在大学毕业生规模庞大，而且需求量逐渐饱和，社会就业率不高，就业环境不是很理想。

4. 职业环境分析

在我国金融人员需求量不是很大，但高级技术人员却很短缺，社会需求量大。经济管理行业的就业范围比较狭窄，不容易找工作，现在自己多考取一些证书能够拓宽就业。

四、职业定位

综合前面的自我分析和职业分析，我的职业定位的 SWOT 分析如表 4-4 所示：

表 4-4 职业定位 SWOT 分析

	优势因素（S）	弱势因素（W）
内部因素	头脑灵活，逻辑推理能力较强，工作有毅力，认真、负责，具有创造力，领导能力不错，人际关系处理得当	有时过于理性，会忽略别人的感受；不喜欢传统的工作，偶尔会有厌倦心理
	机会因素（O）	威胁因素（T）
外部因素	沿海地区工作岗位相对较多，经济方面仍然有发展前景	社会环境不断变化，竞争激烈，就业形势日益严峻

五、结论

1. 职业目标

根据我的职业兴趣和个人能力，我希望能最终成为一名国际金融行业精英。

2. 职业发展路径

考多种证—企业基层管理者—企业高层管理者—行政总监。

六、计划实施方案

1. 大学期间（2017—2021 年）

（1）学好各科专业知识，掌握经济管理行业的基本知识。

（2）积极复习，强化英语，至少过六级。

（3）从大学二年级开始，积极准备考各种金融类证书。

（4）从现在起，关注各种考证信息，研习关于金融与保险方面的书籍。

（5）从大学二年级开始正式学习法语。

（6）在大学二年级考取中级口译证书，在大学三年级考取高级口译证书。

（7）假期打工（和本人专业相符合的工作），积累社会经验。

2. 大学毕业后的最初 5 年（2022—2027 年）

（1）若考上研究生，则继续勤奋学习。

（2）去国外留学，学习金融和语言，继续深造。

（3）去国外工作。

3. 长期计划

（1）在工作之余，不断学习各方面知识，提高自己能力，增长各方面见识。

（2）努力工作，积极获取提升的机会。

（3）在工作、学习之外，坚持锻炼身体。

（4）汲取他人的优点，不断提高自身的修养。

（5）不断发现自己的不足，并予以改正。

（6）建立良好的交际网，秉承"君子之交淡如水"的人生座右铭。

七、评估调整

社会是不断变化、不断向前发展的，所以我要针对职业生涯规划做一些风险预测。如果我不能完成以上计划，我会有以下的发展路径。

大学毕业后，没有考上研究生：

（1）直接参加工作，累积资本，为日后出国深造打下经济基础。

（2）可以在国内找工作。

（3）也可以在国外找工作。

八、结束语

现在虽制定了自己的职业生涯规划书，但受到思想不成熟的限制，今后职业选择、生涯路线、人生目标等方面都可能进行改动。在今后的学习中，我要不断总结经验教训，使自己变得更成熟，使规划设计更切合实际。

这是我的第一篇职业生涯规划书，使我对自己有进一步的了解，进一步明确了自己的人生目标和职业目标，使学习有了目标和针对性。我对今后充满了信心，相信自己一定能取得成功，也使自己敢于面对人生路上的挫折和困难。我知道了自己的局限和弱点，接受现实，并勇敢面对。我建立了一种积极的心态，学会如何调整自己的心态，更好地适应社会，面对竞争。

三、职业生涯规划档案的建立

建立职业生涯规划档案是大学生职业生涯规划的重要内容之一，是理论与实践的有机结合。建立职业生涯档案有利于大学生更好地明确职业发展的目标，更深地理解职业生涯规划的过程，更有针对性地实施职业生涯规划，更积极地采取行动。大学生建立职业生涯规划档案就是要结合理论学习的内容，将自己与职业生涯规划有关的各种个人资料进行整理、记录，形成个人系统的探索资料，为今后的职业发展提供帮助。

职业生涯规划档案一般包括自我描述、职业清单、职业分类和探索、个人价值观、个人技能、继续探索的职业清单、目标设立与行动计划、个人简历等内容。

实训与练习

下面的目标为某公司部门经理设计的职业目标,请按性质对目标进行归类:
1. 每年为公司创造 1 000 万元的利润。
2. 具有同公司决策层无障碍沟通的能力。
3. 年底前建立公司新的培训管理制度。
4. 争取年底晋升为主管生产的副总经理。
5. 年薪达到 10 万元。
6. 提高自己管理团队的能力。
7. 进行心理学方面的学习,掌握心理学基本知识。
8. 年内具备一个企业家的全面素质和能力。
9. 出版一本介绍本公司科技成果的小册子。
10. 掌握结构设计的能力。

其中:
属于内职业生涯目标的有:＿＿＿＿＿＿＿＿＿＿＿＿＿＿＿＿＿＿＿＿＿＿＿＿＿＿＿。
属于外职业生涯目标的有:＿＿＿＿＿＿＿＿＿＿＿＿＿＿＿＿＿＿＿＿＿＿＿＿＿＿＿。

思考题

1. 结合个人的职业生涯目标制订切实可行的实施方案。
2. 根据自身条件和外部环境制定自己的成功标准。
3. 为什么要对职业生涯进行评估?
4. 试阐述职业生涯规划评估反馈的要点,结合自己的职业生涯规划进行评估。
5. 对职业生涯规划书进行分析、评价,撰写适合自己的职业生涯规划书。

中 篇
大学生创新创业基础

在 2014 年 9 月达沃斯论坛上,李克强总理首次发出"大众创业、万众创新"的号召。他提出,要在 960 万平方公里土地上掀起"大众创业""草根创业"的新浪潮,形成"万众创新""人人创新"的新态势。李克强总理在政府工作报告提到,推动"大众创业、万众创新","既可以扩大就业、增加居民收入,又有利于促进社会纵向流动和公平正义"。在论及创业创新文化时,强调"让人们在创造财富的过程中,更好地实现精神追求和自身价值"。与此同时,政府一直致力于以简政放权的改革为市场主体释放更大空间,真正助力"大众创业、万众创新"。

2016 年年底,中国人民大学首次发布《2016 中国大学生创业报告》。报告显示,在国家"双创政策"的引导下,随着社会各方对大学生创业实践支持力度的不断加强,大学生创业意向高涨,89.8%的在校大学生曾考虑过创业,18.2%的学生有强烈的创业意向。但由于受到传统教育重视知识教育,忽视学生的主体性、能动性、创造性,学生创业缺少资金和经验等各种因素的影响,我国大学生创新创业也面临新的挑战。当前,高校开展创新创业教育不论是对建设创新型国家,还是对促进大学生进一步深造和未来就业都具有极其重要的意义。

第五章 创新与创业的内涵

导读

"今天你对我爱理不理,未来我让你高攀不起",这句网络流行语让很多大学生对马云的互联网创新和创业感慨万千。生活中每天都有创新的科技、产品、思想和文化出现,每天都有创业成功的励志典型在鼓舞着我们,每个大学生都怀揣着自己的创新创业梦,美好的梦想如何去实现?

 要点与要求

通过本章的学习,学生应了解创新的内涵,理解创新需要的4个条件(创新意识、创新思维、创新能力和创新方法);提高对创业内涵的认识,了解创业的要素与类型以及创业的过程与阶段;理清创新与创业的关系。

 案例引入

英国国家图书馆是世界上著名的图书馆,里面的藏书非常丰富。有一次,图书馆要搬家,即从旧馆搬到新馆,结果一算,光搬运费就要几百万英镑,图书馆根本没有那么多钱。怎么办?有一个馆员向馆长提出了一个建议,结果只花了几千英镑就解决了图书馆搬家的问题。

按照该馆员的建议,图书馆在报纸上登了一则广告:从即日起,每个市民可以免费从英国国家图书馆借10本书,条件是:从旧馆借出,还到新馆去。结果,广告一出,市民蜂拥而至,没几天,就把图书馆的书借光了,而且大家都按期把书还到了新馆。就这样,图书馆借用大家的力量搬了一次家。

第一节 创新概述

"创新"已经成为当今时代的主旋律。上至国家社会,下至百姓生活,无不与创新息息相关。在此时代背景下,对各级各类学校学生也提出了培养创新意识和创新能力的要求。然而,创新到底是什么?

一、创新的内涵

(一) 创新的定义

一个人如果一辈子只做别人做过的事,或者只按照别人使用过的方式去做事,自己的成长发展就会永远落后于别人。一群人也是一样,如果仅仅是重复做事,那这一群人也就会永远是一个落后的群体。正如网络上流行的一句话:"100万个富士康企业员工不如一个乔布斯。"原因何在?因为富士康的员工不论是生产线上的工人,还是管理层的职员,他们尽管生产了数以亿计的苹果产品,但都是在做别人已经做过的事情,而乔布斯却是在做别人从来没有做过的事情。这就是创新的力量。创新不仅是一个人走向成功的康庄大道,更是一个组织追求卓越的根本驱动力。

那么,创新到底是什么呢?

通俗地讲,创新既可以是创造出前所未有的事物,也可以是对现有事物的改良。例如,古代人发明和使用车轮是创新,现代人研究和制造出飞机、计算机也是创新;前人发现几何学的"勾股定理"是创新,第一次发明并制造出温度计也是一种创新。可见,创新的事物可以是有形的,也可以是无形的;可以是复杂的劳动工具,也可以是简单的生活用品。温度计被发明出来以后,根据人们的不同需求进行改良,同样可以算是一种创新。例如,现在市场上针对婴幼儿研发的红外线额温枪就大大提高了温度计的准确性和可识别性。因此,那种绝对地以"创造出新事物"来理解创新,其实是不完整的。

创新,还可从更广泛的角度来理解。例如,我们做一件事情,尽管对于人类来说不是第一次创造出新的事物或者改良原有事物,但是对于我们自己来说,这是我们第一次尝试做什么,第一次想到什么,第一次使用什么,这种活动也可以称为"创新"。例如,班级第一次组织课堂小组讨论,这是对学习方式的创新;再如,我们第一次离开学校去街上摆摊,这是对自己课余生活方式的创新。

综上所述,创新是指人类为了满足自身的需要,不断拓展对客观世界及自身的认知,从而产生有价值的新思想、新举措、新事物的实践活动。创新的实质,就是变革旧事物,并将其更新为新的事物。从创新者的角度,创新的实质就是要求创新者能够突破常规和思维定式,以新的思路和方法解决问题。

(二) 创新的类型

1. 产品创新

产品创新就是研究开发和生产出更好的满足顾客需要的产品,使其性能更好,外观更美,使用更便捷、更安全,费用更低,更符合环境保护的要求。因为产品是满足社会需要,参与竞争,直接体现企业价值的实物,所以产品创新成为企业创新的主要任务。产品创新可在3个层面上实现。

(1) 开发出具有新功能的产品。例如,3D打印行业中的翘楚——3D Systems 发布的 Cube 3D 打印机,具有打印平台自动找平功能,且打印支撑结构更容易去除。该产品可同时使用 PLA 和 ABS 两种材料打印,并最多支持两种颜色,采用了全新彩色触摸屏,具有直观的用户界面。

（2）产品结构方面的改进。例如，使产品轻、巧、小、薄，携带和使用方便，节省材料、降低能耗。手机、平板电脑、摄像机、笔记本电脑、超薄洗衣机等就是典型的例子。

（3）外观方面的改进。例如，服装款式及色彩的改变都可以使顾客需求得到新的满足，从而增加销售收入。苹果公司曾一度依靠推出彩壳流线型个人计算机，而显著提高了个人计算机市场的市场占有率。

2. 技术创新

技术创新是指采用新的生产方法或新的原料生产产品，以达到保证质量、降低成本、保护环境或使生产过程更加安全和省力。技术创新可在以下 4 个层面实现。

（1）工艺路线的革新。这是生产方式思路的改变。例如，用精密铸造、精密锻造、粉末冶金代替金属切削生产复杂的机械零件，可大大缩短生产周期，降低成本。

（2）材料替代和重组。例如，前些年美国农产品过剩，农场主就与大学合作，从环保角度，以农产品为原料生产工业产品：用玉米生产一次性水杯、餐具和包装盒；从玉米中提取燃烧用的乙醇；从大豆中提取润滑油替代石油产品等。

（3）工艺装备的革新。例如，用电脑绣花机代替手工绣花；用数控机床代替手动操作机床等。

（4）操作方法的革新。用更省力、更高效的操作方法，代替过去的一些传统的、不适应现代技术进步的操作方法。

3. 制度创新

制度创新是从社会经济角度来分析企业系统中各成员间正式关系的调整和变革。企业制度主要包括产权制度、经营制度和管理制度等方面的内容。

制度创新的方向是不断调整和优化企业所有者、经营者、劳动者三者之间的关系，使各个方面的权力和利益得到充分体现，使组织中各类成员的作用得到充分发挥。

4. 职能创新

职能创新就是在计划、组织、控制、协调等管理职能方面采用新的更有效的方法和手段。我国不少企业技术陈旧，各种管理职能又缺少活力，因此职能创新任务非常紧迫。

（1）计划方式创新。许多企业在计划工作中运用运筹学取得显著成效。例如，某企业从 2012 年开始在购电、电网运行和用电方面采用目标规划，使企业电费年节约额达 2 000 万元以上。

（2）控制方式创新。例如，丰田公司首创准时生产制（Just in Time，JIT），显著降低了成本。

（3）用人方式创新。例如，应用测评法招聘选拔和考核干部员工，采用拓展训练等方法改善培训效果等。

（4）激励方式创新。例如，美国企业实行"订自助餐式"奖励制度，使同样的支出获得了更好的激励效果。

（5）协同方式创新。例如，福建省南平市政府试行科技特派员制度，他们通过调查，了解村镇农业大户需要哪些技术支持，同时将全市 3 500 多名农业科学技术人员按专长分类公布,然后将两者对接起来,实行双向选择,结果农户收入和农业科技部门、农业科学技术人员的收入都大幅度增加。

5. 结构创新

结构创新是指设计和应用新的更有效率的组织结构。结构创新按其影响系统的范围可分为技术结构的创新和经济与社会结构的创新两种类型。

(1)技术结构创新。例如,美国福特汽车公司在20世纪20年代首创流水线生产方式,让工人依次地完成简单工序,大大提高了生产率,由此开创了大规模生产标准产品的工业经济时代。

(2)经济与社会结构创新。通过调整人们的责、权、利关系以提高组织效能。例如,美国通用汽车公司20世纪20年代采用事业部制,解决了统一领导与分散经营的矛盾,使规模经营与适应市场的要求得到了统一,极大地增强了竞争力。

(三)创新的基本过程与原则

1. 创新的基本过程

创新思维的基本活动过程包括4个阶段。

(1)准备期。在准备期,需要解决的创新问题存在着许多未知数,主要任务是搜集信息、整理资料,通过搜集前人的知识、经验来对问题形成新的认识。也就是说,要了解问题的具体情况,产生创新的需求,激发创新动机,在发现问题的基础上,通过深入分析使问题更加明确,从而为创造活动的下一阶段做好准备。

(2)酝酿期。明确问题后,就需要找出问题的关键点,以便考虑解决这一问题的各种策略。一方面,应通过搜集整理有关知识信息,弥补知识缺陷;另一方面,要消化原始材料、构思假说和寻找解决方案。有些问题可能一时难以找到答案,可能会被暂时搁置,但是这些问题仍然会一直萦绕在脑海之中,成为一种潜意识。

(3)明朗期。明朗期即顿悟期或突破期,寻找到了解决办法。明朗期很短促,很突然,呈猛烈爆发状态。人们通常所说的"脱颖而出""豁然开朗"等,都是描述这种状态的。如果说"踏破铁鞋无觅处"描绘的是酝酿期的话,"得来全不费功夫"则是明朗期的形象刻画。在明朗期,灵感思维往往起决定作用。

(4)验证期。验证期又称实施期,主要是对创新思维所产生的新成果中的方法和策略进行检验,对其不足之处进行完善,使其更加合理,最后以适当的形式表达出来,能够有效地指导实践。验证一是进行理论验证,二是进行实践检验。验证期需耐心、周密、慎重,不能急于求成或急功近利。

2. 创新的原则

创新原则就是开展创新活动所依据的法则和判断创新构思所凭借的标准。具体来说,创新需要遵循以下6个方面的原则。

(1)科学原理原则。创新必须遵循科学技术原理,不能违背科学发展规律。因为任何违背科学技术原理的创新都是不能获得成功的。为了使创新活动取得成功,在进行创新构思时,必须做到:①对创新设想进行科学原理相容性检验;②对创新设想进行技术方法可行性检验;

③对创新设想进行功能方案合理性检验。

（2）市场评价原则。创新设想要获得最后的成功，必须经受市场的严峻考验。爱迪生曾说："我不打算发明任何卖不出去的东西，因为不能卖出去的东西都没有达到成功的顶点。能销售出去就证明了它的实用性，而实用性就是成功。"

（3）相对较优原则。创新产物不可能十全十美。利用创造原理和方法，获得的许多创新设想常常各有千秋。这时，就需要人们按照相对较优的原则，对设想进行判断选择，具体包括：①从创新技术先进性上进行比较选择；②从创新经济合理性上进行比较选择；③从创新整体效果性上进行比较选择。

（4）机理简单原则。在现有科学水平和技术条件下，需要对创新方式和创新手段的复杂性进行科学合理的评估。特别是在科技竞争日趋激烈的今天，结构复杂、功能冗余、使用烦琐已成为技术不成熟的标志。因此，在创新过程中需要坚持机理简单原则。为使创新的设想或成果更符合机理简单原则，应检查：①新事物所依据的原理是否重叠，超出应有范围；②新事物所拥有的结构是否复杂，超出应有程度；③新事物所具备的功能是否冗余，超出应有数量。

（5）构思独特原则。创新贵在独特。创新的独特性可从以下3个方面加以考察：①创新构思的新颖性；②创新构思的开创性；③创新构思的特色性等。

（6）不轻易否定、不简单比较原则。不轻易否定、不简单比较原则是指在分析评判各种创新方案时，应注意避免轻易否定的倾向。在飞机发明之前，科学界曾从"理论"上进行了否定的论证。过去也曾有权威人士断言，无线电波不可能沿着地球曲面传播，无法成为通信手段。这些结论都被证明是错误的。不同的创新，包括非常相近的创新，原则上也不能以简单的方式比较其优劣，这有利于促进相关技术在市场上的优势互补，形成共存共荣的局面。例如，市场上常见的钢笔、铅笔就互不排斥，即使都是铅笔，也有普通木质的铅笔和金属或塑料杆的自动铅笔之分，它们之间也不存在排斥的问题。

二、创新需要条件

开展创新活动，需要有创新意识、创新思维，同时还需具备创新能力和创新方法。创新意识的培养和开发是培养创新型人才的起点，创新思维和能力的培养是创新型人才培养的关键，创新方法的使用能提高创新的效率和效果。

（一）创新意识

创新意识引导着创新行为，具有较强的能动性，是创新型人才必须具备的条件之一。

1. 创新意识的内涵

创新意识是指人们对创新及其价值观的思想、态度、认识水平和认识程度，以及用于调整和规范自己活动方向的一种稳定的心理状态。一般来说，创新意识代表着一定社会主体奋斗的目标和价值指向性，是主体产生稳定持久的创新需要、价值追求的推动力量，是唤醒、激励和发挥主体潜力的重要精神力量。

创新意识包括创新动机、创新兴趣、创新情感、创新信念和意志等。其中，创新动机是创新活动的动力因素，是推动和激励人们发动和维持创新的精神力量；创新兴趣是促使人们积极探求新奇事物的一种积极的心理倾向，有利于促进创新活动的顺利展开；创新情感是引起、推进以至完成创新活动的心理情感因素,只有积极、正向的创新情感才能促进创新活动取得成功;创新信念和意志是指创造中克服困难、冲破阻碍的心理因素,创新信念和意志具有目的性、顽强性和自制性等特征。

2. 创新意识的作用

创新意识的作用主要体现在以下3个方面。

(1) 创新意识是决定一个国家、民族创新能力最直接的精神力量。创新是一个民族进步的灵魂,是一个国家兴旺发达的不竭动力。党的十八大明确提出实施创新驱动发展战略,强调科技创新是提高社会生产力和综合国力的战略支撑,必须摆在国家发展全局的核心位置。

(2) 提高和发展创新意识有利于推动社会的全面进步。创新意识根源于社会生产方式,并反作用于生产方式。由于创新推动着人类社会生产力的持续发展,创新教育被世界各国高度重视。创新教育,就其内涵来讲,就是培养人的创造性,使人能够具备从事一定职业的能力的教育,使人能够适应社会生活的教育。就其本质来讲,就是职业技能与创造能力的教育。创新意识的发展,必然推动人的思想解放,有利于人们形成开拓意识,有利于促进社会生产方式的发展进步。

(3) 提高和发展创新意识有利于促进人才素质的结构性变化,提升人才质量。提高和发展创新意识,能够有效激发人的主体性、能动性、创造性,有利于促进人才素质的结构性变化,提升人才质量,使人自身的内涵获得极大的丰富和发展。现代社会的发展,需要充满生机和活力的人、具有开拓精神的人、拥有创新思想和现代科学文化素质的人。

3. 创新意识与实践能力的关系

创新意识和实践能力是人的精神发展的有机组成部分,是人的本质属性的重要表现,是不可分割的。创新意识是在实践基础上产生的在人的思想层面的实践预演。这既是过去实践的精神结果,又是即将开展的实践活动的准备。这种观念性的东西是否正确、是否符合实际需要,必须在实践过程中去验证。实践能力是实践主体在实践过程中逐渐形成的对目的、计划、方案等思想意识付诸行动的执行力,是创新意识的施展,对创新意识必然产生促进作用。

创新意识和实践能力都来自于实践,同时对即将进行的实践具有促进作用。当代大学生只有具备创新意识和实践能力,才能适应快速发展的社会需要。

(二) 创新思维

创新思维是创新实践和创造能力发挥的前提。大学生要想实现自己的创新和创业梦想,不仅需要积极主动地激发自己的创新意识,还要认识、训练自己的创新思维。

1. 创新思维的内涵

创新思维是指人们为解决某一问题,自觉、能动地综合运用各种信息寻求问题答案或解决方法的思考活动。通过创新思维常常能突破常规思维的界限,以超常规甚至反常规的方法、视角去思考问题,提出与众不同的解决方案,从而产生新颖的独到的有社会进步意义的思维成果。

创新思维是进行创新实践活动的基础条件,是思维的高级形式。创新思维的培育是提高创新能力的关键。

2. 创新思维的基本特征

创新思维就是以新颖的思路和崭新的方法解决问题，其基本特征如下。

（1）敏感性。要想打破常规思维的界限，产生新的思维成果，就必须敏感地感知客观世界的变化。

（2）新颖性。创新思维重在创新，体现为在思考的方式上、思路的方向上、思维的角度上具有创造性和开拓性。认识事物时不停留在原有的层面上，而是进行重新的认识和分析，以独特的方法解决问题，用新奇的方式处理事情，产生新产品、新工艺、新方法、新方案等，从而形成和产生新的实用性或新的价值。

（3）联动性。创新思维具有由此及彼的联动性，这是创新思维所具有的重要特征。联动方向有三个：一是纵向，就是看到一种现象，就向纵深思考，探究其产生的原因；二是逆向，就是发现一种现象，则想到它的反面；三是横向，就是能联想到与其相似或相关的事物。创新思维的联动性表现为由浅入深、由小及大、触类旁通、举一反三，从而获得新的认识和新的发现。

（4）开放性。创新思维是开放的，要创新就必须善于学习、勤于思考，实现与外界的物质、能量和信息的交换。

（5）跨越性。创新思维属于非常规性、非逻辑性的思维活动。具有创新思维的人常常独具卓识，敢于质疑，善于破除陈规和思想的禁锢，善于从新的角度思考问题，力求另辟蹊径，得到突破性的新发现。

3. 创新思维的表现形式

1) 直觉思维、灵感思维和顿悟思维

（1）直觉思维。直觉思维是指对一个问题未经逐步分析，仅依据感知迅速地对问题答案作出判断、猜想、设想的一种思维方式。直觉思维是一种潜意识的思维活动，是基于对研究对象的整体把握，在思维主体还没有意识到自己思维过程的情况下，就已经找到结果。

（2）灵感思维。灵感思维是人们借助直觉启示而猝然迸发的一种领悟或理解的思维形式。灵感是一种高度复杂的思维活动。现代科学研究表明，灵感是大脑的一种特殊技能，是思维发展到高级阶段的产物，是人脑的一种高级感知能力。

灵感思维有多种形式：一是自发灵感，是由于潜意识的大量活动而产生的灵感。二是诱发灵感，是人们利用灵感产生的情境，根据灵感生发的心理和生理机制，有机地配合自己的"灵感经验"进行自觉的诱发灵感的思维方法。人们总结出以下一些可能诱发灵感的方法：清晨起床前"假睡"一会儿、沐浴放松、听音乐、悠闲散步、阅读书籍报刊、喝酒等。三是触发灵感，是指人们在对问题进行长时间思考的执着探索过程中，接触某些事物时，受其启发而在头脑中突然闪现灵感火花。四是逼发灵感。根据经验和科学研究表明，人的脑力是越用越灵，特别是在某些紧张状态中或某种危急情况下，会由于急切的情绪刺激加速运转，产生出超常的活力，创造出在一般情况下不可能出现的奇迹。人们常说"急中生智"，就是逼发灵感。

（3）顿悟思维。顿悟即顿时领悟，是指思维主体对百思不得其解的问题突然明白了，或者知道了如何解决问题的一种思维方法。格式塔心理学认为，顿悟是一种特殊的思维加工过

程,是一种不同于常规的非线性信息加工思维。这种特殊的加工过程表现为思维的无意识跳跃、心理加工过程被极大地加快、认知加工过程产生某种类型的短路等。其特征:一是突发性。突发性是指思维主体的"突然明白"或"突然觉悟"。顿悟和渐悟是相对应的。渐悟是逐渐明白,是一种渐变性的、循序渐进的过程;顿悟的产生往往由于受到某一认知事件的启发,顿悟者从该事件中获得启发的信息。二是自发性。自发性是指顿悟的产生表现为一种潜意识的、自发的形式,它不自觉地但又自然而然地在大脑中获得问题的答案。顿悟前有一段"潜伏期",一旦受到环境或外物的影响,就会自发的产生。三是直指性。直指性是指思维主体直接把握事物的原理或问题的答案。顿悟思维使问题的答案或解决问题的有效方法突然地一下子直接呈现在思维主体的眼前。

2)质疑思维

质疑思维就是对于各种问题都要持怀疑、好奇的态度进行思考,是主体在原有事物的条件下,通过"为什么"的提问,综合运用多种思维改变原有条件而产生新事物(或新观念、新方案)的思维方法。创新思维的关键就在于善于和敢于质疑。

具有质疑思维能力的人,能够积极地保持和强化自己的好奇心和想象力,勇于提出问题,敢于向权威挑战。例如,对"苹果为什么会从树上掉下来""蒸汽为什么能够顶起壶盖"的质疑和思考,让牛顿、瓦特发现了重要的物理规律。巴甫洛夫曾给予质疑思维很高的评价,他说:"质疑思维,是创新的前提,是探索的动力。"俗话说得好,学问学问,要学就要问。学,就是对已有知识体系的继承和肯定;问,就是对已有知识体系的质疑和否定。

质疑思维有多种形式:

(1)起疑思维。起疑思维是把以"为什么"为关键词转换为疑问句作为起始点,探究事物的起因和本质的思维方式。例如,为什么会这样?事情难道真是这样的吗?这究竟是怎么一回事?

(2)提问思维。提问思维又称设问思维,就是思考、发现和处理问题时,通过对现在、过去的事情提出疑问来寻求准确的答案、观念、理论的一种思维方式。

(3)追问思维。追问思维也称因果思维,指的是按照原思路刨根寻底,穷追不舍,直至找出原因的创新思维方法。

(4)目标导向思维。目标导向思维就是通过模糊性的"为什么",围绕着目标而产生的独特、新颖、有价值和高效的创新思维方法。模糊思维是与精确思维相对立的思维方式,但并非是含混不清,更不是抛开逻辑,放弃精确,而是模糊与精确相统一,逻辑与非逻辑相结合的辩证思维。

3)发散思维和收敛思维

(1)发散思维。发散思维也称辐射思维、求异思维,就是从某一问题的不同方面不受拘束地放开思考,从而寻求解决问题的新奇办法或预测事物的发展趋向,发现新事物的思维方式。这种思维方法,突破原有的知识圈,充分发挥想象力,从多角度、多方位、多层次、多学科、多手段,经不同途径、以不同角度去探索,既可以从正面想,也可以从反面、侧面去想,力图真实地反映认识对象的整体以及这个整体和其他周围事物构成关系的一种全面的创新思维方法。

(2)收敛思维。收敛思维也称为聚合思维、求同思维,是指在解决问题的过程中,尽可能利用已有的知识和经验,把许多发散思维的结果由四面八方集合起来,按照实用的标准来选择一个合理的设想或方案，最终得出一个合乎逻辑规范的结论。

收敛思维有很多运用的方法：一是辏合显同法。"辏"的引申意义为聚集，"辏合显同"就是把所感知到的对象依据一定的标准"聚合"起来，显示出它们的共性和本质，大致类似于逻辑学中的"归纳法"。二是层层剥笋法（分析综合法）。层层剥笋法是指人在思维过程中，通过层层分析，向问题的核心一步一步地逼近，抛弃那些非本质的、繁杂的特征，以便揭示出隐蔽在事物表象后面的深层本质。三是目标确定法。确定搜寻目标（注意目标），进行认真观察，作出判断，找出其中的关键。四是聚焦法。聚焦法就是人们常说的沉思、再思、三思，是指在思考问题时，有意识、有目的地将思维过程停顿下来，并将前后思维领域浓缩和聚拢起来，以便帮助我们更有效地审视和判断某一事件、某一问题、某一片段信息。

4）联想与逆向思维

客观世界是复杂的，是由许多形形色色的事物构成的，不同事物之间又存在着各种各样的差异。事实证明，两个事物之间的差异越大，将它们联想到一起就越困难，而一旦将两种看似不相干的事物联系起来，往往就能实现创新。

（1）联想思维。联想，就是指在头脑中根据事物之间在空间或时间上的彼此接近进行联想，从而引发出某种新设想的创新思维方法。联想思维具有很多不同的表现形式，如接近联想、相似联想、相对联想、飞跃联想等。

（2）逆向思维。逆向思维是一种重要的思维方式，是指利用事物间相互联系、相互制约的特性，从问题反面或侧面探寻事物本质属性的思维方法。逆向思维也具有很多不同的表现形式，如原理逆向、功能逆向、条件逆向、程序（方向）逆向、状态（过程）逆向等。

5）组合思维

组合思维作为一种创新思维方式，就是将两个或两个以上看似不相干的事物（如侧面、属性、因素等）组合在一起或把多个貌似不相关的事物通过想象加以连接，使之变成不可分割的新的整体。组合思维有同类组合、异类组合、重组组合、共享与补代组合、概念组合和综合等多种形式。

6）系统思维与逻辑思维

（1）系统思维。系统是指由两个或两个以上的元素相结合而形成的有机整体，系统不等于其局部的简单相加。系统思维就是把认识对象作为系统，从系统和要素、要素和要素、系统和环境的相互联系、相互作用中综合地考察认识对象的一种思维方法。系统思维具有整体性、结构性、立体性、动态性和综合性等特征。

系统思维的具体方法包括整体法、结构法、要素法、功能法等。在分析和处理问题的过程中，整体法要求把思考问题的方向对准全局和整体，从全局和整体出发。结构法是基于系统思维的结构性，树立系统结构的观点，认识和把握系统构成要素和功能的关系，优化、创新结构，实现系统最佳功能。要素法是要使整个系统正常运转并发挥最好的作用或处于最佳状态，必须充分发挥各要素的作用。功能法是指为了使一个系统呈现出最佳态势，从大局出发来调整或是改变系统内部各部分的功能与作用。

（2）逻辑思维。逻辑思维通常也称为抽象思维，是人们在认识过程中借助于概念、判断、推理等思维形式能动地反映客观现实的理性认识过程。研究显示，逻辑思维能力与工作中的应变与创新能力密切相关。常见的逻辑思维方法有分析与综合、分类与比较、归纳与演绎、抽象与概括等。

◆ 实训与练习

1. 根据下列各词展开联想，尽可能多的写出随之想到的事物。

(1) 大地：_____。

(2) 温暖：_____。

(3) 西瓜：_____。

(4) 学习：_____。

2. 请你尽可能多的举出以下物体非同寻常的用途：

(1) 报纸：①_____；②_____；③_____；④_____；⑤_____。

(2) 钢笔：①_____；②_____；③_____；④_____；⑤_____。

(3) 桌子：①_____；②_____；③_____；④_____；⑤_____。

3. 用12根火柴摆成向上飞的鸟（图5-1），只需要移动3根火柴，如何将向上飞的鸟变成向下飞的鸟（图5-2）？

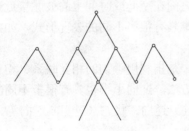 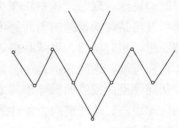

图5-1　向上飞的鸟　　　　　　　　图5-2　向下飞的鸟

4. 请你想出一个字，刚好与以下5个字都能联系组成一个词：泛、东、告、播、岛。

5. 请用4种以上算数式，在6、6、4、8这4个数字中加上任意数学符号，使其结果等于24。

①_____；②_____；

③_____；④_____；

⑤_____；⑥_____。

6. 下面的图案可以包含多少内容？

（三）创新能力

创新的过程是一项复杂的社会实践活动。具备较强的创新能力是创新和创业取得成功的重要条件和保障。

1. 创新能力的内涵

所谓创新能力，是指为了达到某一目标，综合运用所掌握的知识，通过分析解决问题，获得新颖、独创的，具有社会价值的精神和物质财富的能力。创新能力从来不是孤立地存在于个体的心理活动中的，而是与个体所具有的人格特征紧密相连的。

2. 创新能力的来源

根据马克思主义认识论的基本原理,创新能力来源于社会实践。具体来说,创新能力的来源可以是意外的机遇,新知识的产生,现实生活中的不协调现象,工作任务的需要,人文环境的变化,知觉和观念的变化等。然而,无论创新能力从何而来,继承已有的基础、传统和成功的经验是创新成功的前提。

3. 创新能力的构成

创新能力由多方面内容构成,主要包括学习能力、观察能力、思维能力、想象能力、分析能力、综合能力、批判能力、解决问题的能力、实践能力、组织能力以及整合多种因素的能力等。这里我们主要介绍学习能力和观察能力。

1)学习能力

创新者通过学习,可以有效提升个人能力。实践证明,一个真正的创新者最长久的创新优势就在于具备较强的学习能力。一个人只有通过不断的学习,才可以使自己的知识融会贯通,始终以崭新的精神面貌面对发展变化的客观事物。

2)观察能力

观察能力简称观察力。人的观察力并非与生俱来的,而是在学习过程中培养的,在实践活动中锻炼出来的。为了有效地进行观察,更好地锻炼观察力,掌握良好的观察方法是创新的必要条件。

(1)确立观察目的。对一个事物进行观察时,要明确观察什么,怎样观察,达到什么目的,做到有的放矢。

(2)制订观察计划。在观察前,对观察的内容作出安排,制订周密的计划。先观察什么,后观察什么,按部就班,系统进行。

(3)培养浓厚的观察兴趣。每个人由于观察敏锐性的差异,在同一件事物的观察上会出现不同的兴趣,注意到不同事物或同一事物的不同特点。因此,培养浓厚的观察兴趣是培养观察能力的重要前提条件。

(4)观察现象,探寻本质。观察力是思维的触角,要善于把观察的任务具体化,善于从现象乃至隐蔽的细节中探索事物的本质。

(5)培养良好的观察方法。常用的观察方法主要包括以下 8 种:一是自然观察法,就是对处于自然状态下的事物进行观察。二是实验观察法,就是通过做实验的方式进行观察。三是长期观察法。四是全面观察法,就是对某一事物的各个方面都进行观察,求得对该事物的全面了解。五是定期观察法,就是在某一特定时间内对某事物或现象进行观察。六是重点观察法,就是按照某种特殊目的和要求对事物的某一点或几个方面做重点观察。七是直接观察法,这是一种观察者深入实际,通过直接观察取得第一手资料或直接经验的方法。八是对比观察法,就是把两个以上的事物进行比较对照的观察。

(四)创新方法

创新方法也称创新技法,是指根据创新思维的发展规律而总结出来的一些原理、技巧和方法。应用创新方法不仅可以启发人的创新思维,直接产生创新成果,而且能够提高人们的创造力和创新成果的实现率。

1. 头脑风暴法及其应用

头脑风暴法又称智力激励型技法或自由思考法,是由美国创造学家亚历克斯·奥斯本(Alex Osborn)于1939年首次提出,1953年正式发表的一种激发性思维方法。头脑风暴最早是精神病理学上的用语,直译为精神病人的胡言乱语。奥斯本借用这个词来形容会议的特点,就是让与会者敞开思想,使各种设想在相互碰撞中激起脑海中的创造性"风暴",无限制地自由联想和讨论,其目的在于产生新观念或激发创新设想。

头脑风暴法一般是通过召开会议的形式进行,其实施步骤包括准备、热身、明确问题、畅谈、整理筛选。

1)准备

准备阶段包括以下4个方面的工作。

(1)选择会议主持人。合适的会议主持人既应熟悉头脑风暴法的基本原理、原则、程序与方法,又应对会议所要解决的问题有比较明确的理解,还应能够灵活地处理会议中出现的各种情况,使会议自始至终遵照有关规则,在愉快热烈的气氛中进行。

(2)确定会议主题。由主持人和问题提出者一起分析研究,明确会议所讨论的主题。主题应具体单一,对涉及面广或包含因素过多的复杂问题应进行分解,使会议主题明确。

(3)确定参加会议的人选。参加会议的人数一般以5~10人为宜。与会人员的专业构成要合理,大多数人应对讨论的主题有较丰富的专业知识,同时也要有少数外行参加。与会者应关系和谐、相互尊重、平等议事、无上下高低之分,以利于消除各自的心理障碍。

(4)提前下达会议通知。提前几天将议题的有关内容及背景通知与会者,以利于思想上有所准备,提前酝酿解决问题的设想。

2)热身

头脑风暴法会议安排与会者"热身",其目的是使与会者尽快进入"角色"。热身活动所需要的时间可由主持人灵活确定。热身活动有多种方式,如看一段有关发明创造的录像,讲一个发明创造的故事,出几道大脑急转弯之类的问题让与会者回答,使会场尽快形成热烈轻松的气氛,使大家尽快进入创造的"临战状态"。

3)明确问题

这个阶段主要由主持人介绍问题。介绍问题时应注意坚持简明扼要原则和启发性原则。例如,针对革新一种加压工具问题,如果选择"请大家考虑一种机械加压工具的设计构思",这种表述方式,就容易把大家的思路局限在"机械加压"的技术领域之内。如果改为"请大家考虑一种提供压力的先进方案",则会给大家提供更广阔的思考天地,除了机械加压之外,大家还可能会想到气压、液压、电磁等技术的应用。

4)畅谈

这是头脑风暴法会议的最重要环节,是决定智力激励成功与否的关键阶段,其要点是想方设法营造一种高度激励的气氛,使与会者能突破种种思维障碍和心理约束,让思维自由驰骋,借助与会者之间的知识互补、信息互补和情绪鼓励,提出大量有价值的设想。

畅谈阶段的时间由主持人灵活掌握,一般不超过1个小时。畅谈阶段要遵守以下规定。

(1)不许私下交谈,始终保持会议只有一个中心。否则,会使与会者精力分散,并产生无形的评判作用。

（2）不许以权威或集体意见的方式妨碍他人提出个人设想。

（3）设想表述力求简明、扼要，每次只谈一个设想，以保证此设想能获得充分扩散和激发的机会。

（4）所提设想一律记录。

（5）与会者不分职位高低，一律平等对待。

5）整理筛选

畅谈结束后，会议主持者应组织专人对设想进行分类整理，并进行去粗取精的提炼工作。如果已经获得解决问题的满意答案，智力激励会就完成了预期的目的。倘若还有悬而未决的问题，还可以召开下一轮智力激励会议。

2. 设问检查型技法及其应用

设问检查型技法简称设问法，是指围绕现有的事物或想要开发的新事物提出各种问题，通过提问，发现其存在的问题或者不能满足消费者要求的地方，从而找到需要革新的方面，开发出新产品的一种创新技法。

设问检查型技法是人们经常使用的一种创新技法。经验证明，巧妙的设问可以启发想象、开阔思路、引导创新。常见的设问检查型技法，主要包括奥斯本检核表法、和田12动词法和5W1H法。

1）奥斯本检核表法

奥斯本检核表法又称奥斯本法则，是引导主体在创造过程中对照9个方面的问题进行思考，以便启迪思路，开拓思维想象的空间，促进人们产生新设想、新方案的创新技法。奥斯本检核表法根据需要解决的问题，或者需要创造发明的对象，从用途、实施方案、形态、结构、体积、材料、程序、位置、组合9个方面提出有关问题，如能否他用、能否借用、能否改变、能否扩大、能否缩小、能否替代、能否调整、能否颠倒、能否组合，然后逐个进行核对讨论，从中获得解决问题的方法和创造发明的设想。

2）和田12动词法

和田12动词法也叫"和田十二技法"，由我国创造学研究者许立言、张福奎和上海市和田路小学的师生在奥斯本检核表法和其他技法的基础上，结合我国实际情况，提炼和总结出来的思维方法。和田12动词法的12个动词，即加一加、减一减、扩一扩、搬一搬、缩一缩、连一连、仿一仿、变一变、改一改、代一代、反一反、定一定。和田12动词法为人们提供了一条开拓创新的新思维方式。

3）5W1H法

5W1H即What、Why、Who（Whom）、Where、When、How，是由美国陆军部首创的一种创新技法，强调对选定的项目、工序或操作，都要通过连续提出为什么（Why）、是什么（What）、何人（Who）、何时（When）、何地（Where）、如何（How）6个问题，明确需要探索和创新的范围，设法找到满足条件的答案，最终获得创新方案。5W1H法强调从上述不同角度思考问题，往往能够得出比较完善、甚至意想不到的成果，实现思考内容的深化和科学化。此法广泛应用于改进工作、改善管理、技术开发、价值分析等方面。

3. 列举型技法及其应用

列举型技法有分析列举法、特性列举法和缺点列举法等。

1）分析列举法

分析列举法就是针对某一具体事物的特定对象从逻辑上进行分析并将其本质内容全面地逐一罗列出来的一种手段，用以启发创造设想，找到发明创造主题的创新技法。

列举法必须分析罗列所有的因素，然后逐个分析，以促使人们全面地考虑问题。其分析问题要求全面、精细，因此较为烦琐，较适于小而简单的问题。它基本上只是一个提供思路的方法，进一步的实施还需要借助其他技法与手段才行。

2）特性列举法

特性列举法就是通过对需要革新改进的对象作观察分析，尽量列举该事物的各种不同特征或属性，然后确定应加以改善的方向，以及如何实施的思维方法。

特性列举法解决问题的主要手段是逐一列举创意对象的特征，进行联想，提出解决方案。具体实施时可分为以下4个步骤。

（1）选择目标较明确的创意课题，将对象的特征或属性全部写出来。

（2）列举创意对象的特征。

（3）在各项目下试用可替代的各种属性加以置换，引出具有独创性的方案。

（4）提出方案并对方案进行评价讨论。

特性列举法的应用，既可以从物理特性、化学特性、结构特性、功能特性和形态特性等方面列举创新对象的特征，也可以从自身特性、经济性特性、使用者特性和用途特性等方面列举创意对象的特征。以圆珠笔的设计为例，借助特性列举法进行创新思考，圆珠笔的特性列举结果如下：①感观特性（银灰色、无声、无味）；②外观特性（圆柱形、细长、重量轻）；③用途特性（办公、学习、美术、书写、绘图、复写、送礼、装饰）；④使用者特性（青少年、中老年、各类职业）。

3）缺点列举法

缺点列举法是抓住事物的缺点进行分析，通过发现、发掘事物的缺陷，把它的具体缺点一一列举出来，针对这些缺点，设想改革方案以确定发明目的的创新技法。

使用缺点列举法，并无十分严格的步骤，一般可按以下程序进行。

（1）找出事物的缺点，也就是选定研究的课题。

（2）将缺点加以归类整理并分析缺点产生的原因。

（3）针对所列缺点逐条分析，分析要有针对性和系统性，要研究其改进方案或能否将缺点逆用、化弊为利。

缺点列举法的特点是直接从社会需要的功能、审美、经济等角度出发，研究对象的缺陷，提出改进方案，显得简便易行。在具体运用缺点列举法做创造发明时，主要有会议法、用户调查法、对照比较法。此外，还有希望点列举法、成对列举法等。

4. 逆向转换型技法及其应用

1）逆向转换型技法

逆向转换型技法是指把某个复杂的问题变成一个比较简单的问题或者把某个难以解决的

问题变成一个比较容易解决的问题，也可以是把某个自己所陌生的问题变成自己所熟悉的问题，从而使问题解决起来更省事省力、效率更高、效果更好的创新技法。

2）逆向反转法

逆向反转法即反向思考法，其中的"逆"或"反"可以是方向、位置、过程、功能、原因、结果、优缺点、破（旧）、立（新）等矛盾的两个方面的逆转。例如，制冷与制热、电动机与发电机、压缩机与鼓风机、保温（保热）与制冷（保冷）、吹尘与吸尘、野生动物园的人和动物的位置，原因结果互相反转即由果到因等。

3）还原分析法

还原分析法是把创新的起点移到创新的原点，即先暂时放下所研究的问题，反过来追本溯源，分析问题的本质，然后从本质出发，另辟蹊径，寻找新的创新方法。还原分析法的应用有两种方式，即还原换元法与换元还原法。

（1）还原换元法。还原换元法即先还原后换元。还原就是在进行发明创造时，不以现有事物为起点继续沿着原有思路同向探索，而是先摆脱思维惯性和传统影响，反向还原。例如，有人从交叉路口取其中一条路行至某处发生了困难（有障碍物或路难行），解决的思路通常是设法寻找克服困难的办法。还原分析法则先不急于要往下走，而是折回头去查找出发的原点（还原），然后站在原点处重新分析该怎么办，或者另选一条能避开困难或缩短路程的路，或者改变原有的行动方式（如步行、骑车、搭汽车、乘飞机、坐船，甚至托人代办等）。这样无疑为解决问题提供了更多的可能条件。

（2）换元还原法。换元还原是数学运算中常用的解题方法，如直角坐标与极坐标的互相变换以及换元积分法。此法着重于解决具体问题，并非是提出问题的方法。在飞机驾驶员训练时，初期先在模拟飞行环境中（先换元）训练，再过渡到实际（还原）环境中训练；科学研究中的模拟试验，也都是先换元取得有关参数、经验或方法后再还原。曹冲秤象就是把无法称重的大象换元成可以分散称重的石块才将问题解决的。

4）缺点逆用法

缺点逆用法就是指利用事物的缺点进行创新的方法，如在技术创新中，利用事物的缺点，"以毒攻毒"、化弊为利。

世界上的事物无不具有两重性。例如，金属的腐蚀本来是件坏事，但有人却利用腐蚀的原理发明了蚀刻和电化学加工工艺；机械的不平衡转动，会产生剧烈的振动，有人利用它发明了夯实地基的蛤蟆夯等。

缺点逆用法的实施步骤如下。

（1）探寻事物可以利用的缺点，此乃缺点逆用法的前提。

（2）透过现象，认清缺点的本质，抽象出这种被视为缺点的现象背后所隐藏的可以利用的基本原理或表现为缺点的现象本身的特性、行为、作用过程等。

（3）根据所揭示的现象背后的基本原理或对现象本身特性等的认识，研究利用或驾驭缺点的方法。

5. 联想类比型技法及其应用

1）联想类比型技法

类比是以比较为基础寻找不同事物或现象在一定关系上的部分相同或相似。通过两个（两类）对象之间某些方面的相同或相似推出其他方面的相同或相似的方法，称为联想类比型技法，简称类比法。

人们在探索未知世界的过程中，可以借此把陌生的对象与熟悉的对象、将未知与已知相对比。这样，由此物及于彼物、由此类及于彼类，可以启发思路、提供线索、触类旁通。美国学者威廉·戈登（William Gordon）对创造过程中常用的类比进行了分析研究，并将其总结为拟人类比、直接类比、象征类比、幻想类比 4 种基本的类比方式。

2）综摄法

综摄法是指通过已知的东西为媒介，把表面上互不相关的各种不同事物结合在一起，以打开"未知世界的门扉"，激起人们的创造欲望，使潜在的创造力发挥出来，产生众多的创造性设想的思维方法。

综摄法是一种理论化程度高、技巧性强、效果显著的创新技法。通常此法以小组讨论会的形式进行，但也可以个人使用。综摄法在以小组集体创新时，要求由不同知识背景、不同气质的人组成小组，相互启发，集体攻关。小组一般由 5～7 人组成。戈登把实施综摄法的全过程分为 9 个阶段。

（1）问题的给定。

（2）变陌生为熟悉。

（3）问题的理解（分析问题，抓住要点）。

（4）操作机制（发挥各种类比的作用）。

（5）变熟悉为陌生。

（6）心理状态（关于问题的理解达到卷入、超脱、迟延、思索等心理状态）。

（7）把心理状态与问题结合起来（把最贴切的类比与已理解的问题作比较）。

（8）观点（得到新见解、新观点）。

（9）答案或研究任务（观点付诸实践或变为进一步研究的题目）。

3）移植法

移植法也称渗透法，是通过相似联想、相似类比，力求从表面上看来是毫不相关的两个领域或现象之间，发现它们的联系，将某个领域或现象中应用的原理、技术、方法，引用或渗透到另外一个领域或现象中，用以改造或创新的思维方法。移植法主要有以下几种。

（1）原理移植。无论是理论还是技术，尽管领域不同，但常可发现一些共同的基本原理。例如，红外辐射是一种很普通的物理过程，凡高于绝对温度零度的物体，都有红外辐射，只是温度低时辐射量极微罢了。将这一原理移植到其他领域，可产生一些新奇的成果，如红外线探测、遥感、诊断、治疗、夜视、测距等。在军事领域则有红外线自动导引的"响尾蛇"导弹，装有红外瞄准器的枪械、火炮和坦克，红外扫描及红外伪装等。

（2）方法移植。17 世纪的笛卡儿是科学方法移植的先驱。他以高度的想象力，借助曲线上"点的运动"的想象，把代数方法移植于几何领域，使代数、几何融为一体而创立解析几何。美国阿波罗 II 号所使用的"月球轨道指令舱"与"登月舱"分离方法，实际上就移植于巨轮不能泊岸时用驳船靠岸的办法；照相技术被移植到印刷排字中便形成了先进的照相排版技术。

（3）回采移植。历史表明，许多被弃置不用的"陈旧"事物，只要用现代技术加以改造（如应用新材料、新技术等），往往会导致新的创造。

（4）功能移植。功能移植是指把诸如激光技术、超声波技术、超导技术、光纤技术、生物工程技术以及其他信息、控制、材料、动力等一系列通用技术所具有的技术功能,以某种形式应用于其他领域。例如,应用电子计算机实现机械加工程序化、自动化。

4)仿生学方法

仿生学方法是指通过模拟生物的结构或功能原理而产生发明创造的方法。仿生学方法的核心是将研究对象(问题)与相关生物系统相类比。这一技法实施大体分为3步:①根据生产实际提出技术问题,选择性地研究生物体的某些结构和功能,简化所得的生物资料,择其有益内容,得到一个生物模型;②对生物资料进行数学分析,抽象出其内在联系,建立数学模型;③采用电子、化学、机械等技术手段,根据数学模型,最终实现对生物系统的工程模拟。

仿生创新有以下6种主要思路。

(1)信息仿生,通过研究、模拟生物的感觉(包括视觉、听觉、嗅觉、触觉),以及信息贮存、提取、传输等方面的机理,构思和研制新的信息系统。例如,从鸟类想到飞机、从蝙蝠想到雷达、从变色龙想到伪装色、从飞鼠想到降落伞等。人们以不同物质的气味对紫外线的选择性吸收为信息,研制成了"电子警犬",用它来做检测,其灵敏度甚至可达狗鼻子的1 000倍。

(2)控制仿生,通过研究模拟生物的体内稳态(反馈调控)、运动控制、动物的定向与导航、生态系统的涨落及人机系统的功能原理,来构思和研制新的控制系统。例如,人们根据蜜蜂的复眼能够利用偏振光导航的原理,发明了用于航空和航海的非磁性"偏光天文罗盘"。人们还根据昆虫楫翅导航的原理,研制成功了一种振动陀螺仪,广泛应用于高速飞行的火箭和飞机上。

(3)力学仿生,主要通过研究模拟生物的机械原理以及结构力学和流体力学的原理,构思和研究新的系统(包括机器、装置、力学结构以及人工脏器等)。例如,根据鱼类、鸟类的身体形状的流体力学特性,研制了各种各样的船舶和空间飞行物;特别是根据人体的大多数肌肉都是成对排列的特点,制造了可利用两个产生拉力的"单向力装置"组成的双向运动机械系统,圆满地解决了各种"机器人""步行机"等的行走结构的设计。

(4)化学仿生,通过研究模拟生物酶的催化作用、生物的化学合成、选择性膜和能量转换等,来构思和创造高效催化剂等化学产品、化学工艺以及新材料、新能源等。例如,人们为宇宙飞船设计的所谓"宇宙绿洲"——生态循环系统,就是通过模拟生物"电池"、光合作用转换的原理以及自然生态系统所创造出的。

(5)技术仿生。在隧道工程中曾经得到广泛使用的"构盾施工法"也是以生物为"老师"作出的发明。1820年,英国要在泰晤士河底建造隧道,由于地质条件很差,用传统的支护开挖法极为困难。工程师布鲁纳在室外无意中发现有只蠕虫在其外壳保护下使劲地往坚硬的橡树皮里钻。这使他恍然大悟:河下施工也可以像这种小虫找个保护壳——用空心钢柱打入河底,以此为"构盾",边掘进边延伸,在构盾的保护下进行施工,此即构盾施工法。

(6)原理仿生。科学家模仿动物的运动原理设计研制了各种新颖的交通工具。例如,按蜘蛛的爬行原理设计了军用越野车;根据蛇的爬行原理设计并改善了履带车的噪声;利用企鹅奔跑的原理设计了雪地汽车等。

6. 组合型技法及其应用

1)组合型技法

所谓组合型技法,指按照一定的技术原理或功能目的,将现有的科学技术原理或方法、现象、物品作适当的组合或重新安排，从而获得具有统一整体功能的新技术、新产品、新形象的创新技法。

运用组合型技法创新产品时需加注意以下3点。

（1）选择组合要素的量要适度。要素多，虽然组合的可能越多、越全面，但相应地耗费的精力、时间也会非常多。

（2）组合可以使产品具有不同的功能，成为多功能、通用型的产品，但过分追求"万能"也不足取，会出现增加成本、制造困难、功能多余等弊端。例如，有人开发了一套组合式的女式服装，可以像魔方一样变换组合出144套不同的式样，只要买一套这样的服装，就相当于买进48套套装、24件长袖外衣、36条披肩、36条灯笼裙，然而至今未见上市走俏。变换太多不仅麻烦，而且牺牲了时装的个性魅力。

（3）参与组合的各要素越是风马牛不相及，由"远缘杂交"形成的新产品其创造性越强。如空气与煤炭的组合开发出了尼龙这一新产品；电脑与游戏相结合发明了电子游戏机。

2）主体附加法

主体附加法是指以某一特定的对象为主体，通过置换或插入其他技术或增加新的附件而产生发明或创新的方法，它又可称为内插式组合。此法适用于对产品不断完善、改进时使用。例如，最初的洗衣机只是代替人的搓洗功能，以后增加了甩干、喷淋装置使其有了漂洗和晾晒功能。电风扇也是如此，在逐渐加入摇头、定时、变换风量等装置后才成为今天的样子。

创造力倾向测量

这是一份帮助你了解自己创造力的练习。在下列的句子中，如果发现某些句子所描写的情形很适合你，则请你在答案纸（请自备）上"完全符合"的圆圈内打"√"；如果有些句子仅是在部分时候适合你，则在"部分符合"的圆圈内打"√"；如果有些句子对你来说，根本是不可能的，则在"完全不符合"的圆圈内打"√"。

注意：每一题都要做，不要花太多的时间去想。所有的题目都没有"正确答案"，凭你读每一句子后的第一印象作答。虽然没有时间限制，但应尽可能地争取以较快的速度完成，愈快愈好。每一题只能打一个"√"。

（1）在学校里，我喜欢试着对事情或问题作猜测，即使不一定都猜对也无所谓。
（　　）
（2）我喜欢仔细观察我没有看过的东西，以了解详细的情形。（　　）
（3）我喜欢听变化多端和富有想象力的故事。（　　）
（4）画图时我喜欢临摹别人的作品。（　　）
（5）我喜欢利用旧报纸、旧日历以及旧罐头等废物来做成各种好玩的东西。（　　）
（6）我喜欢幻想一些我想知道或想做的事。（　　）
（7）如果事情不能一次完成，我会继续完成尝试，直到成功为止。（　　）
（8）做功课时我喜欢参考各种不同的资料，以便得到多方面的了解。（　　）
（9）我喜欢用相同的方法做事情，不喜欢去找其他的新方法。（　　）
（10）我喜欢探究事情的真假。（　　）

（11）我不喜欢做许多新鲜的事。（　　）
（12）我不喜欢交新朋友。（　　）
（13）我喜欢一些不会在我身上发生的事情。（　　）
（14）我喜欢想象有一天能成为艺术家、音乐家或诗人。（　　）
（15）我会因为一些令人兴奋的念头而忘记了其他的事。（　　）
（16）我宁愿生活在太空站，也不喜欢在地球上。（　　）
（17）我认为所有的问题都有固定的答案。（　　）
（18）我喜欢与众不同的事情。（　　）
（19）我常想知道别人正做什么。（　　）
（20）我喜欢故事或电视节目所描写的事。（　　）
（21）我喜欢和朋友一起，和他们分享我的想法。（　　）
（22）如果一本故事书的最后一页被撕掉了，我就自己编造一个故事把结局补上去。（　　）
（23）我长大后，想做一些别人长大从来没想过的事。（　　）
（24）尝试新的游戏和活动，是一件有趣的事。（　　）
（25）我不喜欢太多的规则限制。（　　）
（26）我喜欢解决问题，即使没有正确的答案也没关系。（　　）
（27）有许多事情我都很想亲自去尝试。（　　）
（28）我喜欢没有人知道的新歌。（　　）
（29）我喜欢在班上同学面前发表意见。（　　）
（30）当我读小说或看电视时，我喜欢把自己想象成故事里的人物。（　　）
（31）我喜欢幻想200年前人类生活的情形。（　　）
（32）我常想自己编一首新歌。（　　）
（33）我喜欢翻箱倒柜，看看有些什么东西在里面。（　　）
（34）画图时，我很喜欢改变各种东西的颜色和形状。（　　）
（35）我不敢确定我对事情的看法都是对的。（　　）
（36）对于一件事情先猜猜看，然后再看是不是猜对了，这种方法很有趣。（　　）
（37）玩猜谜之类的游戏很有趣，因为我想要知道结果如何。（　　）
（38）我对机器有兴趣，也很想知道它里面是什么样子，以及它是怎样转动的。（　　）
（39）我喜欢可以拆开的玩具。（　　）
（40）我喜欢想一些点子，即使用不着也无所谓。（　　）
（41）一篇好的文章应该包含许多不同的意见和观点。（　　）
（42）为将来可能发生的问题找答案，是一件令人兴奋的事。（　　）
（43）我喜欢尝试新的事情，目的只是为了想知道会有什么结果。（　　）
（44）玩游戏时，通常是有兴趣参加，而不在乎输赢。（　　）
（45）我喜欢想一些别人常常谈过的事情。（　　）
（46）当我看到一张陌生人的照片时，我喜欢去猜测他是怎样一个人。（　　）
（47）我喜欢翻阅书籍及杂志，但只是知道它的内容是什么。（　　）

（48）我不喜欢探询事情发生的各种原因。　　　　　　　　　（　　）
（49）我喜欢问一些别人没有想到的问题。　　　　　　　　　（　　）
（50）无论在家里或在学校，我总是喜欢做许多有趣的事。　　（　　）

本测验包括冒险性、好奇性、想象力、挑战性4项，测试后可得4种分数，加上总分，可得5项分数。分数越高，创造力水平越高。记分方法分别为：正向题目，完全符合3分，部分符合2分，完全不符合1分；反向题目，完全符合1分，部分符合2分，完全不符合3分。

冒险性：第1、5、21、24、25、28、29、35、36、43、44题等11题。其中第29、35题为反向题目。

好奇性：第2、8、11、12、19、27、33、34、37、38、39、47、48、49题等14题。其中第12、48题为反向题目。

想象力：第6、13、14、16、20、22、23、30、31、32、40、45、46题等13题。其中第45题为反向题目。

挑战性：第3、4、7、9、10、15、17、18、26、41、42、50题等12道题。其中第4、9、17题为反向题目。

最后，把4项所得分值求和，即得到本次创造力测试总得分。测试分数在135分以上者表明创造力优秀，可以从事具有创造性很强的工作如产品设计、策划等；测试分数在120～134分者表明创造力良好，可以从事具有创造性较强的工作如软件开发、咨询等；测试分数在90～119分者表明创造力一般，需要加强学习和针对性的练习提高创造能力；测试分数在90分以下者，表明创造力差。

第二节　创业的内涵

一、创业的定义

创业的概念早已随着人类的创业实践活动出现于世。例如，《孟子·梁惠王下》称梁惠王"君子创业垂统，为可继也"。随着人类社会的发展，创业活动也在发展，既有作为国家、民族振兴发展的宏观创业，也有作为个体的个人和组织创办企业、事业的微观创业。创业成为一个时代的主题，成为一个国家的灵魂，成为一个民族发展的动力，成为一个社会人成功的根本。

创业的原意即创立基业、开拓业绩，与守成相对应。守成是指保持前人已有的成就和业绩，创业指的是通过开拓性的思维、创造性的劳动建树事业。创业强调开端的艰辛与困难，突出过程的开拓和创新，侧重于在前人的基础上有新的成就和贡献。

对个体来说，创业就是某个人发现某种信息、资源、机会或掌握某种技术，利用或借用相应的平台或载体，将其发现的信息、资源、机会或掌握的技术，以一定的方式，转化、创造成更多的财富、价值，并实现某种追求或目标的过程。简单地说，就是一个发现和捕获机会并由此创造出价值的过程。它的本质就是独立地开创并经营一种事业，使该事业得以稳健发展、快速成长的思维和行为的活动。走上创业之路，是人生的一个大转折，它是成就自己事业的过程，是自我价值和能力的体现。创业，需要直接面向社会，直接对顾客负责，而且个人的收入直接与经营利润连在一起。通俗的说,创业的过程就是解决一个接一个的矛盾的过程。正如某些学者指出:"创业最大的好处,就是可以当自己的主人。"

二、创业的要素与类型

(一)创业的要素

创业是由一系列活动构成的实践过程,涉及多个创业要素。创业的基本要素包括机会、团队和资源。

机会是市场中具有无限发展潜力、未饱和的市场空间。企业提供商业活动,分析、选择、创造、利用各种资源和条件,为企业创造利润与价值。机会是创业过程的核心,是创业者创业成功的重要机遇,它关系新创企业的生存与发展。日本索尼公司创始人盛田昭夫提出著名的"空隙理论"就是指市场中的无限商业机会,当创业者抓住它并填补这些空白时,创业就会获得成功。

团队是指创业活动中的人力资源和主体平台。创业活动归根到底是人的活动。创业构想的提出、技术研发、财务管理、产品营销、后勤服务都离不开团队成员的合理分工与合作。有组织、有系统的团队协作是创业的关键要素之一。

资源是指创业过程在人力、物力、财力方面的投入。资源配置得好,可以获得投入少、效益高的效果。尤其是对于新创立的企业,合理有效地利用规模适度、经营灵活、资金有效集中等优势,可以获得更高的效益。

(二)创业的类型

创业活动根据创业主体的性质、创业动机等因素可以划分为多种类型。

1. 按照创业主体性质分类

(1)个体独立创业:由创业者个人或者多人组成的创业团队,从资金技术到销售等环节均完全独立的创业。许多青年人资金有限,为节约成本在初次创业时多采用个体独立创业类型。

(2)公司附属创业:已经投入市场运营的企业投资创立新企业,或是由本企业业务中衍生出的新企业。

2. 按照创业动机分类

(1)生存型创业:创业者在无其他合适职业选择下从事的创业属于生存型创业。

(2)机会型创业:创业者因发现市场中的商机而选择的创业。机会型创业以满足自身愿望、兴趣与价值为出发点。

3. 按照市场及个人的影响分类

(1)复制型创业:创业者根据已有的职业经历,复制其服务过的企业的经营管理模式而进行的创业。此种创业风险较低,但缺乏一定的创新成分。

(2)模仿性创业:创业者模仿其他企业的创意、经营理念、运行方式而进行的创业。相对于复制型创业而言,模仿型创业者在缺乏一定相关行业实践的基础上模仿他人企业进行创业,使经营风险增大。创业者能否成功,取决于他是否具有适合的人格特性,有无经过系统的创业管理培训,能否掌握正确的市场进入时机。

(3)安定型创业:从事自身较为熟知行业的创业。企业内部的衍生创业属于此类型。安定型创业的风险相对较低,强调创业精神的功能与作用的发挥。例如,研发单位的某小组在开发完成一项新产品后,继续在该企业部门开发另一项新品。这种类型的创业,虽然具有一定的创造价值,但对创业者而言,本身并没有面临太大风险和改变,做的也是比较熟悉的工作。

(4)冒险型创业:创业者根据自身的创业意愿和能力,把握时机进行新产品、新技术、新管理、新服务的创新活动。冒险型创业是一种难度很高的创业类型,典型的就是高科技创新创业,对社会,它不仅具有很高的科技创新贡献,对创业者本身也带来极大改变,同时个人前途命运的不确定性也很高,创业之路将面临很高的失败风险,可一旦成功,所得的回报也很惊人。这种类型的创业者要想获得成功,就必须在创业能力、创业时机、创业精神、创业管理、创业模式和策略等各方面都要具备很好的素质和潜质。

(5)草根型创业:由普通大众或平民针对已经把握的商业机会建立新的小型组织,或通过简单创新,使已经成熟的商业模式持续焕发新的活力。它与精英阶层通过高新技术变革,或通过整合大量社会资源,特别是通过寻求风险投资(创业投资)机构融巨资建立和重组创业机构的方式有显著的不同。由于草根阶层在创业知识、能力和资源上的不足,创业通常是相对困难的事情,也会面临着失败的风险。但是,草根创业又是"野火烧不尽、春风吹又生"的存在于国民经济的各个行业,特别是普通的服务行业里。

三、创业的过程与阶段

创业过程是指创业者从产生创业想法到创建新企业或新事业并获取回报的过程,具体涉及识别机会、组建团队、寻求融资等活动。创业过程可大致分为机会识别、资源整合、创办新企业、新企业生存和成长4个主要阶段。

(一)机会识别阶段

创业者有强烈的创业意愿与兴趣,但这仅仅停留在意识层面,它需要与具体的创业实践相结合。机会识别是创业的前提与重要步骤,创业因机会而存在。识别机会的关键是觉察到别人看不见的、想不到的、难以做到的机会。许多创业者将创业视为需要天时、地利、人和的一项社会实践,其中,天时主要指的是创业过程中的机会。机会有时效性,可能转瞬即逝;机会有广泛存在性,一种机会消失了,另一种机会又会产生,需要发现、挖掘。机会识别不仅仅要看到商机、市场需求等有利于自己创业意愿的因素,更应注重评估创业机会。例如,进行市场评估就是衡量创业机会价值和可行性的一个重要手段,即根据自己的创业想法,评估市场供求状况、竞争对手,预测企业生存的基本状况与发展前景。同时,机会识别也要注意方式方法,要注重换位思考,考虑消费者的需求与想法,透过现象抓住事物本质。

(二)资源整合阶段

资源是企业在向社会提供服务或产品的过程中所拥有的可以实现其发展目标的各种要素的组合,如资金、生产设备与厂房、技术人员等。资源整合是一个动态复杂的过程。根据企业发展战略与市场需求进行资源的优化配置与重构,将不同来源、层次、结构的物力、财力、人力进行适当地调配、激活、合理安排、进退取舍，使其更有系统性、合理性与价值性，必要时可以和其他组织或企业进行资源的互换与互补。资源的掌握与利用关系到创业是否能够顺利发展。资源可分为自有资源与外部资源，自有资源是指创业者拥有自主权的资金、技术、营销手段与网络等；外部资源是指创业者的朋友、合作伙伴、投资者、赞助者，以及社会环境、国家政策等。创业者应以巩固自有资源为主，提升自有资源，有效利用外部资源。

创业者在创业活动初期能够掌握和利用的资源较为匮乏，资源的调配与有效利用能够创造新的核心竞争力，资源整合实际是创业过程中的地利与人和。资金与设备是企业生产与运转的硬件条件，应有效利用设备与技术，集中有限资金进行重点攻关。团队成员应该合理分工、各司其职，发挥个人优势，通过相互合作产生推动资源有效整合的动力。

（三）创办新企业阶段

拥有创业兴趣与意愿，有效地抓住市场商机并进行资源整合后，创业活动可以进入到创办新企业阶段。新企业应有固定的办公场所或者厂房，确定企业名称、法人代表、组织结构形式、经营范围，依照国家相关规定到工商管理部门、税务部门等相关机关申请营业执照、组织机构代码证，办理税务登记，备案公章等。同时，应拟定公司章程、各部门的工作分工，有条件者也应进行相应的广告宣传。

（四）新企业生存和成长阶段

新企业成立后，进入企业生存与发展阶段。此时的企业应该按照正规的企业运行模式进行管理，形成原材料采购、生产经营、市场推销等环节闭合的市场行为链条，不断促进企业形成完整的投入产出机制，并从中获取利润，不断发展壮大。在财务管理、税务管理、人员管理等方面，逐渐步入正轨，发展成为成熟的企业。

案例 5-1

渝北宝圣大道有一家不显眼的小店，进去却别有一番风味：成排的书架，精致的手工点心，新鲜烘焙的咖啡……除了品书，这里还会定期举行电影欣赏活动。该店是由 4 名年轻人在大学期间创办的。如今他们还开设了另外 2 家分店，年赚 15 万元。

这家名为"豆芽咖啡馆"的店是由 4 名年轻人在大学期间创办的，目前其中两位已毕业，还有两位仍在西南政法大学读研究生一年级。

25 岁的徐涛算是 4 人中的引领者，当时的他发现学校周边没有特色的咖啡馆，加之自己非常喜欢咖啡馆的氛围，于是决定在附近开一家咖啡馆。一进校就认识的其他 3 位合作伙伴，一听到徐涛的创业想法就一致赞同。

创业初期，4 人将平时积攒下来的零花钱、奖学金、生活费以及兼职赚的钱凑到一起，共筹集了 10 万元启动资金。2010 年 8 月，他们以接近 4 000 元的价格，在离学校不远的临街，租了一个约 150 平方米的二层铺面。

为了节省开支，在装修、购置设备上，都是靠他们自己想办法。二手市场淘桌椅、饰品，然后回来自己上漆改造，自己粉刷墙面，拜师高级咖啡师，研习咖啡技术，花了差不多两个月的时间，咖啡馆终于正式开门营业了。

自从开了咖啡馆，徐涛他们就有点忙不过来了，"一个月瘦了 13 斤，为了经营好咖啡馆，常常是凌晨2点才睡觉,而早上7点又要起床上课。"尽管很累,但大家都觉得值得。

由于顾客少,又要缴纳房租、水电气费,每月店里基本亏损在5 000多元。随着时间推移,周边KTV、茶吧、咖啡馆也多了起来,使原本不好的生意雪上加霜。

在这期间,徐涛与其他合伙人想到把咖啡馆与书店结合起来,通过环境优势吸引顾客。于是,徐涛他们就把自己平时收藏的图书搬到店里,后期又与青番茄合作共建咖啡图书馆,向学生提供免费借阅图书服务。

同时,徐涛又对咖啡馆的咖啡品质进行了提升。为此,徐涛还前往重庆当时唯一一家自家烘焙咖啡馆Mola咖啡学习。通过重新升级改造,店里的生意有了很大的起色。

第三节 创新与创业的关系

创新和创业有着各自明确的边界,创新不等于创业,创业也不等于创新。两者既有区别,又有着密切联系。

一、创新和创业的区别

在学术界,很多学者都曾尝试对创新和创业的差异进行界定。有的学者认为,创新包含新技术的导入,而创业导致新财富的创造。有的学者认为,创新体现的是一种结果,而创业是工具或手段,它是通过创业而获得创新的过程。有的学者认为,创业不是创新,创新也不是创业,创业可能涉及创新,也可能并不涉及;反之亦然。

北大创投研究中心刘键钧认为,创新泛指创新成果被商业化的价值实现过程,而创业则特指创建企业的过程。前者完全可以在已有的企业组织框架内实现,不一定涉及企业组织制度的建设,而后者则必然要涉及企业组织制度的建设。尽管创业活动必然涉及创新活动,但创新活动并不必然是创业活动。

二、创新与创业的联系

近些年,国内外学者在关注创新与创业之间差异的同时,也在努力探索创新与创业之间的联系及其本质上的渗透与融合,主要从以下3个方面阐述了创新与创业的融合关系。

(一)创新是创业的源泉,是创业的本质。

创业者在创业过程中,需要具有持续旺盛的创新精神、创新意识,才可能产生富有创意的想法或方案,才可能不断寻求新的思路、新的方法、新的模式、新的出路,最终获得创业成功。

(二)创新的价值在于创业。

从某种程度上讲,创新的价值就在于将潜在的知识、技术和市场机会转化为现实生产力,实现社会财富增长,造福人类社会。实现这种转化的根本途径就是创业。创业者可能不是创新者或发明家,但必须具有能发现潜在商业机会并敢于冒险的特质;创新者也并不一定是创业者或企业家，但科技创新成果则必须经由创业者推向市场，使其潜在价值市场化，创新成果才能转化为现实生产力。

（三）创业推动并深化创新。

创业可以推动新发明、新产品或新服务的不断涌现，创造出新的市场需求，从而进一步推动和深化科技创新，提高企业或整个国家的创新能力，推动经济增长。

可见，创新与创业并非是相互独立甚至对立的，而是有着不可分割的内在联系，两者之间相互交叉、渗透与融合。

创新和创业都是开创有别于其他的、新颖的、同时能产生积极作用的做法或结果，在本质上具有一致性，即都具有"开创"的性质。创新一般多指理论、思维方面的创造活动，是整个创造活动的第一阶段；创业是实际活动中的创造，是创新思维、理论和技法的应用和现实体现，属于创造活动的第二阶段，也是创新的终极目的。

创新是创业的前提和理论指导。创业者只有具备创新精神和创新意识，才能为创业竭尽自己的聪明才智与智慧。当今社会，人人都从事一业或多业，很多情况下都有意无意地在创业，因为多数人并不是完全被动地去适应职业，否则事业不会发展，社会难以进步。人类靠创新不断推出新的行业和职业，靠创新把各种行业和职业提升到新的高度。

案例 5-2

小米从零开始起步，它能走到今天，与小米的创新密不可分。小米的第一个创新是用互联网方式来打造一个手机品牌，并且几乎全部在网上销售。这件事情今天我们现在听起来觉得挺简单的，但回顾2012年小米刚刚创业的时候，谷歌在网上卖Nexus One只卖了10万台。当时雷军找谷歌工程师加盟小米，他们都说："谷歌都干不成的事情你雷军能干成吗？"现在大家看到，小米干成了。

小米的第二个创新是遵循"铁人三项"，也就是软件、硬件、互联网服务一体化，即追求客户的综合体验。

小米的第三个创新非常非常小，但对手机行业非常重要，就是快速迭代。操作系统的稳定性跟手机稳定性紧密相连，如果质量做不好，对客户使用影响非常大。一周快速迭代意味着两天规划功能、两天开发、两天测试，一周工作六天。为了适应每周快速迭代，小米人周末也在上班，艰辛背后赢得了客户的好口碑，市场占有率一路飙升。

今天手机的科技含量非常高，消费者几乎难以知道手机里面是什么，以前的手机厂商一再强调自我的品牌，很少剖析手机的内部组成。小米更大的创新就在于第一次把手机这个黑盒子打开，它主动去跟每个消费者讲里边装的是什么，说自己用的是夏普的显示屏，电池是德赛和飞毛腿终端的，并且是最先进的锂离子聚合物电池。这样的创新再次赢得消费者的信任和忠诚。

实训与练习

1. 下面的大学生创新创业团队故事对你有什么启示？

谁说农产品不能进入优选频道

出镜高校：厦门大学　　　　创业项目：毓成优选　　　　项目负责人：艾萨·阿尤普

2015年，艾萨·阿尤普和团队小伙伴为了帮农户卖枣、卖农特产品，开创了"毓成优选"创业项目，走上精准扶贫之路。

2016年年末，陕西汉中秦岭深处的紫柏山区蜂农销售蜂蜜受阻，团队与陕西省留坝县政府合作，为解决蜂蜜推广渠道不足的问题，策划了紫柏山土蜂蜜项目，成功将当地特色的农副产品——秦岭紫柏山土蜂蜜通过线上众筹的方式推向市场。在此过程中帮助农户将土蜂蜜用安全的运输方式运至上海，并与上海某公司合作对原蜜进行专业初加工及罐装，使产品达到国家一级标准，最终通过众筹产生销售额近11万元。

目前，"毓成优选"项目团队已拥有总计150亩新疆红枣种植基地和位于秦岭深处紫柏山区的蜂蜜基地。

2. 学生分组分享中国创业故事，列举出当今中国创业英雄的名字，至少5人以上。列举出他们所创造的公司和业绩，并试谈他们的创业对中国经济发展的作用。

思考题

1. 创新的类型有哪些？
2. 创新思维的表现形式是什么？
3. 如何培养观察能力？

第六章　创新创业素质

导读

创业已成为就业的另一种模式，随着商业经济的高速发展和知识经济的迅猛来临，越来越多的大学生投入到创业的浪潮中。事实证明，创办实体不是一件轻而易举的事情，需要知识、能力、机遇、资金、环境等多个条件的组合。从课堂上直接走出成批的"老板"是个神话，培养创业意识，熏陶创业品质，锤炼创业能力是大学生创业的基础。创业大学生要适应21世纪的挑战和需求，通过创业教育，走近创业，由陌生、了解到关注，将巨额资产老板成长的故事拆分成现实中的点滴积累与努力，在适宜的时机去尝试真正的创业成功。

要点与要求

通过本章的学习，学生应了解激发创新意识的途径，理解创新思维的训练过程与方法，理解创新能力的培养途径并能在日常生活、学习中加以应用；理解和掌握创业素质培养的4个方向，即创业精神的锤炼，创业心理的培养，创业知识的准备和创业能力的提升。

案例引入

北京大钟寺的一座大钟，有87 000斤重，号称钟王。这是明朝皇帝朱棣为了防止民众造反，派军师姚广孝收集老百姓的各种兵器后铸就的。不知是什么原因，这口大钟沉到了西直门外万寿寺前面的长河河底。100多年后的一天，一个打鱼的老汉发现了埋在河底的这口大钟。清朝皇帝得知此事后，下令将这口钟打捞上来，并挪动到觉生寺（即现在的大钟寺），然后再修建一个大楼来悬挂这口大钟。从河底把大钟打捞上岸虽非易事，经过一番努力，总算克服了困难。但要把这87 000斤重的大钟挪动到五六里以外的觉生寺去，却谁也想不出一个可行的办法来。钟是夏天捞出来的，到秋天还没有人想出主意。有一天，参与此事的一个工头和几个工匠在工棚里喝闷酒。工棚内只有一块长长的石条当桌子用，大伙就围坐在石桌旁。这时天正下雨，从棚顶上漏下来的雨水滴了不少在石桌上。坐在石桌这一头的一个工匠，叫坐在另一头的一个工匠再给他倒一盅酒。酒倒好后，由于手上有水，在传递时没留神把酒盅给弄翻了，引得大伙连声抱怨："太可惜了！""太可惜了！"这时，一个工匠很不耐烦地说："何必用手传呢，石桌子上有水，是滑的，轻轻一推不就推过去了。"坐在旁边的一个平时很少说话的工匠沉思了片刻，然后一拍石桌子，大叫起来："有了！有了！挪动大钟有办法了！"这个工匠想到的办法是：从万寿寺到觉生寺，挖一条浅河，放进一二尺深的水，河里的水结冰后，不用费多大力气便能将大钟从冰上推走。后来就采用这个办法将大钟从万寿寺挪动到了觉生寺。

工匠思考这个搬运难题时，运用了形象思维中的相似联想创新思维方法。大钟虽然比酒盅不知要重多少倍，可它们都是"在光滑平面上不用多大的力量就能推走"。在这一点上，它们遵循着共通的物理规律，有相同的力学基本原理起作用，二者有相似之处。因此，可以通过运用相似联想由此及彼地想出解决问题的办法。

第一节 创新素质培养

一、激发创新意识

人类社会的所有进步几乎无一不是劳动人民追求变革与创新的结果。创新意识是人们为了改变现状、谋求更好生活而固有的一种冲动。步入 21 世纪，"创新意识"已经成为人们的必备素质之一。当前，从世界范围来看，随着知识经济日益占据主导地位，创新意识将更为广泛、深刻和快速地影响着人们的生产和生活，并成为人力资本投资的重点方向，也必将在经济社会发展中发挥越来越重要的作用。那么，我们如何才能激发自己的创新意识呢？

（一）创新意识的特点

人人都具有创新意识，但是创新意识往往处于沉寂状态。问题的关键在于，如何才能把潜藏在自己大脑里的创新意识激活，让它在你的生活、学习和工作中发挥作用。

案例 6-1

作为知名汽车品牌，大众汽车希望帮助车主改善驾驶习惯，减少碳排放量，共同为创建一个清洁的环境而努力，于是大众汽车开始探索，设计出了中国首个车载移动应用。通过实时记录、分析用户的驾驶习惯，为用户提供节能建议，显示节油情况。车主将它安装到手机上，程序会根据 GPS 系统定位到车主的位置，画面中会出现一只站在冰块上的蓝色小北极熊，伴随车主驾驶而活动。当完成驾驶后点击"停止"，本次驾驶形成的时间、距离、速度、加速、减速等数据都会被记录下来，应用程序会根据车主的驾驶表现进行打分，并对上传的数据进行分析，给出相应的建议，为车主量身定制减碳省油小贴士。

根据行为心理学，一个人的新习惯或理念形成并得以巩固至少需要 21 天，为此大众汽车发起了"21 天蓝色驱动大挑战"，鼓励用户累积使用 21 天，在这 21 天里养成正确的驾驶习惯，把减排理念深入到生活中的点滴。坚持到底的用户可以赢取蓝色大礼包，包括北极熊毛绒玩具、iPhone 手机壳、创意车贴、北京车展参观券等礼品。"蓝色驱动"APP 活动有效结合了付费媒体、自媒体和免费媒体。大众中国为这一活动设立了专门的网站，设定了丰厚的奖品和奖励来激励下载者使用。网页中还提供了一个"造冰救北极熊"的小游戏，在造冰拯救的过程中，车主还可以通过与其他玩家互动赢得奖品。在传播上，整个活动除了通过大众汽车官方主页、大众汽车等网站，还通过微博、论坛、开心网、人人网等社交网络上的主页进行传播，既有效扩大了传播量，又树立了良好的品牌形象，为企业创造了良好的经济效益。

上述案例中，创新意识源于人们社会生活发展的需要。就像帮助车主改善驾驶习惯、减少碳排放量，共同创建一个清洁的环境，这就是新时期的社会需求。创新意识就在满足这些需求的时候产生，进行一些新颖的改变，改善人们的生活。

创新意识具有以下3个显著的特点。

（1）新颖性。创新意识是为了满足新的社会需求，或是用新的方式更好地满足原来的社会需求而产生的。就像21世纪兴起的"3D打印技术"，在珠宝、鞋类、工业设计、建筑、工程和施工、汽车、航空航天、牙科和医疗产业、教育、地理信息系统、土木工程以及其他领域都有所应用，甚至还可以用它来制造服装、建筑模型、汽车、巧克力甜品等，这一技术满足了社会中新的需求。创新意识就是求新意识，是解决问题时不落窠臼的新思维、新方法。

（2）社会历史性。创新意识是以提高物质生活水平和精神生活水平为出发点的，它在很大程度上受具体的社会历史条件约束。在阶级社会里，创新意识受阶级性和道德观影响制约，创新意识必须考虑社会效果。就像三次工业革命带给人类的冲击一样，每一次相对于以前都是伟大的创新与变革，谁能预想到18世纪60年代至19世纪中期人类会开始使用蒸汽机为主要动力。而人类之前都是在用人类本身的力量去工作和生活，这一变革无疑给人们的生产力带来了巨大的提高。相继的电力革命、原子能革命、计算机革命带给人类社会的巨变同样重大而意义深远。人们的创新意识激发的创造活动和产生的创造成果，应为人类进步和社会发展服务，随着人类历史的变迁而创新和进步。

（3）个体差异性。人们的创新意识与他们的社会地位、文化素质、兴趣爱好、情感志趣等相适应，对创新起重要推动作用。在这些方面，人与人之间都会有所不同。因此，对于创新意识既要考察社会背景，又要考察个人的文化素养和志趣动机。正如吉林省农民李景阳，只念过小学六年级，但从小就对机械物理非常感兴趣，长大当了木匠，四处干木匠活，为他人盖房子、打炕柜等。平时他特别喜欢搞发明，先后利用8年时间成功地研制出了高仿真"木牛流马"，并在2015年获得了国家专利，随后还研制了两辆花轱辘大铁车、三辆与实际自行车1:1的高仿真木制自行车。这些发明与他的天赋有关，但更多的是取决于他的兴趣爱好、家境影响以及自己擅长的技术。李景阳的发明创造与马云创立阿里巴巴、马化腾创立腾讯以及李彦宏创立百度一样，他们的劳动都属于一种创造，是创新意识的体现，不同的就是他们的身份、社会地位、擅长及爱好等方面有所差异，这就是创新意识的个体差异性。

只有认识了创新意识的3个显著特点，才能理解激发个人创新意识的重要意义。

（二）激发创新意识的途径

创新意识是人类的高级心理活动，是政治家、教育家、科学家、艺术家等各种出类拔萃人才必须具备的基本素质。心理学认为，创新意识是指思维不仅能提示客观事物的本质及内在联系，而且能在此基础上产生新颖的、具有社会价值的前所未有的思维成果。创新意识的培养和开发是培养创造人才的起点，只有注意激发人的创新意识，才能为培养创新型人才打下良好基础。

那么，如何激发自己的创新意识呢？具体可以按照以下7个方面开展。

1. 敢于质疑，多思考

亚里士多德（Aristotle）曾经说过，思维是从疑问和惊奇开始的。正所谓"大疑则大进，小疑则小进,不疑则不进",在人类社会进步的过程中,批判和怀疑起着无可置疑的推动作用。

大学生要有敢于质疑的精神,敢于挑战权威,有独立见解,发挥自己的潜力。为此,要充实自己的知识体系,用知识来武装自己,让自己有更多的机会和能力去发现新问题、新事物。

众所周知,古希腊伟大的科学家亚里士多德认为,物体做自由落体运动的快慢是不一样的。它的下落速度和它的重量成正比,物体越重,下落的速度越快。例如,10公斤重的物体,下落的速度要比1公斤重的物体快10倍。1 700多年以来,人们一直把这个违背自然规律的学说当成不可怀疑的真理。然而年轻的伽利略(Galilei)根据自己的经验推理,大胆地对亚里士多德的学说提出了疑问。经过深思熟虑,他决定亲自动手做一次实验。他选择了比萨斜塔作实验场。这一天,他带了两个大小一样但重量不等的铁球,一个重100磅,是实心的,另一个重1磅,是空心的。伽利略站在比萨斜塔上面,望着塔下。塔下面站满了前来观看的人,大家议论纷纷。有人讽刺说:"这个小伙子的神经一定是有病了!亚里士多德的理论不会有错的!"实验开始了,伽利略两手各拿一个铁球,大声喊道:"下面的人们,你们看清楚,铁球就要落下去了。"说完,他把两手同时张开。人们看到,两个铁球平行下落,几乎同时落到了地面上,所有的人都目瞪口呆。伽利略的试验揭开了落体运动的秘密,推翻了亚里士多德的学说,在物理学的发展史上具有划时代的重要意义。此外,还有哥白尼(Kopernik)提出"日心说"敢于向古典神学挑战;爱因斯坦敢于向牛顿经典力学提出挑战创立相对论;欧内斯特·卢瑟福(Ernest Rutherfod)敢于质疑约瑟夫·汤姆生(Joseph Thomson)的"原子核枣糕模型"创建"原子核核式结构模型"……这种敢于质疑,敢于向权威挑战的精神,值得今天的大学生学习。

2. 善于发现,多观察

生活中不是没有美景,而是缺少一双发现美景的眼睛,发现是一种具有创造力的行为。生活正因为发现才变得丰富多彩;艺术正因为善于发现才震慑灵魂;科技正因为善于发现才能日新月异。

自古以来,中华民族就是一个善于发现的民族,中国人是善于发现的人。作为当代大学生,生活处处皆学问,只要善于发现,用一双善于发现的眼睛去洞察世界,随时会有不期之喜。我们应在生活中不断观察,不断思考,积累更多的知识,使自己所做的贡献有益于社会、有益于国家。

3. 处处留心,多体会

孔子曾说:"我没有什么学问,只不过是处处留心,事事留意,默默地观察和学习,别人说的对我有用的话,我都随时记录下来,我求学问就是这样,永不厌倦。""三人行,必有我师",孔子的学问就是这样而来,处处留心,事事留意,处处有学问。学问来自于实践,要想有学问就必须留心生活,观察生活,从生活中汲取知识和营养。

处处留心就要求我们做一个有心人,从而锻炼自己的创新意识和创新思维。那么该怎么做呢?首先要善于观察,观察身边的人和事,从中学到知识和学问,观察需要有一双慧眼,没有慧眼,即使有学问你也会无动于衷;其次是要有好奇心,用好奇心去发现生活的本质;最后,作为大学生,要有自己独立的思考和见解,不盲从别人。例如,18世纪英国著名的化学家兼物理学家约翰·道尔顿(John Dalton),在圣诞节前夕买了一件礼物——一双"棕灰色"

的袜子，送给妈妈。妈妈看到袜子后，感到袜子的颜色过于鲜艳，就对道尔顿说："你买的这双樱桃红色的袜子，让我怎么穿呢？"道尔顿感到非常奇怪，袜子明明是棕灰色的，为什么妈妈说是樱桃红色的呢？疑惑不解的道尔顿又去问弟弟和周围的人，除了弟弟与自己的看法相同以外，被问的其他人都说袜子是樱桃红色的。道尔顿对这件小事没有轻易地放过，他经过认真地分析和比较，发现他和弟弟的色觉与别人不同，原来自己和弟弟都是色盲。道尔顿虽然不是生物学家和医学家，却成了第一个发现色盲症的人，也是第一个被发现的色盲症患者。为此他写了篇论文《论色盲》，成为世界上第一个提出色盲问题的人。后来，人们为了纪念他，又把色盲症称为道尔顿症。

4. 博学广闻，多学习

生活中希望做到博学广闻的人并不是少数，但是很难达到。一个人不一定去刻意地追求博学，其实我们的每一天都在为自己的博学增加分量，我们在广泛涉猎，博采众长，学习知识，增加自己的深度。

处于知识经济时代的大学生必须博学广闻，多学习，树立终身学习的意识，只有当知识积累到一定的程度，自己的创新意识和创新能力才能得到提升。

5. 精通专业，多钻研

一个人只要对某一领域的知识熟练掌握就已经很让人羡慕了，类似于百科全书一样的人物比较少。只有精通自己的专业，才能在自己擅长的领域有所建树，进而才有可能标新立异，在其他领域也取得创造性的成果。

大学生的专业知识都是未来工作必须具备的，通过对专业知识的学习和理解，能够让大学生有一技之长；再者，加强课外实践，将所学到的知识与实践结合起来，发挥自己的专业技能去解决一些实际问题，这样才会真正激发自己的创新能力。例如，著名数学家华罗庚从小数学天赋即展现出来，聪颖过人。他主要从事解析数论、矩阵几何学、典型群、自守函数论、多复变函数论、偏微分方程、高维数值积分等领域的研究与教授工作，并取得突出成就。20世纪40年代，华罗庚解决了高斯完整三角和的估计这一历史难题，得到了最佳误差阶估计（此结果在数论中有着广泛的应用）；对哥德弗莱·哈代（Godfrey Hardy）与约翰·李特尔伍德（John Littlewood）关于华林问题及爱德华·赖特（Edward Wright）关于塔里问题的结果作了重大改进，至今仍是最佳记录。从20世纪60年代开始，华罗庚把数学方法应用于实际，筛选出以提高工作效率为目标的优选法和统筹法，取得显著经济效益。

案例 6-2

2015年10月，中国中医科学院终身研究员兼首席研究员、青蒿素研究开发中心主任屠呦呦获得诺贝尔生理学或医学奖。她是第一位获得诺贝尔科学奖项的中国本土科学家，也是第一位获得诺贝尔生理学或医学奖的华人科学家。2016年4月21日，屠呦呦入选《时代》周刊公布的2016年度"全球最具影响力人物"。她的成就在于对自己专业的熟悉与精通，几十年来致力于严重危害人类健康的世界性流行病疟疾的防治研究，从中医药这一伟大宝库中寻找创新源泉，从浩瀚的古代医籍中汲取创新灵感，从现代科学技术中汲取创新手段，与她领导的研究团队坚持不懈，克服困难，联合攻关，成功地从中草药青蒿中提取出青蒿素，并研制出一系列青蒿素类药品，这一成就挽救了全球特别是发展中国家数百万人的生命，在世界抗疟史上具有里程碑意义。

大学生学好自己的专业知识是必要的，也是必需的，这是未来安身立命的基础。对于自己擅长的事情一定要做到最精，用专业知识武装自己，通过过硬的专业技能让自己变得更加优秀，为社会做贡献。

6. 善于想象，多好奇

一个社会的进步，依赖于人们的创新与创造，而想象力永远都是创新与创造的原动力。我们在学习知识的过程中，要善于创新思维方式，打破陈规，冲破束缚，扩展思维空间，善于去想别人所未想、求别人所未求、做别人所未做的事情，最终不断推动创新发展。

7. 勤于实践，多探究

近代著名教育家陶行知不同意王阳明在《传习录》中所说"知是行之始，行是知之成"。他认为"行是知之始，知是行之成"，并提出：亲之是一切知识之根本，闻之与说之必须安根于亲之里面方能发挥作用。纸上得来终觉浅，绝知此事要躬行。我们只有不断地去尝试实践，才能透彻地认识事物。世界上有些事情只有自己亲自去实践过才会发现其中的奥妙。

案例 6-3

袁隆平是我国当代杰出的农业科学家，是享誉世界的"杂交水稻之父"。他参加工作50多年来，不畏艰辛，执着追求，大胆创新，勇攀高峰，所取得的科研成果使我国杂交水稻研究及应用领域领先世界水平，推广应用后不仅解决了中国粮食自给的难题，也为世界粮食安全作出了杰出贡献。袁隆平的先进事迹在国内外产生了广泛影响，得到了党和国家的充分肯定与社会各界的普遍赞誉。2013年4月28日，习近平总书记在与全国劳动模范代表座谈会上对这位"杂交水稻之父"给予了充分肯定。面对习总书记，这位年逾八旬的老人表示："科技进步永无止境。在我有生之年，亩产1 000公斤我也不满足，我还要向选育第五期、第六期超级杂交稻进军，直到实现禾下乘凉梦。"他同时建议制定更加开放的政策，通过允许两系法杂交水稻走出国门，扶持龙头种业企业，将长沙打造成杂交水稻"国际种都"等方式，早日让杂交水稻覆盖全球。

大学生培养和锻炼自己的创新性思维，需要运用探究的方法进行学习，通过亲身实践，培育自己的创新精神和实践能力，促进自己提高与进步。

二、训练创新思维

有了创新意识，我们还需要创新思维。那么，大学生如何训练自己的创新思维呢？我们只有真正理解和掌握创新思维，在实践中灵活运用创新思维，才能步入自由创新的王国，获取丰硕的创新成果。

创新思维是在一般思维的基础上发展起来的，它是后天培养与训练的结果。电影艺术大师查理·卓别林（Charlie Chaplin）为此说过一句耐人寻味的话："和拉提琴或弹钢琴相似，思考也是需要每天练习的。"因此，我们在日常生活中要有意识地培养自己的创新思维。大学生可以结合自己的学习、生活和社会实践，积极主动地训练自己的创新思维。

大学生是创新人才的主要来源之一。然而，大学生的创新思维不是天生拥有的，创新思维是通过训练得来的。那么，大学生可以从哪些途径训练自己的创新思维呢？

1. 日常生活中运用创新思维

日常生活中，我们都会面临这样那样的问题，很多问题可以采用常规的方法解决，也可以打破常规，另辟蹊径，创造性地解决。大学生在日常生活中应该有意识地运用创新思维解决常见的问题，只要这样长期积累，自己的创新思维就会得到训练。创新思维的运用往往需要人们付出大量的脑力劳动，经历长期的探索、艰苦的研究、甚至多次失败。大学生运用创新思维就应该克服"思维的懒惰"，勤于思考。

那么，怎样在日常生活中培养创新思维呢？

（1）对待问题应该具有主动性。我们要善于发现社会的需求，发现人们理想与现实的距离，或者观察到别人司空见惯的微小现象。勤于思考，是拥有一个连续的创新思维的必要前提。每一次创新性的思考和灵感，绝不是偶然的，而是一段时间持续思考的必然。

（2）要打破习惯性思维。习惯性思维是人们思维方式的一种惯性，墨守成规极大地阻碍了新事物的产生和发展。我们应该跳出习惯性思维的定式，给自己的思维松绑。我们要敢于批判别人甚至权威的思想，并提出自己的思考，虽然可能毫无逻辑或者毫无实践意义，但是绝不能因此就放弃思考。

（3）采用灵活、多维的思考方式。面对一个问题或者现象，我们要善于联想和想象，如果受阻，我们要灵活地转换思路，而不拘泥于一种思考模式。创新的思维要善于变化，机动灵活。

2. 专业学习中培养创新思维

保质保量地完成既定的专业课程学习任务，是大学生的第一要务。但是，如何科学高效地完成学习任务，这是一个值得思考的问题。事实上，大学生的专业学习也需要运用创新思维，很多学习任务完全可以打破死记硬背的机械学习方式，采取具有创新性、创造性的办法去完成，关键在于大学生是否能够有意识地运用创新思维来促进自己的学习。

那么，大学生应该怎样在专业学习中培养创新思维呢？

首先，要把专业学习的触角广泛延伸。很多学术创新的源泉是相互联系的，所以要广泛接触，这可以为创新提供一个有利条件。许多看起来与你学习研究领域毫无联系的会议、报告，如果你不去听，可能就会失去一个了解新进展的机会。

其次，要探索专业的历史。创新是有连续性的，一切的创新都是基于前人的工作之上，因此我们应该多阅读专业报刊、书籍等文献资料，了解所学专业的发展历史，掌握专业发展的来龙去脉。这可以帮助你在特定的时间、特定的阶段，得到和你所学专业有关的创新性结论。

最后，要向有创新性思维的专业人士学习。创造力可以在与有创新性思维的人交流中得到培养，每个人都有自己的学习方法和思考方式，多与人交流，自己的思路也会改变，进而获得与众不同的创新思维，在专业学习方面也能取得质的飞跃。

3. 实习实践中训练创新思维

创新思维的训练在于学习和实践，在于逐步产生新的工作感悟，从而产生新的工作方法。一个人工作实践的创新能力进步与人的天赋秉性、教育背景、工作环境、个体活动、追求进步精神等方面都有联系。但是，多从实习实践中寻找灵感和源泉，也会使创新性的工作方法和能力得到提升。

案例 6-4

英国有个叫吉姆的小职员，成天坐在办公室抄写东西，常常累得腰酸背痛。他消除疲劳的最好办法，就是在工作之余去滑冰。冬季很容易就能在室外找个滑冰的地方，而在其他季节，吉姆就没有机会滑冰了。怎样才能在其他季节也能像冬季那样滑冰呢？对滑冰情有独钟的吉姆一直在思考这个问题。想来想去，他想到了脚上穿的鞋和能滑行的轮子。吉姆在脑海里把这两种东西的形象组合在一起，想象出了一种"能滑行的鞋"，经过反复设计和试验，他终于制成了四季都能用的"旱冰鞋"。

实践出真知，大学生应注意在实践活动中进行思维、头脑风暴，进而发明创造。大学生应该重视把握实习实践的机会，通过在实习实践中创新工作方法，训练自己的创新思维。那么，大学生在实习实践过程中应该怎样培养自己的创新思维呢？

（1）团结协作，增强效率。大学生实习实践的过程可以看作是一个社会化的过程。学习者以自己的方式来理解事物，不同的人可能会看到事物不同的方面。通过个体间的交流与合作，可以使自己的见解更加深刻与完善，同时也使自己逐步成为一个能够与他人合作和交流的个体。通过团队协作、竞争协作，组内成员相互帮助，同学之间倾听、尊重、接纳信息，激发出思维的灵感。这同时也是对同伴能力的信任，使同伴感受到自己的长处并得到鼓励，激发信心，从而使探究高效地持续，并使探究活动成为一种快乐。

（2）评价激励，挖掘潜力。对实践效果进行评价，发现其中的闪光点，可有效地激发自己实践的兴趣，更好地发挥自己的潜力。每个人都有一种被承认和被接纳的欲望。根据实践的进程，及时地发现、认可其中的闪光点，对自己进行嘉奖，可以获得更坚实的信心和力量。经过一个持续的过程，就会培养、发展自己的创新思维。同学之间，也应积极地开展评价活动，及时鼓励他人的探究活动。

（3）不断强化，渐成习惯。培养创新思维，并不是一蹴而就的，需要师生共同合作，持续地培养训练，不断强化，逐渐养成习惯。

三、开拓创新能力

创新能力包括学习能力、记忆能力、分析能力、想象能力、实践能力5个方面，大学生需要对以上5个方面能力进行培养和综合训练。

（一）学习能力的培养

只有在敏锐的感知、清晰的记忆、丰富的想象、灵活的思维、热烈的情绪、坚韧的毅力共同作用下，学习才能取得良好的效果。而这是以具备正确的学习动机为前提的。学习动机是一种能对学习起极大推动作用的心理因素,它能促使人们把全部精力集聚起来进行学习。所以,只有树立正确的学习动机,才能提高学习的成效,进而培养自己的学习能力。

1. 树立坚定的学习信心

坚定的信心是成才的关键。一些人认为,有的人之所以能成才,原因在于他们本来就是人才,否认人人都可通过学习成才。实际上,学习能力是人人皆有的一种自然属性,只是发展的程度不同而已。学习能力是在实践中逐渐培养和提高的,每个人都有可能在正确方法的指导下,经过锻炼使自己的学习能力发展提升,所以应该树立坚定的信心,在学习成才的道路上阔步前进。

2. 锻炼顽强的学习意志

学习的过程就是一个探索的过程,充满困难和挫折,只有那些具备顽强的学习毅力的人,才能克服学习征途中的重重险阻,将学习活动坚持到底。大学生培养学习能力离不开对自己学习意志的锻炼。创新者应该将锻炼顽强的学习毅力视为学习成才的重要任务,在学习活动中自觉磨炼,并持之以恒。

3. 善于思考的学习习惯

创新者必须养成勇于探索、善于独立思考的良好习惯。独立思考是学习的重要途径,也是影响学习能力的关键因素。创新者在学习过程中,要特别注意自己提出问题、分析问题、解决问题能力的培养,遇有难题,首先要尽力开动脑筋,独立思考,不要回避困难。

4. 掌握科学的学习方法

在学习过程中,掌握科学的学习方法可以使人少走弯路,节省时间,提高效率,达到事半功倍的效果。创新者应该努力探索科学的学习方法,善于吸取他人的先进学习经验和成功做法,并用于指导自己的学习活动。

5. 培养稳定的学习情绪

稳定的情绪和平静的心境是具备良好学习能力的表现形式之一。有些人虽有强烈的求知欲和好奇心,但是学习情绪不稳定,心血来潮时,情绪高涨,学习劲头十足;遇到挫折时,容易心灰意冷、情绪低落,丧失学习动力。创新者必须保持稳定的情绪和愉快的心态,使自己始终能精力充沛地开展学习活动。

(二)记忆能力的培养

人们的记忆力可以通过后天的培养和训练得以改善和加强。为了满足创新活动需要的记忆力,人们必须锻炼记忆能力、讲究记忆卫生、掌握记忆技巧,这样才能有所作为。

1. 锻炼记忆能力

培养锻炼记忆能力应该从以下5个方面做起。

(1)目标明确。记忆效果在很大程度上取决于识记任务,有了明确的识记任务,才知道应该识记什么和记到什么程度。否则，就会不分主次，企图识记一切，浪费精力而效果不好。

(2) 集中注意力。注意记忆的前提，没有注意也就没有记忆过程。注意力集中时，大脑皮层的兴奋中心活动强烈，暂时神经联系易于形成，从而对事物记忆深刻、持久牢固。

(3) 培养浓厚的兴趣。兴趣和记忆的关系也是十分密切的：有兴趣的事物，人们就容易记住，保持的时间也就长久；反之，不但不容易记住，保持的时间也不长。孔子曾说过："知之者不如好之者，好之者不如乐之者。"所以，为了锻炼记忆能力，应该从培养兴趣入手，使记忆活动朝着良性循环进行。反之，则越记越烦，越厌烦越记不住，从而造成恶性循环。

(4) 力求理解。通俗地说，理解就是对某一事物不仅"知其然"，而且"知其所以然"。已经理解了的事物更容易记忆，保持的记忆时间也比较长，记忆效果较高。反之，只知死记硬背、不会开动脑筋，记忆的效果肯定很差。

(5) 重复训练。重复是记忆之母。这说明了复习对增强记忆、防止遗忘的重要性。重复和复习是巩固记忆的基本途径。马克思有一个良好的读书习惯，就是每隔几年要把书中做了记号的部分重读一遍，其目的是为了巩固记忆，在一定时候对记忆进行必要的修补。

2. 讲究记忆卫生

为了培养突出的记忆能力，人们还要讲究记忆卫生，为此应该做到以下5点。

(1) 勤用脑，善用脑。首先，要勤用脑。脑科学的研究结果表明，人脑接收、储存和处理的信息越多，越有利于脑细胞的分化和发育。生理学家们认为，人脑使用的频率越高，脑细胞老化的程度越慢。由此可见，勤于用脑不仅不会给大脑造成负担和伤害，反而能促进大脑功能的加强。其次，要合理用脑。合理使用大脑会使大脑皮层的不同部位轮流兴奋和抑制，有助于记忆效果的增强，取得事半功倍的效果。

(2) 选择记忆的最佳时间。美国一位研究记忆的学者曾经说过："训练记忆所必须做的第一件事，是决定每天该在什么时间来记忆。"一般来说，时间不同，人的记忆效果也不一样，也就是说大脑功能每天都有最佳工作时区。科学实验证明，人的记忆每天有4个高潮点：第一个高潮点是清晨6~7时，此时大脑已在睡眠过程中做完了对一天输入信息的整理编码工作，加上没有前面识记材料的干扰，识记印象清晰，记忆效率高；第二个高潮点是8~10时，经过几个小时轻微活动的恢复，这时精力上升到旺盛期，处理识记材料的效率较高，记忆量大；第三个高潮点是18~20时，这是一天中记忆最佳期；第四个高潮点是临睡前一两个小时以内，即22~23时，在这个时间里，发生记忆后立即入睡，不再输入信息，因而不存在"倒摄抑制"影响，并且在睡眠中，大脑无意识地进行信息编码整理工作，使记忆材料条理化、系统化，这既有利于保持记忆，也有利于提取记忆。为此，大学生要根据个人实际情况选择最佳的记忆时间，从而提高记忆的效率。

(3) 劳逸结合，身心放松。大脑如同一部精密的机器，也需要保养和维护。充足的睡眠时间、适当的文体活动都有利于大脑休息和保护。只有在劳逸结合、身心放松的情况下，大脑才能保持良好的记忆能力。

(4) 增强对记忆材料的兴趣。记忆既是大脑的生理过程，又是心理过程，因而受人对记忆材料兴趣的影响。当人产生兴趣时，大脑兴奋，组织活跃，对记忆材料留下的印迹较深，整个大脑抑制的情况较弱。日本心理学家统计，对不感兴趣的内容，20分钟后会忘记50%的内容，2天后会忘记66%的内容，6天后会忘记75%的内容。为此，要培养记忆力，就应该增强对材料的兴趣。

（5）合理饮食。据科学家分析，人的记忆能力与脑细胞的结构和传递信息的神经递质（乙酰胆素）有关，脑细胞的营养通过血糖获得。葡萄糖是脑细胞工作的"燃料"，而制造乙酰胆素的原生物质存在于肉、蛋之类的食品之中，如蛋黄中就含有大量的卵磷脂和甘油三酯。卵磷脂进入肠道后，经酶的消化作用，释放出乙酰胆素，随血液进入大脑，生成能改善记忆能力的乙酰胆素。所以，为提高记忆能力，大学生应该加强营养、注意饮食。

3. 掌握记忆技巧

科学的记忆方法，能使记忆效果事半功倍，所以创新者应该掌握行之有效的记忆方法，同时根据个人的特点形成自己独具特色的记忆习惯。

（1）理解记忆法。在积极思考，达到深刻理解的基础上记忆材料的方法称为理解记忆法。理解记忆的基本条件是对材料的理解和进行思维加工。有些材料，如科学要领、范畴、定理、法则和规律、历史事件、文艺作品等，都是有意义的。人们记忆这类材料时，一般不采取逐字逐句强记硬背的方式，而是首先理解其基本含义，即借助已有的知识经验，通过思维进行分析综合，把握材料各部分的特点和内在的逻辑联系，使之纳入已有的知识结构，以便保持在记忆中。理解记忆的全面性、牢固性、精确性及迅速有效性，依赖于学习者对材料理解的程度。

（2）协同记忆法。要记忆外部信息，必先接收这些信息，而接收信息的渠道不只一条，有视觉、听觉、动觉、触觉等。有多种感知觉参与的记忆称为协同记忆。在记忆过程中，看、读、听、写应该多渠道同时进行，交叉协调发展，这样记忆效果才有保证。现代科学研究表明，人从视觉获得的知识，能够记住25%，从听觉获得的知识能记住15%，若把视觉与听觉结合起来，能够记住65%。大学生应该将各种感觉器官都调动起来，使之为记忆的总目标服务。

（3）口诀记忆法。口诀记忆法就是将记忆材料编成口诀或押韵的句子以提高记忆效果的方法。口诀大都押韵，朗朗上口，可以缩小记忆材料的绝对数量，把记忆材料分成组块来记忆，加大信息浓度，增强趣味性，不但可减轻大脑负担，而且记得牢，避免遗漏。

（4）联想记忆法。联想记忆法就是利用联想来增强记忆效果的方法。例如，将互不相关的事物连成一个前因后果的小故事，能极大地提高记忆效果。

（5）规律记忆法。事物的发展都有一定的规律，找出事物发展的规律，然后按这种规律来记忆，比死记硬背的方法要科学得多，也轻松愉快得多。对于需要记忆的内容，要及时复习、巩固记忆。在记忆还没有模糊的时候进行强化，比等到记忆淡忘了再进行修复要省力得多，所以要经常进行复习总结。

除了以上5种常见的记忆方法以外，还有对比记忆法、数形记忆法、复述记忆法、争论记忆法、改错记忆法、朗诵记忆法、推理记忆法、辨别记忆法、卡片记忆法等，都可在记忆时灵活采用。

（三）分析能力的培养

培养分析能力的主要途径是经常主动积极地对各种事物进行分析，通过实践不断地提高分析能力。在初期，可能对一些事物分析不好，但是只要能经常练习，并从中找出经验和教训，分析能力就会不断提高。经常参加针对某一问题进行的分析研讨会，倾听别人对问题的分析以及别人对自己作出的分析和评价，也有助于提高分析能力。同时，还应多读一些分析文章和材料，借鉴和学习别人的分析方法。此外，采用正确的分析问题的方法和步骤能够提高分析问题的效率，从而有助于分析能力的提高。

分析研究的方法多种多样，下面简要列举5种。

1. 唯物辩证法

唯物辩证法是认识客观世界和改造客观世界的最正确、最完善的方法，因此也是对事物进行正确分析的方法依据和基础，要提高分析事物的能力，首先应努力学习和掌握唯物辩证法。

2. 矛盾分析法

矛盾分析法是指观察和分析各种事物的矛盾运动，进而解决矛盾的一种方法。这是人们分析问题、解决问题的一种普遍的、根本的方法。

3. 数学分析法

数学分析法就是在撇开研究对象的其他一切特性的情况下，用数学工具对研究对象进行一系列量的处理，从而作出正确的说明和判断，得到以数字形式表述的成果。客观事物的任何一种物质形态和运动形式都有一定的空间形式和数量关系，而数学正是对客观世界的空间形式和数量关系进行研究的科学，因此，数学及其方法可以普遍应用于一切事物。特别是近代电子计算机的出现及其突飞猛进的发展，以及各种科学技术的日趋成熟，许多事物已由最初的定性认识深入到定量的表达，为应用数学方法进行事物分析打下了良好的基础。应用数学方法分析事物最困难、最关键的一步是建立所要分析事物的数学模型，为了建立数学模型，首先必须针对研究对象的特点确定一些基本参数，然后找出关键的参数，最后根据有关理论建立起数学模型。

4. 系统方法

系统方法是以对系统的基本认识为依据，应用系统科学、系统思维、系统理论、系统工程与系统分析等方法，用以指导人们研究和处理科学技术问题的一种科学方法。系统方法把研究对象视为一个整体，着重研究该系统的整体功能；同时，从物质、能量和信息3个方面来认识和控制系统运动，使系统达到人们能确定的最佳状态；此外，系统方法充分运用数学手段对系统进行定量描述，建立系统模型以便进行模拟实验，而传统的分析综合法的着眼点一般是事物的组成部分，采用的是由部分到整体的分析方法。

5. 信息方法

信息方法就是运用信息的观点，把系统运动过程看作是信息传递和信息转换的过程，通过对信息流程的分析和处理，获得对某一复杂系统运动过程的规律性认识的一种研究方法。信息方法不同于传统的经验方法，它不需要对事物的整体进行解剖分析，而仅仅着眼于对信息流程综合考察。信息存在的普遍性以及信息定量描述的高度抽象性决定了信息方法应用的广泛性，在工程技术、生物有机体、人类社会和思维等各个领域都存在着内在的信息联系。

（四）想象能力的培养

1. 积累丰富的知识和经验

想象力是客观现象在人脑的反映，丰富的知识和经验是想象力发展的基础。如果创造者缺乏必要的科学知识与经验，其想象力就会贫乏、空洞、苍白，甚至会成为漫无边际的胡思乱想，无法发挥想象力在发明创造中的能动作用。创新者拥有丰富的知识与经验，就为其想象力奠定了雄厚的基础。知识越渊博，经验越丰富，发明创造者的想象力驰骋的范围就越大，其涉及的领域也就越广。要发展想象力，就要不断地积累知识和经验。此外，培养想象能力还需要具备独立思考的态度和能力以及开拓进取的精神，不能满足于已有知识，故步自封。英国科学家约翰·贝尔纳（John Bernal）曾说："构成我们学习的最大障碍是已知的东西，而不是未知的东西。"

2. 培养强烈的兴趣和态度

好奇心和求知欲以及兴趣等是想象的起点。强烈的兴趣和好奇能够将人们的想象力充分地激发起来。一个好奇心强、求知欲旺盛的人往往勤奋自信，善于钻研，勇于创新。创新者应不断发展自己强烈的好奇心和求知欲，培养科学的怀疑精神，遇事常问"为什么"，使大脑里的想象车轮常转不息，使大脑里的想象翅膀常振不止。科学巨匠爱因斯坦曾说："我没有特别的天赋，我只有强烈的好奇心。"正是这种强烈的好奇心激发了爱因斯坦异乎寻常的想象力。

3. 激发饱满的热情和态度

由于想象是一种心理功能，因此人的情绪和想象密切相关，情绪可以激发想象，态度可以调节想象。积极乐观的情绪使人容易想象那些充满希望、令人兴奋的情景。而消极悲观的情绪则常常使人想象那些可怕的、失望的情景。人只有在饱满而热烈的激情下，想象力才能高度发挥。因此，创新者应以饱满的热情和积极的态度投身于创新活动的实践中。

4. 提高敏捷的反应和思维

好的方法和主意有时就像一只狡兔，它在眼前一蹿而过，仅闪现了耳朵和尾巴。为了捕捉它，就必须具有敏捷的反应能力和快速的思维速度。著名作曲家贝多芬在1821年给朋友的一封信中写道，他在马车里打盹的时候，脑海中闪现出一首动听的轮唱曲。"但是，我还没有清醒过来，这首轮唱曲已离我而去，而且我一点也记不起了。"幸运的是，第二天在同一辆马车里，那首轮唱曲又回来了。这一次，贝多芬动笔将它记下。在某些因素的激发之下产生的创新性想象会以新想法和新观念的形式表现出来，但是它们很不稳定，往往容易在别的因素干扰之下稍纵即逝。因此，应该迅速准确地将这些创新性想象或创新性思维的产物记录下来，并进行思维的深度加工和实践的具体检验，以获得具有实用价值的创新成果。

（五）实践能力的培养

1. 激发实践动机

激发实践动机是培养实践能力不可缺少的前提条件。实践动机是人们从事实践活动的原动力,它促使人们将对任务目标的认识从外部诱因转化为内部需要。实践动机发起并推动人们的实践活动,没有相应的实践动机就不可能产生实践活动。由于实践能力是人们在实践过程中产生和发展起来的,所以缺乏实践动机的实践活动水平必定是有限的。因此,应当将培养实践动机作为培养实践能力不可缺少和必须首先启动的重要内容。

2. 掌握实践能力的专业知识和专业技能

实践活动以掌握一定的专业知识和实践技能,遵循一定的活动规律为基础。如果没有掌握有关的基本知识和专门技能,实践过程就会由于缺少预见性、计划性、方向性、步骤性和安全性而半途而废,甚至引发事故。专业化水平越高的领域,要求实践者具备的专门技能的项目越多,水平和层次越高。因此,为了提高实践能力和实践的成功率,在开展实践活动之前,应当认真学习与实践活动有关的专业知识并制定详细的规划以确定实践步骤。

3. 强调增强实际能力的进取心态

操作活动的全过程是在大脑的指挥下进行的,离不开积极进取和认真思考。正确的心态有助于培养实践能力,能促使人们积极思考有关操作问题,对诸如实践目的是否明确、实践方法是否合理、实践步骤是否具体、实践过程是否完善、实践结果是否可靠等进行反复思索,以便发现问题、分析问题并解决问题。实践能力的高低和效果的好坏与人们开动脑筋的程度有关,与人们积极进取的程度有关。不动脑、不进取的实践永远难以提高实践能力。创新者必须深刻地认识这一点,并把它贯彻到自己的实际行动中去。

4. 形成提高实践能力的良好习惯

实践能力只有在对知识进行理解的基础上经过反复训练才能形成。也就是说,知识的理解并不等于实践能力的形成。例如,尽管掌握了笔画和笔顺的基本知识,了解了握笔和运笔的基本方法,却不一定能够掌握写字的技能。因为要掌握写字的技能,必须经过反复的,甚至是长期刻苦的练习,才能有所成就。人的行动是由一系列动作组成,行动的顺利完成有赖于对实现这些动作的熟练程度。通过练习可使实现动作的方式得到巩固,形成良好的习惯。

5. 积极参与各类实践活动

大学生应该积极参与创新创业培训、参与以创新为主题的学生社团、参与各类专业技能大赛和创新创业技能大赛、积极参与教师科研项目,通过形式各样的课内外实践活动,培养自己创新意识,提高自己创新能力,要通过各类实践活动使自己创新能力培养与个人成长柔性耦合,不断提高自己的创新能力。

第二节 创业素质培养

创业素质是指开展创业实践活动、实现创业成功所必需的独特素质。它主要包括创业意识和精神、创业个性心理和品质、创业知识和创业能力诸要素。

一、创业精神的锤炼

一个创业者要获得发展和成功,要保持长久的创业热情,必须摆脱传统落后的思想束缚。要更新自己的观念,树立崇高的理想和雄心壮志,坚定决心,才能干一番事业并取得成就。创业理想是创业的动力源泉和精神支柱,而理想的实现靠锲而不舍、持之以恒的追求。如果创业者具备这种精神,就有可能把握创业的最佳时机,进而可能创造伟大的奇迹。

(一)转变观念立志创业

1. 借势而起,立志创业

创业是人类内在的需求,是自立、自主、自强,重塑自我的过程,是锐意进取的抱负。在短暂的人生,有志者能捕捉千载难逢的机遇,放手一搏,创一番事业,借势而起,锐意进取,将使人生无悔。

2. 冲破传统,更新观念

当今在校的大学生面对就业困难,在创业的问题上,存在着两种错误思想观念:一是等、靠的思想;二是故步自封、骄娇习气。创业者要获得发展和成功,必须放弃这些妨碍创业的不良倾向,才能使人生的价值得以真正实现,在创业道路上昂首阔步,勇往直前。那么如何战胜自我,更新观念呢?冲破传统是树立创业精神的前提。在创业问题上,主要是从等、靠的思想中解放出来,从娇气中摆脱出来,从一切阻碍我们勇敢创业的误区中解放出来。封建旧文化同上述不正确思想观点是源和流的关系,解放思想首先要清除封建文化的流毒和影响。其次,要树立战胜自我的勇气和决心。战胜自我就是克服自己性格上、思想上、心理上的种种弱点,改变陋习,主宰情绪,驾驭性格。树立创业精神,既要有敢于剖析自己的勇气,对内心世界的各种东西都敢于进行实事求是的比较、分析、鉴别,又要有必胜的信念,能在实践中进行不断的自我摈弃、自我锻炼、自我改造,通过一次次战斗的胜利,逐步发展自我,完善自我。同时,满怀"四心"(信心、耐心、野心、虚心)学习和借鉴创业成功者的经验,立足现实又不满足于现实,努力学习过去的文化成果又不拘泥于已有结论,敢于根据现实情况的变化挑战自我,紧紧把握时代的脉搏,冲破传统,解放思想,更新观念,以全新的精神面对世界,面向未来。

3. 志存高远,勇于创业

古今中外创业者的成功,无不是首先从确立崇高理想和远大抱负开始的,学生要有高擎创业理想火炬的愿望,用它照亮创业的道路。在创业道路上,从实际出发,确定科学、合理的目标,把符合社会需要的目标同个人所具备的知识、技能和物力、财力有机结合,才是创业成功的保障。在理想、目标的指引下,执着追求,锲而不舍,敢于直面人生的各种考验、善于排除各种艰难险阻,才能到达胜利的彼岸。

(二)坚定自信自强不息

创业者生存意志中最重要的素质是坚定自信,自强不息,不怕冒风险,甚至乐于冒风险。

乐于创业的人大多是意志坚强、自信心很强的人，也就是事业心极强的人。这些人坚信靠自己的努力，一定会有好的结果。他们不向命运低头，也不轻言失败和放弃。换句话说，创业者坚信命运掌握在自己手里。

1. 坚定自信

在创业中，自信心对创业者是非常重要的。无论做什么工作，都应自信，否则将一事无成。要做到自信，就要否定命运，从小事做起。在做每一件事之前，先认真思考，设定合理的目标和实施方案，如实施的结果确如你所设想，你的自信心就会逐渐培养起来。

2. 自强不息

创业者自己应不断奋发图强，积极向上。有了自强的心态，在创业中就会表现出锲而不舍、永不服输的拼搏精神。强与不强的标准实际上并不在于别人怎样认为，关键在于创业者自己的进取精神，在于自己的不懈努力和奋斗。树立自强的心态，需要创业者在创业中做到既要强又好强，既坚强又顽强，既顽强又图强，锲而不舍，永不服输，振奋精神，努力向上。

3. 树立雄心

雄心是说创业者应有远大抱负。有雄心壮志，才能成就一番大事业。雄心是创业者必备的素质。雄心不等于好高骛远，雄心是建立在脚踏实地的基础上，去一步一步地追求更高的切合实际的目标，超越自我，面对竞争，敢于竞争，善于竞争，成就一番大事业。

4. 坚守耐心

对创业者来说，当实际的困难比设想的困难更大时，创业者应发扬这种品格，坚忍不拔地去克服它们；当实际的结果与设想的结果不断出现偏差时，创业者也应发扬这种品格，耐心细致地分析偏差产生的原因，寻找解决的途径；当实际情况要求割舍眼前的近利，为实现长远更有益的目标时，创业者更应发扬这种品格，压抑内心趋利的一次次冲动，坚忍地去追求理想的境界。

（三）知难而进敢为人先

每个成功的创业者不仅要有理想、信念、雄心和符合自身条件及实际需要的奋斗目标，而且要具备探索求实、知难而进、敢为人先的艰苦奋斗和败而不馁、一往无前的创业精神。如果创业者具备这种精神，就有可能把握生活的最佳时机，进而可能创造伟大的奇迹。

1. 敢于探索，科学求实

所谓敢于探索，就是敢于深入实际，调查研究，多方寻求解决疑问的答案。科学求实，就是实事求是，尊重客观规律。创业者要敢想和苦干。敢想，就是构思科学方案，敢于正视现实，又不拘于现实，站稳脚跟，迎接挑战；其次是善想，精练构思，分析比较，知己知彼；再次是勤想，只有勤于思考，不断质疑，才能发现别人发现不了的问题。就是说精明的创业者只要敢想、善想、勤想，就能够收集、筛选信息，能够敏捷洞察当今社会科技信息的不断变化，作出符合主、客观实际的判断。在此基础上选出的最佳方案，将是一幅具有光明、美好前景的创业蓝图,而只有苦干才能使人生蓝图变为现实。苦干首先要实干,就是亲自干、带头干,不能开始就想当"甩手掌柜";其次是"苦"干,就是说要创业就必须横下吃苦的心,不怕苦,不怕累。只有沿着崎岖小路攀登的人,才能达到光辉的顶峰。

2. 知难而进,敢为人先

明知山有虎,偏向虎山行,这是创业者应有的素质和胆略。创业者要闯入未知的原始领域,那里必然是充满了坎坷、荆棘、泥泞,还会有毒蛇或猛兽。对此,我们在前进的征途中,既不可回避,又难以全部预料到。创业者摆脱困境和面对困难的办法归纳起来有以下几个方面:一要有知难而进的勇气;二要有坚定的自信心;三要有百折不挠的毅力。创业的过程充满着困难和险阻。创业者在迈出万里长征第一步的时候,即万事俱备整装待发之际,最需要的是建立在科学基础上的自信、勇气和毅力。

3. 勤劳节俭,艰苦奋斗

所谓勤劳,就是热爱劳动,自觉自愿地去从事力所能及的劳动。所谓节俭,就是用钱、消费有节制,精打细算。这是中华民族的光荣传统,是办好一切事业的基本方针。切实坚持勤劳节俭办事业的方针,需要艰苦奋斗,即不怕艰难困苦,在艰苦的环境中努力工作,绝不逃避困苦而把困难留给他人,自己去贪图享乐。勤劳节俭、艰苦奋斗的作风,无论是过去、现在和将来,都是事业成功的法宝。有了这个法宝,创业就有成功的希望。相反,丢掉了这个法宝就会前功尽弃,一事无成。

4. 败而不馁,勇往直前

创业的征途中,总是既有成功又有失败,有时失败的次数还要多于成功,这是不以人的意志为转移的。以正确的心态认识失败,并从失败中总结教训,转败为胜,是对每一个创业者的严峻考验。任何创业目标的实现,均须不断地探索和把握事物的发展规律,以此来规范和调整创业行动,在此期间还会多次失败,唯有败而不馁、矢志不渝的创业家,才能一往无前。

二、创业心理的培养

创业活动对创业者最基本的素质要求是具有良好的心理素质和承受能力,具有创业需求的原动力,具有创业的顽强意志和良好的个人品质等。创业者只有具备了适应时代与社会发展要求的基本素质、能力,才有可能在创业的道路上披荆斩棘,取得成功。

创业是一项艰苦的综合性社会实践。从心理上分析,它源于人的一种强烈的内在需要,并把该需要指向于一定的对象,产生创业动机。创业动机与兴趣、情感、意志和性格相互影响、相互作用,共同对创业活动起到定向、动力和调节作用。

(一)创业的需要、动机和意志

1. 需要是创业之源

每一个人都渴望实现自己的价值,满足物质和精神的需要。健康的需要是创业成功的前提。强烈的创业需要是青年走向成熟的标志。大学生要弘扬先人后己的社会公德,坚持为社会服务的价值观和自立人生的需要。

2. 动机是创业之泉

需要激发动机,创业动机形成后,创业的对象、方法、途径和范围等基本明确,并对创业过程和预期结果产生影响。来自成就导向的创业动机有利于创业实践的深入和持久。大学生要通过提高期望值,设置适合自己的目标,有效激发自我的创业动机。

3. 意志是创业之刃

创业者的创业过程就是克服困难、争取成功的过程,是创业者意志的体现。漫长艰难的创业旅程需要坚强的意志、无畏的胆略,勇于开拓、勇于拼搏。在创业道路上,无论强者还是弱者,都要在实践中锻炼自己,锤炼意志,加强学习,提高技能。

(二)创业的个性品质

一个成功的创业者在创业的实践活动中,不仅要有智力、知识,更需要有坚强的持久力、自信心和克服自卑情绪的人格特点与优秀的个性品质。同时还要不断迎接挑战,勇往直前,毫不退缩,不断寻找新的创业起点,看准机会便立即行动。即便是在艰难的困境中也能表现出勇敢无畏、奋力拼搏的精神。

1. 塑造良好的人格、气质和性格

健全人格是创业成功的基础,气质有长有短,性格千差万别。作为一个创业者要有意识地塑造自身的健全人格,正确处理人际关系,发展友谊,在人际交往中显示出自尊和他尊、理解和信任、同情和人道等优良品质,不随波逐流,也不孤芳自赏,能够使自己的行为与同事、朋友协调一致,把自己的智慧和能力有效地运用到能获得成功的工作和事业上。要在弄清自己气质类型的基础上,根据自己的气质特征扬长避短,追求事业的成功。要认识自己的性格特征,以确定适合自己的创业目标。

2. 善于把握独立性和合作性

独立性是创业者的基本特质。独立性的实质是能独立思考,善于独立地处理问题,并从对具体情况的决断和信念出发,规定自己的行为。合作性是创业者的成功体现。出色的创业者不仅要拥有独立的人格,还要乐于合作,善于交往,具有较为和谐的人际关系。成功的创业者大多是出色的社会活动家,他们善于与各种人打交道,能够在集体中与人自如地交往、交流,并积极主动地与人合作、互助。通过合作,能够取其之长,补己之短;通过交流,能够获取各方面信息。这种"合作性",其实质就是自我角色的社会认同感。创业者既要拥有独立性,又要拥有合作性,要把这两种人格因素结合起来。

3. 具有敢为性和克制性

创业者要有敢闯敢冒险的精神,敢于对抗恐惧,不畏惧任何艰难困苦。在充满风险和曲折的创业道路上,无论是事业上受到挫折,还是生活中遭遇不幸,都不采取回避、逃遁、自欺的态度,而是接受现实,迎接挑战,勇往直前,毫不退缩。不断地寻找新的起点,看准机会便积极争取，表现出自信、果断、大胆和一定的冒险精神，一往无前地付诸行动。敢为不是所谓的"无畏"。创业者要时刻保持清醒的头脑，善于控制自己的情绪，约束自己的言行。对盲目冲动和消极情绪高度克制，善于排除内外干扰，坚决采取理智的行动，做到顺利时不趾高气扬，失败时不灰心丧气，心理上保持平衡，恰当地把握自己，做好心理平衡的自行调节，真正成为强者。

4. 具有坚忍性和适应性

坚忍性是一种对困难和挫折的巨大的心理承受力。创业者坚忍持久的奋斗，对困境的出现以及战胜困境的艰巨性的充分思想准备，对持续的努力奋斗的深刻认识，不轻易动摇业已下定的决心，总是坚持不懈朝着既定的目标前进。但坚忍不是简单的一成不变，由于创业对象和环境在不断发生着变化，创业者要主动适应实际，充分认识和灵活适应这种变化，并根据自己的具体条件迅速做出反应，适时调整，使自己的行为更符合实际，更具有客观价值。

（三）良好的创业心理素质培养

1. 敢于面对逆境

每一个人都渴望自己的一生是一帆风顺的，渴望自己的事业获得成功，但是实际上是不可能的。在面对逆境和失败时，每个创业者的反应有所不同。强者面对逆境，毫不气馁，能改变计划，重新制定目标，绝不丧失斗志；弱者在逆境来临时却一蹶不振，放弃了眼前的一切，沉湎于自己的不幸之中，为自己遗憾，把责任推给他人，甚至充满恐惧，丧失信心。创业者要树立逆境意识，敢于面对逆境，把握成功机会。

2. 勇于面对风险

在创业的道路上，风险与绩效并存。创业者首先要敢于正视风险，不畏风险；其次，经过自己的努力尽可能降低风险，使风险发生的概率降得越低越好。通过努力降低和避免风险，提高风险的报酬率和经营安全性，是创业者抓住市场机遇、取得克敌制胜的手段。

3. 善于面对突破

创业者一旦决定开始自己的创业活动，也就处于许许多多的问题缠绕之中。从某种意义上讲，创业者的工作就是发现问题、解决问题。当遇到关键问题难以解决，创业者更要集中全部精力，认真组织攻关。因此，从更重要的意义上讲，创业者的工作应该是难点的突破。

4. 敢于面对竞争

创业者要想进入市场，必然会面对市场竞争，面对竞争对手的挑战。首先要清楚本企业和竞争对手的优劣，利用自己的优势去战胜对手的劣势。如何面对竞争？创业者在创业初期，大多是以创办小型企业开始，应利用自己小企业的优势，仔细分析市场，并结合本企业的实际情况，认真确定企业的经营活动方向，寻找市场空隙，做到心中有数。

三、创业知识的准备

知识是指人们在实践中获得的认识和经验的总和。知识是我们解决问题的工具，是我们开展各种活动的基础和源泉。一般可将个体知识分为4类,如图6-1所示。

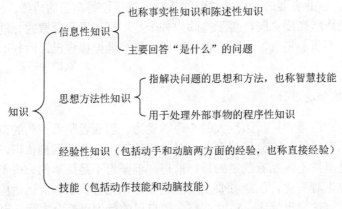

图6-1 知识分类

（一）创业知识

创业知识是指对创业实践活动有意义的知识系统及其结构。例如,创办公司要筹集资金,创业者就要懂得筹资的相关知识;筹资必有成本,成本要尽量降低,这就是思想方法性知识。如果我们有过借款还兑的经历,对各种筹资渠道都了如指掌,那么筹资就会简便得多。也就是说,各类知识在创业活动中都有相应的作用机制。

（二）专业性、职业性知识

随着科学技术的进步,生产社会化的程度越来越高,社会的分工越来越细,专业化程度越来越高,从而使职业的种类越来越多。

创业总是涉足一个或几个社会领域,具备了一定的专业、职业知识技能,才可能从事该领域的创业实践活动。

大学生是按专业学习的。大家都应具备相应的专业知识和技能,也分别对应着一些创业领域。如开办网吧,要有一定的计算机知能和网络技术;承包水产养殖场要有一定的生物知识和养殖能力;开办酒店要有丰富的餐饮常识和交际技巧等。"隔行如隔山"的古话是有一定道理的。学好专业知识,掌握专业能力,在小专业或相近专业创业相对容易成功。如果创业者涉足一个陌生行业,就应该尽快熟悉该行业的相关知识,掌握必要的技能,尽量避免"外行"带来的不利影响。

（三）经营、管理知识

创业活动很大程度上体现在经营和管理之中。19世纪最伟大的科学家爱迪生是一个成功的发明家,却不是一个成功的创业家。爱迪生所发明的许多产品都具有很高的市场价值,但他所掌握的数家企业在发展到一定规模以后纷纷面临失败。其原因就在于他没能将创业规划成功地转变为拥有完善管理的企业实体。后来这些企业只好将爱迪生赶走,代之以专业管理人才,才挽救了公司的命运。可见经营和管理对于企业能否顺利地建立和发展是非常重要的。一个企业不管其规模大小,它的日常活动和生产经营都是通过一定的管理实现的。因此,要想成为一个合格的创业者,还必须掌握现代的科学管理知识,提高经营管理能力,并在实践中不断积累经营管理经验。

经营、管理是一种较高层次的知识和能力。在现代社会中，经营、管理已成为一种较为理想的社会职业，如获得MBA（工商管理硕士）就可争取到职业经理职位。很多创业者纷纷报考MBA，以提高自己的经营、管理知识水平。实践已证明，经营、管理知识对创业者具有重要价值，经营管理能力在较高的层次上决定了创业实践活动的效率和成败。

（四）综合性知识

综合性知能是创业实践中最高层次的知识和能力。它从整体上、全方位地影响着创业实践活动。综合性的创业知识一般由以下专门知识构成：政策、法规、工商、税务、金融、保险、经济、环保、人际交往、公共关系、社会心理等。

综合性创业能力主要有发现机会、把握机会、利用机会和创造机会的能力，收集信息、处理信息、加工信息、综合利用信息的能力，适应变化、利用变化、驾驭变化的能力，识人、用人的能力，公共、交往、社会活动的能力等。

这类知识和能力具有很强的综合性，它没有固定、不变的知能范围，但直接关系着创业实践活动的运行和效益。新企业一般起源于一个新事业所拥有的构想（一项产品或一项服务），但是无论这个构想听起来多么诱人，吸引了多少资金，产品有多好，甚至市场需要有多么迫切，如果这个构想不加以运营、实施，就发挥不了效益，产生不了财富。而其运营实施过程就是综合运用综合性知能的过程。

创业者应构建合理的创业知识能力结构。大量实践材料显示这样一个事实：仅具有专业性和职业性知能的人，常沦为平庸的、无所作为的谋生者，有时甚至是时代潮流的落伍者；具有经营、管理知能的人往往成为专业、职业知能者的雇主或上司；而兼具综合性知能的人，在客观条件具备时，他们之中的佼佼者常常脱颖而出，成为叱咤风云的创业者。

四、创业能力的提升

"勇敢下海，慎重创业"，是每一位创业者的座右铭。创业需要创业者掌握一切必要的实用技能，并运用这些能力以确保创业的成功。大学生想要创业，就必须从以下几个方面培养自己的创业能力。

（一）综合能力提升

对创业者来说，具备各种能力是创业成功的前提条件。因此，大学生在开始创业前或在创业过程中必须不断培养和提高自我综合能力。

（1）学习能力提升。学习能力即获取知识的能力，包括对知识的接受、转化与应用。要能够把在创业过程遇到的实际问题转化成为自身的工作经验。

（2）实践能力、科研动手能力和开拓创新能力提升。创业者能够将自己头脑中的思想、创意和灵感转化为现实的科技发明成果和现实产品。

（3）组织领导能力提升。创业者要有出色的领导水平，具备统率和用人能力。创业者要有对自己员工的指挥、调动、协调以及对非人力资源的集中分配、调度、使用能力，还要有对公司组织机构的设计与再设计工作的能力，表现为对组织机构的设计、人员的配置，如对组织成员职位的任命安排、明确其职责范围等。

（4）管理能力提升。创业者要有经营决策能力、分析判断能力、指挥协调能力、抵御和化解风险的能力和信息处理能力，能够对这个创业项目进行计划、组织、领导、控制。

　　（5）协作能力提升。协作是创业者事业成功的重要支持力量。协作性是一种能设身处地为他人着想，善于理解对方、体谅对方，善于合作共事的心理品质，它与创业者独立思考、自主行动并不矛盾。培养协作能力是创业者获得他人支持的重要前提条件。

　　（6）沟通能力提升。无论对团队核心人员还是对公司员工、合作伙伴、投资方等，沟通是最关键的。创业者要能够随机应变和左右逢源，在人际交往中能做到热情、真诚待人，能研究和理解对方的心理，促使相互间心灵沟通、情感融洽，获得理想的人际关系。

（二）经营管理能力提升

　　经营管理能力是指对人员、资金的管理能力。它涉及人员的选择、使用、组合和优化，也涉及资金聚集、核算、分配、使用、流动。经营管理能力是一种较高层次的综合能力，是运筹性能力。经营管理能力的形成要从学会经营、学会管理、学会用人、学会理财几个方面去努力。

　　（1）学会经营。创业者一旦确定了创业目标，就要组织实施，为了在激烈的市场竞争中取得优势，必须学会经营。

　　（2）学会管理。创业者要学会质量管理，要始终坚持质量第一的原则。质量不仅是生产物质产品的生命，也是从事服务业和其他工作的生命，创业者必须严格树立牢固的质量观。要学会效益管理，要始终坚持效益最佳原则，效益最佳是创业的终极目标。可以说，无效益的管理是失败的管理，无效益的创业是失败的创业。做到效益最佳要求在创业活动中人、物、资金、场地、时间的使用，都要选择最佳方案运作，做到不闲置人员和资金、不空设备和场地、不浪费原料和材料，使创业活动有条不紊地运转。学会管理还要敢于负责，创业者要对本企业、员工、消费者、顾客以及对整个社会都抱有高度的责任感。

　　（3）学会用人。市场经济的竞争是人才的竞争，谁拥有人才，谁就拥有市场、拥有顾客、拥有发展。一所学校没有德才兼备的教师，这个学校必然办不好；一家企业没有优秀的管理人才、技术人才，这个企业就不会有好的经济效益和社会效益；一个创业者不吸纳德才兼备、志同道合的人共创事业，创业就难以成功。因此，必须学会用人，要善于吸纳比自己强或有某种专长的人共同创业。

　　（4）学会理财。学会理财首先要学会开源节流。开源就是培植财源，在创业过程中除了抓好主要项目创收外，还要注意广辟资金来源。节流就是节省不必要的开支，树立节约每一滴水、每一度电的思想。大凡百万富翁、亿万富翁都是从几百元、几千元起家的，都经历了聚少成多、勤俭节约的历程。其次，要学会管理资金。一是要把握好资金的预决算，做到心中有数；二是要把握好资金的进出和周转，每笔资金的来源和支出都要记账，做到有账可查；三是把握好资金投入的论证，每投入一笔资金都要进行可行性论证，有利可图才投入，大利大投入，小利小投入，保证使用好每一笔资金。总之，创业者心中时刻装有一把算盘，每做一件事、每用一笔钱，都要掂量一下是否有利于事业的发展，有没有效益，会不会使资金增值，这样，才能理好财。

（三）风险管理能力提升

　　（1）募集风险投资的能力。绝大多数创业大学生拥有技术但缺少资金。技术和创新只有与商业和资本结合,完成研发和商品化,产生盈利,才能获得成功,也才能获得经济利益的回报。因此,大学生在创业过程中很大可能会去寻找风险投资(venture capital)。在国外创业者寻找风险投资是最普遍的做法,国外的创业成功率那么高就是依赖于国内高度发达的风险投资资本市场。创业启动资金和后续资金的充沛与否已经成为创业者成败的关键因素,大学生要想创业就必须具备一定的风险投资常识。在公司创办之初,就要选择市场急需而且前景好、投资回报率高的项目,这样才能引起风险投资机构的兴趣。

(2)管理创业风险的能力。创业风险就是指企业在创业过程中存在的风险,即由于创业环境的不确定性、创业机会与创业企业的复杂性,以及创业者、创业团队与创业投资者的能力与实力的有限性而导致创业活动偏离预期目标的可能性。防范创业风险,首先需要学会分析风险。创业者在每个经营环节都要学会分析风险,对可能出现的风险要有明确的认识和应对克服的预案。

(四)大学生创业能力的培养

知识需要积累,能力需要锤炼。创新创业往往需要通过长期艰苦的探索和磨炼,非一朝一夕之功能所成。因此,决不能急功近利,拔苗助长。而且有些东西是无法事先完全准备好,如管理、财务、风险投资等。即使事先准备好,真正面对实际问题,可能发现和学习的东西完全不同。当今社会为大学生自主创业提供了有利的条件和大好机遇,有这方面优势和志向的大学生应该主动探寻知识和技能背后的、更深层次的价值观、心态调整、方法论等方面的共性问题,在此基础上进行大胆艰苦的尝试,勇于在实践中磨炼,成为新的创业者。

1. 大学生创业需要在校期间有意识地做好准备

大学生创业必须有着投身创业的理想和志向,否则,往往被创业中的困难、挫折所吓倒。有创业志向的大学生在校期间就应树立崇高的理想和志向,有意识地培养创业的意志品质。在树立崇高理想的基础上,与学习目标结合起来,在学习过程中不怕困难和挫折,严于律己,出色地完成学业。同时,应积极参加各种实践活动,在确立目的、制订计划、选择方法、执行决定和开始行动的整个实践活动中,锻炼意志品质。在此基础上,还应注意提高自我认识、自我检查、自我监督、自我评价、自我命令、自我鼓励的能力。此外,培养健全的体魄,积极参加体育活动,也是锻炼坚强意志品质的重要途径。

2. 大学生创业需要在创业进程中不断完善提高

大学生要想培养商业意识,就应用心去钻研有关商业知识。特别是在创业实践中善于观察分析,把握事物的本质,善于收集和利用信息,摸清市场运行的基本规律,积极主动去寻找和创造商业机会。同时,大学生要想挖掘自己智慧潜能,就必须认识智慧潜能是一个内涵十分丰富而又极其复杂的综合概念。因此,在锻炼和培养自己的创业才能时,不能局限于单纯从成才的方面去寻求提高的捷径,而必须在多方面打好扎实的基础知识,既有通过学习增长知识和智力,还要通过创业和实践来增长才能,也要通过创业过程中的竞争和自我否定增长才能,以求得创业才能的综合性提高。

3. 科学认识大学生创业过程中的心态和学习变化

在整个创业过程中,大学生创业者一般将经历以下历程:首先,不甘学习、生活和发展现状—建立创业发展规划目标—组织创业团队—为目标实现奋斗；然后，不考虑任何物质利益的尝试—挫败—失败—再尝试—挫折—局部成功；最后，成功点逐步增多—成功量的累积到阶段性的飞跃—最终走向成功。

伴随这样的历程，大学生创业者心态也将发生变化：起初由兴趣、特长和爱好引发创业目标和热情，并在创业初期体验到团队工作的乐趣，进一步被梦想和理想化的前景激励；接下来可能面临挫折、怀疑，信心被反复摧残和重建；最后能够重新评估创业以及对目标和自身进行再认识。

与创业过程心态变化相对应的学习过程也在发生着变化：起初可能是被动盲目地学习和积累，进而专注目标直接相关内容并扩大目标外延，逐步理解目标的社会背景和真实必要条件；接下来在尝试、失败、总结、调整的循环中发现缺陷（包括知识、能力甚至目标本身）并改进，领悟隐藏在市场、技术、商业背后的规律性，进而有的放矢地学习；最后，形成自己的观点和思维体系，有选择地补充知识短板，提升知识水平。

课堂自测

创业者素质测试

创业充满了诱惑，但并非每一个人都适合。美国创业协会设计了一份测试题，假如你正在想着自己创业，不妨做做下面的题目。计分规则：选 A 得 4 分；选 B 得 3 分；选 C 得 2 分；选 D 得 1 分。

1. 在急需作出决策的时候，你是否会想"再让我考虑一下吧"？（   ）
   　　A. 经常　　　　B. 有时　　　　C. 很少　　　　D. 从来不
2. 你是否为自己的优柔寡断找借口说"得慎重，怎能轻易下结论呢"？（   ）
   　　A. 经常　　　　B. 有时　　　　C. 很少　　　　D. 从来不
3. 你是否会为避免冒犯某个有实力的客户而有意回避一些关键性的问题，甚至表现得有意迎合客户？（   ）
   　　A. 经常　　　　B. 有时　　　　C. 很少　　　　D. 从来不
4. 你是否无论遇到什么紧急任务都先处理日常琐碎事务？（   ）
   　　A. 经常　　　　B. 有时　　　　C. 很少　　　　D. 从来不
5. 你是否非得在巨大的压力下才肯承担重任？（   ）
   　　A. 经常　　　　B. 有时　　　　C. 很少　　　　D. 从来不
6. 你是否无力抵御妨碍你完成重要任务的干扰和危机？（   ）
   　　A. 经常　　　　B. 有时　　　　C. 很少　　　　D. 从来不
7. 你在决定重要的行动和计划时，常忽视其后果吗？（   ）
   　　A. 经常　　　　B. 有时　　　　C. 很少　　　　D. 从来不
8. 当你需要作出很可能不得人心的决策时，是否会找借口逃避而不敢面对？（   ）
   　　A. 经常　　　　B. 有时　　　　C. 很少　　　　D. 从来不
9. 你是否总是在晚上才发现有要紧的事没办？（   ）
   　　A. 经常　　　　B. 有时　　　　C. 很少　　　　D. 从来不
10. 你是否因不愿承担艰巨任务而寻求各种借口？（   ）

  A. 经常   B. 有时   C. 很少   D. 从来不

11. 你是否常来不及躲避或预防困难情形的发生？（ ）

  A. 经常   B. 有时   C. 很少   D. 从来不

12. 你总是拐弯抹角地宣布可能得罪他人的决定？（ ）

  A. 经常   B. 有时   C. 很少   D. 从来不

13. 你喜欢让别人替你做你自己不愿做而又不得不做的事吗？（ ）

  A. 经常   B. 有时   C. 很少   D. 从来不

分析：

（1）50分以上，说明你的个人素质与创业者相去甚远。

（2）40~49分，说明你不算勤勉，应彻底改变拖沓、低效率的缺点，否则创业到头来只是一句空话。

（3）30~39分，说明你在大多数情形下充满自信，但有时候会犹豫不决，不过没关系，偶尔的犹豫也是一种成熟、稳重和深思熟虑的表现。

（4）15~29分，说明你是一个高效率的决策者和管理者，有望成为成功的创业者，你还等什么？

思考题

1. 如何激发创新意识？
2. 你最喜欢的创新思维训练方法是什么？具体应怎样做？
3. 要想创业成功，应具备怎样的创业精神？
4. 作为一个有想法的创业者，为了开始自己的创业之旅，你会从哪些方面完善和提升自我？

第七章　组建创业团队

导读

罗马非一日建成，也更不可能是一个人就能完成的。对于创业者来说，团队在其创业路上起着至关重要的作用。联想集团创始人柳传志曾说过："领军人物好比是阿拉伯数字中的1，有了这个1，带上一个0，它就是10，两个0就是100，三个0就是1 000。"组建一个优秀创业团队，管理好创业团队并让其高效运转，是每一位创业者的必修课。

要点与要求

通过本章的学习，学生应了解掌握创业团队的概念、内涵和作用；了解创业团队的构成与组建原则；掌握创业团队的组建与管理方法；认识团队领导的角色与作用。

案例引入

新东方之所以能够走到今天，是因为新东方拥有非常优秀的团队。一个人的力量是有限的，但是一群人的力量是无限的。我们很容易把一根树枝折断，但很难把捆在一起的十根树枝一起折断。但做事情仅有一群人还不行，这群人必须是具备团队精神的一群人，也就是一群有着同样精神状态、奋斗目标和进取精神的人。

新东方的第一批团队成员实际上是一批下岗工人——十来个四五十岁的中年妇女。她们帮助新东方管理教室、打扫卫生、印刷资料、处理各种社会关系、帮助服务学生等。这批在国有企业中已经完全失去活力的妇女们，在新东方爆发出了空前的工作激情，以每天工作16个小时还不罢休的热情投入到工作之中，使新东方蒸蒸日上、日新月异。

新东方的第二批重要团队成员是新东方最初的十几名教师，包括现在在学生中还赫赫有名的钱坤强、夏红卫、杨继、宋昊、钱永强等人。1995年，俞敏洪放弃了出国读书的打算，下定决心要把新东方当作终身事业来做。俞敏洪只身飞到美国、加拿大，一是走马观花看看这些国家，了却心中踏上北美土地的愿望；二是拜访大学时的同窗好友，看看有没有机会说服他们回到中国和他一起做新东方。在无数次的喝酒、聊天、悲歌、欢笑之后，他终于打动了几个胸怀大志的朋友，他们背起行囊又回到了伟大的祖国。这些人组成了新东方最具魅力的一个团队，以他们的激情、眼光和胸怀，一次次让学生激动，一次次使新东方升华。这批人把新东方从一个原始的培训学校，打造成了具有现代化管理结构的国际上市公司，把俞敏洪从一个只会英语教学的老师，推上了上市公司老总的管理平台。这些朋友，至今仍然在新东方发挥着重要作用，他们就是学生一听到名字就翘首仰视的王强、徐小平、包凡一等人。

他们以思想、激情和梦想，在整整 10 年的时光里，感动了成千上万的学生，让他们相信未来、热爱生命。

今天，随着新东方的发展，新东方的团队越来越强大，充满个性和魅力的人物越来越多。无数才华横溢的教师从四面八方来到新东方，无数热爱教育的人才从五湖四海汇聚到新东方，今天的新东方已经壮大成为一个有着 8 000 多名员工、教师和管理者的强大团队。新东方的办公地点变了，新东方的组织结构变了，但有一点新东方一直保持着本色不变，那就是令人羡慕的、拥有强大精神力量的新东方团队。

第一节 创业团队的内涵

现代创业活动已经不是一种纯粹追求个人英雄表现的行为，成功的创业个案大多与有效的团队运作密切相关。据调查显示，团队创业成功的概率要远远高于个人独自创业。原因很简单，没有人会拥有创立并运营企业所需的全部技能、经验、关系或者声誉。在创业成功的公司中，有 70%属于团队创业。

在创业的过程中，仅有创业的决心是远远不够的，还需要寻找各种各样的资源。创业者可以通过选择合作伙伴来完善创业所需要的专业知识和技能资源，最后整合成一支配合默契的创业团队。因为创业如同拔河比赛，"人心齐，泰山移"；创业如同赛龙舟，步调一致，不偏不倚，才能独占鳌头。"宁要一流的人才和二流的项目，也不要一流的项目和二流的人才"是创业投资家的箴言。可以说，创业浪潮中"项目秀""个人秀"的时代正在结束，团队的力量逐渐被越来越多的人看好。尤其在创业的起步阶段，如果没有一个成功的团队，再完美的创业计划也可能会"胎死腹中"。

共同创业有利于分散创业风险，通过团队成员之间的技能互补可提高企业驾驭环境不确定性的能力，从而降低新创企业经营失败的可能性。更为重要的是，共同创业具有更强的资源整合能力，能同时从多个融资渠道获取创业资金等资源，保证创业企业的成功。因此，组建一支优秀的创业团队对任何创业者而言，都是一项至关重要的工作。

一、创业团队的重要性

（一）创业团队的含义

创业团队是由技能互补、贡献互补的创业者组成的特殊群体，该群体在一个共同认同的、能使彼此担负责任的程序规范下，为达成高品质的创业结果而共同努力，相互协作、依赖、共同担当。

创业团队应该具有较强的资源整合能力，能通过团队成员之间的技能互补来提高驾驭环境不确定性的能力，从而降低新创企业经营风险，提高创业成功的概率。

（二）创业团队的组成要素

创业团队就是由少数具有技能互补的创业者组成，为了实现共同的创业目标，为达成高品质的结果而努力的共同体。创业团队需具备 5 个重要的团队组成要素，称为 5P，具体如下。

1. 目标

创业团队应该有一个既定的共同目标（Purpose）为团队成员导航，使其知道要向何处去。没有目标，这个团队就没有存在的价值。目标在创业企业的管理中以创业企业的远景和战略的形式体现，如巨人集团的创业团队在创业初期的共同目标就是建立一家极具实力的计算机企业。

2. 人

人（People）是构成创业团队最核心的力量，在一个创业团队中，人力资源是所有创业资源中最活跃、最重要的资源。充分调动创业者的各种资源和能力，将人力资源进一步转化为人力资本是非常重要的。在一个团队中可能需要有人出主意，有人订计划，也需要有人部署实施，有人协调团队成员一起去工作，还得有人监督创业团队工作的进展，评价创业团队最终的贡献。不同的人要通过分工来共同完成创业团队的目标，因此在人员选择方面要考虑人员的能力如何、技能是否互补、人员的经验如何等多方面因素。

3. 定位

创业团队的定位（Place）包含两层意思。首先是团队的定位，即创业团队在企业中处于什么位置，由谁选择和决定团队的成员，创业团队最终应对谁负责，创业团队采取什么方式激励下属。其次是个体的定位，即成员在创业团队中扮演什么角色。

4. 权限

创业团队当中领导人的权限（Power）大小与其团队的发展阶段和创业实体所在行业相关。一般来说，创业团队越成熟，领导者所拥有的权力相应越小，而在创业团队发展的初期阶段，领导权相对比较集中。高科技企业多数是实行民主的管理方式。

5. 计划

目标的最终实现，需要一系列具体的行动计划（Plan）。按计划进行可以保证创业团队的顺利发展，只有在计划的控制下创业团队才会一步一步地贴近目标，从而最终实现目标。

（三）创业团队的意义

从数量的角度看，各个行业所要求的能力远超过某个创业者个人所拥有的能力。因此，为了成功地创办一个企业，创业团队就显得非常必要。大量的实证研究表明，团队创业的企业在存活率和成长性两方面都明显高于个人创办的企业，其中企业高层团队对这个企业的创办、生存和发展最为重要。调查显示，不管是地理位置、产业性质还是创业人的性别差异，新创事业明显多是以创业团队的形式来进行的。

没有团队的新创企业不一定注定失败。但是，没有团队而独自建立一个高成长潜力的企业是极其困难的。拥有高素质创业团队的新创企业，不仅可以相互取长补短，拥有更多的资源、更广阔的视野和更强的能力，而且有更强的吸引私人资本和风险投资的能力，因而具有巨大的增长潜力。

案例 7-1

西安理工大学 2007 届毕业生小黄曾参加了西安市政府举行的全市落实创业政策恳谈会。会上，他一道出自己想建立一个大学生求职网站的想法就得到了市长的赞赏和支持。在市长的鼓励下，这个充满了创业激情的小伙子迅速完善了先前酝酿许久的创业计划书，架构起未来网站的基本框架。但一个绕不开的问题是，由于自己并不会写电脑程序，网站的建立必须由专业的技术人员来完成，这名技术核心人物在哪里？苦苦找寻数月无果，小黄只好暂时收起创业梦想，先找份工作，给别人打工。

"对创业条件分析不足，这是我最大的失败。"小黄这样总结自己失败的起步。

大学最后一学期，迎接小黄的是一场接一场的招聘会、一次又一次的失望而归。"我们不停地奔波于各种招聘会，在海量的招聘信息里想要找到一个适合自己的企业却很难。"在与企业的接触中，小黄了解到企业也存在类似的烦恼。因为缺乏对学生的了解，企业仅通过一次招聘会或一次简单的面试签订用人协议，事后却发现招聘来的员工并不适合这份工作，为此浪费了大量人力物力。于是，他萌发出这样一个想法——办一个不同寻常的求职网站。

小黄介绍说，在网站中，他将为企业和大学生搭建起一个长期稳定的接触平台，只要大学生和企业登录注册，双方就可以通过这个平台相互了解，企业甚至可以跟踪大学生在校期间的各方面表现，决定毕业时是否录用。

接下来的几个月，小黄开始了广泛的市场调研。他拜访 20 多家企业，与人力资源管理部门负责人沟通了这一想法，网站的特色服务内容得到 70% 的人的肯定。"我会用两到三年的时间向外界推广网站，吸纳大学生和企业登录，并向企业收取一部分会员费。三年后，点击量有了一定提升，广告将成为网站盈利的又一渠道。未来，在继续完善网站服务内容的基础上，推出一系列连带产品，我相信这会有更大的发展前景。"实际上，小黄已明确了网站的盈利模式。至于网站的长远规划，小黄表示他已制订了相应的计划。

尽管制订了自己的创业计划、确立了盈利模式、进行了市场调研，也得到了父母兄长的资金支持，但小黄却忽视了创业最为关键的因素之一——组建得力的团队。

"刚开始我以为这不是问题，懂程序的人多，肯定能吸引到这样的人。"直到制订创业计划的后期，小黄才向身边好友发布信息，结果只找到一个做网站的高中好友。"人太少了，编好这个网站的程序至少要两年。"小黄说，目前高校内具备这方面技术的人太少，而有丰富经验和能力的人却不愿意放弃工作跟他一起创业，好比没有左膀右臂，小黄孤军奋战的结果只能是败下阵来。

"合理的创业方案、资金和团队是创业的三大要素，缺一不可，之前我却没有认识到这一点。"小黄感到有些后悔。他说，如果当初有人能给他指导和提醒，或许就不会出现这样的错误，"学校应该开设创业指导选修课，给有创业想法的大学生一定的指引。"

目前，小黄暂时放下了自己的创业计划，开始忙于找工作。"等有了几年工作经验，我还会继续完成创业梦想。这几年，我会构建自己的生活圈，寻找创业的最佳团队。"

二、创业团队的优劣分析

（一）创业团队优势分析

1. 创新性强

创业团队的目的是开创新的事业，而不是去完成已经被实现过的目标，这往往意味着开发新的技术、开拓新的市场、应用新的经营管理思想、创立新型的组织形式等。这种开拓性就要求创业团队必须是一个创新观念和能力强大的集体，而且对创新气氛培养的重视远高于对规章纪律的重视。

2. 组织结构合理

在创业过程中，创业团队的人员构成和组织架构经常变动。从短期看，组织变动更多的是会增加创业风险，因为团队资源遭到破坏，创业资本、技术、人才等创业资源流失。但从长期看，组织变动不可避免，在变动过程中可能会形成结构更为合理、共同点更多、更有力量的创业团队。

3. 创业团队平等

创业团队往往都具有高度的平等性，但是这种平等并不意味着股权和各种权力的绝对平等，而是立足于公正基础上的平等，也就是在团队内部客观评定各个成员对于团队的贡献程度基础上的平等。

4. 能力结构全面

创业团队面对的是不确定的市场环境，机遇和风险在各个方面都将出现，这就要求创业者需要具备一定的素质，对机遇有较高的敏感性。因此，创业者团队成员的能力应各有所长且能够互补，科技型中小企业的创业者要尽量是某些技术领域的专家。

5. 相互协作紧密

由于创业团队的风险和机遇可能来自任何方面、任何时间，这就要求创业团队不可能完全通过事先分工把守的方法来进行工作；同时也由于创业团队个人能力的专擅性和团队成员总体能力的全面性，更要求创业团队的成员紧密协作以应对多重挑战。

6. 创业团队具有较高的凝聚力和强烈的归属感

由于创业团队能够最大限度地实现个人价值的追求，一旦成功则意义非凡；同时，团队成员之间的素质高，关系平等密切，合作紧密，氛围浓厚，这一切都使创业团队拥有很高的凝聚力，团队成员对创业团队有很强的归属感。这主要体现在团队成员对团队事务的尽心尽力和全方位的投入上。

（二）创业团队劣势分析

1. 强调民主，"领袖"缺位

在中国特定的文化背景下，如果没有一位"领袖"来凝聚团队，团队就可能成为一盘散沙，从而失去战斗力。然而，在不少创业团队中，往往过分强调民主，以至于很难有这么一个人来凝聚所有成员，即团队的"灵魂人物"或"核心人物"。

创业团队的核心成员通常以前是朋友或者工作伙伴，组建创业团队时决定在各方面都要体现人人平等，于是他们采取了许多民主措施，如对等股票所有权、等额工资、一样的办公空间和汽车以及其他代表他们地位平等的措施。然而这样一来就产生了其他问题：谁对公司负主要责任，由谁作出最终决定，以及如何解决具体分歧等。虽说新创企业的职责划分最好适度交叉，决策过程最好由大家集体参与和商讨，但是过分松散的民主气氛会使管理显得疲软无力。即使合伙人之间签订了严密的合作协议，也常常无法解决他们之间存在的冲突。创业团队，固然需要民主决策、集体努力，但更需要有一位领袖。这往往是不少企业很快散伙的一个重要原因。

需要说明的是，这里所说的"领袖"不一定是某项创业活动的最初发动者，也不一定是新创企业最大的股东，而是团队的精神领袖，这样的领袖必须在创业实践中产生。某个人要想成为真正的团队领袖，必须靠他对创业的执着，他的人品、能力和勤奋，以及他对其他成员的吸引力。

2. 盲目自信，过于相信

盲目自信、风险意识不够是创业团队的明显劣势之一。常见的错误就是创业团队盲目自信，过于乐观，觉得自己完美无缺，或者是对某个产品构思过于依赖。创业团队刚开始创业之所以取得一定成效，往往是创业团队或创业者在自信、乐观基础上作出的大胆决策所取得的，当初的成功往往是因为敢拼敢干，吃别人不能吃的苦，干别人不敢干的事而发展起来的，这往往会给创业团队一个错觉，特别是当创业一帆风顺的时候，创业团队往往会作出错误的判断甚至是致命的决策。

创业团队由于商业经验不足，可能会过于相信他人。诚实、正直对于企业的长远发展固然很重要，但商场如战场，现实世界也存在不少掠夺、偷盗、敲诈、欺骗和虚伪等现象，盲目的信任同样是危险的。

3. 磨合不够，危机四伏

创业的高难度是人们在创业实践中才会逐步体验到的，创业过程中，个别团队成员，甚至起步之初的坚定分子，有可能产生这样或那样的畏惧心理。一个有效的创业团队，在角色搭配上，至少应有人分别承担战略管理者、策划主管、技术主管、研发主管、生产主管、营销主管、人力资源主管、财务主管等角色。创业之初，团队成员在性格上的差异和处理问题的不同态度容易被掩盖，但随着时间的推移，必定导致磨合出现问题。就特定的创业团队而言，关于这些问题，创业起步之初可能是清楚、一致的，也可能是不清楚、不一致的。在不清楚、不一致的情况下，共事一段时间之后，部分人就会发现原来大家想的不是一回事，这时这个团队就有可能散伙。

4. 参差不齐，苦乐不均

团队成员中有些能力不适应企业发展的需要。随着企业规模的增长，有些成员甚至因其能力有限，已经不再适应更大规模、更规范的企业经营管理的需要。

每个人都有自己不同的工作风格，尽管团队中有一定余地可以兼容不同工作风格的员工，但也要制订最起码的要求以避免冲突。虽然人们对不同工作的偏好可以通过岗位轮值得到满足，但工作的速度和质量是所有团队成员都必须遵守的标准。因此，要统一业绩标准，平等的业绩标准可以促进团队成员的相互尊重。

团队在创立初期没有确定一个明确的利润分配方案，随着企业的发展，利润的增加，在利润分配时出现争议极易导致创业团队解散。这种情况在民营企业中是非常普遍的，很多创业团队在发展初期，或者是没有考虑到，或者是碍于面子，没有明确提出未来具体的利润分配方案，等到企业规模扩大的时候就开始为利润怎么分配而争执。

（三）创业团队的类型

根据不同的角度、层次和结构，创业团队可以划分为不同类型。依据创业团队的组成来划分，有星状创业团队（Star Team）、网状创业团队（Mesh Team）和从网状创业团队中演化而来的虚拟星状创业团队（Virtual Star Team）。

1. 星状创业团队

一般在星状创业团队中由一个核心人物来充当领队的角色。这种团队在形成之前，一般先是核心人物有了创业的想法，然后根据自己的设想进行创业团队的组织。这种创业团队组织结构紧密，向心力强，主导人物在组织中的行为对其他个体影响巨大，但是容易形成权力过分集中的局面，从而使决策失误的风险加大。

2. 网状创业团队

这种创业团队的成员一般在创业之前就有比较密切的关系，如同学、亲友、同事等。这些人一般都是在交往过程中，共同认可某一创业想法，并就创业达成了共识以后，开始共同进行创业，各个成员基本上扮演的是协作者或者伙伴的角色。此类例子比比皆是，其中比较典型的是微软的比尔·盖茨（Bill Gates）和童年玩伴保罗·艾伦（Paul Allen），惠普的戴维·帕卡德（David Packard）和他在斯坦福大学的同学比尔·休利特（Bill Hewlett）等。

3. 虚拟星状创业团队

这种创业团队是由网状创业团队演化而来的，基本上是前两种的中间形态。在团队中有一个核心成员，但是该核心成员地位的确立是团队成员协商的结果，因此核心人物从某种意义上说是整个团队的代言人，而不是主导型人物，其在团队中的行为必须充分考虑其他团队成员的意见，不如星状创业团队中的核心主导人物那样有权威。

三、创业团队的社会责任

企业作为社会经济发展的主体，享有社会赋予的相应权利，支配和消耗着属于全社会的资源，并对社会以及自然资源和环境带来负面影响，这些大都不是通过市场交易所能补偿的。因此，根据责任和权利对等的原则，企业不仅应为社会提供产品和服务、推进社会经济发展，还须承担相应的社会责任。

无数事实和案例表明，缺乏社会责任、损害公众利益的企业注定是长不大、走不远的。中国经济正处于高速发展的转型期，中国的企业也正处在一个充满挑战和机遇的历史阶段。创业团队要想开创自己的事业，要想有所作为，必须摆正企业与社会的关系，充分履行企业的社会责任。

目前，我国一些企业在生产经营过程中涉及大股东侵犯小股东的利益、侵害员工的基本权益、环境污染、假冒伪劣产品等问题，这些都是缺乏社会责任的表现。因此，积极探索将社会责任融入企业战略和日常管理，突破传统的企业竞争战略，在勇于承担企业社会责任的同时，打造企业新的竞争优势，这是新时期我国新创企业的必然选择。

第二节 创业团队的组建与管理

一些权威投资机构的专业人士曾经作出这样一个总结：中国90%以上创业型企业的失败，不是因为商业模式不对，也不是因为市场不成熟，而是因为合伙人之间的矛盾或者合伙人的人品问题。

其实，一个人的个性和品质只有在实际共事过程中才能真正体现出来，尤其是在逆境、高压下才能充分显现。因此，在选择创业伙伴的时候，尽量选择才能互补、与自己价值观相合的人。一旦选择错误，或许会有许多意想不到的麻烦。

一、创业团队组建策略

（一）创业者的自我评估

创业者要进行自我检测，明白自己是否具备创业项目所需的知识基础，是否掌握了与创业相关的专门技能，自己的创业动机是生存型还是机会型，自我特性中是否具备成功创业者的特征，如开拓创新、求真务实、执着坚韧等。

（二）选择创业团队成员

要想获得创业的成功，就必须在创业前慎重选择成员。只有适合创业企业的成员才能被吸收进入创业团队，进入企业的管理运作。不适合的人不应该被拉进创业团队，否则只会给企业的管理以及发展带来巨大的潜在危害。在选择创业团队成员的时候，要考虑以下几个方面。

1. 团队成员加入的目的

根据马斯洛的需求层次理论，人的需要大体上可以分为5个层次：生理需要、安全需要、社交需要、尊重需要以及自我实现的需要。团队成员基于哪个层次的需要而加入团队，对其在组织中的行为方式起着决定性作用。例如，对一个目前还缺乏基本生活保障的人来说，更注意组织获利能力，更迫切地想赚钱养家糊口，这就有可能导致企业逐利的短期行为。而基于自我实现需要加入创业团队的成员，更注意企业的未来发展，想将事业做大，充分发挥自己的能力。企业对他来说是实现抱负的最好舞台，因此会更注重组织战略目标的确定和执行。

2. 团队成员的知识结构

在一个创业团队中，成员的知识结构越合理，创业的成功率越大。纯粹由技术人员组成的公司容易形成只以技术和产品为导向的情况，从而使产品的研发与市场脱节；全部由市场和销售人员组成的创业团队则可能缺乏对技术的领悟力和敏感性，也容易迷失方向。因此，在创业团队的成员选择上，必须充分注意人员技术、管理、市场、销售等方面的知识结构，充分发挥个人的知识和经验优势。

3. 团队成员的个性和兴趣

一些因为私交很好而在一起的伙伴，如朋友、同事、同学、校友、亲戚等，多是通过人际关系来寻找共同创业的伙伴，或是看重其具有相似的理念和观点。例如，具有相近技术研发背景的人，往往会基于对某一技术的狂热而结合。在创业初期，大家同甘苦、共患难，怀着满腔的创业热情而工作，在这种情况下，团队成员在性格上的差异和处理问题的不同态度就容易被掩盖。而企业一旦发展到某个阶段的时候，由于个性冲突导致的矛盾就会被激化，使创业团队出现裂痕，严重的还会导致团队分裂。

团队成员一定要志趣相投，否则难以形成共同的奋斗目标和远大的理想；但无须脾性相合。每个人都有自己的性格。世界上没有完全相同的两片树叶，也没有性格完全相同的两个人。事实上，创业团队需要互补型的性格，一人争强好胜具有领导魄力，一人心气平和善管理沟通，一人活泼好动擅长内调外联，一人理性和感性兼备能上能下，是最好的创业团队性格组合。

4. 团队成员的价值观念

在一个创业团队中，成员的价值观念和道德品质决定了今后企业文化的形成。有的人诚信为本，有的人利益至上；有的人"天下兴亡，匹夫有责"，具有极强的社会责任感，有的人则"事不关己，高高挂起"，只求独善其身。一个人的价值观念很难改变，因此在创业团队形成之前，必须进行深入的交流和充分的了解。一般而言，价值观念相近、个人素质较高的人在一起组成的团队，创业成功的可能性更大。

5. 年龄要求

创业团队成员不能一味地年轻化。年轻的优势是思维活跃、活力无限、精力充沛、敢作敢当，劣势是资源不足、易冲动。而年长者经验和阅历丰富，恰好是年轻人所缺乏的。一个好的创业团队应当是成员之间年龄的适当平衡。

6. 资源要求

机会、团队和资源是创业的三大要素。社会资源总是依附于人而存在的，创业所需的社会资源、客户资源、资金资源、市场资源、政策资源、政府资源等如何被开发挖掘，主要看创业团队成员的现有资源。

（三）可选择的两种组织形式

创业团队投资是一种创业性投资活动，采取何种组织形式对于投资成效具有重要影响。

一般而言，创业团队在创业投资时可采用的组织形式主要有公司制和合伙制。

1. 公司制

采用公司制的优势主要体现在以下几个方面。
（1）能有效集中资金进行投资活动。
（2）公司以自有资本进行投资有利于控制风险。
（3）对于投资收益，公司可以根据自身发展，做必要扣除和提留后再进行分配。
（4）随着公司的快速发展，可以申请对公司进行改制上市，使投资者的股份可以公开转让从而以套现资金用于循环投资。
一般非家族成员的创业者采用公司制的比较多。

2. 合伙制

合伙制是指依法在中国境内设立的由各合伙人订立合伙协议，共同出资、合伙经营、共享收益、共担风险，并对合伙企业债务承担无限连带责任的营利性经营组织。不同类型的合伙形式有自身的优势和不足。就家族合伙制来说，创业时期凭借创业者的血缘关系以及类似血缘关系，能够以较低的成本迅速网罗人才、团结奋斗，甚至不计较报酬，从而使企业能在短时间内获得竞争优势；而且由于内部信息沟通顺畅，对外部市场信息反馈及时，其总代理成本比其他类型的企业低。但这种类型企业的缺点是难以吸引优秀的人才，从而在某种程度上制约其迅速发展。

（四）具体过程

创业团队的组建是一项复杂的工程。创业项目类型不同，所需团队也不一样。概括来讲，组建程序如下。

1. 明确创业目标

无论是技术、市场还是组织、管理，创业目标反映着企业从无到有、从起步到成熟的全过程。创业者首先制定一个总体目标，然后设定不同阶段的若干子目标，以使创业活动有序而且有动力地进行。

2. 制订创业计划

创业计划是指目标如何具体实施，它保障创业活动顺利开展，促进创业者向着胜利的彼岸航行。

3. 吸纳创业成员

这是组建创业团队中最为关键的一步。如何吸纳创业成员以打造优秀团队，一要优势互补，二要规模适度。除能力、性格和年龄等优势要互补外，团队规模也很重要。创业实践告诉我们，团队成员过少无法体现优势互补，过多又常常导致决策缓慢、延误进度甚至内讧分裂，削弱团队战斗力。一般认为，创业团队以3～5人为佳。

4. 进行职权划分

职权划分是实现目标、实施计划的必要条件。必须按照创业团队成员的能力、性格等进行合适的职权划分，要人尽其才、才尽其用，要责权明确，避免权力交叉和重复，还要根据环境变化、事情变化和成员表现对其职权作适当调整。这样，才能保障创业活动的顺利开展。

5. 构建制度体系

一方面是约束制度，包括纪律条例、组织条例、财务条例、保密条例等，这有利于维持稳定；另一方面是激励机制，包括利益分配方案、奖惩制度、考核标准、激励措施等，这有利于调动成员的积极性，发挥团队成员的作用。

6. 调整融合团队

优秀的创业团队需要在创业过程中逐步打造。因为创业成功并非一朝一夕之功，随着创业的进行，团队组建之初时在职权划分、制度设计等方面的弊端会逐渐暴露，这就需要对团队进行调整。

二、创业团队管理技巧

（一）设置创业团队的组织架构

团队在设置组织结构时，必须以自己的战略任务和经营目标为依据，这是设置企业组织结构的出发点和归宿。在设置组织架构时要注意以下几点。

1. 分工明确

创业团队成员必须亲力亲为企业管理的全部职能性工作。这就要求团队成员每人至少承担一项职能性管理工作。

从管理功能角度，创业团队通常有 5 类基本工作岗位：领导、生产、销售、研发与财务。这 5 类基本岗位具有密切关联与交互的性质，是创业团队不可或缺的 5 种职能性工作组合。

从组织行为角度，创业团队的成员又可分为组织、动议、监督、执行及设计 5 类角色，从而通过角色互补组成功能相对完备的创业团队。

（1）组织角色在创业团队中起着重要作用，它负责组织团队各类活动，协调团队行为，防止团队成员产生冲突，维护创业团队一致性的目标，是帮助增强团队凝聚力、提高团队士气的指挥者。

（2）动议角色是团队中富有开拓精神、创新意识较强的成员，能提出创新性建议，并为了争取社会的支持与认可作出多方面努力。

（3）监督角色思想较为保守，具有较高的风险意识并能科学理性地考虑面临的风险与机遇，通常会监督团队成员行为，劝阻过分冒险而得不偿失的创业行动。

（4）执行角色即创业团队中负责实施团队决议的成员，这类成员要求性格稳重、踏实，能努力将团队的决策付诸实践，并随时准备对可能面临的风险作出补救工作。

（5）设计角色思维发散，具有较强的创新意识，能熟练运用自己的专业知识提出许多可行性方案或建议，供其他成员参考。

创业团队成员如何进行合理分工与岗位配置，学者们进行过大量研究。武汉理工大学教授谢科范等提出创业团队角色与岗位配置的七维度因素分析理论。七维度因素是指创新意识、风险意识、守则意识、道德心、责任心、表达力及决断力7个因素，可概括为"三意识+二心+二力"。该理论从意识、性情、自我效能3个方面对创业团队成员进行角色特征分析，继而探讨团队工作岗位配置。其中，意识因素包括创新意识、风险意识及守则意识，即"三意识"；性情因素包括道德心与责任心，即"二心"；自我效能因素包括表达力与决断力，即"二力"。七维度因素的强度分别用强、中偏强、中、中偏弱、弱5个指标表示。根据对创业团队成员七维度因素的评价与分析，就可以确定每个成员的角色属性，进而可考虑工作岗位的恰当配置，如表7-1所示。

表7-1 基于七维度分析的创业团队成员特征识别

团队角色	岗位配置	创新意识	守则意识	风险意识	道德心	责任心	表达力	决断力
组织角色	领导	强	强	强	强	强	强	强
动议角色	销售	中偏强	中	中偏强	中偏强	中	强	中
监督角色	财务	中偏弱	强	强	强	强	中偏强	中
执行角色	生产	中偏弱	中偏强	中偏弱	中偏强	强	中偏弱	中偏弱
设计角色	研发	强	中	中偏弱	中偏强	中	中偏弱	中

（1）组织角色适合领导。这类成员原则性强，具有较强的守则意识，道德心与责任心较强，有英雄主义思想；具有冒险精神，敢为敢闯，能聚拢团队；决断力较强，善于革新，可担任公司领导。

（2）动议角色适合销售。这类成员明理，礼貌热情，淳朴轻财，道德心较强；富有开拓精神，创新意识强，创造力较高；表达方面能言善辩，但缺乏冷静，不宜进行决策工作，可担任企业销售、公关之类职务。

（3）监督角色适合财务。这类成员恪守信用，守则意识较强；不喜权势，诚实敦厚，是值得信赖的人物；擅长思考，知识全面，善于整合各种资源，具有全局观念；具有较高的诚信度，行事稳重且谨慎，可担任企业财务人员。

（4）执行角色适合生产。这类成员为人正直，守则意识较强，对权威性的规则具有较强的顺从心理；具有较强的道德心，对企业忠诚，因此可担任企业生产类职位。

（5）设计角色适合研发。这类成员聪明多智，思维发散，具有较强的创新意识；个性上较随和、谦虚，办事谨慎，因此可担任企业研发类职位。

2. 权责分明

团队的任何一项工作都离不开其他人的配合，只有协作配合好，才能顺利完成管理工作。对于初创立的创业团队，人员的分工一般都比较粗放，很多事情不分彼此、一起决策、共同实施。但一定要注意落实责任、权责分明，避免出错或者失误后互相推诿，造成团队成员之间的矛盾。

（二）优化创业团队的运作机制

1. 创业团队内部需要妥善处理各种权力和利益关系

确定谁适合于从事何种关键任务和谁对关键任务承担什么责任，以使能力和责任的重叠最小化。妥善处理创业团队内部的利益关系，这与新创企业的报酬体系有关。一个新创企业的报酬体系不仅包括诸如股权、工资、奖金等金钱报酬，而且包括个人成长机会和提高相关技能等方面的因素。

2. 制定创业团队的管理规则

（1）治理层面规则，主要解决剩余索取权和剩余控制权问题。大致可以分为合伙关系与雇佣关系。合伙关系下大家都是老板，大家说了算，但需要注意的是，必须存在大老板，不能股权平均，防止进行经营决策时出现不必要的纠纷；而在雇佣关系下只有一个老板，一个人说了算。同时，还必须建立进入机制和退出机制：没有出入口的游戏规则是不完整的，因此要约定以后创业者退出的条件和约束。例如，退出者必须将手中股权按公司当时股价出售给其他股东等条款，以及股权的转让、增股等问题。

（2）管理层面规则，主要解决指挥管理权问题。管理层面的规则最基本的有3条：一是平等原则，制度面前人人平等，不能有例外；二是服从原则，下级服从上级，行动要听指挥；三是等级原则，不能随意越级指挥，也不能随意越级请示。

大学生创业团队内部的管理界限没有那么明显，但一定得把决策权限厘清，做到有权有责。

（三）凝聚团队成员的力量

在创业团队的运作中，如何凝聚大家的力量是很重要的事。实践表明，能够促使团队成功的理念和态度不完全一样，但却具备一些共同点。这些共同特点是相互信任、良好的沟通等。

1. 营造相互信任的团队氛围

在情感上相互信任，是一个团队最坚实的合作基础。只有这样，才能给团队成员一种安全感，只有信任他，他才会把公司当成自己的，并以之作为施展个人才华的舞台。

2. 建立有效的沟通机制

信任和理解不是一句空话，而是依靠交流和沟通，从而可以消除一切误会。有时候，员工的人心不齐，或者对公司信心不足，都是上下沟通不畅所造成的，创业者要不断把企业的愿景描述给员工，同时也要让员工理解要实现这个美好的愿景，需要大家每天都踏踏实实地工作，一点点地为未来添砖加瓦。

（四）强化财务管理

创业团队必须做到账目公开、手续齐全，从而便于互相监督。在财务上一定要避免产生纠纷。聘请一个合格称职的会计，认真务实地记录账目，对每一个合作者都有益处。公司的账户一定要用公司指定的，不要为了贪图手续费便宜等小利，而使用团队成员的私人银行账户来收取和支付商业资金。

俗话说，亲兄弟明算账。对于所有账目的进出情况、企业的经营状况和损益情况都要定期在团队成员之间进行公开，成员的利益分配和承担的法律及其他责任一定要严格按照合作协议中的规定办理；保证合作经营的公开、公正。

一个好的财务制度可以使企业中所有成员都受益匪浅。财务管理的好处在于可以清楚地在数据中寻找指针，可以依据数据进行分析，从中发现企业存在的问题，让管理层作出具体决策。拥有充分的财务报告能帮助企业在运营开支方面节省至少10%的费用，而且还能在采购方面洞悉市场趋势。同样，会计数据也有利于建立监控机制，按时更新业绩，呈现各部门的工作表现。良好的财务管理可以增加企业的透明度，让企业的运营环境得到改善，同时企业也可以从中获得更多的收益。

（五）管理团队冲突

创业团队管理的重点是在维持团队稳定的前提下发挥团队的多样性优势。创业过程中发生冲突在所难免，冲突的发生是企业内外部某些关系不协调的结果，表现为冲突行为主体之间的矛盾激化和行为对抗。有些学者把团队内的冲突分为两大类，即认知性冲突与情感性冲突。有效的创业团队指导，即如何进行冲突管理，有利于使冲突对组织绩效的改善产生积极贡献。在无效或低效的创业团队中，团队成员在一起总是极力避免冲突的形成，默认或者允许冲突也会对团队有效性和组织绩效的提高造成消极影响。

1. 认知性冲突

认知性冲突是指团队成员对有关企业生产经营管理过程中出现的与问题相关的意见、观点和看法所形成的不一致性。通俗地讲，认知性冲突是论事不论人。

本质上讲，只要是有效的团队，这种团队成员之间就生产经营管理过程的相关问题存在分歧便是一种正常现象，而且，一般情况下，这种认知性冲突将有助于改善团队决策质量和提高组织绩效，还能够促进决策本身在团队成员中的接受程度。

2. 情感性冲突

基于人格化、关系到个人导向的不一致性往往会破坏团队绩效，冲突理论研究者共同把这类不一致性称为情感性冲突。通俗地讲，情感性冲突是论人不论事。情感性冲突会阻止人们参与影响团队有效性的关键性活动，团队成员普遍不愿意就问题背后的假设进行探讨，从而降低团队绩效。情感性冲突容易引起冷嘲热讽、不信任和回避等问题。因此，它将会阻碍开放的沟通，并降低成员的联合程度。当它发生时，不只是方案质量会下降，团队本身的义务也不断地受到侵蚀，因为团队成员不再把自己与团队活动相联系起来。

阅读材料

职场中常见的五大争执

1. 专业争执

常见情景：常见于不同专业领域、不同部门的人，对同一问题不同的看法，各执己见，互不相让。

处理原则：我可以不同意你的观点，但我誓死捍卫你发表观点的权利。

2. 工作争执

常见情景：专业争执，其实多数是为了真理或者是为了术业尊严。而工作争执则是为了利益的争执，这涉及谁少做一点、谁多拿一点的问题。

处理原则：大家都是为了工作，对事不对人。

3. 正面冲突

常见情景：两人各自叉腰，宁静的办公室里突然传来犀利的争执声，以及凝眉怒目的神情，迫使胆小的人远远驻足，生怕被流弹击中。

处理原则：表现出相当的高姿态，淡然一笑而去。

4. 上司向下属发难

常见情景：老板因为某事或某人的错误行为触犯自己的底线而恼羞成怒，大声指责、呵斥下属。

处理原则：不能把发脾气当成沟通方式。

5. 下属向上司挑衅

常见情景：当上司给下属的压力达到一定程度，下属认为自己的尊严和利益受到过多侵犯时，也会指着上司的鼻子大骂，然后拂袖而去，留下一个呆若木鸡或者暴跳如雷的上司。

处理原则：三思而后行。

三、领导创业者的角色与行为策略

案例 7-2

无论是怎样的团队，都有一个核心人物，就是这个团队的领导者，在企业初创期，创业者就是这个领导者。而一个团队的绩效如何，关键也取决于这个领导者的胸怀和魅力。最令人敬佩的团队是《西游记》里的师徒四人，他们历经磨难，实现了最后的目标。四大名著中，只有《西游记》中师徒四人是一个成功的团队，其他的到最后都是一盘散沙。究其根本原因，是因为他们拥有一个好领导——唐僧。

唐僧的领导者魅力体现在以下几个方面。

1. 优秀的协调者

唐僧不高估自己，有自知之明，他不会用自己的短处来应对这个世界，这就是他的长处。领导不需要专业技能特别优秀，但他要善于把最优秀的人集合到自己手下，让他们为自己工作。

2. 对手下人宽容

唐僧对自己的徒弟很宽容，特别是对最重要也是最有个性的孙悟空。

3. 善于用人

让每个下属的长处都有施展的空间。唐僧便很好地发挥了3个徒弟的长处。一个团队需要个性化的成员共存，现在流行的"二八理论"，在团队中就是：80%的工作是由20%的人做出来的，剩下的80%的人只做20%的工作。

4. 有明确的愿景目标

唐僧对团队的目标坚定不移，信心坚定。有位管理学家说过：用一句话来概括领导，就是为团队成员提供一个愿景目标，下属也都愿意跟随一个有愿景的领导。

5. 心态平和，不急功近利

唐僧遇到阻碍不灰心，取得成绩不沾沾自喜，一步一步接近自己的目标，始终保持良好的心态。这是领导者魅力的核心部分，因为一个领导者遇到的困难要比任何一个下属遇到的都要多、都要严重。

6. 对属下恩威并重

唐僧对每一个徒弟都有恩情，但对他们从来都是赏罚分明。

7. 有后台

后台对于一个领导者是可被利用的资源，充分利用这个资源有利于团队目标的实现。关键时刻，观音菩萨出手，有助于唐僧师徒实现自己的目标。

8. 形象好

团队最主要形象取决于领导的形象，这个形象是指外在和内在的结合。保持良好的形象是领导者必备的素质之一。

创业团队领导者是创业团队的灵魂。每一个团队必须有一个领导创业者或者说灵魂。创业团队领导者是整个团队力量的协调者和整合者，其能力和行为对于创业团队高效运转，乃至创业项目的实施有着至关重要的作用。主要体现在以下几个方面。

（一）项目策划

创业团队领导者是项目策划的召集人和组织者。项目策划包括策略思考与计划编制等。项目策划必须注意几个方面的问题：第一，必须弄清策划项目的价值所在、所涉及的范围和有关的限制因素，创建企业市场服务的定位；第二，确定由谁作为该项目的策划小组负责人；第三，必须考虑当选定创业目标，在资金、人脉、市场等各个方面条件都已经妥当或已积累了相当的实力后，如何带领团队准备完整的创业经营计划。创业经营计划除了能够让创业者自己坚定创业目标，梳理创业内容之外，还可以说服他人合资、入股，甚至可以募得创业基金。

（二）组织实施

创业团队领导在制订行动计划后，要组织团队成员去实施。计划的执行程度和领导创业者的组织实施能力呈正相关关系。领导创业者组织团队实施计划的过程中，必须注意以下几个问题：一是团队行动必须随着企业创业环境的变化而变化，必须与创业企业发展的目标相适应。二是设计组织改革的方案时要集思广益。团队人员要共同参与思考设计组织改革的基本框架和操作流程。三是要创造一个有利于激活企业组织的良好氛围。创业团队领导者要充分发挥自己的组织领导能力，确定改革创新的理念，使组织能够沿着健康的方向运行。

（三）提高领导力

创新团队领导者是一个指挥员，要缜密果断，根据具体情况设计出最佳的组织结构方式。善于量才用人，用其所长，避其所短，最大限度地发挥团队成员的主观能动性，做到统筹兼顾，合理安排，指挥调度得当；善于抓住决策时机，及时下达正确的指令，使下属成员步调一致。

（四）加强控制

控制是根据既定的目标不断跟踪和修正所采取的行为，以实现预想的目标或业绩。控制的主要目的是使正确的行动得到长期保持，错误的行动得到及时改正。通过评估监控创业团队的绩效，将实际的表现与预先设定的目标进行比较，纠正显著的偏差，使创业回到正确的轨道。由此，须采取两个具体的措施：考核与激励。对执行计划的团体和个人加以考核和督促；激励员工以提高工作的兴趣和工作效率。

实训与练习

从以下备选人物中选出四人组成你们的团队，并给出选择的理由：

A. 诸葛亮　　　　B. 黄蓉　　　　C. 李时珍　　　　D. 宋江
E. 林黛玉　　　　F. 花木兰　　　G. 岳飞　　　　　H. 齐白石

我选择的团队成员是：_____。

理由是：_____
_____。

思考题

1. 分析《西游记》中唐僧取经团队的成员构成，根据七维度分析理论，唐僧师徒分别适合在企业中担任什么职位？如果你是唐僧，你认为哪个徒弟可以舍弃？为什么？

2. 调研身边的创业团队，了解他们的组织架构及运行方式。

3. 搜集优秀创业团队案例，分析它们的共同点。

4. 如果你打算进行创业，在选择团队成员时有何要求？如果你是团队的领导者，如何更好地凝聚激励团队？

第八章 创业实务

导读

慕尼黑大学 2015 全球创业报告显示，中国人创业意愿达 85%，远远高于全球的 55%以及亚洲的 76%的水平。创业也是许多大学生的期望，但怎样把梦想变为现实则是大学生更关注的问题，开展大学生创业指导，旨在帮助大学生充分了解创业机会的论证、计划的制定、方案的实施等环节，培养大学生创新精神和创造能力，促进大学生的全面发展和充分就业，实现大学生由被动就业转为自主创业。

要点与要求

通过本章的学习，学生在具备创业素质后进入创业"实战"，尽快进入角色，掌握创业技巧和方法，少走别人走过的弯路。

案例引入

王婵，女，汉族，中共党员，1979 年 6 月生，2002 年毕业于西昌学院社科系。2001 年 6 月，她向家里借了 3 万元开始了创业之路——在西昌市区最繁华的大巷口街开设了一家服装店，命名为"阳光不锈"（后更名为"阳光微微"）。不到两年的时间里，她在西昌成功开设了 6 家门店，货品也由原来单一的服装扩展到女鞋、女包、配饰等。2006 年，"阳光微微"已经拥有了近 30 家非常成功的直营店和加盟店。2007 年 5 月，"阳光微微"成功地在亚洲最大的服装批发中心——广州设立办事处；2007 年 8 月，"阳光微微"下属子品牌"紫璇"在昆明成功开设批发门市，迈出了向批发市场进军的新路子。近年来，企业年产值稳定在 800 万元左右，员工人数达 100 人。王婵为什么能成功创业呢，她成功创业的经验带给我们什么样的启示？

第一节 论证创业机会

一、识别创业机会

要想寻找到合适的创业机会，创业者应识别或辨别以下创业机会。

（一）现有市场机会和潜在市场

市场机会中那些明显未被满足的市场需求称为现有市场机会，那些隐藏在现有需求背后的、未被满足的市场需求称为潜在市场机会。现有市场机会表现明显，往往发现者多，进入者也多，竞争势必激烈。潜在市场机会则不易被发现，识别难度大，往往蕴藏着极大的商机。

（二）行业市场机会与边缘市场机会

行业市场机会是指出现在某一个行业内的市场机会，而在不同行业之间的交叉结合部分出现的市场机会被称为边缘市场机会。一般而言，人们对行业市场机会比较重视，因为发现、寻找和识别的难度系数较小，但往往竞争激烈，成功的概率也低。而在行业与行业之间出现"夹缝"的真空地带，往往无人涉足或难以发现，需要有丰富的想象力和大胆的开拓精神，一旦开发，成功的概率也较高。

（三）目前市场机会与未来市场机会

那些在目前环境变化中出现的市场机会称为目前市场机会，而通过市场研究和预测分析它将在未来某一时期内实现的市场机会称为未来市场机会。如果创业者能够提前预测到某种市场机会会出现，就可以在这种市场机会到来前早做准备，从而获得领先优势。

（四）全面市场机会与局部市场机会

全面市场机会是指在大范围市场出现的未满足的需求，如国际市场或全国市场出现的市场机会，着重于拓展市场的宽度和广度。而局部市场机会则是在一个局部范围或细分市场出现的未满足的需求。如果创业都能够在大市场中寻找和发掘局部或细分市场机会，见缝插针，拾遗补缺，就可以集中优势资源投入目标市场，有利于增强主动性、减少盲目性，增加成功的可能。

二、评估创业机会

创业本身是一种高风险行为，失败也可能是奠定下一次创业成功的基础。但经调查发现，有近一成的创业者开办创业组织不到一年即告结束，不仅损失惨重，而且易产生消极情绪，甚至放弃了创业的梦想。如创业者能先作比较客观的评估，那么不至于一再失败，创业成功的概率也可以因此而大幅提升。

（一）市场定位

一个好的创业机会，必然具有特定市场定位，专注于满足顾客需求，同时能为顾客带来增值的效益。因此评估创业机会的时候，可由市场定位是否明确、顾客需求分析是否清晰、顾客接触通道是否流畅、产品是否持续衍生等来判断创业机会可能创造的市场价值。创业带给顾客的价值越高，创业成功的机会也会越大。

（二）市场结构

针对创业机会的市场结构进行分析，包括进入障碍、供货商、顾客、经销商的谈判力量、替代性竞争产品的威胁,以及市场内部竞争的激烈程度。由市场结构分析可以得知新企业未来在市场中的地位,以及可能遭遇竞争对手反击的程度。

(三)市场规模

市场规模大小与成长速度也是影响新企业成败的重要因素。一般而言,市场规模越大,进入障碍相对会越低,市场竞争激烈程度也会略为下降。如果要进入的是一个十分成熟的市场,那么纵然市场规模很大,由于已经不再成长,利润空间必然很小,因此这家新企业恐怕就不值得再投入。反之,一个正在成长中的市场,通常也会是一个充满商机的市场,所谓水涨船高,只要进入时机正确,必然会有获利的空间。

(四)市场渗透力

对于一个具有巨大市场潜力的创业机会,市场渗透力(市场机会实现的过程)评估将会是一项非常重要的影响因素。聪明的创业家知道选择在最佳时机进入市场,也就是市场需求正要大幅增长之际,这时,创业者只需做好准备,就能获得市场的认可。

(五)市场占有率

从创业机会预期可取得的市场占有率目标,可以预测这家新创公司未来的市场竞争力。一般而言,想成为市场的领导者,最少需要拥有 20%以上的市场占有率,但如果低于 5%,则表明这个新企业的市场竞争力不高,自然也就会影响未来企业上市的价值。尤其处在具有赢家通吃特点的高科技产业,新企业必须拥有成为市场前几名的能力,才比较具有投资价值。

(六)产品的成本结构

产品的成本结构,也可以反映新企业的前景。例如,从物料与人工成本所占比重之高低、变动成本与固定成本的比重,以及经济规模产量大小,可以判断企业创造附加价值的幅度以及未来可能的获利空间。

三、把握创业机会

创业者不仅要善于发现机会,更需要正确把握并果敢行动,将机会变成现实的成果。

(一)着眼于问题把握机会

机会并不意味着无须代价就能获得,许多成功的企业都是从解决问题起步的。所谓问题,就是现实与理想的差距。例如,顾客需求在没有满足之前就是问题,而设法满足客户这一需求,就是抓住了市场机会。

美国"牛仔大王"李维·施特劳斯(Levi Strauss)的故事多年来为人津津乐道。19 世纪 50 年代,施特劳斯像许多年轻人一样,带着发财梦前往美国西部淘金,途中一条大河拦住了去路,施特劳斯设法租船,做起了摆渡生意,结果赚了不少钱。在矿场,施特劳斯发现由于采矿出汗多,饮用水紧张,于是,别人采矿他卖水,又赚了不少钱。施特劳斯还发现,由于跪地采矿,许多淘金者裤子的膝盖部分容易磨破,而矿区有许多被人丢掉的帆布帐篷,他就把这些旧帐篷收集起来洗干净,做成裤子销售,牛仔裤就这样诞生了。施特劳斯将问题当作机会，最终实现了他的财富梦想。

（二）利用变化把握机会

变化中常常蕴藏着无限商机，许多创业机会产生于不断变化的市场环境。环境变化将带来产业结构的调整、消费结构的升级、思想观念的转变、政府政策的变化、居民收入水平的提高等。人们透过这些变化，就会发现新的商机。在国营事业民营化的过程中，创业者可以在交通、电信、能源等产业中发掘创业机会。私人轿车拥有量的不断增加，将产生汽车销售、修理、配件、清洁、装潢、二手车交易和陪驾等诸多创业机会。

任何变化都能激发新的创业机会，需要创业者凭着自己敏锐的嗅觉去发现。许多很好的商业机会并不是突然出现的，而是对"先知先觉者"的一种回报。

（三）跟踪技术把握机会

世界产业发展的历史告诉我们，几乎每一个新兴产业的形成和发展，都是技术创新的结果。产业的变更或产品的替代，既满足了顾客需求，同时也带来了前所未有的创业机会。例如，电脑诞生后，软件开发、电脑维修、图文制作、信息服务和网上开店等创业机会随之而来。任何产品的市场都有其生命周期，产品会不断趋于饱和达到成熟直至走向衰退，最终被新产品所替代，创业者如果能够跟踪产业发展和产品替代的步伐，通过技术创新就能够不断寻找到新的发展机会。

（四）在市场夹缝中把握机会

创业机会存在于为顾客创造价值的产品或服务中，而顾客的需求是有差异的。创业者要善于找出顾客的特殊需要，盯住顾客的个性需要并认真研究其需求特征，这样就可能发现和把握商机。时下，创业者热衷于开发所谓的高科技领域等热门课题，但创业机会并不只属于"高科技领域"，在金融、保健、饮食、流通这些所谓的"低科技领域"同样有机会。随着打火机的普及，火柴慢慢退出了人们的视线，而创业者沈子凯却在这个逐渐被人淡忘的老物件里找到了新商机，他创造的"纯真年代"艺术火柴红遍大江南北。所以，创业者要克服从众心理和传统习惯思维的束缚，寻找市场空白点或市场缝隙，从行业或市场在矛盾发展中形成的空白地带把握机会。

（五）捕捉政策变化把握机会

中国市场受政策影响很大，新政策出台往往引发新商机，如果创业者善于研究和利用政策，就能抓住商机站在潮头。2006年国家出台了新的汽车产业政策，鼓励个人、集体和外资投资建设停车场。停车场日益增多的同时，对停车场建设中的智能门禁考勤系统、停车场系统、通道管理系统等的需求也随之增多，专门供应停车场所需的软硬件设备就成为一个重要商机。事实上，从政策中寻找商机并不仅仅表现在政策条文所规定的表面，随着社会分工的不断细化和专业化，政策变化所提供的商机还可以延伸，创业者可以从产业链在上下游的延伸中寻找商机。

（六）弥补对手缺陷把握机会

很多创业机会是缘于竞争对手的失误而"意外"获得的，如果能及时抓住竞争对手策中的漏洞而大做文章，或者能比竞争对手更快、更可靠、更便宜地提供产品或服务，也许就找到了机会。为此，创业者应追踪、分析和评价竞争对手的产品和服务，找出现有产品存在的缺陷，有针对性地提出改进生产方法、形成创意，并开发出具有潜力的新产品或新功能，就能够出其不意，成功创业。

第二节　制订创业计划书

一、创业计划书概述

在充分论证了创业的可行性后，接下来，就应使自己的想法清晰，拟订一份详细切实可行的创业计划书。创业计划不同于创业梦想。创业梦想与创业计划的区别是：梦想可以非常概括、抽象，而计划必须具体，而且量化。计划是有数学概念的，不能量化的计划都不能算是计划，充其量不过是个想法。

（一）有效的创业计划书

一份有效的创业计划书必须符合以下 5 个条件：
（1）具体的（Specific）；
（2）可以量化的（Measurable）；
（3）能够实现的（Achievable）；
（4）注重结果的（Result oriented）；
（5）有时间期限的（Time Limited）。
将上述 5 个条件再做简化，有效计划的核心条件有两个：一是可量化；二是有时间限制。

（二）完善创业计划书的原则

再好的计划也必须对它们进行适当的精加工处理，才会得以充分实现。要以合理的方式来工作，来编制自己的计划，秉承原则，省时省力，使计划愈加完善。
（1）淘汰原则：根据利弊、重要程度、可行与否、结果如何这 4 条标准来综合权衡各种工作并进行取舍。
（2）简单化原则：把计划调整得更为简洁完善。它包括 6 个步骤：删除、组合、重新排列、变更、代替、标准化。
（3）可行性研究原则：包括对市场的可行性分析、对技术的可行性分析、对生产的可行性分析、对财务的可行性分析、对利润的可行性分析以及对风险的可能性分析。

二、创业计划书的内容

创业计划书应该包括产品（服务）、竞争对手、顾客、市场、行动方针、管理团队等。落实到创业计划书的具体写作上，应包括以下几点内容。

（一）产品（服务）

在创业计划书中，应提供所有与企业的产品或服务有关的细节，包括企业所实施的所有调查。这些细节包括：产品或服务的完整名称是什么？产品正处于什么样的发展阶段？它的独特性怎样？企业分销产品的方法是什么？谁会使用企业的产品？为什么？产品的生产成本是多少，售价是多少？企业发展新产品的计划是什么？

把投资者拉到企业的产品或服务中来，这样投资者就会和创业者一样对产品有兴趣。在创业计划书中，创业者应尽量用简单的词语来描述每件事，因为商品及其属性的定义对创业者来说是非常明确的，其他人却不一定清楚它们的含义。

制订创业计划书的目的不仅是要投资者相信企业的产品会在某类市场上，甚至世界上产生革命性的影响，同时要使他们相信企业有证明它的论据。创业计划书对产品的阐述，要让投资者看到之后由衷地感叹："噢，这种产品是多么美妙、多么令人鼓舞啊！"

（二）竞争优势和投资者的利润回报

创业计划书不能仅仅把一些关键数据简单地罗列出来，更重要的是，要让这些数据证明企业拥有极强的竞争优势；而且，创业者要旗帜鲜明地把投资者的利润基础所在呈现出来，要让投资者认识到，企业能够为投资者带来丰厚的利润。

（三）经营能力

任何的企业终究都是要靠经营才能获得利润。如果创业者的经营能力很差，就算是再伟大的创意，也是白费功夫。所以，投资者会非常关注创业者的经营能力。创业者在创业计划书中要尽量展现经营团队的事业经营能力和丰富的经验背景，并且展示出对该产业、市场、产品、技术以及未来营运策略的全套想法。创业者的想法越充分，说明其经营能力越强。

（四）管理队伍

把思想转化为成功的企业，最关键的因素是要有一支强有力的管理队伍。这支队伍的成员必须有较高的专业技术知识、管理才能和多年工作经验，要给投资者这样一种感觉："看，这支队伍里都有谁？如果这家公司是一支足球队，他们就会一直杀入世界杯决赛。"

管理者的职能就是计划、组织、控制和指导公司实现目标的行动。在创业计划书中，应首先描述一下整个管理队伍及其职责，然后分别介绍每位管理人员的特殊才能、特点和造诣，细致描述每个管理者将对公司所做的贡献。

（五）市场需求

所有投资者都知道，利润来自于市场需求，所以所有的创业者也都应该知道，如果创业者没有对市场需求进行详细分析，那么他所撰写的创业计划将是空泛的。一定要切记，在全部创业计划书的撰写过程中，一定要坚持以市场为导向，并且充分显示创业者对于市场现状的掌握和未来发展的预测。

（六）行动方针

企业的行动计划应该是无懈可击的。创业计划书中应该明确下列问题：企业如何把产品推向市场？如何设计生产线？如何组装产品？企业生产需要哪些原料？企业拥有那些生产资源，还需要什么生产资源？生产和设备的成本是多少？企业是买设备还是租设备？解释与产品组装、储存以及发送有关的固定成本和变动成本的情况。

（七）逻辑合理、前后呼应

创业计划书前后的基本假设或预估要相互呼应，前后逻辑合理一致。不能前言不搭后语，或者前后的意思出现矛盾，这是写计划书的最基本要求。不过，写作终究是一门学问，不是每个人都很擅长。很多出身理科专业的创业者不擅长报告、计划书之类的工作，所以应该寻求专业人士的协助。

（八）实际、客观

创业计划书中的所有数字都要尽量客观、实际，千万不要凭主观的意愿去估计，大部分的投资者非常讨厌这样的创业者。

一般情况下，很多创业者都会高估市场的潜量，而低估经营的成本。其实，创业者大可不必为了吸引投资者的兴趣，而故意把经营成本报低，把市场潜力估高，要实实在在地描述。在所有的创业者中，诚信是一种优秀的品质，要对投资者诚信，更要对消费者诚信。

（九）明确

所谓的明确，是指创业者要在创业计划书中明确指出企业的市场机会和竞争威胁，并尽量以具体资料佐证。同时，分析可能的解决方法，决不能含混不清，企图蒙混过关。创业者所列出的数据和所要说明的观点，都要明确、明确、再明确。创业者还要明确说明所采用的任何假设、财务预估方法和会计方法，以及市场需求分析所依据的调查方法和事实证据等。

（十）完整

所谓完整，就是创业者的创业计划书从内容到形式都要完整。从内容讲，就是创业者将要创办的企业名称、生产的产品或提供的服务名称、对市场的分析、资金的筹措、风险的分析和防范等都要呈现；从形式上看，一定要按照一般的格式，有头有尾，符合规范，计划书的装订也要尽量规范，因为投资者看的不仅是创业计划书的内容，还要通过创业者的创业计划书来考量你做事的能力和态度。

三、创业计划书的基本格式

一般来说，创业计划书中应该包括创业的种类、资金规划和来源、资金总额的分配比例、阶段目标、财务预估、行销策略、可能风险评估、创业动机、股东名册、预定员工人数等。具体内容一般包括以下方面。

（一）封面

封面的设计要美观，有艺术性。一个好的封面会使投资者产生最初的好感，形成良好的第一印象。封面应该包括下面这些内容。

(1) 企业名称。
(2) 企业地址。
(3) 联系方式（电话、电子邮箱）。
(4) 企业网址。
(5) 法人代表。
(6) 保密须知（如有需要时可以具体说明）。

（二）计划摘要

计划摘要应该是浓缩了创业计划书的精华。一般来说，计划摘要涵盖了计划的要点，以求一目了然，让投资者在最短的时间内评审计划，并作出判断。

计划摘要一般包括以下内容。
(1) 企业介绍。
(2) 管理者以及团队成员的优势背景。
(3) 主要产品和业务范围。
(4) 投资事业项目或产品的背景与特性说明。
(5) 市场规模与预期占有率。
(6) 拥有的核心竞争优势。
(7) 营销策略。
(8) 销售计划。
(9) 生产管理计划。
(10) 财务计划。
(11) 资金需求状况等。

计划摘要要尽量简明、生动，不要长篇大论，要把自己所创立企业的不同之处和企业获取成功的市场因素展现出来。

（三）企业介绍

这部分的目的不是描述整个创业计划书，也不是提供另外一个摘要，而是介绍企业，因而重点是企业的发展理念以及如何制订企业的战略目标。创业者要让投资者对他们所投资的企业有一个大概的了解。

（四）产品（服务）分析

产品（服务）分析应该包括以下内容：产品（服务）的概念、性能及特性，主要产品（服务）介绍，产品（服务）的市场竞争力，产品（服务）的研究和开发过程，发展新产品（服务）的计划和成本分析，产品（服务）的市场前景预测，产品（服务）的品牌和专利等。

产品（服务）分析要阐明产品或者服务到底是什么、有什么特色、能带给客户什么利益；如果产品或服务是创新的、独特的，如何让顾客有购买欲望；如果产品或服务并不特别，为什么别人还会购买。在产品（服务）分析部分，创业者要对产品（服务）作出详细的说明，而且说明既要准确，也要通俗易懂，即便不是专业的投资者也能明白。一般情况下说明还要附上产品原型、照片或其他介绍。

（五）行业分析

所谓行业分析，就是正确评价出所选行业的基本特点、竞争状况以及未来的发展趋势等内容。关于行业分析的基本问题主要包括以下几个方面。

（1）该行业发展程度如何？现在的发展动态如何？
（2）创新和技术进步在该行业扮演着怎样的角色？
（3）该行业的总销售额有多少？总收入为多少？发展趋势怎样？
（4）价格趋向如何？
（5）经济发展对该行业的影响程度如何？政府是如何影响该行业的？
（6）是什么因素决定着它的发展？
（7）竞争的本质是什么？你将采取怎样的战略？
（8）进入该行业的障碍是什么？你将如何克服？该行业一般的回报率有多少？

（六）竞争分析

当要创业或要进入一个新市场时，必须要先做竞争分析。竞争有时是来自直接的竞争者，有时是来自其他的行业，所以当一个新竞争者进入你所经营的市场时要做竞争分析，而且需要随时随地做竞争分析。竞争分析可以从下面5个方向去想。

（1）谁是最接近的竞争者？
（2）他们的业务如何？
（3）你和他们业务的相似程度如何？
（4）你从他们那里学到了什么？
（5）你如何做得比他们好？

（七）人员和组织结构

在企业的生产活动中，存在着人力资源管理、技术管理、财务管理、作业管理、产品管理等。人力资源管理是其中最重要的一个环节。创业者一定要考虑以下几个关于人力资源的问题。

（1）现在、半年内、未来3年内的人事需求是什么？
（2）还需要引进哪些专业技术人才？
（3）有专业技术的人在哪里可以招聘到？
（4）需要全职的人员还是非全职的人员？
（5）薪水是算月薪还是时薪？
（6）能够提供的福利有哪些？
（7）有没有加班费？

对于任何企业来说，人都是最宝贵的资源。在创业计划书中，创业者还要对主要管理人员加以阐述，介绍他们所具有的能力、在本企业中的职务和责任、过去的详细经历和背景。此外，还应对公司的结构做一些简要介绍，包括企业的组织机构图、各部门的功能与责任、各部门的负责人和主要成员、企业的报酬体系、股东名单等。

（八）团队管理

要在创业计划书中明确创业团队管理的相关事宜。其主要包括以下几个方面。

(1) 创业团队成员的优劣势如何？成员之间如何互补？
(2) 创业团队成员的职务及责任如何分工？
(3) 职责是否界定明确？
(4) 除了团队本身是否有其他资源可分配和取得？

中小企业98%的失败来自于管理的缺失。对此，创业者要有深刻的认识，一定要做充分的准备工作，以应对投资者的"刁难"。

（九）市场预测

市场预测就是预测自己的产品要卖给谁，界定目标市场，包括客户的年龄层，是在既有的市场去服务既有的客户，还是在既有市场去开发新客户，还是到新市场去服务既有客户，或是在新市场开发新客户。

不同的市场、不同的客户需要不同的营销方式。市场营销就是找到客户，然后想办法让客户购买企业的产品或服务。所以，在制订创业计划书的时候，创业者一定要注意以下几个方面。

(1) 真正的客户在哪里？
(2) 产品对客户有哪些利益？
(3) 企业要采用哪种营销方式？
(4) 营销渠道是直销还是通过经销商？

（十）营销策略

错误的营销策略是导致企业经营失败的主要原因之一。在创业计划书中，营销策略应包括以下内容。

(1) 市场机构和营销渠道的选择。
(2) 营销队伍和管理。
(3) 促销计划和广告策略。
(4) 价格决策。

具体来说，创业者要说明企业的产品定位和品牌策略；现在和未来5年内的营销策略，包括销售和促销的方式、销售渠道和销售点的设置方式、产品定价策略、不同销售量下的定价方法，以及广告和销售计划的各项成本；客户服务体系建设构想和客户关系管理的运作方式等。

（十一）制造计划

创业者要在创业计划书中详细提到产品制造计划。例如，建厂计划，包括厂房地点、设计和所需时间与成本；制造流程、生产方法、质量管理方法，以及制造设备的需求；物料需求结构，原料、零组件来源和成本管理、委托外制与外包管理情形；产品各项固定成本与变动成本的说明，以及详细生产成本的预估；生产计划，包括自制率、良品率、开工率、人力需求等。

（十二）财务规划

财务规划的重点是现金流量表、损益表和资产负债表的制备。

（1）现金流量表。流动资金是企业的生命线，因此企业在初创或扩张时，对流动资金需要预先有周详的计划和进行过程中的严格控制。

（2）损益表。损益表反映的是企业的盈利状况，它是企业在一段时间运作后的经营结果。

（3）资产负债表。资产负债表反映在某一时刻的企业状况，投资者可以用资产负债表中得到的比率指标来衡量企业的经营状况以及可能的投资回报率。

（十三）融资说明

从企业的自身发展出发，说明对未来3年资金的需求，以及如何满足这些资金需求，可能来源包括募资、借贷、信用融资等。

创业者还要说明这次融资的资金需求、获利保障或限制条款；说明这次融资前后的股权结构变化，也需要指出一些关键投资人和经营团队在融资前后的股权数量变化情形；说明这次融资的使用计划，应尽量明确指出资金的具体用途；说明这次融资未来可能的投资报酬，包括回收方式、时机以及获利情形。

（十四）风险管理

经营企业会有一定的风险。在创业计划书中对风险进行分析，就是为了确认投资计划可能附随的风险，并以数据方式衡量风险对投资计划的影响，目的是向投资者说明风险的对应策略。

具体来说，创业者有义务告诉投资者你的公司在市场、竞争和技术方面都有哪些基本的风险；创业者准备怎样应付这些风险；在最好和最坏情形下，创业者的五年计划表现如何等。如果创业者的风险估计不那么准确，应该估计出误差范围到底有多大。如果可能，应对关键性参数做最好和最坏的设定。

（十五）结论

这一部分就是综合前面的分析和计划，最终说明你所创立的企业的整体竞争优势，指出整个创业计划的利基所在，并再次强调投资者投资你的企业所能够预见的远大前景。

（十六）证明资料

在创业计划书中，还要列出一些证明资料。例如，能够证实前述各项计划的数据；详细的制造流程与技术方面的数据；各种具有公信力来源的佐证资料；创业者详细的经历和自传等。

当然，创业者在编制创业计划书时，可以根据具体情况进行安排，有些内容可以整合，一般以7～10个部分为宜。

四、创业计划书的编写

制订创业计划，实际上是对创业目标的分解，将总目标分解成几个5～10年的长期目标，再继续分解，把每个长期目标分解成若干个2～3年的中期目标，然后把每个中期目标分解成若干个6～12个月的短期目标（图8-1）。大目标与小目标的逻辑关系是：①小目标是大目标的条件；②大目标是小目标的结果；③小目标的实现之"和"一定是大目标的实现。

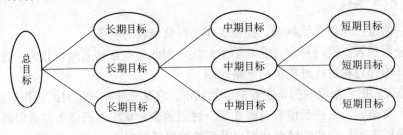

图 8-1　目标逻辑关系

在认真起草创业计划时，不要认为写创业计划书只是一种形式、一种过场；相反，在制订这一计划时必须明确：发展计划是创业的蓝图——为什么这一梦想对参与创业的人有经济效益？又要如何在时间的进程中把梦想化为具体的现实？

为了有效地实施和控制计划，必须制订一张时间进度表（表 8-1）。时间进度表应简明扼要，易于使用。

表 8-1　时间进度表

任务	月份											
	1	2	3	4	5	6	7	8	9	10	11	12
1. 决定自己开始经营												
2. 分析自己的优点与弱点												
3. 选择一种产品或服务												
4. 进行市场调查												
5. 预测市场对你产品的需求量												
6. 为你的经营选择场所												
7. 制订财务计划												
8. 制订生产计划												
9. 制订业务计划												
10. 制订推销计划												
11. 筹措资金												
……												

通过对表 8-1 中的计划任务和实施顺序的鉴定，创业者在心中就有了一个工作全貌。切实的时间进度表将督促创业者将创业意愿转化为创业行动。它把创业准备的项目、步骤全部纳入，可以帮助创业者鉴定哪些任务是重要的，哪些任务应当在什么时间完成。制定每项任务的完成期限，可以提醒和督促创业者在规定的时间内完成任务。

在创业计划书创定之前列出执行纲要是非常必要的，它包括概述、构想、目标、市场分析、生产开发、营销、组织和人事、现金流动与财务预测、所有权等。

在具体创业过程中，创业者需要制订许多不同类型的计划，如近期计划、远期计划、投资计划、进货计划、筹款计划、推销计划等。每项计划中，包含若干个实施项目，这些项目越明晰越具体、操作性越强越好。

第三节 实施创业计划

创业计划制订之后就进入了实施的阶段。这一阶段包括确定开业地址、注册登记、店铺装潢,直至市场营销等 8 个前后关联的环节。

一、选择开业地点

为企业选择合适的地点要注意 3 个步骤:①区域选择。首先,要注意人口问题;其次,要注意交通问题;最后,要注意该地区的社会活动情况、治安情况以及可能发展的前景。②街道选择。在已选定的区域内,如果黄金地段不多,街道的选择性就少;反之,如果该地区内有多条繁华的街道,或有其他中心,就需要进行对比和选择。③位置选择。

例如,要开办一家商店,开业地点应具备的条件如下。

(1) 商业活动频率高的地区。
(2) 人口密度高的地区。
(3) 面向客流量多的街道。
(4) 交通便利的地区。
(5) 接近人们聚集的场所。
(6) 同类商店聚集的街区。

二、登记注册

筹办企业必须进行工商登记,才能确定自己的合法权益和应该承担的义务。经过法定程序,必须到工商行政管理机关核准登记,取得合法经营凭证或法人资格,才能在核准登记的范围内开始经营活动。在社会经济活动中,其财产所有权、生产经营决策权、分配权、企业名称专用权、注册商标专用权等,均受国家法律保护,任何部门、单位、个人都不能侵犯。

(一) 进行法人登记

1. 提出申请

根据规定,成立新公司必须由各级主管部门进行审核、批准。按业务性质申请人应分别向经贸、金融、科技、建筑、旅游、民航等行业归口部门或体改委(办)和计经委提出申请。从事一些专门经营的公司还必须得到当地有关部门的认可和批准。在申请公司开业时,应向这些部门提交开办公司的申请报告。申请报告应写明开办公司的宗旨、公司名称、地址、组建负责人的姓名、公司性质、生产经营范围、生产经营方式、公司资金总额、职工人数、筹建日期,以及其他需要写入的内容。

2. 申请开业登记

在获得开办许可证后,即可申请开业登记。根据有关规定,应在主管部门或者审批机关批准后30日内,向登记主管机关提出申请;设有主管部门、审批机关的企业申请开业登记,由登记主管机关进行审查。登记主管机关(指国家和地方各级工商行政管理机关)应当在受理申请后30日内,做出核准登记或不准核准登记的决定。企业进行开业登记时,有以下问题需要注意。

申请开业登记的企业必须具备以下条件:①与生产经营或者服务相适应的资金和从业人员;②固定的经营场所和必要的设施;③符合国家法律法规和政策规定的经营范围;④符合国家规定的企业名称。

公司申请开业登记,应向工商行政管理机关提供以下文件和证件:①组建负责人签署的登记申请书;②主管部门或审批机关的批准文件;③公司章程;④资金信用证明、验资证明或资金担保;⑤企业主要负责人的身份证明;⑥住所和经营场所使用证明;⑦其他有关文件、证件。并填报《企业法人申请开业登记注册书》。

企业登记的主要内容有企业名称、企业负责人姓名、经营地址、企业种类、注册资金数、经营范围、经营方式、从业人员和雇工人数等。

企业的名称指的是企业名字和字号。企业名称应反映其自身所属的行业,并具有专业性和排他性。因为企业名称一经核准登记,在规定的范围内享有专用权,受国家法律保护,其他单位或者个人不得与之混同或者假冒其名称。而且,已经核准登记的私营企业名称,在同一范围内的其他企业不得再使用这个名称。

按照规定企业的负责人姓名是指独资企业的负责人为投资者本人;合伙企业的负责人为全体合伙成员推举的负责人;有限责任公司为全体股东或股东代表大会选举产生的公司董事长或经理,即以后的法定代表人。在办理登记时,企业的负责人必须使用真名,不得使用别名或假名。由于企业负责人直接承担企业法律责任和经济责任,是企业行政管理和经营管理的执行者,私人企业负责人在工商行政管理机关核准登记之后,就是该企业的法定代表人或法人代表,不得随意更换。

经营地址是指企业固定的或者主要的生产经营场所所在的市、县(区)、乡(镇)、村及街道的门牌地址。私营企业生产经营场地一经核准登记后,就是合法的经营场所,任何单位和个人不得随意侵占,私营企业亦不得随意改变企业生产场所和企业经营地址。因市政规划或者其他原因需要拆迁的,拆迁者应按国家有关规定承担拆迁费用,并合理安排新的经营场所。拆迁后,私营企业应向工商行政管理机关办理变更登记。

企业的种类是指独资企业、合伙的私营企业或有限责任公司几种类型。注册资金是指企业自有的固定资金和流动资金的总额,它是企业财产的货币表现,同时反映企业生产经营能力和企业规模。

经营范围是指企业生产经营的商品类别和服务项目。根据企业生产经营的商品类别和服务项目在企业中所占的比重大小,经营范围被分为主营项目和兼营项目。经工商行政管理机关核准登记的经营范围就是法定经营范围,企业不得擅自超越。在实际的经济活动中,区别企业合法经营与非法经营的界限是企业是否超越核准登记的经营范围。

经营方式是指企业在生产经营活动中所采取的方式和方法。也就是指自产自销、代购代销、来料加工、商品批发、商品零售、批零兼营、客货运输、储运、装卸等。

从业人员,是指企业中的全体生产经营人员。

雇工人数,是指不包括企业投资者在内的企业生产经营人员。

3. 领取营业执照

这是登记审批程序的最后一个环节。工商行政管理机关在审查核实的基础上填写《企业法人营业执照》或《营业执照》,由主管领导签署意见并记录在案,同时出具企业核准登记通知书,通知被核准的公司。公司接通知后,法定代表人持支票到登记主管机关领取执照,并由公司法定代表人行使签字备案手续。公司自领取营业执照之日起即宣告成立,标志着公司取得了法人资格,同时也取得了公司名称专用权和生产经营权,公司的合法权益受国家法律保护,也确定了公司必须承担国家法律规定的义务和责任。

(二)进行税务登记

税务登记是纳税人履行纳税义务向纳税机关办理的必要的法律手续,是纳税人的一项基本法定义务,是税务机关依据税法的有关规定,对纳税单位和个人的生产经营活动进行登记管理的一项基本制度。

税法规定,凡从事生产、经营、实行独立经济核算,并经工商行政管理机关批准,领取营业执照的一切单位和个人,均须办理税务登记。税务登记的基本程序如下。

1. 申报办理税务登记时应该提供的证件或资料

(1)营业执照。
(2)有关合同、章程、协议书。
(3)银行账号证明。
(4)居民身份证、护照或其他合法证件。
(5)税务机关要求提供的其他合法证件和资料。

2. 税务登记程序

(1)申请办理税务登记。由纳税人主动向所在地税务机关提出申请登记报告,并出示工商行政管理机关核发的工商营业执照和有关证件,领取统一印制的《税务登记表》,如实填写有关内容,经加盖印章后作为登记申报,报送主管税务机关。

(2)审核《税务登记表》,填发《税务登记证》。税务机关对纳税人的申请登记报告、税务登记表、工商营业执照及有关证件审核后,即可准予登记,并发给纳税人税务登记证。

纳税人在领到税务登记证之后,应悬挂在营业场所,亮证经营。生产经营活动须到外县(市)进行的,必须持所在地税务机关填发的外出经营活动税收管理证明,向营业地税务机关报验登记,接受税务管理。

由于税务机关对税务登记证件实行定期验证和换证制度,纳税人必须在规定的期限内持有关证件到主管税务机关办理验证或换证手续。

另外,根据《中华人民共和国税收征收管理法》和《中华人民共和国税收征收管理法实施细则》的规定,依照税收法律、行政法规规定负有代扣代缴、代收代缴税款义务的纳税人,除依法进行税务登记外,还应当自义务之日起30日内,向所在地税务机关申报办理代扣收税登记,领取代扣代缴或代收代缴凭证。

(3)纳税申报程序。办理了税务登记后,企业还应该进行纳税申报。纳税申报是纳税人为了正确地履行纳税义务，扣缴义务人为了正确履行代扣代缴、代收代缴义务，将发生的纳税事项或者代扣代缴、代收代缴事项向税务机关提出书面申报的一项法定手续。也就是说，企业领到营业执照开始生产经营活动之后，在一定期限内应向税务机关申报。

① 纳税申报的基本程序。税法规定，纳税人无论有无应税收入和所得，扣缴义务人无论有无代扣代缴、代收代缴税款，都必须在税收法律、行政法规规定的期限内，或者在当地主管税务机关依照税收法律、行政法规规定的期限内，到当地主管税务机关办理纳税申报，按规定报送有关资料，如纳税登记表，财务会计报表，代扣代缴、代收代缴税款报告表等。但是纳税人（不包括扣缴义务人）由于各种客观原因亲自到当地主管税务机关办理纳税申报有实际困难的，经主管税务机关批准，也可以邮寄申报。邮寄申报以寄出地的邮戳日期为实际申报日期。

② 纳税申报的主要内容。纳税申报的主要内容在纳税申报表或者代扣代缴、代收代缴税款报告表中载明，包括：税种；税目；应税项目或者应代扣代缴、代收代缴税款项目；适用税率或单位税额；计税依据；扣除项目及标准；应纳税额或者应代扣代缴、代收代缴税额；税款所属期限；其他。

③ 应提交的有关证件资料。企业办理纳税申报时，还应根据不同情况，相应提交下列有关证件、资料：财务、会计报表及其说明材料；与纳税有关的合同，协议书；外出经营活动税收管理证明；境内或境外公证机构出具的有关证明文件；税务机关规定应当报送的其他证件、资料。

④ 纳税申报的期限。纳税人和扣缴义务人办理纳税申报的期限要求由税收实体法律、行政法规的规定决定。不同的税种有不同的纳税申报期限要求。

3. 进行银行开户

企业在获得营业执照之后，应当选择当地一家银行或信用社开户。最好在适当比较、调查之后，选择一家银行或信用社开立账户。银行账户是指企业和经营单位等在银行、信用社开立的收支款项的户头。企业在银行开立账户后可以直接收取支票和汇票，把应收款存入银行，这样既保证了款项的安全，还可以按规定获得利息，增加收入；在购买大宗商品时，可以直接签发支票，而不必支付大量现金，减少了很多麻烦，到外地进货还可以通过银行办理汇款。例如，办理企业信用卡账户，则可到各地特约单位购物，或到自动取款机上提取现金；在银行或信用社开户的私营企业，在资金周转困难时，可以更方便地向开户银行或信用社提出贷款申请，取得贷款。

企业可以持工商行政管理机关核发的营业执照到当地银行或信用社提交申请表，在申请表中填清企业名称、企业负责人、企业性质、企业地址、经营范围和申请开户的理由。待批准后，还要填写印鉴卡片，作为银行、信用社审查结算凭证合法性的依据。印鉴卡片应载明开户企业名称、开户账号、企业地址、企业负责人和财会人员，同时，印鉴卡片上必须盖上有权签证人私章和企业公章，并且注明盖几枚章方为有效。这样，银行开户才算真正完成。

企业生产经营活动中，经常要进行结算，如出售商品后要收取买方的货款、购买原料需要支付卖方价款等，这些活动在金融行业中称为结算。

结算有两种：一种是现金结算；另一种是非现金结算，也叫转账结算或票据结算。由于成交金额大，支付大量现金既不方便又不安全，因此企业往往委托银行把货款从买方账户转到卖方账户，完成付款行为。转账结算又分为同城结算和异地结算，同城结算就是付款方和收款方在同一城镇内的结算；异地结算是指付款方和收款方不在同一城镇内的结算。私营企业可以运用的同城结算方式有支票结算和委托付款结算；异地结算方式有汇兑结算、银行汇票结算和信用结算。

三、店铺装潢

店铺装潢，与创业的内容、主题息息相关，在装饰自己的店铺时，要记住以下要点。
（1）设计必须符合自身的行业特点，从外观和风格上要反映出商店的经营特色。
（2）要符合主要顾客的品位。
（3）店面的装潢要充分考虑与原建筑风格及周围店面是否协调，"个别"虽然抢眼，不能"粗俗"。
（4）店面装饰要简洁，宁可"不足"，不能"过分"，不宜采用过多的线条分割和色彩渲染，免去任何过多的装饰，不要让顾客感到厌烦。
（5）店面的色彩要统一协调，不宜采用任何生硬的强烈对比。
（6）招牌上字体大小要适宜，店名要简明易懂，上口易记，除特殊需要外不要使用狂草或外文字母。
（7）店外的灯箱、布告板、宣传栏要遵守法律法规。
（8）突出对商品特点的展示，使顾客显而易见地看出每件商品的特色。

四、广告策划

广告是用来宣传产品的。在广告宣传中，产品以什么地位、什么形象出现，是关系到产品为消费者认识并接受的大问题。由于产品本身包含着许多复杂的要素，要在广告中准确把握产品定位及形象特色就需要精心策划，制定良好的表现策略。
（1）为产品定位。对销售具有成效的广告，首要的因素是企业应该如何为产品定位。
（2）承诺顾客的利益。第二项重要决策是，该向顾客承诺些什么？承诺并非声明，也不是口号，更不是标语，而是针对顾客的利益，产品必须能够达成企业的承诺。承诺是广告作品的灵魂。
（3）为品牌建立个性化的印象。努力使广告活动为其品牌建立最具个性化印象的厂商，通常都能获得最大的市场占有率。
（4）大创意，出奇制胜。广告应是根据大创意而形成，否则，将没有人了解。
（5）造成新奇感。新奇的广告比产品本身的任何特点更容易引起顾客的兴趣。
（6）推荐性的广告，避免用不相关的名人。无论是社会名人或真人实事，都很有效，但是应避免使用与产品或顾客毫无相干的名流。
（7）视觉上的示范。视觉上的示范通常都很有效。广告除了可使企业的承诺视觉化之外，同时还可节省时间，使企业的承诺到达每一个家庭中去，更可贵的是广告信息易被顾客所记。
（8）科学拟订广告标题。看广告标题的人数比看广告本身的人数平均高出 5 倍。要在标题中强调利益、强调新奇、强调简洁、用字适当、强调地域化。
（9）照片与图画。照片可吸引更多的顾客，激起更强烈的欲望、更高的可信度，更易于记忆，每一张照片说明必须有品牌名称与承诺。

五、质量管理

质量管理是现代管理工程的一个重要组成部分。随着科学技术和生产力的不断发展，社会消费者对产品和服务质量不断提出新的要求，对质量管理理论的探索也越来越丰富和深化。全面质量管理包括人的质量、工作质量等多方面因素。其中，首要是人的质量。

（1）人的质量。人的质量关键在于人的素质提高，人才需要事业来磨炼。要大胆解放思想，真正转变观念，切实解决好用人问题。要做到这一点，关键在于"能不能发现人才，能不能用人才"。这正是创业者需要深谋远虑之处。

（2）工作质量。很多企业推行全面质量管理体系的一个有效手段是在企业中进行质量体系认证。通过认证，提高企业产品合格率和企业信誉，提高市场竞争能力，提高工作效率，取得更高的社会效益和经济效益。

（3）始终贯彻"市场导向、质量创新"。效益看产品，产品看质量，质量看工艺，工艺看创新。产品质量是企业的生命，但质量主要是制造出来的，每个产品从投料到产品物化全过程都离不开工艺。既然质量是企业生命，那么工艺则是生命的主动脉。为此，必须以提高产品质量为中心来创新生产工艺。

六、财务管理

财务管理，是按照资金运动的规律，对资金来源和资金运用进行合理安排，对生产经营过程的物质、劳动消耗和经营成果进行计划、监督、核算和分析的一项综合性工作。财务管理要实现以下3个目的。

（1）积极筹集资金，广辟财源，增加资金积累，并对资金进行合理分配和灵活调剂，以保证生产经营活动的顺利进行。

（2）节省开支，降低成本，提高经济效益。只讲增收，不讲节支，成本高，开支大，即使产量增加，收益也不一定增加，因此要讲究精打细算。

（3）实行严格的财务监督，对费用开支要认真审查是否合理、合法，对浪费现象要及时采取措施加以堵塞，对收益分配、工资、奖金以及福利要加以正确处理。

财务决策、财务控制、财务计划和分析都是企业财务管理的重要环节。做好财务管理工作应做到：①了解客观经济情况，了解经济环境的改变对企业的盈利将产生什么样的影响；②懂得简明的微观经济理论；③熟悉会计知识；④会用相应的统计方法和实用的概率测算。

七、商务谈判

商务谈判实际就是商战。在谈判前，谈判者要做好充分的事前调查准备工作，掌握市场方面的信息，收集对方的情报资料，尽量做到"知己知彼"，以便能更好地在谈判中作出决策。

谈判不仅要具有实力，还要掌握各种技巧，这些技巧的使用有时会影响谈判的全局。

（1）讲好开场白。作为一名有经验的谈判者，他首先应知道怎样打开局面，一套好的开场白会扫去谈判者的怀疑心理和紧张气氛，更有利于谈判的进行。

（2）磋商的技巧。谈判作为一种"讨价还价"的较量过程，还表现为一种协作精神，即在双方共同利益的基础上，通过不断努力磋商，进而达成意见的统一。一个手段高明的谈判者是不会用强权和暴力来达到目的的。因此，在谈判过程中，我们必须掌握有关磋商的技巧，这些技巧主要是阐述的技巧、提问与回答技巧、打破僵局技巧、说服的技巧等。

（3）商务谈判的禁忌。商务谈判中存在不少禁忌，一定要加以注意。例如，忌先谈对立问题；忌随意指责，批评其他企业或公司；忌缺乏合作诚意；忌缺乏准备；忌过分吹嘘自己的产品；忌切断后路；忌主观臆断；忌让步太快或作无偿的让步；忌过快成交；忌用以"大权在握"的口吻进行谈判。

八、市场营销

销售战术是一个贯穿创业始终的系统工程，确保企业生产卖得出去的产品，最佳营销方案的制订是关键。

（一）了解市场本质

在关于市场本质理解方面，作为一名营销决策者，对于某一产品市场或将要参与竞争的市场，下面这些关键点必须做到心中有数。

第一，全局观念的市场到底有多大？
第二，这个市场的增长率是多少？
第三，当前的市场是如何被细分的？
第四，当前的市场趋势是否能细分市场，不久的将来主要变化是什么？
第五，目前公司参与竞争的是哪一细分市场，所占份额是多大？
第六，竞争者所占有的市场份额有多大？

在考察市场时必须要学会回答的重要问题是：在商战中取得成功的关键因素到底是什么？是产品的质量、多样性、价格、包装、分销能力、广告能力还是新产品的不断导入或有知识的销售人员？

在关于市场的理解方面还有很关键的一条，就是即便对市场的理解很准确，但如果不能明确指出将来市场增长最可能的来源，这样的市场分析仍然是不完整的，同时还带有一定的错误性。因此，营销人员还要弄清如下问题：第一，你公司的产品是否有可能进入新的市场或新的细分市场？第二，公司现有的市场是否在增长，还有没有可能发展？第三，有新的消费者进入市场吗？第四，公司可以从竞争者手中夺取市场份额吗？如果能，又从哪里开始？第五，企业能激发顾客更大的购买力吗？对于以上问题了解越深刻，对潜在的增长来源越明确，则提出成功的营销方案也就越容易。

（二）了解竞争对手

在了解竞争对手方面，企业应该明白，市场竞争也和拳击或散打格斗一样，如果要战胜竞争对手，就必须了解一下格斗场环境。了解了市场之后，接下来应该仔细审视对手，看他是不是实力强大，或是不是机动灵活，同时要考虑自己能不能战胜他。

企业要了解谁是自己的竞争对手；竞争对手目标是什么；竞争对手的实力如何；竞争对

手目前以哪一细分市场为目标；竞争对手将来可能参与哪些市场竞争；竞争对手在产品质量、价格、分销、广告和促销方面的情况如何等。所有这些都是为了了解竞争策略、资源和个性，以便在制定决策时做到有的放矢，并能对未来的发展作出预测。只有通过经营预测才能知道从哪些方面可以战胜对手。优秀的营销人员能够预测竞争者的新产品和他们将来的营销计划，以及他们对市场变动可能作出的反应。

（三）了解自己

了解自己的公司就是兵法上所说的"知己"。如何分析本公司也是营销活动重要的环节，它将教会你如何分析某一市场状态下的公司及其产品，评估竞争者，以便了解公司目前所处的地位以及为将来作出相应的选择。进行这一分析的关键问题包括：

（1）从公司规模、市场份额、资金来源、历史记录和现行市场定位的记录来看公司在市场所处的地位。

（2）公司是处于领导地位还是仅仅是一个追随者？

（3）管理目标和策略是什么，它正确与否？

（4）为实现这些目标可以管理的资源有哪些？

（5）与竞争者相比，公司的优势和弱点有哪些？

（6）公司所处行业的关键性成功因素有哪些？

此外，还有下列一些因素也必须加以考虑，如产品特征、产品质量、价格、分销渠道、销售能力等一些经营方面的问题。最佳策略方案必须以其优势为基础而回避其弱点。

确定本公司在哪些方面可以获利是必须注意的一点。每一公司都必须判别其众多产品和服务的相对利润，以便集中资金投入最能盈利的领域。

作为将来参与市场竞争的成员，在熟悉了解市场分析的各个要领之后，经过缜密的思考和判断，加上考虑市场的变化因素，创业者就能制定出一定时期内的最佳方案，营销也就随之开始了。

第四节 在校大学生创业实践活动载体

一、四川青年创业促进计划

（一）四川青年创业促进计划的含义

四川青年创业促进计划（Sichuan Youth Entrepreneurship Promotion Plan，SYE），是共青团四川省委为贯彻落实《关于加大力度促进高校毕业生就业创业的意见》，多渠道引导、激励、帮助、支持广大青年创业就业，在四川省范围内实施的青年创业扶持项目。

SYE 帮扶对象为四川省 18～40 岁的青年人，有创业梦想和创业激情，有很好的商业点子，但是筹措不到创业启动资金，同时又缺乏商业经验，创业在一年以内的创业青年群体。

SYE 核心服务内容包括提供 3 万～10 万元免息、免担保的创业启动资金贷款，咨询培训和"一对一"志愿者导师陪伴式辅导 3 年，引导创业青年进入工商网络，帮助青年创业成功。

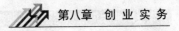

（二）SYE平台的创业扶持项目

1. 四川省青年大学生创业就业帮扶计划

SYE通过向社会公开征集并聘请知名专家、学者、青年企业家组成讲师团，走进高校开展"青春创业大讲堂"的巡讲；在省内各高校建立"大学生创业就业导航站"，上传和发布创业就业信息，为学生提供职业生涯规划、创业就业政策咨询、法律援助等服务，以更好地服务大学生创业就业。

资助对象：有创业和就业意愿或正在创业的在校青年学生。

2. 四川省促进青年创业就业行动

四川省促进青年创业就业行动是共青团四川省委发起倡导并组织实施的一项社会公益事业，其宗旨是通过资金扶持、技能培训、信息服务、政策协调和社会倡导帮助四川省青年创业就业，促进四川青年发展。青年小额贷款、青年创业就业素质训练营、青年创业大赛、青年创业就业在线学院是其中4个主要公益项目。

1）青年小额贷款

SYE联合中国邮政储蓄银行，并邀请专业担保机构和保险公司，为贷款的青年提供贴息、担保、保险的服务项目，为更多拥有创业梦想的青年提供帮助。

资助对象：城乡创业青年（40岁以下），创业项目可行性较强，具有较好的发展前景。

2）青年创业就业素质训练营

SYE建立青年创业就业素质训练营的目的就是通过专业导师的培训和辅导，帮助创业青年尽快提高创业就业的综合素质，帮助他们实现创业就业的梦想。

资助对象：有就业或创业意愿和正在创业的大学生、返乡青年、进城务工青年及部分优秀团干部（40岁以下）。

3）青年创业大赛

当代青年是思维活跃、敢想敢做的一代，特别是在全国上下提倡创业带动就业的背景下，许多青年萌生出创业的意愿，而他们几乎不懂怎样去评估、完善自己的创意和想法，或是因为缺少启动资金，让许多创业项目都只能停留在书面上，无法付诸实施。SYE通过每年举办一届创业大赛的方式为青年提供交流和学习的平台，组织权威专家对创业项目进行一对一的创业指导，并提供优厚的奖金作为获奖项目的启动资金。

资助对象：高校青年、城乡青年、汶川地震灾区青年（40岁以下）。

4）青年创业就业在线学院

SYE依托青年喜爱的专业网站的力量，通过青年创业讲堂、就业课堂的形式以及线上和线下的互动模式，打破时间和地域的限制，打造全新的青年创业提升平台。

资助对象：有创业或就业意愿和正在创业的城乡青年（40岁以下）。

（三）SYE贷款的申报流程

（1）创业青年咨询、培训。

（2）提交创业申请。

（3）创业青年提交以下材料：创业资金申请表；商业计划书；房屋所有权证或土地使用权证复印件；身份证复印件；交通银行四川省分行个人委托贷款借款申请书；委托贷款单项协议；个人信用信息查询授权书。

（4）项目初筛。

（5）项目初审。

（6）实地面试。

（7）银行征信。

（8）项目复审。

（9）开卡、面签、面谈。

（10）办公室通知创业青年到银行办理开卡和面签、面谈。需向银行提交以下材料：身份证原件和复印件（2份）；户口本原件和复印件（2份）；结婚证原件或声明书（单身）；银行当面填写面签、面谈表。

备注：创业青年到柜台向柜面人员表明前来办理的是"SYE创业贷款"并需与客户经理合影。

（11）项目放款。

二、SYB创业培训计划

（一）SIYB中国项目简介

SIYB（Start and Improve Your Business，创办和改善你的企业）中国项目是由人力资源和社会保障部推动，国际劳工组织提供技术支持，英国国际发展部和日本厚生劳动省提供资助的国际合作项目。

SIYB培训共分为4个模块，包括"产生你的企业想法"（Generate Your Business Idea，GYB）、"创办你的企业"（Start Your Business，SYB）、"改善你的企业"（Improve Your Business，IYB）和"扩大你的企业"（Expand Your Business，EYB）。这套培训课程专门培养潜在的和现有的小企业者，使他们有能可行的企业，提高现有企业的生命力和盈利能力，并在此过程中为他人创造就业机会，目前SIYB已成为国际劳工组织的创业培训品牌，在全球80多个国家使用并取得了很好的效果，受到各国的普遍欢迎。

（二）SYB项目培训

SYB是SIYB系列培训教程的一个重要组成部分。

SYB项目的培训对象为应届和历届大学生。

SYB培训是免费的，不收取培训费用。目前，大部分高校都有相关机构组织本校大学生参加SYB培训，已毕业的大学生可凭大学毕业证、身份证到当地人力资源和社会保障局及相关单位报名。

三、大学生创业孵化园

当前，随着国家"促进以创业带动就业战略部署"的逐步推进，各级政府和高校纷纷开展了形式多样的大学生创业孵化园建设，如大学生创业孵化园、大学生创业苗圃、大学生创业中心、大学科技孵化园等。这些创业基地都能够为在校大学生和近年内毕业的大学生提供创新创业帮助和指导，是大学生自主创业的实践基地和自主开展创造、创新的实验基地。大学生创业孵化园提供的服务包括创业辅导、人才推荐、技术咨询、财税咨询、法律咨询、市场开发、生产办公场地等创业服务。

四、"挑战杯"大学生课外科技作品大赛

"挑战杯"全国大学生系列科技学术竞赛是由共青团中央、中国科协、教育部和全国学联共同主办的全国性的大学生课外学术实践竞赛。"挑战杯"竞赛在中国共有两个并列项目，一个是"挑战杯"中国大学生创业计划竞赛，另一个则是"挑战杯"全国大学生课外学术科技作品竞赛。这两个项目的全国竞赛交叉轮流开展，每个项目每两年举办一届。

（一）"挑战杯"全国大学生课外学术科技作品竞赛简介

"挑战杯"全国大学生课外学术科技作品竞赛是由共青团中央、中国科协、教育部、全国学联和地方政府共同主办，国内著名大学、新闻媒体联合发起的一项具有导向性、示范性和群众性的全国竞赛活动。

（二）"挑战杯"中国大学生创业计划竞赛简介

创业计划竞赛起源于美国，又称商业计划竞赛，是风靡全球高校的重要赛事。它借用风险投资的运作模式，要求参赛者组成优势互补的竞赛小组，提出一项具有市场前景的技术、产品或者服务，并围绕这一技术、产品或服务，以获得风险投资为目的，完成一份完整、具体、深入的创业计划。

（三）"挑战杯"参赛事项

1. 竞赛目的

引导和激励高校学生弘扬时代精神，把握时代脉搏，将所学知识与经济社会发展紧密结合，培养和提高创新、创造、创业的意识和能力，并在此基础上促进高校学生就业创业教育的蓬勃开展，发现和培养一批具有创新思维和创业潜力的优秀人才。

2. 竞赛方式

竞赛采取学校、省（自治区、直辖市）和全国3级赛制，分预赛、复赛、决赛3个赛段进行。高校在校学生通过申报商业计划书参赛，有条件的团队可在此基础上进行商业运营实践；聘请专家评定出具备一定操作性、应用性以及良好市场潜力和发展前景的优秀作品给予奖励；组织作品和成果的交流、展览、转让活动。

3. 参赛资格

凡在举办竞赛终审决赛的当年7月1日以前正式注册的全日制非成人教育的各类高等院校在校专科生、本科生、硕士研究生和博士研究生（均不含在职研究生）都可参赛。

4. 参赛形式

以学校为单位统一申报，以创业团队形式参赛，原则上每个团队人数不超过10人。对于

跨校组队参赛的作品,各成员须事先协商,明确作品的申报单位。

5. 作品交流

"挑战杯"竞赛全国组织委员会将在竞赛决赛阶段组织多种形式的交流、展示活动和适时举办其他活动,丰富"挑战杯"竞赛的内容。

6. 成果孵化

在每届竞赛举办期间,全国组织委员会将适时在全国范围遴选确定若干家大学生创业示范园区,并联合园区及风险投资机构举办项目对接和孵化活动,对竞赛中涌现出的优秀作品优先转化。适时设立大学生创业基金,加强与有关方面特别是创业投资公司、金融机构等方面的合作,为高校学生通过参与竞赛实现创业提供支持。

五、"互联网+"创业大赛

"互联网+"是对创新2.0时代新一代信息技术与创新2.0相互作用、共同演化推进经济社会发展新形态的高度概括。2015年7月,国务院印发了《关于积极推进"互联网+"行动的指导意见》,明确了未来3年以及10年的发展目标,明确推进"互联网+",促进创业创新、协同制造、现代农业、智慧能源、普惠金融、公共服务、高效物流、电子商务、便捷交通、绿色生态、人工智能等若干能形成新产业模式的重点领域发展目标任务,并确定了相关支持措施。到2018年,互联网与经济社会各领域的融合发展进一步深化,基于互联网的新业态成为新的经济增长动力,互联网支撑大众创业、万众创新的作用进一步增强,互联网成为提供公共服务的重要手段,网络经济与实体经济协同互动的发展格局基本形成。

(一)"互联网+"创业大赛简介

大赛由教育部、中央网络安全和信息化领导小组办公室、国家发展和改革委员会、共青团中央等主办,旨在深化高等教育综合改革,激发大学生的创造力,培养造就"大众创业、万众创新"的生力军;推动赛事成果转化和产学研用紧密结合,促进"互联网+"新业态形成,服务经济提质增效升级;以创新引领创业、创业带动就业,推动高校毕业生更高质量创业就业。

(二)"互联网+"参赛事项(以第二届中国"互联网+"大学生创新创业大赛为例)

1. 参赛资格

根据参赛项目所处的创业阶段及已获投资情况,大赛分为创意组、初创组和成长组。具体参赛条件如下。

(1)创意组:参赛项目具有较好的创意和较为成型的产品原型或服务模式,但尚未完成工商登记注册。参赛申报人须为团队负责人,须为普通高等学校在校生(可为本专科生、研究生,不含在职生)。

(2)初创组:参赛项目工商登记注册未满3年,且获机构或个人股权投资不超过1轮次。参赛申报人须为企业法人代表,须为普通高等学校在校生(可为本专科生、研究生,不含在职生),或毕业5年以内的毕业生。

（3）成长组：参赛项目工商登记注册 3 年以上；或工商登记注册未满 3 年，且获机构或个人股权投资 2 轮次以上（含 2 轮次）。参赛申报人须为企业法人代表，须为普通高等学校在校生（可为本专科生、研究生，不含在职生），或毕业 5 年以内的毕业生。

各组别以团队为单位报名参赛，允许跨校组建团队。每个团队的参赛成员不少于 3 人，须为项目的实际成员。参赛团队所报参赛创业项目，须为本团队策划或经营的项目，不可借用他人项目参赛。已获首届中国"互联网+"大学生创新创业大赛金奖和银奖的项目，不再报名参赛。

2. 竞赛方式

大赛采用校级初赛、省级复赛、全国总决赛 3 级赛制。校级初赛由各高校负责组织，省级复赛由各省（自治区、直辖市）负责组织，全国总决赛由各省（自治区、直辖市）按照大赛组委会确定的配额择优遴选推荐项目。大赛组委会将综合考虑各省（自治区、直辖市）报名团队数、参赛高校数和创新创业教育工作情况等因素分配名额。每所高校入选全国总决赛团队总数不超过 4 个，全国共产生 600 个项目入围全国总决赛。通过网上评审，产生 120 个项目进入全国总决赛现场比赛。

3. 赛程安排（以第二届中国"互联网+"大学生创新创业大赛为例）

（1）参赛报名（3~5 月）：参赛团队可通过登录"全国大学生创业服务网"（cy.ncss.org.cn）、大赛 APP（名称为"大创空间"）或大赛微信公众号（名称为"大学生创业服务网"）任一方式进行报名。报名系统开放时间为 2016 年 3 月 25 日，截止时间由各省（自治区、直辖市）根据复赛安排自行决定，但不得晚于 8 月 31 日。

（2）初赛复赛（6~9 月）：各省（自治区、直辖市）高校登录"全国大学生创业服务网"进行报名信息的查看和管理。省级账号由大赛组委会统一创建及分配；校级账号由各省（自治区、直辖市）进行创建、分配及管理。初赛复赛的比赛环节、评审方式等由各高校、各省（自治区、直辖市）自行决定。各省（自治区、直辖市）在 9 月 15 日前完成省级复赛，遴选参加全国总决赛的候选项目。

（3）全国总决赛（10 月中下旬）：大赛评审委员会对入围全国总决赛的项目进行网上评审，择优选拔 120 个项目进行现场比赛，决出金奖、银奖。

大赛组委会将通过"全国大学生创业服务网"为参赛团队提供项目展示、创业指导、投资对接等服务，各项目团队可以登录"全国大学生创业服务网"查看相关信息。各省（自治区、直辖市）可以利用网站提供的资源为参赛团队做好服务，各高校还可以通过腾讯微校（weixiao.qq.com/2016）提供的资源推广大赛。

4. 竞赛奖励

大赛设 30 个金奖、90 个银奖、480 个铜奖，设最佳创意奖、最具商业价值奖、最佳带动就业奖、最具人气奖各 1 个。获奖项目颁发获奖证书，提供投融资对接、落地孵化等服务。

大赛设高校集体奖 20 个、省市优秀组织奖 10 个和优秀创新创业导师若干名，颁发获奖证书及奖牌。

六、"中国创翼"青年创业创新大赛

（一）大赛简介

"中国创翼"青年创业创新大赛由中国宋庆龄基金会、人力资源和社会保障部联合主办，大赛采用"创业赛事+项目企业孵化+协助项目企业落地+加速项目企业快速成长"的特有方式，将全国涌现出的优质"双创"项目和企业评选和展示出来。大赛选择落地在全国优质"双创"城市，如广州、成都、临沂、长沙、海口等地举办半决赛和决赛，并针对相关城市的特点，引导参与大赛的项目和企业在举办城市落地。大赛自有资方将全力协助优质项目、企业的创投和孵化，带动项目成长、推动企业发展，帮助本次大赛评选出的优质项目和企业快速成长起来，并促进大赛承办地区的城乡就业，提高税收，拉动经济可持续增长。

（二）"中国创翼"参赛事项（以第二届"中国创翼"青年创业创新大赛为例）

1. 参赛对象

大赛分团队组和企业组进行比赛。报名参赛团队（企业）应符合国家法律法规和国家产业政策，经营规范，社会信誉良好，无不良记录，不侵犯任何第三方知识产权。报名参赛人员须年满18周岁但不超过40周岁，可以是境内高校青年学生、青年农民工、社会青年、港澳台青年以及海外留学青年。

1）团队组报名参赛条件

（1）截至2016年1月15日，尚未在中华人民共和国境内工商和民政部门注册的、拥有科技创新成果或创业计划的团队；2015年7月15日（含）以后在中华人民共和国境内工商和民政部门注册的合法企业及机构（含个体工商户）。

（2）核心团队成员不少于3人。

（3）参赛者须为参赛团队核心成员或创始人。

（4）团队负责人及主要创始人不担任其他企业法人代表。

（5）专项赛"农民工创业创新大赛"要求参赛项目创始人或主要负责人为在本地乡镇企业或进入城镇务工的农业户口人员，或曾有1年以上（含1年）务工经历的农业户口人员。

（6）参赛项目非"中国创翼"（2015年）青年创业创新大赛全国总决赛团队组前6名项目。

2）企业组报名参赛条件

（1）该企业为2013年1月15日（含）以后在中华人民共和国境内工商、民政部门注册的合法企业及机构（含个体工商户）。

（2）该企业有股权融资需求，尚未接受投资或仅接受过早期投资。

（3）该企业有创新性的产品、技术或商业模式，具有较高成长潜力。

（4）专项赛"农民工创业创新大赛"要求参赛项目创始人或主要负责人是在本地乡镇企业或进入城镇务工的农业户口人员，或曾有1年以上（含1年）务工经历的农业户口人员。

（5）参赛项目非"中国创翼"（2015年）青年创业创新大赛全国总决赛企业组前6名项目。

2. 竞赛方式

大赛设4个行业赛和1个专项赛。行业赛分为新能源及环保产业类、高端装备制造业类、生活性服务业类以及综合类 4 项；专项赛即农民工创业创新大赛。

3. 参赛项目要求

（1）参赛项目内容须健康、合法，无任何不良信息。参赛项目所涉及的发明创造、专利技术、资源等必须拥有清晰合法的知识产权或物权，报名时需提交完整的具有法律效力的所有人书面授权许可书、项目鉴定证书、专利证书等。抄袭、盗用、提供虚假材料或违反相关法律法规，一经发现即刻丧失参赛相关权利并自负一切法律责任。

（2）对于已注册运营的项目，在报名时需提交单位概况、法定代表人情况、组织机构代码复印件等相关证明材料。

（3）积极鼓励与移动互联网、云计算、大数据、物联网等新一代信息技术结合的"互联网+"创新创业项目参赛。

4. 赛程安排

大赛分为省级初赛、行业赛和专项赛。初赛由各省级组委会组织实施；行业赛分行业全国半决赛和行业全国总决赛，由举办省市行业赛组委会在大赛组委会的指导下组织实施；专项赛分为全国半决赛和全国总决赛，全国半决赛由举办省市专项赛全国半决赛组委会在大赛组委会指导下组织实施，全国总决赛由大赛组委会直接组织实施。

5. 竞赛奖励

每个行业全国半决赛将最终角逐出团队组 20 个，企业组 20 个，共计 40 个名额参加行业全国总决赛；对未晋级总决赛的项目，授予"中国创翼"青年创业创新大赛"银翼"奖。每个行业赛全国总决赛将分别评选出团队组和企业组一等奖 1 名、二等奖 2 名、三等奖 3 名、优胜奖 4 名；对其他 20 个项目，授予"中国创翼"青年创业创新大赛"金翼"奖。

七、"创青春"全国大学生创业大赛

（一）大赛简介

2013 年 11 月 8 日，习近平总书记向 2013 年全球创业周中国站活动组委会专门致贺信，特别强调了青年学生在创新创业中的重要作用，并指出全社会都应当重视和支持青年创新创业。党的十八届三中全会对"健全促进就业创业体制机制"作出了专门部署，指出了明确方向。为贯彻落实习近平总书记系列重要讲话和党中央有关指示精神，适应大学生创业发展的形势需要，在原有"挑战杯"中国大学生创业计划竞赛的基础上，共青团中央、教育部、人力资源和社会保障部、中国科协、全国学联决定，自 2014 年起共同组织开展"创青春"全国大学生创业大赛，每两年举办一次。

（二）"创青春"参赛事项

1. 参赛资格

凡在举办大赛终审决赛的当年 7 月 1 日以前正式注册的全日制非成人教育的各类高等院校在校专科生、本科生、硕士研究生和博士研究生（均不含在职研究生）可参加全部 3 项主体赛事；毕业 5 年以内（时间截至举办大赛终审决赛的当年 7 月 1 日）的专科生、本科生、硕士研究生和博士研究生可代表原所在高校参加创业实践挑战赛（需提供毕业证证明，仅可代表最终学历颁发高校参赛）。

2. 项目申报

（1）大学生创业计划竞赛：参加竞赛项目分为已创业与未创业两类；分为农林、畜牧、食品及相关产业，生物医药，化工技术和环境科学，信息技术和电子商务，材料，机械能源，文化创意和服务咨询 7 个组别。实行分类、分组申报。

（2）创业实践挑战赛：拥有或授权拥有产品或服务，并已在工商、民政等政府部门注册登记为企业、个体工商户、民办非企业单位等组织形式，且法人代表或经营者符合规定、运营时间在 3 个月以上（以预赛网络报备时间为截止日期）的项目，可申报该赛事。申报不区分具体类别、组别。

（3）公益创业赛：拥有较强的公益特征（有效解决社会问题，项目收益主要用于进一步扩大项目的范围、规模或水平）、创业特征（通过商业运作的方式，运用前期的少量资源撬动外界更广大的资源来解决社会问题，并形成可自身维持的商业模式）、实践特征（团队须实践其公益创业计划，形成可衡量的项目成果，部分或完全实现其计划的目标成果）的项目，且参赛学生符合规定，可申报该赛事。申报不区分具体类别、组别。

大赛以学校为单位统一申报，以创业团队形式参赛，原则上每个团队人数不超过 10 人。对于跨校组队参赛的项目，各成员须事先协商明确项目的申报单位。对于经授权的发明创造或专利技术，在报名时需提交具有法律效力的发明创造或专利技术所有人的书面授权许可、项目鉴定证书、专利证书等。对于已注册运营项目，在报名时需提交相关证明材料（含单位概况、法定代表人情况、营业执照复印件、税务登记证复印件、组织机构代码复印件等材料）。

3. 竞赛奖励

全国评审委员会对各省（自治区、直辖市）报送的 3 项主体赛事的参赛项目进行复审，分别评出参赛项目的 90%左右进入决赛。3 项主体赛事的奖项设置统一为金奖、银奖、铜奖，分别约占进入决赛项目总数的 10%、20%和 70%。在每次大赛举办期间，全国组织委员会将联合地方政府、园区及风险投资机构举办项目对接和孵化活动，对大赛中涌现出的优秀项目优先转化。

八、大学生创新创业实践训练计划项目

根据《教育部、财政部关于"十二五"期间实施"高等学校本科教学质量与教学改革工程"的意见》（教高〔2011〕6 号）和《教育部关于批准实施"十二五"期间"高等学校本科教学质量与教学改革工程"2012 年建设项目的通知》（教高函〔2012〕2 号），教育部决定在"十二五"期间实施国家级大学生创新创业训练计划。

国家级大学生创新创业训练计划内容包括创新训练项目、创业训练项目和创业实践项目 3 类。

（1）创新训练项目是本科生个人或团队，在导师指导下，自主完成创新性研究项目设计、研究条件准备和项目实施、研究报告撰写、成果（学术）交流等工作。

（2）创业训练项目是本科生团队，在导师指导下，团队中每个学生在项目实施过程中扮演一个或多个具体的角色，通过编制商业计划书，开展可行性研究、模拟企业运行、参加企业实践、撰写创业报告等工作。

（3）创业实践项目是学生团队，在学校导师和企业导师共同指导下，采用前期创新训练项目（或创新性实验）的成果，提出一项具有市场前景的创新性产品或者服务，以此为基础开展创业实践活动。

实训与练习

1. 访问中国大学生创业网等网站，了解创业故事，学习创业政策，树立创业信心。
2. 以小型汽车维修点、校园电脑连锁点或家教服务中心为例撰写一份创业计划书要点。
3. 3～5个学生一组，根据自己的专业和兴趣，选择一个自己喜欢的项目，写一份创业计划书。
4. 利用假期参加社会实践活动，尝试一下小型创业创新活动的实践过程。

思考题

1. 大学生创业的活动载体有哪些？
2. 试述大学生创业与互联网的关系。
3. 调查身边创业的同学朋友，了解他们的创业过程，有哪些成功的经验、哪些失败的经验值得我们总结。

下 篇
大学生就业指导

就业是民生之本、安国之策、社会和谐之计,"民以食为天",而食的获取靠就业。

就业是指劳动者同生产资料相结合,从事经济和有益于社会的劳动,并以此获得劳动报酬或经济收入的活动。就业也是劳动者获得收入、维持生计和进一步改善物质精神生活的基本途径。

人要维持生存,就得工作,就得"挣钱",还要在工作中实现自己的价值和为社会作出贡献,大学生也不例外。为了实现自身的价值和为社会作出贡献,劳动者必须选择最能发挥自己作用的工作,使之与生产资料和工作岗位全面、迅速、有效地结合,而为这种结合所开展的工作就是就业指导。

美国职业指导协会将就业指导解释为帮助学生选择职业的过程、为就业做准备的过程、在任职中求发展的过程。我国台湾学者则认为,职业指导不独使受指导者知业并知适于何业,且需设法为之预备、助其入业,使之安于其业乐于其业。万一入业后不适宜,应当设法使之迁业,务得安居乐业之所。

就业指导有广义和狭义之分,广义的就业指导是指以被指导者的自身特点、意愿与社会职业的需要相协调为前提,帮助和指导其树立正确的就业意识,并为其选择职业、准备就业,以及在职业中谋求发展、进步等提供知识、经验和技能,组织劳动力市场以及推荐介绍、组织招聘等与就业有关的综合性社会咨询服务活动。狭义的就业指导是指给被指导者传递就业信息,帮助其求职与择业,为其与职业的结合牵线搭桥。

第九章 就业准备

导读

面对日益严峻的就业形势,大学生都希望自己在激烈的就业竞争中拥有比较优势,而优势的获得必须依赖于充分的准备,因为"机会总是留给有准备的人"。就业准备是大学生为了从事某种职业或获得某种职位,而在一个相当长的时期内所做的准备工作,主要包括认知准备、心理准备、知识能力准备、材料准备等。

要点与要求

充分的就业准备是大学生顺利就业的前提和基础。本章主要介绍就业认知准备、就业心理准备、就业知识能力准备、就业材料准备等主要内容。通过本章的学习,学生应明确就业准备的主要内容、方法途径。

案例引入

赵磊,来自一个低保家庭,从进入大学校园开始就希望通过自己的努力能找到一个待遇较好的工作,以改善家庭经济状况,但让他苦恼的是,不清楚究竟应该从哪些方面着手准备,或者说哪些是现在最该做的事。

伍义,一名即将毕业的大四学生,一想到找工作就恐惧、焦虑,有时甚至睡不好觉。看到别的同学发求职材料、逛人才市场,自己就焦躁不安;听说别人要去深圳、上海闯一闯,自己既想去又怕去。这个同学约他考研,那个同学又邀他参加"西部计划",他不知道该怎么抉择。

小斌,大四毕业生,经过亲戚介绍,一家合资企业有意考察他,要求他先寄一份推荐材料过去,这下可难倒小斌了,因为小斌还不会做推荐材料。

第一节 认知准备

一、大学生就业制度与政策

(一)我国大学毕业生就业制度的演变及发展

中华人民共和国成立以来,我国高校毕业生就业制度经历了统包统分—供需见面—双向选择—自主择业几个发展阶段。

1. 统包统分

在计划经济体制下，大学毕业生作为一种社会资源，由国家统一调配，安排到国家最需要的行业和领域。在这一时期，就业被称为"分配"，这一制度在人才奇缺、大学毕业生供不应求的特定历史条件下确实发挥了积极作用，但随着情况的变化，统包统分的大学生就业模式越来越暴露出它的局限性。

2. 供需见面

1985年5月，中共中央颁布了《关于改革教育体制的规定》，提出了改革大学招生和毕业生分配制度的要求，并从1986年起，将原来由国家计委主管的编制毕业生分配计划的工作交国家教委主管，于是，国家教委提出各高校分给部门、地区的毕业生计划——"切块计划"，各高校再通过与用人部门、地区"供需见面"的方式落实分专业、分用人单位的调配方案，这种"供需见面"活动对沟通大学毕业生就业渠道、促进高校与用人单位之间的联系、加强相互间的了解与协作发挥了积极作用，从而立即得到了高校和用人单位的广泛欢迎和大力支持。

3. 双向选择、自主择业

从1986年起，国家教委组织力量对高校毕业生分配制度的改革进行了调研，并会同国家计委、财政部等部门做了充分论证，提出了《高等学校毕业生分配制度改革方案》，于1989年开始实施。在该方案中，提出了高校毕业生分配制度改革的目标是：在国家就业方针政策指导下，逐步实行毕业生自主择业，用人单位择优录用的"双向选择"制度。1993年2月，中共中央、国务院颁布了《中国教育改革和发展纲要》，这是经过有关部门4年多的调研、充分听取各方面意见、反复论证的基础上制定的。《中国教育改革和发展纲要》明确指出：在20世纪90年代，随着经济体制、政治体制和科技体制改革的深化，教育体制改革要采取综合配套、分步推进的方针，改革包得过多、统得过死的体制，初步建立起与社会主义市场经济体制及改革中的政治体制、科技体制相适应的教育新体制。在此基础上确定的高校毕业生就业制度改革的目标是：改革高等学校毕业生"统包统分"和"包当干部"的就业制度，实行少数毕业生由国家安排就业，多数由学生"自主择业"的就业制度。即大部分高校毕业生在国家方针政策指导下，通过毕业生就业市场"自主择业"，根据个人能力条件参与市场竞争，而不再是依靠行政手段由国家保证其就业，高等学校在这一体制下，应将就业的主动权交还给学生自己，在就业活动中只是中介，主要提供就业指导方面的服务。

双向选择、自主择业是毕业生和用人单位相互选择的就业方式。通过这种方式，毕业生可了解用人单位概况（包括使用意图、工作环境、福利待遇、培训制度和事业发展前景等情况）；用人单位则根据要求对毕业生的综合素质进行考查（如知识、专业水平、能力、身体状况、思想品德等），决定是否录用。如双方达成协议，则签订毕业生就业协议书，作为制定就业方案和就业的依据。

党的十六届三中全会在《中共中央关于完善社会主义市场经济体制若干问题的决定》中明确指出"坚持劳动者自主择业，市场调节就业和政府促进就业的方针"，有关部门根据大学生就业的特点确定了"市场导向、政府宏观调控、学校推荐、毕业生与用人单位双向选择"

的大学生就业改革方向。全国高校毕业生就业由教育部归口管理，国家每年根据毕业生的资源状况和社会对毕业生的需求，制定年度方针、政策或指导性就业计划，高校按照国家的方针政策和学校主管部门的要求落实毕业生就业计划，组织派遣毕业生。根据具体情况，政府有关部门每年都要制定当年大学毕业生就业工作的实施办法。

（二）就业制度

1. 人事代理制度

人事代理是适应社会主义市场经济发展的需要而产生的一种新型的人事管理制度，是指人才服务机构接受用人单位或个人的委托，以人事关系及档案管理为基础内容，对其人事业务以及相关事宜所提供的一系列社会化服务。

毕业生人事代理是指政府人事行政部门所属的人才交流服务中心接受用人单位或个人的委托，管理大中专毕业生的人事档案关系、户籍关系等，并负责及时补充档案材料、接续工龄等。人事代理把原来的"单位人"变成了"社会人"，有助于形成人员能进能出、能上能下的良性用人机制。

适合进行人事代理的毕业生类型是：通过双向选择，已同外资企业，股份企业，乡镇企业，区街企业，私营企业，民办科技、教育、医疗机构，各种中介机构等非国有单位和实行聘用制的国有企、事业单位签订就业协议的毕业生；择业期内暂未落实就业单位，目前正在择业的毕业生；准备复习考研的各类毕业生等，均应实行人事代理。而实际上，我国现在的人事代理制度已经部分扩至国有企业、事业单位。

2. 就业准入制度及职业资格证书制度

职业资格证书制度是指按照国家制定的职业技能标准或任职资格条件，由政府认定的考核机构，对劳动者的技能水平或职业资格进行客观公正、科学规范的评价和鉴定，对合格者授予相应的国家职业资格证书的制度。

职业资格证书反映的是特定职业的实际工作标准和规范以及劳动者从事这种职业所达到的实际水平，这跟学历、文凭都有明显的不同。《中共中央、国务院关于深化教育改革与全面推进素质教育的决定》指出："在全社会实行学业证书与职业资格证书并重的制度。"可见，职业资格证书制度也是劳动就业制度中一项十分重要的内容。

就业准入制度是指根据我国职业资格证书制度的要求，依据《中华人民共和国劳动法》（以下简称《劳动法》）、《中华人民共和国职业教育法》（以下简称《职业教育法》）的有关规定，对从事技术复杂、通用性广、涉及国家财产、人民生命安全和消费者利益的职业的劳动者，要求必须经过培训并取得职业资格证书后，方可就业上岗的制度。

在《劳动法》和《职业教育法》中，有3条规定充分体现出职业资格证书在就业准入制度中的重要位置。第一，从事就业准入职业的新生劳动力，就业前必须经过1～3年的职业培训，并取得职业资格证书。第二，对招收未取得相应职业资格证书人员的用人单位，劳动鉴定机构将依法查处，并责令其改正。第三，对从事就业准入行业个体工商经营的人员，要取得职业资格证书后工商部门才能给其办理开业手续。由此可知，职业资格证书是劳动者求职、任职、开业的凭证，是用人单位招聘录用劳动者的主要依据，也是境外就业、对外劳务合作人员办理职业技能公证的有效证件。

3. 劳动合同制度

劳动合同制度是专门规范劳动合同的制度。劳动合同与每一个劳动者息息相关，是每一个劳动者走上工作岗位与用人单位发生劳动关系时都必须签署的协议。劳动合同的内容包括劳动者与用人单位经过平等协商后达成的关于权利和义务事项的条款。

劳动合同订立的原则包括以下几个方面。

（1）平等、自愿、协商一致的原则。平等是指当事人双方具有相同的法律地位，不存在命令与服从的关系，这一原则赋予了双方当事人公平表达意愿的机会。自愿是指劳动合同的订立完全是出自双方当事人自己真实的意愿，当事人一方不得强制或者欺骗对方，也不能采取诱导方式使对方违背自己的真实意愿而接受对方的条件。合同的期限、内容的确定，必须完全与双方当事人的真实意愿相符合。协商一致是指劳动合同的内容，必须由当事人双方在法律法规许可的范围内共同协商讨论，取得完全一致后确定。

（2）不得违反法律法规的原则。不得违反法律法规原则是订立劳动合同时必须遵守的最重要原则。其内涵是：第一，劳动合同主体必须合法，用人单位必须是依法设立的机构组织，劳动者必须达到法定年龄，具有劳动权利能力和行为能力。第二，劳动合同内容必须合法，双方当事人在劳动合同中订立的具体劳动权利与义务条款必须符合法律。第三，劳动合同的程序和形式必须合法，劳动合同必须要有规范的文本，以书面形式订立，口头合同无效。

4. 求职登记和职业介绍制度

按照我国颁布的失业人员登记管理办法规定，在一定劳动年龄内，有劳动能力、目前无业而要求就业的一般城镇居民，包括学校的毕业生，要到地方政府人力资源和社会保障系统的劳动就业服务管理机构（各市、区、县职业介绍中心和城镇各街道劳动管理科、职业介绍所）进行登记，领取求职证。劳动者进行登记后，就取得了合法就业资格。这是政府介绍就业的前提，也是对失业人员发放失业保险金的先决条件。

目前，政府人力资源和社会保障系统的人才交流中心，负责对专业技术人员、其他干部和毕业生进行求职登记和职业介绍。

5. 失业保障制度

失业，是市场经济体制下人力资源供大于求时的必然现象。在就业政策方面，国家不仅鼓励竞争就业、择优上岗，而且保护就业竞争中的弱势群体。对于能力低、身体弱、年龄大的劳动者，在其失业后，发放一定的失业保险金和救济金，以维持其基本生活和劳动能力，使他们能在适宜的条件下再次就业。

失业保障制度是社会保障体系的重要组成部分。

6. 公务员报考制度

我国公务员的范围：各级国家行政机关中除工勤人员以外的工作人员。考虑到我国机构编制的实际情况，对行使国家行政权力、从事行政管理活动，但使用事业编制的单位中除工勤人员以外的工作人员，也列入公务员的范畴。

国家公务员录用考试由考试录用主管机关统一组织，分为以下7个步骤：制订录用计划、公告、报名、考试、考核及体检、公布拟录用人员名单、审核备案。

（三）就业政策

就业政策主要包括两个部分：一是有关就业方面的法规；二是就业方面的措施、办法。因此，就业政策在毕业生就业过程中起着两方面的作用：一是导向作用，就业政策可以引导毕业生正确地选择择业道路，少走弯路，提高就业满意率；二是保护作用，就业政策能够维护毕业生的合法权益，确保就业的公正性。党和政府根据形势的变化不断调整大学生相关就业政策。

（1）就业法规类：《高等教育法》《劳动法》《劳动合同法》《民法通则》《公务员法》《就业促进法》《普通高校毕业生就业工作暂行规定》等。

（2）就业措施、办法类：随着社会的发展和就业形势的变化，国家制定了一系列促进大学生就业的政策，各地区也根据本地区的情况出台了针对性更强的就业政策，每年年底，国务院及相关主管部门、地方政府还会根据实际情况制定出次年具体的就业政策。

国务院转发教育部、公安部、人事部、劳动保障部《关于进一步深化普通高等学校毕业生就业制度改革有关问题的意见》（国办发〔2002〕19号）；财政部、国家税务总局《关于支持和促进就业有关税收政策的通知》（2010年10月）；总参谋部、总政治部、教育部、财政部《关于做好普通高等学校应届毕业生征集工作的通知》（参动〔2009〕6号）等一系列就业政策均可通过教育部官方网站查询。

（3）特殊政策规定。

① 取消大学生就业的户口限制：教育部等四部委联合发布的《关于切实做好普通高校毕业生就业的通知》中明确要求，省会及省会以下城市要取消进人指标、户口指标等限制。

② 在教育系统就业的规定："凡进必考"。

③ 结业生就业的规定：结业生是指具有正式学籍的学生，学完教学计划规定的全部课程，其中有一门主要课程不及格者。由学校向用人单位一次性推荐或自荐就业，找到就业单位的，可以派遣，但须在《报到证》上注明"结业生"字样，在规定时间内无单位接收的，将其档案、户口转至家庭所在地，自谋职业。肄业生是指具有正式学籍的学生，未学完教学计划规定的课程而中途退学者。国家不负责其就业派遣，将其户口转回生源所在地。

④ 关于改派的规定：毕业两年内找到工作并签订就业协议书，均可回学校办理改派手续。

⑤ 关于见习期的规定：一般情况下见习期不超过一年。

⑥ 对毕业时未就业毕业生的规定：一是其档案、户籍回原籍；二是参加就业技能培训。

⑦ 关于"大学生志愿服务西部计划""农村教师特聘岗计划""三支一扶""大学生村官"的规定：相关部门已有明确规定，每年还要根据当年的具体情况制定具体办法。

二、大学生就业形势

（一）面临的机遇

（1）党和政府高度重视大学生就业工作，为大学生就业创造了良好环境。党的十八大明确指出"就业乃民生之本"；党的十六届三中全会通过的《中共中央关于完善社会主义市场经济体制若干问题的决定》指出，"把扩大就业放在经济社会发展更加突出的位置，实施积极的就业政策，努力改善创业和就业环境"。2015年10月，党的十八届五中全会通过的《中共中央关于国民经济和社会发展第十三个五年规划的建议》中再次明确提出"坚持就业优先战略，实施更加积极的就业政策，创造更多就业岗位，着力解决结构性就业矛盾。""完善就业服务体系，提高就业服务能力。"习近平同志强调："就业是永恒的课题，牵动着千家万户的生活，任何时候都要抓好。"每年的《政府工作报告》都对就业工作提出了具体要求，并明确了当年应创造的就业岗位数量。

近年来国家制定了一系列有利于大学生就业的政策、规定，教育部、人力资源和社会保障部、公安部等部门近年来连续出台了有关促进大学生就业的有效措施，并取得了明显成效。

"十三五"期间，国家通过实施就业优先战略，以创业带就业，以发展促就业，以政策保就业，力争让每个劳动者都能够获得公平的就业机会和稳定的就业岗位，实现更加充分的就业和更高质量的就业，使劳动者生活得更加体面、更有尊严，人人都享有人生出彩的机会。

（2）我国大学生在全社会劳动力中所占的比例仍然很低，大学生是社会的优质人力资源，就业空间大。世界发达国家接受过高等教育的人数在国家总人口中所占的比例远远高于我国，加拿大为51%、以色列为46%、日本为45%、美国为42%、新西兰为41%、韩国为40%、英国为38%。据清华大学国情研究院统计表明，我国2014年接受过高等教育的人数仅占全国人口的11.01%。

随着我国高校扩招，高等教育从精英型向大众化过渡，高等教育毛入学率正在快速提高，但与世界其他国家和地区相比，比例仍然很低。根据教育部发布的《中国高等教育质量报告》，2015年我国高等教育毛入学率为40%，而在1993年世界53个发达国家和地区高等教育的平均毛入学率已达到47.4%。

（3）我国经济持续、快速发展，西部大开发战略的实施为社会创造了大量就业岗位。按GDP每增长一个百分点能创造80万~100万个就业岗位计算，我国经济的持续增长每年可创造近1 000万个就业岗位，这为促进大学生就业做出了重大贡献。

（4）"入世"和经济全球化为大学生提供了更广阔的就业空间。我国加入WTO以来，新兴产业的新岗位和世界其他国家、地区的就业岗位更青睐大学生这一优质社会资源。

（5）新的就业观念和用人制度让大学生有更多的选择。以前大学生就业是国家"分配"，大学生们只有"服从"的义务，而"服从"就意味着放弃；今天则是"双向选择"，大学生在市场上获得了选择就业岗位的自由，当然也就失去了计划分配的保障；同时，人们就业观念的转变也部分消除了传统就业的束缚，有效拓宽了就业渠道。

（二）面临的挑战

1. 劳动力供大于求的矛盾的长期存在和经济增长方式的转变造成就业岗位严重不足，从而使部分大学生无业可就

2004年4月26日，国务院新闻办公室发表首部《中国的就业状况和政策》白皮书，白皮书指出，受人口基数、人口年龄结构、人口迁移及社会发展进程等因素影响，21世纪前20年我国将面临较大的就业压力。随着科学技术的进步和劳动生产率的提高，自20世纪90年代以来，世界生产能力严重过剩，通货紧缩压力越来越大，创造就业成为世界各国发展的最大任务之一。进入21世纪，人类正在发生规模越来越大、竞争越来越激烈的"就业战争"，而人口多是我国的基本国情，在当前和今后一个时期，劳动力供大于求的矛盾将客观存在，

就业将是我们面临的重大经济和社会问题。近年来，尽管我国经济持续稳定发展，创造了大量就业岗位，但尚不能满足迅速增长的就业需要，同时又恰逢我国城镇新增劳动力、下岗失业人员和农村富余劳动力三大就业群体的"三峰叠加"，故就业形势日益严峻。据统计，"十五"以来，我国每年新增城镇劳动力1 000万人，2006年我国新增劳动年龄人口达到峰值2 000万人，还有下岗失业人员累计1 400万人；2010年我国劳动力总量达到8.3亿人，之后5年将新增劳动力5 000万人，而社会能提供的就业岗位仅为4 000万个，供需缺口巨大；到2020年，我国劳动年龄人口总规模将达到9.4亿人，按经济现有增长速度和就业弹性系数测算，大概2020年后我国就业矛盾有望缓解。这一严峻的就业形势可从所公布的我国城镇登记失业率得到验证，"十二五"期间，我国城镇登记失业率保持在4.1%左右（我国失业率统计的年龄上限偏低（男16～50周岁，女16～45周岁）。同时，经济体制转变和经济增长方式的转变也制约着劳动力需求的扩张。一方面，经济体制的进一步转变，全面贯彻效率原则，将促使国有企业约1/3的冗员下岗失业；另一方面，经济增长方式不断转变的结果，必然是整个社会的资本有机构成提高，就业机会相对减少。资料表明，20世纪80年代GDP每增长一个百分点，平均可新增就业岗位200万个，而现在经济增长对就业的贡献则下降了2/3，只能创造80万个就业岗位，如果GDP按8%～9%的速度增长，每年可创造的就业岗位也不足800万个，这和就业需求相比较还有较大差距。另外，国家深化人事制度改革、政府机构精简裁员、国有企事业单位减员增效等措施的实施，使传统接收大学生的主渠道的吸纳能力逐渐下降。

2. 结构性矛盾又使部分大学生有业难就

（1）结构性矛盾表现为大学生过高的就业期望与社会可提供的就业岗位之间的矛盾。一方面，计划经济体制下大学生"统包统分"的传统模式已成为人们的习惯性思维定式；另一方面，改革开放以来，社会对知识和人才的极度渴望使我们对大学生就业的认识产生了偏差，而随着我国高等教育从"精英教育"向"大众教育"的转变，"统包统分"已被"双向选择"所取代，市场对大学生的需求也从"精英需求"向"大众需求"转变，不再只是精英的职位需要大学生，而是社会各个岗位都需要高素质的从业者，大学生必然成为普通劳动者。这不是大学生的贬值，而是社会发展注定要达到的目标和经历的过程，但大学生还没有自觉接受这一现实，仍然盲目攀高，这必将造成劳动力市场的扭曲，无法实现大学生与用人单位的顺利"成交"。

（2）结构性矛盾表现为学科专业、学历层次及大学生所具备的知识、技能与社会要求之间的矛盾，这种人才供需的结构性失衡的直接后果是大量的人才短缺与人才闲置和浪费并存。同时，我国加入WTO后，产业结构的调整使许多传统行业将在短期内受到一定冲击，加速了行业的新陈代谢，导致一定时期内大学生就业的社会供需结构性矛盾更加突出。冷静思考我们不难发现，由于市场调节的盲目性和高校培养人才需要一个较长周期的原因，教育结构与产业结构永远不可能完全协调，而因为教育结构与产业结构不协调出现部分大学生暂时找不到理想的工作也应当是正常现象，所以劳动者包括大学生在适应产业结构的调整中出现暂时的就业困难，是市场经济条件下的常态。

（3）结构性矛盾表现为区域性的不平衡。由于区域发展的不平衡造成大学生比较集中地选择在具有良好就业环境和高回报率的地区就业，从而形成了需要大学生的地方没有大学生愿意去，而大学生愿意去的地方又没有岗位的局面。从经济学角度看，人才总是向那些发展机会多、经济待遇高的地方流动，而且经济发展越快，可能提供的就业机会就越多，吸纳人力资源的能力就越强，这也是大学生包括科技管理人员从小城市流向大城市、从经济欠发达地区流向发达地区的趋势有增无减的主要原因，而这种人才集中流动的结果必然造成局部和区域的供需矛盾，加剧大学生就业竞争的压力。我们选择了市场经济，就必然承担它带来的后果。

3. 劳动力市场不健全严重影响了大学生就业渠道的畅通

（1）完善的劳动力市场规则是大学生就业市场正常运行的基础和前提，而目前的市场规则已不能适应就业市场的发展变化。一方面，大学生就业市场需要健全的法规和管理制度对参与市场的大学生、高校、用人单位等方面的行为进行约束和规范，而我国大学生就业市场尚处于初始阶段，市场运行机制很不完善，市场"交易"秩序缺乏有效的政策支持，从而增大了大学生就业的成本。另一方面，国家、社会、用人单位和大学生个人在就业过程中有不同的要求：从政府与社会角度看，人力资源的最佳配置是从国家和社会发展的全局出发，使这一配置能够最大限度地与国家的发展目标一致，最有效地与国家发展规划相协调，达到人尽其才，物尽其用的目的；从用人单位的角度看，是要追求利润最大化；而大学生个人则往往追求个人发展目标的实现，期望收入、自我实现的最大化。因此，个人与国家、社会、用人单位几方面在求职和提供就业岗位时并不可能时时保持一致，这就需要一个能够有效地调整各方面利益的机制来协调各方面的期望和行为，使之尽可能趋于一致，实现大学生就业。

（2）健全的机制是优良的规则得以顺利实施的保障，没有健全的劳动力市场运行机制，再完美的劳动力市场规则也不可能发挥其积极的作用，而目前的大学生就业市场运行机制就无法保证良好规则的实施。一方面，表现在社会用工机制上，国家政策要求大学生就业应以市场配置为主，但社会用工还是计划与市场并存，大量的用人单位没有用人自主权，不能自主参与劳动力市场竞争，双向选择、自主择业难以实现。另一方面，地方保护主义是劳动力自由流动的最大障碍，教育、人力资源和社会保障等就业管理部门各自为政，致使就业市场条块分割，难以形成统一完善的人才市场，也是制约大学生就业的瓶颈。

4. 传统观念的消极影响制约着大学生顺利就业

（1）中国传统文化非常重视家族和权威，鼓励自律，要求服从，受这些方面的影响，大学生有强烈的依赖性和浓厚的家族意识。一方面，大学生在就业过程中对家庭、学校、社会有较大的依赖性，"等、靠、要"的思想比较严重，而主动出击、积极参与竞争的意识不强，总希望在"统包统分"的模式下就业；同时，自立意识较差，经济不独立，依靠家庭的供养已成为习惯，没有生存危机感，觉得有没有工作无所谓。另一方面，家族对学生的控制性较强，学生对家庭的服从性较重，学生个人的选择必须符合家族利益、声誉等方面的要求，因此，学生自主就业的积极性经常淹没在家长的质疑声中；同时，许多家长将自己没有实现的理想全部寄托在子女身上，把子女考上大学作为出人头地、改换门庭的希望，因此倾其所有来投资子女的教育，如此巨大的付出，怎能接受子女大学毕业后的就业仅能维持生活而无投资回报的现实。

（2）在我国传统观念中，职业有高低贵贱之分，而"学而优则仕"是读书人的人生价值信条，"金榜题名"一直都被视为人生至喜之事，只有通过科举考试谋取功名，才能成为"人上人"，大学生经过了艰难而漫长的学习考试之路，实现了"鲤鱼跃龙门"的梦想，并且"天之骄子"的耀眼光环似乎还依稀可见，因此，怀有一腔热望入学的大学生仍然放不下通过考学实现理想、改变命运的初衷，于是他们不甘现实，不肯屈就，"有业不就"的现象普遍存在。

5. 大学毕业生人数迅速增长给就业带来了巨大压力

30多年前，人们经过百里挑一的惨烈搏杀，换来的是神圣的"大学生"的称号，是"鲤鱼跳龙门"的感觉，真是"不自豪都不行"，拥有一枚大学的校徽简直是一种荣耀。但随着我国高等教育从精英型向大众化的转变，大学生绝对数量连年攀升，就业率及就业质量有不断下滑的趋势。

三、树立正确的就业观

（一）树立积极参与就业竞争的意识

（1）积极参加双向选择，主动出击，放弃"等、靠、要"的思想。大多数大学生还需要转变就业观念，不要做一个什么都靠父母长辈的"啃老族"，而应从理想主义的就业观念转向务实的就业观念，树立自立的意识，摒弃陈旧落后的就业观念，正视现实，积极、切实地迎接新形势的挑战。

（2）努力提高竞争实力。在高校学习专业知识的基础上，应有意识、有目的、有针对地对自己的职业发展方向进行扩充。加强与人处事沟通能力，加强自己的动手能力和生活自理能力，全面提升综合素质，积极适应社会需求，努力打造个人品牌，增强就业竞争能力，为就业做好准备。另外，要及早地规划好自己明确的职业目标，合理安排学习时间，明确努力方向。

（3）培养良好的就业竞争心理素质。就业过程中，既应具备敢于竞争、不惧困难、志在必得的自信，又应具备勇于失败的平和心态。

（二）树立"先求生存，后谋发展"的思想，放弃"一步到位"的幻想

许多大学毕业生在市场经济的高等教育大众化现实下还期望享受计划经济的精英教育条件下的待遇，希望就业能一步到位，一下就找到自己满意的工作，这是不现实的，也是不理智的。精英教育条件下的大学生包安排工作、包当干部的时代已一去不复返，现实要求我们在考虑就业时要先解决生存问题，在保证生存的基础上再考虑这一岗位是否适合自己、是否符合自己的兴趣、自己能否得到提高、将来的发展前景怎样等问题。

（三）树立职业理想服从社会需要的思想，做好到基层、到艰苦地方、到非国有中小型企业就业的准备，淡化"白领"意识

所谓"职业理想"，就是人们对未来的专业、工作部门、工作种类以及事业成就大小的向往和追求。它应该建立在个人的专业知识、能力、兴趣、职业激情的基础上，只有几方面重叠的部分才可能确立为自己的职业理想。首先，要认真分析自己的职业理想是不是脱离社会现实；其次，要懂得职业理想不等于理想职业；再次，要处理好理性择业与实现职业理想的关系；最后，对成功的价值判断不能仅以职业所处的地域、职位、收入水平等外在要素为标

准，也不能从一时一事的得失来取舍。

（四）树立自主创业的观念

面对日益严峻的就业形势，选择自主创业既能为自己寻求出路，又可为社会减轻就业压力，所以，创业是最好的就业。1998年世界高等教育大会通过的《世界高等教育会议宣言》明确提出："为方便毕业生就业，高等教育应主要培养创业技能与主动精神，毕业生将愈来愈不再仅仅是求职者，而首先将成为工作岗位的创造者。"国际教育界曾预测：21世纪将有50%的大学生走自主创业之路。近年来，特别是党的十八大之后，国家出台了一系列鼓励大学生自主创业的政策，正在努力营造"大众创业、万众创新"的良好社会环境。创业之前应"认清自己，周密计划"，创业没有固定模式，一般要经过调整心态、获取信息、调查分析、转化资源、应用资源几个阶段。

四、大学生就业程序

自20世纪70年代末恢复高考制度以来，我国大学毕业生就业制度的改革经历了计划分配、供需见面、双向选择、自主择业几个阶段。根据就业制度和就业形势的变化，大学生就业市场应运而生，简单地说，大学生就业市场就是为大学生和用人单位进行供需见面、双向选择所提供的平台。大学生就业市场具有时间短、层次高、规模大等特点。目前，我国大学生就业市场可分为有形市场和无形市场两大类。有形市场有以下形式：一是一所高校单独举办的就业市场；二是几所高校联合举办的就业市场；三是分科类举办的就业市场；四是区域性的就业市场；五是行业性的就业市场；六是用人单位举办的就业市场。无形市场则包括报纸、杂志、网络等信息交流平台。

（一）高校就业工作程序

高校就业工作程序包括：①毕业生就业指导；②收集发布就业信息；③供需见面及双向选择；④编制就业方案；⑤进行毕业生资格审查；⑥派遣；⑦报到；⑧改派。

（二）大学生联系就业岗位程序

大学生联系就业岗位程序包括：①制作推荐材料（包括准备就业协议书）；②收集处理就业信息；③联系用人单位（或用人单位的上级主管部门）；④参加供需见面及双向选择；⑤签订就业协议（可另签附期限的劳动合同）；⑥交就业协议书到学校主管就业部门（或所在系）；⑦派遣报到。

第二节 心 理 准 备

大学生就业心理是指大学生在择业过程中表观出来的一般心理倾向和特征。随着我国高等教育体制改革力度的加大和劳动人事制度改革的深化，高校毕业生就业由原来的"国家计划、统包统配"的模式向"供需见面、双向选择、市场主导、自主择业"的模式转变。这种就业模式的变化，既为大学毕业生提供了更为广阔的就业空间和择业自由，也给大学毕业生带来了前所未有的压力和挑战，使大学生在就业过程中表现出特有的心理状态，并以此支配个人的择业行为和职业定位。因此，大学毕业生怎样积极应对新的就业环境，培养良好的就业心理，是就业准备的主要内容之一。

案例 9-1

2006 年 10 月 31 日上午 9 时 49 分左右，一名男子从泉州中营职业技术学院一学生公寓 7 楼坠下身亡，警方从死者身上搜出一封遗书，并查明死者为清华大学研究生洪乾坤，警方判断死者为自杀身亡。据遗书目击者称，遗书中有这样的文字："对不起，我找不到工作……爸爸妈妈，孩儿不孝，找不到工作……不愿意成为家里的拖累，这就是我选择……的原因。"据死者的姑姑回忆，死者生前曾多次对她说过"现在不好找工作，压力太大"之类的话。可见，死者是怕找不到工作而又不愿成为父母的拖累而选择自杀的。

现在严峻的就业形势确实给许多大学毕业生带来了较大的心理压力，本案例虽属个别极端事件，但大学生择业过程中所出现的心理问题应引起高度重视。

一、大学生择业的心理误区及心理调适

面对激烈的择业竞争，大学生在求职择业过程中会产生挫折心理、虚荣心理、从众心理等不良的心理状态。如何排除这些心理干扰，以良好的心理状况选择职业，同时接受社会的挑选，是大学毕业生普遍关心的问题。心理调适的作用就在于帮助大学生解决所遇到的心理矛盾和冲突，有效地排除心理困扰，以良好的心态去寻找职业，增强心理承受能力。

（一）克服挫折心理

挫折心理是指人在从事有目的的活动遇到障碍时所表现出来的情绪反应。当一个人产生心理挫折后就可能陷入苦闷、焦虑、失望、悔恨、愤怒等多种复杂的情绪体验之中。因此挫折心理是一种消极的心理状态。

在就业问题上大学生受到挫折是因为他们的去向和抱负不能为社会和亲友所理解和接受，从而产生的怀才不遇的感觉。这往往是大学生自我评价过高造成的，而且通常是期望值越高挫折感就越重。如果在挫折中不是认真反思而是失去理智盲目地一意孤行，就可能形成人格障碍，由此引起内心世界的严重扭曲，对健康人格的塑造构成严重威胁。

要正确对待挫折、战胜挫折首先要进行自我分析，即通过自我认识自觉地调整自己的需要、动机、目的、情绪。其次要进行自我冷化，就是对情感实行"冷处理"，用自己的理智驾驭情感。为了使自己冷静下来可以试着进行呼吸训练、肌肉放松训练、气功入静等训练方法。此外还有自我暗示激励法、自我宣泄与转移目标法等都可以起到良好的效果。如果你是充满自信而又脚踏实地的人，相信你一定能克服择业中的挫折心理。

（二）排除从众心理

从众心理是在社会或群体的压力下个人放弃自己的意见而采取顺从行为的心理倾向。当个体认为群体的规范、他人的行为是正确的时候，他的从众表现才是自愿的，这又称

为遵从。有时候群体的规范、他人的行为在个体看来并不合适但又没勇气加以对抗，这时的从众表现也是我们要克服的心理现象。从众心理严重的人容易接受暗示、无主见、依赖性大、不能独立思考，而且迷信名人和权威，往往说违心的话、办违心的事。

在大学毕业生择业问题上，从众心理表现在愿意到大城市、大机关去工作。其实到大机关、大城市工作并不一定是你最佳的职业选择，只是从众心理影响的结果。古往今来大多能成才者都具有很强的创造力和思维能力，力求摆脱从众心理的束缚。作为大学生应当具有很强的独立思考能力，逐步培养自己独立分析问题、解决问题的能力，从而克服从众心理的影响，为今后走向社会提供良好的心理素质。

（三）丢掉嫉妒心理

嫉妒心理表现为对他人突出的品质、才能和成就高于自己时所产生的贬低、迫害他人的心理倾向，因此嫉妒心理是求职择业和人才成长的大敌。

嫉妒心理有两个明显的特征：一是指向性，即指向比自己"能干"和"幸运"的人。嫉妒的对象大多是自己工作、学习或生活环境中的同事、同学或者同龄人，即"平起平坐"或"不如自己"者。求职择业期间往往是嫉妒心发作较为突出的时刻。二是发泄性。除了轻微的嫉妒表现为内心怨恨之外，绝大多数的嫉妒都伴随发泄行为，如讥讽、诽谤直至陷害，只有这样才能使嫉妒者的心理得到平衡。

要同嫉妒告别、驱除自私的杂念，开阔心胸是十分重要的。作为现代社会的年轻人更应当是破除这种小农意识的先锋，让知识开阔自己的视野、心胸，在竞争中别人在某方面领先于自己这是正常的，要学会进行公平、公正地竞争，同时运用"心理位置互换法"将心比心。

（四）摒弃虚荣心理

虚荣心理也是妨碍求职择业的一种不健康的心理状态。虚荣心过强者在择业中往往把注意力集中在社会知名度高、经济上实惠的就业岗位，这些人不从发挥自身优势出发、不考虑自己的竞争能力、甚至不考虑自己的专长爱好，他们选择职业是为了让别人羡慕、做给别人看，而不是为自己寻找用武之地。而正确的态度是在选择职业时首先自问：我需要什么样的工作？我适合做什么样的工作？我能得到什么样的工作？经过冷静思考得出结论并付诸行动才可能真正丢掉虚荣心理的思想包袱，选择真正属于自己的职业。走自己的路让别人去说吧！

（五）避免攀比心理

俗话说：这山望着那山高。如果这句话用在激励自己积极进取方面无可厚非，但如果在求职择业过程中处处与别人比高下就不正常了，更何况现实生活中很多事物根本没有可比性。

事事攀比者在求职活动中往往显得缺乏主见、自信心不足，极易受他人干扰。会把注意力过多地集中到别人的就业取向上，害怕别人笑话自己"没本事""没出息"，总想找到一份超过别人的十全十美的工作，把联系到好工作作为一种吹嘘和炫耀。持这种心理谋职无异于逼着自己和别人同走独木桥，难免失足，而且这种心理往往会延续到就业时，抱怨某人不如自己反而进了大城市、大单位，影响工作情绪，实不足取。两山相比谁为高？"山不在高，有仙则名"。这个"仙"就是能够发挥自己优势的工作岗位，若想攀比就要憋着一股劲，比一比将来谁的贡献大、成绩多。

（六）抑制羞怯心理

新时期的大学生接触实际、接触社会的机会很少，在校内熟人圈子里他们还能应付，一出校门便感到手足无措，特别是毕业生就业制度改革方案出台后，在"供需见面"中普遍存在着的羞怯心理，直接影响到用人单位的取舍。羞怯作为一种经常性的心态，按其成因我们归纳出4种：①自卑性羞怯；②敏感性羞怯；③挫折性羞怯；④习惯性羞怯。

如何在求职择业活动中抑制并克服自己的羞怯心理呢？首先，要增强自信心，古代有驼背成为捕蝉能手者，国外有从小口吃的人成为雄辩家，关键要善于发现自己的优势，切不要为自己的短处所禁锢。其次，不要过多地计较别人的评论，因为只有自己最了解自己的实力。再次，平时就争取机会迎难而上，多多锻炼。最后，要学会意念控制，遇到陌生场合预感自己可能紧张、羞怯时，暗示自己镇静下来，提醒自己别胡思乱想、自己吓唬自己。

（七）超越自卑心理

一方面，许多大学生3年、4年中孜孜以求，练就了一身为人民服务的过硬本领，可就在面临毕业即将走向用人单位时却突然怀疑自己的价值和能力，总觉得自己不如别人，好像缺点很多，甚至一无是处，从而不敢参与就业竞争；另一方面，部分人因曾经犯过的错误而抬不起头来，或过分看重自己的缺陷和不足，甚至因自己的学校和专业不好而信心不足，结果错过了时机。如何超越自卑心理走向成功之路呢？

（1）在心中列出自己的成绩单。有关学习工作等方面的成绩或进展，演出或比赛成功，甚至自己做的某件事情曾受到老师、长辈或同学们的赞许。细细品味，自己比原来想象的还要有价值和魅力，这样不仅会使你顿觉有"神力相助"，而且便于在求职择业时能够非常自信地进行自我介绍。

（2）尽量使自己坦诚、直爽。把自己确实取得的成绩、具备的才学尽量说出来，自己的不足甚至缺点也应坦率相告。对于坦诚直率承认自己年轻幼稚、缺乏锻炼、不尽如人意的大学生，用人单位会认真考虑给你发展的机会。

（3）正视现实的自己。每个人都有自己的优势和不足，凡事可取而不可夺，此次不成还有下次，要善于解脱自己，要经常看到自身及生活现实中光明的一面，这样无论对求职择业还是对走好人生之路都有积极的作用。

（八）放弃"学而优则仕"的自负心理

自负是在比较自己与他人的成就时，超越真实自我，夸大自己能力和作用的一种自傲的态度和情绪体验。自负表面上看像是自尊，但就其实质，它是严重缺乏自尊的一种过度反应。在择业过程中，部分大学生认为自己上了大学就是入了龙门，书读得多、学历高也就等于自己身价高，所以就业的要求就高，社会上说的"眼高手低"就是指的这一现象，其结果是"高不成，低不就"，白白丧失了许多就业机会。

（九）摆脱依赖心理

在传统就业意识的禁锢下，一些大学生迷恋统包统分，恐惧竞争风险，把就业希望寄托在人事部门、教育部门、学校甚至家长身上。这是依赖心理的具体表现，往往导致大学生自己对求职择业不闻不问，而成为学校的压力和家长的负担。具有这种心理的人一旦进入就业竞争的行列往往无所作为，落聘的风险极大。大学毕业生只有面对实际、着眼基层、积极参与才有出路。

（十）消除焦虑心理

焦虑是由于个人应付环境无把握引起的并且感受到某种威胁的一种复杂的情绪反应，主要表现为恐惧、不安、忧虑以及某些生理反应。在大学生择业阶段，绝大多数人的心理问题表现为过度焦虑，常常表现为精神负担过重、紧张烦躁、心神不安、萎靡不振，甚至在遭受挫折后产生恐惧感。这种择业性焦虑主要有3种情况：一是社会适应性焦虑，面对即将进入社会，心中一片茫然，不知道如何处理与他人特别是同事之间的人际关系，不知道怎样安排自己的生活，并担心自己所学的专业知识和能力不能胜任将来的工作，这种焦虑一般与独立能力不强或专业技能不佳有关；二是单位不确定引发的焦虑，包括等待焦虑和迟迟找不到工作单位的焦虑；三是选择带来的焦虑。

消除择业性焦虑：一是要学会阳光思维，努力发现好的一面；二是要自信，相信自己一定能找到工作并完全有能力胜任它，相信自己能处理好各种社会关系；三是客观评价自己，充分发挥自己的优势，并努力提高自己各方面的素质。

二、良好的就业心理特征

求职择业是大学生综合素质尤其是心理素质的一次大考验，在就业过程中，良好的心理素质能够帮助大学生理智认识自我、客观分析环境，有利于充分发挥自己的能力，乐观应对挑战，坦然面对失利，积极把握机会，科学作出决策。良好的就业心理主要表现为以下特征。

（一）认清自我，定位准确

如果我们在面临就业选择的时候，充分地考虑了自己的各方面因素，去选择一种建立在自己深信不疑的正确思想基础上的职业，一种能够实现自己人生目标的职业，即使它不是最荣耀的职业，我们也会怀着崇高的自豪感去从事它，并将不断给我们带来快乐和享受。相反，如果错误地估计了自己，我们的选择就会给我们带来不尽的痛苦。所以，这就要求我们在就业决策之前，首先应该认清自我。认清自我就是客观地了解自己的职业兴趣、职业个性、职业能力、职业价值观等决定自己职业选择的因素，再根据自己"喜欢做什么""适合做什么""擅长做什么""最看重什么"及自己的优势和劣势作出职业定位。

职业定位既要考虑社会需求、工作环境、个人能力等方面的因素，又要处理好职业理想与就业现实之间的冲突，大学生应该主动随着就业形势的变化及时调整自己的就业期望值，从而将自己的就业心理调整到最佳状态。

（二）正视现实，自信豁达

现实是客观存在的，积极的心态就是正视现实，正视现实是适应现实的前提。成功的就业决策是建立在对就业环境清醒认识的基础之上的，既不幻想，也不逃避，无论现实对自己有利还是不利，都应以一种乐观自信的心态去应对。大学生在作出就业决策时既要看到形势严峻的一面，以一种坦然的态度对待，又要坚信"天生我材必有用"，豁达自信地面对。自信不仅是大学生成功就业所必备的心理素质，也是对自我的认同和肯定。建立在正视现实基础上的自信将让大学生在职业决策时藐视困难，以最积极的态度、活跃的精神去解决问题，以足够的承受力面对挫折，以足够的勇气迎接挑战。

（三）主动出击，勇于竞争

大学生就业制度的改革，一方面，为毕业生和用人单位提供了"双向选择"的机会，让大学生能够根据国家赋予自己的权利，结合自己的条件和愿望挑选工作岗位，通过适当的途径和方式展示自己、推荐自己，从而得到用人单位的青睐。另一方面，大学生在拥有就业主动权的同时，也将面对日益激烈的就业竞争，就业竞争不可避免地给强者带来机遇，使弱者面临危机。在这样的形势下，大学生那种"皇帝女儿不愁嫁"的时代已成为历史，"等、靠、要"的心理只能是一厢情愿，所以，大学生要想在就业竞争中取胜，必须强化自身的竞争意识，主动出击，勇于拼搏。

（四）不怕挫折，放眼未来

一方面，在激烈的就业竞争中难免会遭受挫折，遇到挫折要认真分析原因，是主观努力不够还是客观要求太高，是客观条件苛刻还是主观条件不具备，只有认真分析，才能心中有数。同时，挫折虽然带来了暂时的伤痛，但也可磨炼意志。所以，遇到挫折不能消极退缩。

另一方面，在激烈的就业竞争中由于种种原因，部分大学毕业生的职业愿望难以实现。也许是专业不对口，也许是工作条件差，也许是待遇低，但无论怎样，这都是自己的新起点，虽然现在难如人意，但一定要相信，通过自己的努力，通过就业环境的改善，今后一切都会好起来的。

第三节 知识能力准备

新的就业形势对从业者的知识结构、思维方式和实践应用能力均提出了更高的要求，为了更好地适应社会的要求，实现顺利就业，大学生必须自觉把大学生活与就业紧密联系起来，努力构建合理的知识结构、科学的思维方式和强有力的实践应用能力。

一、构建合理的知识结构

现代社会对求职者的知识要求是拥有较高的知识程度，并能根据社会的发展和所选择职业的具体要求，科学组合自己的知识，形成合理的知识结构。

（一）合理知识结构的特点

大学生应具备的知识包括基础知识、专业知识、复合知识。

（1）基础知识在大学生知识结构中发挥着举足轻重的作用，在现代高等教育改革中越来越被重视。基础知识包括数学、物理学、化学、历史学、地理学、哲学、文学、艺术、文化、伦理道德、外语、计算机及专业基础知识。

（2）专业知识是大学生知识结构中的主要内容，是高等教育根据社会分工的需要而建立的人才培养方式，是大学生各自所学专业的知识，是大学生赖以生存发展的资本和一技之长的具体表现。

（3）复合知识是增强大学生社会适应性的知识，是为了弥补高等教育"专才"缺陷的知识，是大学生健康持续发展的助推剂。

合理的知识结构就是根据社会需要将自己的基础知识、专业知识、复合知识有机整合而成的知识结构。大学生合理的知识结构虽然没有绝对统一的模式，但具有普遍而共同的特征：有序性、整体性、可调性。

（二）知识结构模型

1. 金字塔形知识结构

金字塔形知识结构的横向结构是宽广型，纵向结构为阶梯形，包括宽厚的综合性基础理论知识、专业理论知识和适量的非专业理论知识及跨学科知识，强调的是基本理论、基本知识、基本技术技能的学习、训练和运用。厚基础为人的成才和创造奠定了基础，宽基础为人的综合能力、适应能力、应变能力的培养创造了条件。目前我国大部分本科专业教学计划实际上是按这种金字塔形知识结构设计的。

2. 网络形知识结构

网络形知识结构是以自己的专业知识为一个"中心点"，以其他相近的、作用较大的知识作为网络的"纽带"，这样相互联结，形成一个适应性较强的，能够在较大范围内左右驰骋的知识网。网络形知识结构的主要特点是知识面的宽广性。

3. T形知识结构

T形知识结构是专博型知识结构的另一种表述。有的人专业知识精深，但知识面狭窄，其知识结构很像一个竖杆"｜"；有的人专业知识浅薄，而知识面较广，其知识结构像一个横杆"一"。将二者之长集于一身，这就是T形知识结构的人。就目前来看，具有T形知识结构特点的人才，符合就业市场（专业化时代）的需要。因为精深的专业知识可以较好地满足对口行业的就业要求，宽博的基础知识则有助于支撑今后的发展。

（三）社会对求职者知识结构的要求

现代社会对求职者文化素质、知识的要求受着多种因素的影响，尤其受到当代科学技术发展状况的影响与作用。与此同时，各类现代职业对于就业者文化素质和合理的知识结构的要求也越来越高。就知识结构而言，不仅对知识技能共性的要求越来越多，而且对就业者知识和技能的适应性要求也越来越高。

1. 不同类型的职业对求职者知识结构的共性要求

（1）宽厚扎实的基础知识。基础知识是知识大树之躯干，是知识结构的根基。无论选择何种职业，也不管要向哪个专业方向发展，都少不了宽厚扎实的基础知识。特别是随着科技和经济的高速发展，社会的产业、行业、职业结构调整的速度必然加快，大学生在择业就业上已不可能是从一而终,职业岗位随时变动的状况不可避免。要适应这种变化,必须靠扎实宽厚的基础知识。

(2)广博的专业知识。大学毕业生是将要从事专业性较强工作的高级专门人才。专业知识是知识结构的核心部分,也是科技人才知识结构的特色所在。所谓广博精深,是指大学毕业生对自己所要从事专业的知识和技术具有一定的深度和范围,有质和量的要求,对概念体系、理论体系、研究方法、学科历史与现状、国内外最新信息等都要了解和把握。同时,对其专业邻近领域的知识也要有所了解和熟悉,善于将其所学专业的领域与其他相关知识领域紧密联系起来。专博相济,专深博广,已成为当前人才素质的重要要求。

(3)大容量的新知识储备。现代各类职业都要求从业者的知识"程度高、内容新、实用强"。"程度高"是指知识层次高,知识面广;"内容新"是指从业者的知识结构中应以反映当今科学技术发展状况的新知识、新信息为主;"实用强"是指从业者的知识在生产、工作中有较强的实用价值。

2. 不同类型的职业对求职者知识结构的特殊要求

(1)管理类职业的要求。该类型职业主要包括国民经济管理、企业管理、金融管理、财政管理、外贸管理、行政管理等社会工作。选择此类职业作为自己目标的求职者,在其文化素质上除了具备上述那些共性要求外,根据管理职业的实际需要和管理科学的发展规律,还必须很好地掌握党的方针政策,掌握基本的法律知识。在其知识结构中,管理理论和知识要求占较大的比例,除此以外还应了解税务、工商、外贸的管理知识。在知识结构上一般要求具有网络形结构。

(2)工程类职业的要求。该类职业的范围包括各行业中从事工程技术应用工作的职位。它要求就业者在文化素质上应具备扎实的专业知识,具有较新的现代专业理论,熟练地掌握并能应用于实际工作中的应用技术知识及一定的管理知识。

(3)农科类职业的要求。该类职业范围主要包括各农业科技园区、园艺类公司、农科所、蔬菜公司等企事业单位。它要求能吃苦、具有良好的专业知识并能运用于实践,有较强的自学和创新能力。

(4)教育类职业的要求。该类职业的范围包括大学教师、中学教师以及各类职业教育教师、干部培训教师等。教育这一特殊职业决定了选择此类职业的就业者在文化素质上要具备以下条件:掌握辩证唯物主义和历史唯物主义的基础理论和浓厚扎实的专业知识,熟悉本专业最新研究成果及其发展趋势,了解与本专业相近的新兴边缘学科或交叉学科的情况,具有较高的文化素养,达到真正的"博学"。此外,还要掌握教育科学的有关知识。该类职业要求就业者的知识结构为网络形。

以上仅介绍了4种类型的职业对求职者文化素质的特殊要求,其他类型有着各自不同的特殊要求。大学生应当根据社会需要,结合个人专长,充分了解各种职业对求职者知识结构的特殊要求,在就业前和就业后注意建立和调整自己的知识结构,并使之日趋合理,日臻完善,为成才奠定坚实的基础。

(四)知识的学习

一个人的文化知识素质如何,将决定他在求职择业时的自由度和取得职业岗位的层次,而知识主要由公共基础知识、专业基础知识、专业知识3个部分构成。

1. 公共基础知识

公共基础知识主要包括人文、自然科学、外语、计算机等方面的知识。掌握宽厚的公共基础知识，不仅是形成合理的知识结构所必需的，而且是按照自身特点和社会需要，在我们的一生中不断学习、掌握新知识的需要。公共基础知识犹如基石，只有宽厚坚实才能合理地建筑起稳固的知识大厦。著名作家夏衍说："每一个科学家、文学家、艺术家在他们成'家'之前，绝无例外地都在文、史、哲、数、理、化等方面经过艰苦的努力，打下了坚实的基础。要建筑百丈高楼，不先打好地基是不行的。"美籍华裔科学家丁肇中说："掌握知识，就要在某一个学术领域或几个领域内获得一定宽度与深度的基础知识。这是培养一个科学工作者必要的前提。"大学生要掌握好基础知识，这是以后就业的铺路石、敲门砖。如果连大学4年所学的基础知识都没掌握好，那么如何去学习以此为基础的新知识？因此，大学生在课余还可积极参与各类基础学科竞赛，建立宽厚的知识基础，有利于大学生在今后的工作中适应各种变化，灵活自如地发展。

2. 专业基础知识

对于学生从事专门学科知识学习而言，专业基础知识是衔接公共基础知识与专业知识重要的环节，是公共基础知识的深化、发展，是专业知识的先导与基础，起着承上启下的作用。大学生只有掌握稳固的专业基础知识，才能进一步深入学好专业知识。目前，各高校专业基础知识安排的课时一般占整个学时的 1/3 左右，这足以证明专业基础知识的重要性。大学生应该广泛汲取各类知识的精髓，加宽知识面，有针对性地扩大自己的知识面，在有利于专业知识积累与发展的条件下，使知识结构趋于合理。

3. 专业知识

专业知识通常是指学生各自所学专业的知识，是学生知识结构中的主要内容。专业知识是学生知识结构的直接体现，知识结构的完善必须以专业知识的学习与运用为最终目标。在知识结构中对专业知识的要求要精而又精、深而又深，人才总是具有一定专业的人才。随着社会生产力和科学技术的发展，社会对专业能力，特别是专业的实际操作能力要求是越来越高。因此，对形成专业能力的专业知识的要求也越来越精和越来越深。宋代哲学家程颐说："学贵专，不以泛滥为贤。"明代文学家王廷相说："君子之学，博于外而尤精于内。"当代著名词学家夏承焘也说过："如果一个人兴趣很广泛，然而一生没有一件是比较精通的，那么就不可能探索到世界奥秘的一部分。这样的人，也就是缺乏专业知识，也即不能很好地为祖国服务。"

专业知识是学生赖以生存的资本，过硬的专业知识是学生今后走向工作岗位的一技之长，是履行岗位职责，胜任专业工作必须掌握的。一个人的知识域是由专业知识和相关知识构成的。在学习的过程中，应区分出什么知识是工作所必需的，什么知识是进一步提高工作能力和工作效率、效果所需要的，从而有目标、分层次地对知识进行储备，准确而有效地获取相关知识。以教师为例，一个优秀的教师应该具备多方面的知识。其中，掌握好所教学科的专业知识是一个教师进行教学的前提。教师只有拥有丰富的专业知识，才能将其有效的传授给学生。但只有相关的专业知识，而不懂教育学、心理学、学科教学论的相关知识，则不能充分了解学生的特点，不懂得教育教学方法，则不能有效地传授知识，这样就不能成为合格的教师。

4. 现代经济、现代管理和人文社会知识

在知识的建构过程中，在重视基础类知识和专业类知识的基础和前提下，努力扩展自身基础类、专业类知识之外的其他横向类知识的范围。古今中外许多学者再三提出和强调的"博学"思想，正是我们这里所说的知识结构中的广博性原则。在现代经济条件下，大学生应具有一定的社会知识，一定的经济与管理知识和人文社会知识。作为一名新时代的青年学生，应该把学校开设的各种人文课程学好，利用空余时间，多读一些社会科学、经济学、管理科学方面的书籍，扩充自己的知识面，开阔自己的视野，不断加深对社会和现代经济、管理科学方面的了解，从而不断提高自己的适应能力。

5. 新技术、新知识的储备

面对当前形势，如果只掌握本专业现阶段的知识，是很难适应社会的，在不断加深对专业知识学习的同时，还应科学地学习更多知识，在基础知识的学习宽度和深度上下工夫。要掌握本专业国内外研究的新动向、新成果，了解科技新动态，注意本专业的科学前沿情况。当然要求学生同时掌握多种专业知识是不现实的，但是除了精通自己的专业知识，并能在实际中运用以外，再掌握或了解与专业相关联的若干专业知识和技术都是可以做到的。

二、培养科学的思维方式

思维是人脑对客观现实概括和间接的反映，它反映的是事物的本质和事物间规律性的联系。思维能力是人的核心能力，一个人思维能力虽然与自身的智力水平有关，但更取决于思维方式。科学的思维方式具有广阔性和深刻性、灵活性和敏捷性、独立性和批判性、理性等特征。培养大学生的科学思维方式应着重从以下几个方面进行。

（一）学习哲学

理性思维是科学的思维方式。哲学为人们提供方法，启迪智慧。大学生经过高等教育，一般具备了一定的理性思维能力。但是，要提高理性思维能力、培养科学的思维方式，必须加强哲学的学习，提高哲学思维的素养。马克思主义哲学作为科学的世界观和方法论，揭示了自然界、人类社会发展的一般规律，是人们认识世界、改造世界的思想武器。同时，它也揭示了思维发展的一般规律。因此，大学生提高马克思主义的哲学素养，对于提高自己的理性思维能力、培养科学的思维方式是至关重要的。

（二）丰富知识

丰富的理论知识是敏捷思维和科学思维方式的基础。一个人掌握的知识越多越丰富，他的思路就会越广越深，思维的成果就可以越完全、越准确。例如，逻辑学的知识对提高人们的思维能力是非常重要的。因为，无论是形式逻辑还是辩证逻辑都是以思维为对象，都是关于思维的规律、形式和方法的科学。逻辑规律是一切正确思维所必须遵守的最基本的规律，是认识现实的必要条件。违背这些规律，就会使思想丧失它应有的明确性、确定性和一贯性，从而根本谈不上正确的思维。

（三）独立思考

独立思考，是指对每一个问题从头到尾、由理论到实践都经过自己的头脑，关键是"独立"这两个字，但也不排斥经常参加讨论争辩。讨论争辩可以作为独立思考的补充，也能促进独立思考的严谨、全面和深刻。善于独立思考的人，既能集中别人的智慧，又能超越前人的思想。善于独立思考关键在于有时间静下来深思。整天忙于事务而不思考，不仅工作搞不好，也谈不上培养思维能力。独立思考需要多思，同时也要博学、善问，勤于钻研和重视思想方法。

（四）调整思维方式

善于随时整理自己的思路，总结思维方法上的经验教训，是培养科学思维方式的重要方面。一个人的具体思维过程是十分复杂的。得到某一正确认识之前，总是难免要犯各种各样思维方式上的错误，有时因为概念不清，有时因为判断有误，有时因为缺乏灵活和变通等。不断地总结在思维上的各种经验教训，可以使人不断地完善自己，大大提高自己的思维能力，逐渐培养起科学的思维方式。

（五）提高艺术修养

艺术和科学是人类文明的两翼，艺术思维和科学思维的结合是智慧之源和创新之路。我国科学家钱学森曾对科学与艺术相结合的思维过程做过具体而精彩的分析。他说："从思维科学角度看，科学工作总是从一个猜想开始的，然后才是科学论证。换言之，科学工作是源于形象思维，终于逻辑思维。形象思维源于艺术，所以科学工作是先艺术后科学。相反，艺术工作必须对科学事物有一个科学认识，然后才是艺术创作。在过去，人们只是看到后一半，所以把科学与艺术分了家。而实际上，科学需要艺术，艺术也需要科学。"

三、培养良好的职业能力

（一）职业素养的内涵

职业素养是指劳动者通过不断学习和积累，在职业生涯中表现并发挥作用的相关品质，是劳动者对社会职业适应能力的一种综合体现。职业素养包括职业道德、专业素养、职业素质、职业技能等内容。

职业素养是指职业内在的规范和要求，是在职业过程中表现出来的综合品质。职业素养量化而成职商（Career Quotient，CQ）。大学生所应具备的职业素养包括显性的职业素养和隐性的职业素养。显性的职业素养表现为大学生的形象、资质、知识、职业行为和职业技能等，这些素养可以通过各种学历证书、职业资格证书来证明，或者通过专业考试来验证。而隐性的职业素养是看不见的、内隐的，表现为大学生的职业意识、职业道德、职业态度等，它支撑着外在的显性职业素养。因此，大学生职业素养的培养应该着眼于整座"冰山"，并以培养显性职业素养为基础，重点培养隐性职业素养。

职业素养具有以下特征。

（1）职业性。不同的职业，职业素质的要求有所不同。例如，对建筑工人的素养要求肯定不同于对护士职业的素养要求。

（2）稳定性。一个人的职业素养是在长期职业活动中日积月累形成的，会保持相对的稳定性。例如，一名教师，经过几年的教学实践，就逐渐形成相对稳定的教师职业素养并且随着其继续学习、工作和环境的影响，这种职业素养还可继续提升。

（3）内在性。职业人士在长期的职业活动中，经过自己学习、认识和亲身体验，觉得怎样做是对的，怎样做是不对的。这样有意识地内化、积淀和升华心理品质，就是职业素养的内在性。我们经常听说，把这件事交给某人去做，很放心。为什么放心？就是因为其内在职业素养好。

（4）整体性。职业人士的知识、能力和其他个性品质在职业活动中的全面表现。我们说某人职业素养好，不仅指其职业道德、专业素养好，还包括职业技能、职业素质等好。

（5）发展性。一个人的职业素养是通过教育、自身社会实践和社会影响逐步形成的，随着社会的发展对从业者素养的要求越来越高。为了更好地适应、满足时代发展和科技进步的需要，就需要职业人士不断提高自己的职业素养。

（二）职业能力的培养

《国家技能振兴战略》对职业能力的定义：职业能力是人们从事职业活动完成职业任务的成效和本领。职业能力分为专业能力和核心职业能力，核心职业能力是指从事任何职业都需要的一种综合职业能力，它泛指专业能力以外的能力，或者说是超出某一具体职业技能和知识范畴的能力。

1. 专业能力

大学教育是以专业能力教育为主，知识、技能是分专业学习的。专业能力一般是指专业知识、专业技能等与职业直接相关的基础能力。专业人士与普通人士之间的根本差别就是其专业能力。大学生精通一门专业，爱上一个专业，锻造自己优秀的专业能力是把自己塑造为职业人士的重要途径。

1）专业知识

不同的职业、行业所要具备的专业知识也不相同，它可能来自于课堂也可能来自于工作实践。专业知识的积累是一个持续的过程，现在部分大学生却搞期末突击的战术，用一个月弥补一学期的知识空白，考试靠老师画重点获取好成绩，待一个长假回来，大部分知识又还给了课本，留下的只是一个"值钱"的数字。你学到的知识就是你拥有的武器，人可以白手起家，但不可以手无寸铁。如果你目标明确，打定主意从事所学专业，走专业路线，并一直走下去不再更改，那你就必须在专业知识上精益求精，有时间就要浏览最新文献，查看全球科研的最新进展。

课本上学的知识都是工作中最基础的内容，而所运用的模型和原理也是最简单的类型。专业知识是培养专业技能的基础，工作上出现各种问题和疑惑，运用我们所学的知识和原理，根据问题具体找出"瓶颈"所在，找到突破口去解决好，这需要我们在实践中不断学习和总结，把平时所学的知识转化成工作中的利器，在反复实践中自己领悟、摸索。

2）专业技能

专业技能是指依据专业培养目标，通过一定的学习、实践训练，使学习者熟练掌握的专门技术及运用能力。专业技能分为基础技能和专门技能。

（1）基础技能。基础技能指从事专门职业所必须掌握的最基本技能。以师范生为例，不管是历史、中文、还是数学或物理专业的学生，作为未来的教师，都应具备基础的教学技能，如表达技能、书写技能、信息处理技能等，即要有标准的普通话和良好的书面、语言、形体表达能力，还要有扎实的三笔字（钢笔、粉笔、毛笔）、简笔画基本功以及应用现代教学媒体的能力等。

（2）专门技能。专门技能指从事某种职业所必须掌握的某项或几项特殊能力。专门技能是在基础技能的基础上进一步发展起来的能力。如教师在掌握基础技能外，在课堂上还应有教授技能、提问技能、沟通技能、练习指导技能、课堂组织技能、信息技术技能等多种技能的综合运用。专门技能的高低决定了择业顺利与否，也决定了未来事业的成败。

相应的技能是大学生进入职业领域的资本，不同的职业、行业会对人们有不同的技能要求。做研究工作要求具有调查、分析、归纳、演绎的技能；做教育工作要求有澄清、说服、评估、鼓励、表达的技能；公务员要求具有从事行政工作的技能，如判断推理、资料分析以及简洁的文书编写能力等；具备过硬的专业知识、专业技能是大学生进入就业市场的基本准入条件。

2. 核心职业能力

每逢毕业季时，有些大学生顺利地找到了心仪的工作，而有些大学生则面试参加了很多，结果却都是"对不起，你不太适合我们这份工作"。造成这种情况的原因有很多，但自身是否具备核心职业能力是其中不容忽视的一项。

核心职业能力是每个人在职业生涯中，甚至日常生活中必备的、最重要的、起关键性作用的能力，当职业发生变更或者当劳动组织发生变化时劳动者所具备的这种能力依然存在，使劳动者能够在变化的环境中很快地重新获得所需要的职业技能和知识。核心职业能力具有普遍的适用性和广泛的可迁移性，对人的终身发展和终身成就影响极其深远。

核心职业能力将在很大程度上帮助大学生去发现、实现自我价值，从而更好地服务社会。因此，大学生在毕业前就做好准备，在具有专业能力的前提下，让自己的团队合作、创新、职业沟通、自我管理等核心职业能力过硬，无疑会成为竞争中的一把利剑。

1）团队合作能力

团队（单位）就像大海，而我们每一个人就像存在于社会中的一滴水，一个人要想生存的唯一选择就是融入团队。

团队是什么？团队是把不同性格的人组合在一起，在一个规则、一个系统下，为了一个共同的目标而奋斗。随着信息社会的发展和人与人之间的交往活动日益频繁，越来越依靠团队的力量。

团队合作是职业人工作的一种重要方式。当今社会是一个"合作为王"的时代，职业人做任何一件事，做任何一个项目都不是单枪匹马，而是由领导、同事、客户合作完成。而"团队协作"精神也正是绝大多数人目前还比较欠缺的，在世界知名企业如苹果、微软、谷歌等，无一不是因为拥有一支核心精英团队而扬名于世。

团体合作精神是决定大学生就业与否的决定性条件，大学生缺乏职业沟通、团队合作能力成为其就业的短板。令人惋惜的是，许多大学生"不会说话""不会与人交流""不合群"，这在很大程度上也注定了他们的坎坷求职之路。

因此，大学生应该有意识地在学校的学习和生活中主动培养独立性，学会分享、感恩，勇于承担责任，不要把错误和责任都归咎于他人。在日常学习生活中，有目的、有计划地参与各种竞赛、学生社团、体育运动、科技文化艺术节系列等各种校园文化集体活动，在活动过程中自觉加强纪律观念和大局、团队意识，积极地与人交流沟通，与他人分享自己的想法，凡事采取合作的态度，只有合作才能增强团体的凝聚力。

2）沟通能力

卡耐基曾经坦言：一个人的成功15%靠专业知识，85%靠人际沟通。许多用人单位表示，大学里的专业技能固然重要，但是当代大学生如何与人、社会沟通，如何融入社会也是一个不得不高度重视的问题。许多大学生缺乏融入社会、进入职场的基本能力和核心竞争力。大学生身边总环绕着种种问题，原因很多，其中最重要的一个原因就是沟通能力不足。很多时候，我们会被一些现象所迷惑困扰，不能很好地与他人沟通，从而影响我们的师生关系、朋友关系、恋人关系、亲情关系、同事关系。能否与领导、同事、客户有效沟通，是我们融入职业岗位的重要保证，沟通能力是营造胜任力和担当的"催化剂"，更是实现职业目标的推动力。

大学生人际交流网络化（QQ、贴吧、微博、微信等），有的大学生在熟人面前说个不停，生人面前一言不发，自己玩手机，不愿意沟通。尤其在等待、聚会、感到无聊时都当低头族，用手机代替人与人之间面对面的沟通，没有与别人沟通的欲望，更没有养成与别人沟通达成共识的习惯和技巧。

我们生活、工作中绝大多数的失误，是由于不善于沟通造成的。由于每个人所处的角度和思维方式的不同，在沟通交流过程中不可能永远保持一致，难免会出现意见分歧，甚至有误会与争执，但只有通过沟通才能使双方达成共识、相互了解、接受、信任。

在沟通中，要学会倾听，善听才能善言，切忌中途插话或打断他人，否则会被视为不礼貌和缺乏修养。一个谦虚好学的人、一个懂得善待他人的人、一个会反思的人，永远懂得倾听。无论什么时候，倾听都显示出一个人的职业素养，学会倾听是一种美德，一种修养，一种气度。

3）创新能力

创新能力不仅是衡量大学生是否成才的重要指标，而且是各用人单位选人用人的重要条件之一。有研究表明，一个人在20~30岁是最富创新能力、最容易出成果的，如果仅局限于教材和课堂，那么所有学生只能处于同一水平和层次。要实现超越，就必须抓住这一宝贵时期有所突破、有所不同，就必须创新。

4）人际交往能力

人际交往能力是指在一个团体或群体内与他人和谐相处的能力。每个人都必然会和社会上形形色色的人打交道，处理好人际关系是每一个大学毕业生走上社会后必须学会的课题，在现代社会生活中，人际交往能力变得越来越重要，甚至超过了工作能力。

美国哈佛大学就业指导小组曾对几千名被解雇的人员进行过综合调查，发现其中因人际关系不好而离职的，比不称职而离职的人高出两倍多，因人际关系不好无法施展其才华的占到90%以上。

根据管理学家的估计，在工作失败的人中80%的不是因为他们专业能力或工作动机的问题，而是他们无法与他人一起工作，无法与他人好好相处。许多大学生习惯通过网络交往，但网络生活与现实生活不是一回事，不能将所有人际关系都寄托于网络，而忽视面对面的交流。

5）解决问题能力

学会解决问题是一个人立世和成事的根本。人们每天都会面对一些问题，这是不可避免的，也并不可怕，关键在于你会不会处理。善于处理问题是一个人综合素质的集中体现，是实践能力的核心，更是职业能力的重要组成部分。

学会解决问题可以改善你的社会环境、工作环境，乃至心理环境。要提高这种能力不是朝夕之功，而是一个平时积累的过程。可以从以下几个方面着手。

（1）面对问题时不慌张，从辩证的角度来分析问题产生的原因、可能造成的后果。问题出现后，我们可以向别人求助，但要明确自己才是解决问题的主体。因此，遇到实际问题时，我们要学会独立思考、仔细分析、冷静全面地寻找问题的症结。

（2）处理问题时不怯场，讲究策略，运用自身的各种知识进行合理、科学的处理。不同的问题处理的方法也会有所不同，要学会区别对待、灵活化解，善于学习和倾听，以平等、宽容、适度为原则，提高分析问题、处理问题和解决问题的能力，以负责任的态度来解决遇到的问题。

随着信息技术的发展和全球化深入，各个行业和岗位的变动越来越频繁，知识和技术的更新越来越迅速，用人单位招聘时，不仅要求大学生掌握岗位相关的专业知识和技能，而且对大学生的综合素质越来越重视。因此，大学生要努力培养核心职业能力，提高自身的综合素质，成为复合型人才，走上社会后才能适应不同类型的职业。

（三）实践应用能力的培养

知识的积累对能力的提高具有指导作用，但大学生具备了丰富的知识并不意味着就有了较强的实践应用能力。要将知识转化为能力，需要付出艰辛的努力，为了适应社会的要求，大学生必须加强实践应用能力的培养锻炼，增强自己的就业竞争实力。

1. 大学生应具备的实践应用能力

一般来说，不同的学科和专业对其毕业生有着不同的能力要求，即要求具有从事本专业活动的某些专门能力。但是，无论什么毕业生要想顺利就业并尽快有所成就，都必须具备一些共同的基本能力，主要包括表达能力、动手能力、适应能力、人际交往能力、组织管理能力、创新能力、决策能力等。这些能力既是择业过程中必须具备的能力，也是适应社会需要和自身发展所应具备的能力。除此之外，以下3种能力则是择业过程中必须具备的能力。

（1）推销自我的能力。市场经济条件下，任何一种产品要推向市场并得到人们的认同，除过硬的质量之外，必须辅以强有力的市场宣传，"酒好不怕巷子深"早已成为历史，现在市场竞争激烈，质量好的酒又很多，所以酒再好也怕巷子深。同样，大学生素质再好，能力再强，如果不会推销自己，用人单位怎么知道你是他们最合适的人选呢？学会恰如其分地向别人推销自己也是一门学问，是需要且能够培养的一种能力，这种能力一般只能在实践中摸索积累，书本上很难学到。

（2）包装自我的能力。市场经济也是一种"眼球"经济，任何一种产品要博得人们的好感和兴趣，首先要让这种产品征服人们的眼球，而产品的包装则是征服人们眼球的第一步。大学生择业也一样，要获得用人单位及面试官的好感及兴趣，必须首先做好自我包装，让自己的实力能够更加充分地展示出来，包装主要包括个人形象包装和就业推荐材料包装两个方面。包装自我的能力应根据自身特长和条件不断实践和完善。

（3）随机应变的能力。现在的人才市场瞬息万变，机会稍纵即逝，要想掌握市场的主动权，必须适应市场的变化。大学生在就业过程中，必须学会根据社会需求状况、就业环境、自身条件等方面因素的变化，及时调整策略，牢牢把握机会，如果我们坚持僵化的观念、不变的模式，就将跟不上变化的形势。

除了上述几种一般意义上的实际能力之外，就当前的社会需要和大学毕业生的实际状况而言，计算机能力和外语能力的重要性已日益突出。

2. 获得能力的方法与途径

大学生培养自己的能力同知识的掌握一样，要靠平常的学习、生活中的自觉培养和实践锻炼来提高。人的能力水平是有差异的，这种差异并不是先天形成的，而是由所处的环境、受教育程度及自身实践状况等因素造成的。就共性而言，获取能力的方式与途径主要有以下几点。

（1）积累知识。我们无法想象一个知识贫乏的人能拥有超群的能力，离开知识积累，能力就会成为"无源之水"。因此，大学生在校期间，一定要注意拓宽自己的知识面，勤奋学习，不耻下问，正如王充所说"智能之事，不学不成，不问不知"。一个人才能的大小，首先取决于掌握知识的多寡、深浅和完善程度，这是因为个别知识是构成才能的元素或细胞。需要说明的是，才能并不是知识的简单堆积，而是知识的结晶。这里的"结晶"包含着对知识的提炼、改造和制作，包含着质的变化。怎样才能做到这一步？除掌握知识外，还需要有科学的思想方法和熟练的技能技巧。这里的思想方法和技能技巧也属知识范畴。即在某些方面有丰富的知识，并掌握科学的思想方法对这些知识进行科学加工，作创造性的运用。掌握的知识越丰富、越精深、越完善，加工和运用知识的思想方法越正确、越先进，实现创造的技能技巧越熟练、越精湛，才能也就越优异、越高超卓绝，也就是说其能力也越超群。

（2）勤于实践。能力是在实践过程中培养形成并在实践过程中表现出来的，因此实践是培养能力的重要途径。如一个人要想圆满地表现自己的观点、思想和情感，那就得在公众场合善于演讲或具有写作的有关才能，否则只能变为空想，而演讲和写作就是一个实践过程。一个人要想具有组织管理能力，那就得积极主动地、有意识地在法规和校纪约束的范围内去组织一些活动，参加一些社团，并在有条件的情况下参与一些社会工作，这些实践活动都会使其组织管理能力得到明显的提高。学校当然不同于社会，实践的形式还是比较单一的，但只要你积极参与，就会有很多收获。像大学生做义务家教、当清洁保洁员、参加社区服务等，这些活动不仅陶冶了大学生们的情操，同时也促进了他们各方面能力的提高。

（3）发展兴趣。兴趣对培养能力相当重要。古今中外许多著名的科学家、文学家、艺术家，都是在强烈的兴趣驱动下取得事业成功的。例如，英国著名女科学家珍·古道尔（Jane Goodall）从小喜欢生物，并逐步对黑猩猩产生强烈兴趣，于是她不畏艰险，只身进入热带森林与黑猩猩一起"生活"了十年，掌握了极其宝贵的第一手资料，为揭开黑猩猩的秘密作出了贡献。又如达尔文，起初因无兴致于医学、数学、神学，曾变为"慢班"的学生，但他对打猎、旅行、搜集标本却兴趣盎然，以至后来成为著名的生物学家。所以，杨振宁在总结科学家的成功之路时说："成功的秘诀是兴趣。"因此，大学生要围绕所学专业发展自己的兴趣爱好，并以这些兴趣为契机，加强相关知识的学习和积累，注意发展自己的优势能力。

（4）超越自我。作为一个求职者，大学生可以注意发展自己的优势能力，但仅仅有优势能力是不够的,大学生必须对前面列出的几种基本能力都有所拓展,这就要求大学生在注意发展兴趣能力的同时,也要超越自我,注意全面发展自己的各种实际能力。这是大学生今后生存的需要,也是发展的需要。因为现代社会的多维竞争增加了单一能力持有者的生存难度,同时也增加了企业的生存危机感。因此,不管是否是自己的兴趣所在,大学生都必须注意锻炼自己的基本能力。

第四节 材料准备

案例 9-2

王小姐毕业于东北一所大学的工科类专业,在多次奔波于东北各大人才市场无功而返后,决定到北京碰碰运气,但还是四处碰壁,这时她求助于职业咨询师。初次见到职业咨询师的时候,她只是毫无信心地提出希望在北京找到一个听起来好一点的公司,干什么工作都无所谓,工资只要不低于 1 000 元就行。她还诚恳地告诉职业咨询师,她之所以期望值这么低,一是因为她已被许多单位拒之门外;二是她自己没有什么优势,学校没名气,专业不热门,自己在校期间也没什么突出的表现,简历上唯一的优势就是英语过了六级,因此,她虽然去过许多人才市场,但只敢把简历投递给专业对口的单位。职业咨询师经反复询问了解到,平时王小姐的同学和老师喜欢找她帮忙打印材料,职业咨询师根据上述情况指导她修改了简历,一页 A4 纸的简历重点量化了她的汉字录入速度为 120 字/分钟,介绍了曾在学校帮同学和老师录入过多少资料,另外说明了她踏实认真的工作作风,并建议她应聘有工程背景的外企行政文秘类职位。

王小姐拿到这份简历时,极度不信任,她知道自己以前没能顺利找到工作的重要原因是简历没有吸引力,但以前两页纸的内容自己都嫌少,现在还只剩下一页纸,会有人愿意看吗?更何况又是应聘外企。在职业咨询师的鼓励下,她硬着头皮投递了简历。

结果完全出乎王小姐的预料,她投递简历后很快得到了面试通知,在面试中,按照职业咨询师的指点仅两轮就成为了某外资企业的部门秘书。

简历等推荐材料在大学生择业过程中发挥的作用越来越大,根据自己的情况和应聘职位的要求制作一份针对性较强的简历是需要付出艰辛劳动的。

推荐材料是毕业生就业的"敲门砖",是描绘自己的自画像,是推销自己的宣言书。通过推荐材料可以让用人单位未见其人,先知其详,并决定是否面试或录用。可见,推荐材料在大学毕业生就业活动中发挥着至关重要的作用。

推荐材料包括封面、自荐信(求职信)、个人简历、鉴定及推荐意见(班主任鉴定、系推荐意见、学校主管部门意见等)、学习成绩证明、个人优秀表现的支撑材料(获奖证书、资格证书等)、名人推荐信。

一、封面的制作

推荐材料的封面,要求简洁明快、标题鲜明,写明"自荐书",注明学校、院(系)、专业、姓名和自己的通信方式，可用图案适当点缀，但切忌花枝招展、过于花哨。

二、自荐信的撰写

自荐信是一种有目的地针对不同用人单位的书面自我介绍，它以精练的语言展示自己的最佳形象，用诚恳打动用人单位，激发第一读者对求职者产生兴趣。自荐信一般安排在推荐材料的扉页，要求热情洋溢、言辞诚恳、大方得体，其重点在"荐"，在构思上要围绕"为何荐""凭何荐""怎么荐"几个重点问题展开。自荐信往往与简历一起使用，因此自荐信的质量在很大程度上影响简历的作用，一封好的自荐信可能为求职者赢得面试的机会，而一封不好的自荐信则可能使简历形同虚设。自荐信的书写格式与一般书信相同，一般为标题、称呼、正文、落款四部分。

（1）标题："自荐书"要醒目、简洁、优雅、大方、美观。

（2）称呼：对主送单位或收件人的呼语。若联系单位明确，可直接用"尊敬的××单位领导"，若单位不明确，可用"尊敬的贵单位（公司、学校）领导"，最好不直接冠以单位最高领导职务，以免引起第一读者的反感。

（3）正文：开始语应表示向对方的问候致意，主体部分包括自我简介、自荐目的、素质展示、愿望决心（态度）、结语五方面内容。自我简介只需说明姓名、学校、院（系）、专业即可。自荐目的要充分表达对用人单位的认识和热爱之情，这就要求在投递自荐书之前要对应聘单位有一定了解（当然了解得越多越好）。素质展示是自荐信的关键，主要说明自己的才能和特长，特别是针对应聘岗位的条件，这些条件又包括基本条件和特殊条件，基本条件包括政治表现、学习情况、工作情况三方面，特殊条件是自己的特长（特长不宜太多，一两项即可）。愿望决心部分要表示对加盟应聘单位的强烈愿望和共创美好未来的雄心壮志并期望得到对方的认可和接纳，要求语言自然恳切、不卑不亢。结语按书信格式写上祝贺语或"此致敬礼""恭候佳音"之类的话语。

（4）落款：在落款处写上"自荐人：×××"，并标注规范体的年月日，署名处要亲自签名以示郑重和敬意，文末说明联系方式、邮政编码、地址、信箱号、电话号码、E-mail 地址等。

自荐信手书最好，但由于书法水平的制约而更多使用打印件，内容不宜过长，一般应控制在一页 A4 纸之内。

自荐信中应避免的错误：①过分自信或不够自信，要么狂妄自大、非我莫属，要么过分谦虚、贬低自我；②言辞媚俗而无实质内容，尽为阿谀奉承的客套话而无实际内容；③称呼不当或随意简称，对收信人的称呼不恰当或随意简称自己的学校、专业；④文字错讹或翻版简历，如有错别字、病句、网络语言或简单重复其他简历内容；⑤没有签名，无亲笔签名甚至无签名。

自荐信（样本）

尊敬的××领导：

您好！感谢您在百忙之中阅读我的求职材料。

我是×××学院×××专业的一名应届毕业生，现已顺利完成了所有必修课程及实习任务,正在人生旅途上寻找一个新的起点,希望您给我一个机会。

我深知,机遇总是垂青于准备充分的人。在校期间,我刻苦学习各门专业课程,努力做到专业学习上既有深度又有广度。课余时间我积极参加学院举办的各种学术讲座,掌握了扎实的基础理论知识,同时注重实践能力的培养,连续 3 次获得学院奖学金。同样地,我也从不放松对英语及计算机水平的要求,并顺利通过了英语四级及计算机二级考试。学习之余,我注重对自己思想道德素质和社会工作能力的培养,现已成为一名光荣的预备党员;积极参加团队活动,与同学们一起将班级活动开展得有声有色,所在班级多次被评为"先进班级"。丰富的课外活动不仅培养了我多方面的技能,也塑造了我坚定朴实、稳重、创新的性格特点。实习期间,我努力锻炼自己的思维能力、应变能力、实际操作能力及各种专业文件的书写能力。

毛遂自荐,求展鲲鹏之志;慧眼识才,求报知遇之恩。我真诚地希望成为贵单位的一员,在众多的求职者中,我也许不是最优秀的,但我一定会以兢兢业业的工作态度、踏踏实实的工作作风、开拓进取的工作精神来回报您对我的无限信任!如果这次不能被录用,我会一如既往地关注贵单位的发展,祝愿也相信贵单位的明天会更美好!

再次真诚地感谢您阅读我的材料!

此致

敬礼!

自荐人:×××
20××年××月××日

联系方式:(0834)×××××××××;(O)13××× ××× ×××

通信地址:××省××市××路××号

邮政编码:××× ×××

E-mail(QQ):××××123@hotmail.com

三、个人简历的制作

个人简历是对求职者知识能力、学习及工作经历等方面的简要总结,一份个人简历就好比产品的广告和说明书,既要将自己与别人区分开来,又要把自己令人信服的价值充分展示出来。在就业竞争日益激烈的今天,如何让自己在众多实力相当的竞争者中脱颖而出,一份优秀的个人简历便成为有力的助推器。

(一)个人简历的基本内容

(1)个人基本信息:包括求职者姓名、性别、出生日期、籍贯、通信地址、邮政编码、联系电话、E-mail(QQ)等基本情况。

(2)求职意向:表明欲应聘的岗位(最好根据招聘信息发布的工作岗位填写,越具体越好),若没有注明求职意向则可能被立即淘汰。

(3)教育背景:注明所就读学校的名称、学位、学历、院(系)、专业、大学学习情况(包括主修专业方向、专项培训)、社会教育情况、专业获奖情况。不需要罗列中小学信息。

(4)工作经历:说明学校和社会工作经历及获奖情况。学校工作经历,即担任学生干部情况及参加学生活动情况;社会工作经历,即社会实践及专业实习情况。

(5) 知识能力：注明专业知识技能（专业课程、应用性操作能力）、通用知识技能（外语、计算机应用能力及等级证书等）、爱好特长等方面情况；一般不需要注明课程成绩，除非你的成绩非常优秀，其中"特长"选择最有代表性的1~2项填写即可，并考虑最好与应聘工作有关。

(6) 自我评价：用精练的词概括自己的优良品行、习惯、性格等，要求客观真实；"自我评价"不是个人简历的必备内容。

（二）个人简历写作的原则

(1) 重点突出的原则：紧紧围绕"求职意向"组织材料，突出能胜任应聘岗位工作的各方面能力，千万不要将自己描写成适合所有职位的"万金油"。

(2) 适度包装的原则：树立推销自己的理念，把个人简历看作一份推销自己的广告，在内容、格式、纸质、字体等方面都能突出自己的创意、展示自己的亮点，整洁大方，争取更大程度地吸引阅读者的眼球。

(3) 信息集中的原则：使用简捷、清晰易懂的语言表现自己的知识技能和资质，与招聘需求相匹配的信息，多用动词，确保阅读者一眼就能看到他们需要的信息，尽可能避免关键信息的松散混乱。

(4) 扬长避短的原则：尽可能表达对自己有积极作用的信息，而避免陈述不利信息，并注意充分展示自己独特的个性特点。

(5) 实事求是的原则：客观真实地说明自己的情况，切忌夸夸其谈和无中生有。

(6) 短小精悍的原则：简明扼要地介绍自己的情况，让阅读者能在最短的时间内看完，一般控制在1 000~1 200字，尽可能在1~2页A4纸内完成。

（三）个人简历写作的格式

个人简历可分为7种格式：表格式、半文章式、提要式、年代式、册子式、功能式、独创式。这些格式既可单独使用，也可相互交叉混合使用，独创式的简历仅用于创造性行业。

最好使用A4纸，以白纸黑字为最佳，米色或浅黄色纸张也可用；将姓名、联系方式、邮政编码放在一起；没特别要求一般不附照片。

排版打印时，设定页边距，使文本宽度在16厘米左右，四周留出足够空白，切忌在简历中出现跳字、字母高低不平、用改正液涂改的情况。

（四）电子简历的制作

电子简历主要包括个人资料、教育背景、工作经验和其他方面四部分。制作电子简历应注意以下几点。

(1) 直达主题：将自己想要传达的信息直截了当地表达出来。例如，"我能胜任贵单位的××××岗位，有以下理由……""本人专业知识扎实，实验操作能力强，具体表现为……""本人有较强的组织能力和社会活动能力，在校期间曾先后担任××××，先后组织了××××活动，获得过××××奖励"。

(2) 突出重点：在简历中只需将自己的资历、专长、成就、求职意愿详细说明即可，切勿啰唆，确保重要信息不被冗长的叙述所淹没。

(3) 遣词造句经济、有力、易懂：简单明了，不要使用令人费解的词、句；直截了当，语言用短句，材料用短篇；考虑阅读对象的知识背景，尽可能不使用专业性太强的术语和词汇；说明具体，不要使用模糊、笼统的字词。

（4）篇幅适中，注意提高简历的含金量。

（5）充分发挥计算机的各种功能，并注意对电子材料的装饰，使电子简历更醒目、更有吸引力、更容易被阅读。如果使用 E-mail 发送电子简历，应该将文件直接拷贝到邮件管理器的消息框里，而不要将文件以附件的形式附在电子邮件之后。

（五）个人简历制作的注意细节

（1）勿使用下划线，以免下划线与文字相连。

（2）使用白纸，不用手写体和斜体，以提高分辨率。

（3）慎用竖线和图表，不使用古怪的字符和图片，不使用反色框，以便识别和阅读。

（4）注意字体大小和字迹清晰，用"百分比"代替"%"，避免使用连续的……。

（5）用"（）"括起电话号码的区号，电子邮件地址和网址要单独分行排列（若两者并列应该间隔多个空格）。

（6）材料勿折叠，勿用订书器，以便于对方扫描。

（7）引用关键词体现招聘要求，以提高阅读兴趣。

案例 9-4

个 人 简 历

姓名		性别		出生年月		照 片
籍贯		民族		政治面貌		
毕业学校			所学专业			
联系电话			电子邮箱			
通信地址				邮政编码		
求职意向						
教育背景						
工作经历						
知识能力						
自我评价						

四、其他

推荐材料还包括以下几种。

(1) 鉴定及推荐意见:班主任鉴定,系推荐意见,学校主管部门意见。

(2) 学习成绩证明:须学校教务处或所在院(系)盖章。

(3) 个人优秀表现的支撑材料:在校期间获奖和参加社会活动证明的复印件。

(4) 名人推荐信:这里的名人包括学校老师、政界要人、同行专家、企业老总等能对就业岗位产生积极影响的人。

实训与练习

1. 收集整理近两年国家有关大学毕业生就业的政策,回答下列问题。
(1) 国家有关大学生就业的法律法规有哪些?
(2) 国家有关大学生就业的措施、办法有哪些?
(3) 拟就业地区的有关大学生就业的规定、通知有哪些?

2. 盘点你自己的知识能力,并根据差距制订弥补计划。
(1) 你具备哪些专业知识技能?
(2) 你具备哪些通用知识技能?
(3) 拟应聘职位所要求的知识技能有哪些?
(4) 知识技能的差距有哪些?
(5) 弥补差距的措施有哪些?

3. 找到影响你就业的心理问题,并制定调适方案。
(1) 你觉得自己存在的影响就业的心理问题是什么?
(2) 调适这些心理问题的措施有哪些?

4. 制作你自己的推荐材料。
(1) 制作推荐材料封面。
(2) 撰写自荐信。
(3) 制作个人简历。

思考题

1. 了解大学生就业制度及形势对自己顺利就业有哪些帮助?
2. 良好的就业心理表现在哪些方面?
3. 社会对大学生知识结构的要求有哪些?
4. 社会对大学生实践应用能力有哪些要求?
5. 推荐材料对大学生顺利就业有何作用?

第十章 就业技巧

导读

"细节决定成败",这是人们生活经验的总结,同样适用于大学生就业。大学生顺利就业不仅需要实力,也需要一定的技巧。调查发现,许多大学生在就业过程中因缺乏必要技巧而不能很好地"推销"自己,所以,大学生学习借鉴别人的实战经验就显得十分重要和必要,不仅有助于充分展示自己的实力,也能提升就业信心。

要点与要求

就业技巧是大学生顺利就业的重要保障。本章主要介绍就业信息的收集与处理方面的方法、择业过程中的技巧、面试的技巧、笔试的技巧等主要内容。通过本章的学习,学生应掌握就业过程所涉及的各方面的方法、技巧,有效地参与择业活动。

案例引入

吴涛是一名大学三年级的学生,进校以来,表现和成绩都较优秀,对未来就业充满了信心,但是他平时不太喜欢关注外面的世界。在参加了同乡师兄师姐的毕业聚会之后,吴涛显得心事重重。在聚会中他了解到现在尽管获取就业信息途径很多,但获取不容易,且信息纷繁复杂、真假难辨,下学期就进入大学四年级了,还不知道从哪里着手去获取就业信息,更不知道怎样去处理所获取的信息。

王丁,从进入大学以来,学习努力,成绩也很优秀,还利用假期参加了相关的职业技能培训并获得了职业资格证书。他一直认为只要做了充分的准备,掌握了扎实的知识技能,就业就是水到渠成的事,但假期陪朋友参加了一次招聘会之后,他就有些失落了,过去的自信也大打折扣。因为他发现顺利就业不仅需要优异的成绩和应用知识的能力,还需要展示自己知识技能并获得用人单位认可的技巧,而自己现在恰恰缺乏这种技巧。

万骏,某大学行政管理专业的大学二年级学生,从进校的第一天就在规划自己的大学生活,曾想过考研、考公务员,还希望参加"西部计划""特岗计划"锻炼自己,但现在都过去了一年多,他还没有明确的选择,因此现在很着急。究其原因,在于他不明确各种选择是否需要考试,如果需要考试又考些什么。

在就业机制市场化、就业渠道多样化的今天,大学生求职择业不仅需要扎实的知识能力和良好的综合素质,还需要掌握并灵活应用一定的择业方法和技巧,才能成功推销自己,实现顺利就业。

第一节 就业信息的收集与处理

就业信息就是指求职者通过某种途径获得，并经过加工整理，能被求职者所理解，并对其求职择业有价值的新消息、知识、资料和情报。大学生顺利就业不仅取决于整个社会的政治、经济状况及自身的能力素质，也取决于是否拥有就业信息。因此，积极主动地收集就业信息，认真细致地分析处理就业信息，科学有效地利用就业信息，就能获得求职择业的主动权，就能把握最佳的就业机会。

案例 10-1

24位应聘者角逐英国广播公司一个重要部门的两个助理制片的职位，这个职位是为那些已成为公司雇员但从未有过编导工作经历的年轻人设置的。其中，有6人对这个部门制作的节目名称一无所知；有4人可以说出两三个节目，但从未看过；有10人只在面试的前一个星期才看过有关节目；仅有4人走访过这个部门，他们借阅了录像片，并与那里的制片人交谈过。最后，两位最肯花时间、花精力的应聘者幸运地获得了这份工作。

充分了解用人单位的相关信息是顺利就业的关键，在就业形势日益严峻的今天，更应关注就业信息。

一、就业信息对大学生就业的作用

就业信息在大学生择业的过程中发挥着至关重要的作用，具体表现在以下几个方面。

（一）有助于大学生找准自己的位置

不同时期、不同地域，就业政策会有一定的差异，社会对不同专业大学生也有不同的需求状况，大学生必须根据国家及地区的就业政策和社会需求状况适时调整自己的就业期望，并制订有针对性的择业计划，就业信息能帮助大学生在择业过程中有的放矢，有效地减少就业的盲区。

（二）有助于大学生顺利解决就业中遇到的问题

大学生在择业过程中可能会遇到各种各样的问题：如何签订就业协议？如何办理毁约手续？如何办理出国手续？毕业离校时还没有找到接收单位该怎么办？如何办理改派手续？……对于这些问题和可能发生的情况，各省毕业生就业主管部门和各高校制定了一些相关的文件和规定，大学生熟悉或了解这些信息，就能清楚地知道在各种情况下自己该如何应对，从而避免事到临头不知所措或想当然应付的情况。

（三）有助于大学生以最小的代价找到最理想的工作

在择业的过程中，大学生通过各种渠道收集需求信息，从中筛选出符合自身条件并且自己满意的用人单位，再通过多种渠道与单位联系，从而达成意向，最后签订就业协议。这种落实就业单位的方式同毕业生漫无目的地到处递送推荐材料比较起来，具有针对性强、成功率高、省时、省力、花销少等优点。

（四）有助于适时调整自己的知识技能

大学生可以通过收集到的就业信息的要求来发现自己的不足，及时调整自己的知识结构，提高自己的能力水平。一旦发现自己在哪方面技能欠缺，就去参加必要的补习，进行相应的训练，主动学习和掌握相应的技能，从而使自己在择业中拥有更强的竞争力。

除了在大学生就业方面发挥重要作用外，就业信息还对高校的学科、专业建设有着重要的参考价值。在大学生就业市场竞争日益激烈的情况下，高校各学科、专业毕业生的就业形势直接与市场需求挂钩。各专业大学生的就业落实率和就业层次与该专业的社会需求量密切相关。一般来说，就业率和就业层次高的专业，社会的需求量就大。因此，就业需求信息可以直接反映出市场和社会对各专业的需求度与认同度，反映出专业的"冷"与"热"。

二、就业信息的分类

（一）就业政策信息

政策类信息包括国家（中央、国务院及各部委）和地方（各省、自治区、直辖市的相关部门）制定的与大学生就业相关的法律法规、规章制度以及部分行业从业规定，另外，还包括大学生所在的高校关于毕业生就业的相关管理规定。如《劳动法》《普通高等学校毕业生就业工作暂行规定》等；部分城市接收大学毕业生的规定；高等学校制定的关于毕业生就业的各种通知、规定等文件；大学生报考国家公务员和大学生入伍等各类信息。

可见，政策类信息多半是对大学生就业进行规范的文件和规定，它对大学生就业全程中可能遇到的问题进行了细致的规范，因此，大学生了解和掌握这些就业政策信息是十分必要的。

（二）就业形势信息

就业形势信息包括中央和地方有关部门（特别是毕业生就业主管部门）发布的毕业生就业人数、供需比、签约率、待就业率等统计性的数据以及就业环境的变化、相关专业毕业生的就业状况、就业趋势预测等信息。了解和掌握这些信息，对大学生正确判断当前就业形势，构建合理的就业期望是非常重要的。教育部、各省毕业生就业主管部门和各种媒体一般会在9～12月份公布当年全国和地方以及部分高等院校毕业生的就业情况。收集这些信息，对于进行就业准备的大学生来说是非常必要的。

（三）社会需求信息

社会需求信息即用人单位对用人的专业、学历层次、个人能力和需要人数等方面的信息。可以说，社会需求信息是就业信息中的主体，它直接影响着毕业生能否找到自己满意的单位，也对高等学校毕业生就业情况落实有很大的影响。因此，社会需求信息历来受到学校、毕业生和家长的广泛关注。

需要注意的是，社会需求信息具有明显的分阶段性特点。高校毕业生就业工作的启动时间一般是在每年的11月20日左右。一些国内外知名高新技术企业和三资企业因用人机制灵活,招选毕业生的工作启动较早,所以,在 11 月下旬到当年年底的一段时间里,这类单位的需求信息较多。次年的 1~4 月,高校毕业生用人单位的双向选择活动达到高潮,各地的供需见面会、双选会也频繁召开,各种类型单位的需求信息量也达到顶峰,有时一所高校一天内就可以收到几十家单位的数百条信息,其中尤以机关、事业单位和国有大中型企业的需求信息为主。进入 5 月份后,大部分毕业生已与用人单位签订了就业协议或达成意向,所以,需求信息数量大为减少。

(四)就业指导信息

就业指导信息包括普遍的就业指导理论、方法、技巧,以及职业指导专家或机构对就业共同性问题发表的评论、咨询和建议等方面的信息,也包括学校安排的一系列就业指导方面的信息。这些信息对大学毕业生准确把握就业形势、掌握就业技巧具有重要的意义。

三、获取就业信息的途径

就业信息的获取其实就是寻找工作机会的问题。因此,如何获取就业信息在大学生求职择业过程中非常重要,必须做好收集需求信息的准备。大学毕业生就业信息主要从以下途径获得。

(1)政府管理部门及学校就业指导机构。通过政府管理部门发布的决议、决定、规定、意见等来获取就业形势、就业制度、就业政策、就业法规等方面的信息,通过学校就业指导机构获取就业指导信息和用人信息。通过这种途径获取的信息多为指导性的。

(2)人才市场。通过观摩、参加双选会、招聘会、就业市场等了解社会需求、就业形势、用人单位对大学生的素质要求等方面的信息。通过这种途径获取的信息具有直观感受。

(3)大众传媒。通过报刊、广播、电视、互联网、电话等途径获取就业各方面的信息。这是最容易获取信息的途径,但这种信息的使用人较多,竞争也更激烈,成功的机会一般较低。

(4)各种社会关系。通过亲戚、朋友、老师、同学、校友、邻居等人脉资源获取就业信息,这种途径获取的信息比较准确、迅速,且有效性高。

(5)社会实践活动。通过自己的实习、业余兼职、参观考察、社会调查等途径获取就业信息。这类信息通常都是通过求职者积极探索和认真思考而获取,针对性更强,实用性更高,成功率更大。

四、就业信息的处理

就业信息的处理过程实际上是一个求职决策过程,这是择业的关键所在。求职者在广泛收集求职信息的基础上,要结合自己的实际情况,依据国家地区的政策和法规,对获取的原始信息进行有目的、有针对性的归纳、整理、分析和选择。

(1)鉴别获取的信息。由于所获取信息不一定都全面、准确,因此要对信息进行严格的鉴别和判断,并加以澄清和剔除,使之更好地为自己的求职择业服务。鉴别信息,首先要确定信息的可靠程度,对于不可靠和心里不踏实的信息要通过各种信息渠道和知情人士去打听;其次,要鉴别信息的内容是否齐全,特别是发现自己想要知道的细节没有或者不清楚时,要抓紧时间进行实际考察,旁敲侧击地询问一些情况,或通过其他渠道了解,还可以在应聘时向主聘人提出。总之,要等信息基本准确之后再做决定。

(2) 按照自我标准将信息排序。在信息加工之前,先给自己草拟一个职业选择提纲,确定择业标准;再按照标准进行初选,即去粗取精,去伪存真;然后进行细选,把较符合自己的信息选出来;最后进行精选,决定两个以上的信息作为应用信息。对应用信息也要排序,有主次之分。

(3) 反馈信息。将已排序的信息,按从高到低的顺序反馈给用人单位,表示自己愿意去该单位的诚意。反馈信息可以定一个,也可以是两个以上(在时间紧迫时这样做,但同时接到两个以上单位接受意见时,对不去的单位必须及时反馈意见,并表示道歉)。信息一旦反馈后,应多与用人单位联系,随时听候答复。

五、警惕求职路上的陷阱

在大学生就业过程中,作为求职者的大学生通常处于弱势,这里特别提醒大家:当心我们急于找工作的迫切心情被不怀好意的人利用而牟取利益。为帮助大家识别不法招聘的种种伎俩,避免个人权益受损,这里剖析几种典型的招聘陷阱,希望对大家有所帮助。

(一) 收取各类押金、培训费、上岗费

目前,常有一些单位以招聘为幌子骗取钱财,当求职者前去应聘,便以押金、培训费、上岗费、信息费为名义收钱。为了取得求职者的信任,这类单位会编造出种种"正当"理由,通常的伎俩有以下几种。

(1) 先培训,后上岗。它们在招聘时告诉求职者,要上岗得先通过培训,培训合格拿到证书后才能上岗。而当求职者交了培训费、考试费、证书费等各种费用,并参加了所谓的培训后,它们要么迟迟不安排工作,要么以培训未达到要求为名安排一些让求职者根本无法接受的工作而不得不辞职,要么以"培训不合格,不能上岗"为由根本不安排工作,要么等培训未结束就逃之夭夭、不知去向。

(2) 要上岗,先交风险抵押金。在收取所谓的风险抵押金时,它们也有种种理由,如因工作性质要经常向外地客户发货,为防止将货物据为己有或出现重大失误,得先交风险抵押金;或说为防止求职者毁约得先交风险抵押金等。等求职者按约定时间去上班时,才发现招聘岗位根本不存在。

(3) 按有关规定收取信息费、资料费。它们在招聘时以"有关规定"的名义收取信息费、资料费,等招聘一结束便携款逃之夭夭。由于这类费用的数额一般较小,求职者发现上当后觉得只吃了一点小亏,通常就不了了之。

特别提醒:按照国家有关规定,任何具体的用人单位在招聘时不得以任何名义向求职者收取钱财,求职者遇到用人单位要求缴纳各种费用时,即使对方可以出具发票、收据,也千万不能交钱(合法中介机构收取适当中介服务费不属此类)。另外,求职者一旦发现招聘单位可疑,可要求查看其营业执照。

(二) 非法职业中介

非法职介主要是指未经劳动部门、工商部门等批准而从事职介、中介的非法机构。非法职介通常打着介绍工作的幌子向求职者收取中介费、资料费等费用,却迟迟不能介绍工作,待求职者明白了是受骗上当时,交出去的钱就很难再拿回来,等劳动监察部门接到举报前去查处,非法职介多已人去楼空。非法职介的惯用伎俩有以下 3 种。

(1) 打着"咨询公司""顾问公司"的旗号,以"直聘"或"非中介""拒绝中介"为诱饵使求职者上套。

(2) 用美丽的谎言来骗取求职者的信任。它们往往信誓旦旦地向求职者保证在很短时间内帮助找到待遇很好的工作,还经常拿出诸如"××公司'急聘'的职位表"或"中介服务承诺书"之类的道具。

(3) 与用人单位"勾结",用虚假、过期信息蒙骗求职者。它们有时为了假戏真做,甚至找用人单位做"搭档",通过提供过期或虚假的招聘信息行骗。

特别提醒:目前,国家在职业介绍领域实行许可制度,从事职业介绍业务必须经人力资源和社会保障部门批准,领取职业介绍许可证,营利性职业介绍机构还需在工商部门登记注册。目前市场上非法职介有些是无证无照经营,有些是超范围经营。正规的职介机构通常具有以下特征:在办公场所的醒目位置悬挂营业执照和职介许可证原件;对服务项目和收费标准等一一明码标价;公示劳动监察机关举报受理电话;收费时出具由税务部门监制的发票,且发票上所写收费条目与实际服务项目相符;服务人员持证上岗。

(三) 高薪诚聘

一些"高薪诚聘"的背后是不良职业的陷阱,而"高薪诚聘"行骗的对象主要是外地求职者和涉世不深的大学生。从表面上看,这类招聘似乎不设门槛,面试程序也非常简单,待遇丰厚,其目的是骗求职者尽快入套,求职者一旦掉进这类陷阱,损失的不仅是钱财,还可能被误导从事非法的"地下职业"。目前,常以高薪名义招聘的不良职业主要有两种:色情服务和传销。

特别提醒:"高薪诚聘"虽然充满诱惑,但求职者一定要牢记"天上不会掉馅饼"。

(四) "注水"招聘信息

这类招聘信息中有许多"浮夸"的成分:名为招聘会计,实则招聘业务员;明明只有一个空缺职位,广告却说要招聘五人……种种"注水"招聘让求职者深受其害。这类公司不直接收取求职者的钱财,却变相让求职者免费为其提供劳动,或通过招聘向求职者销售产品。这类骗局往往更加隐蔽,骗局被识破的周期也较长,且求职者受骗后也难以收集证据,相关部门监管也比较困难。目前比较普遍的"注水"招聘方式有以下 3 种。

(1) 名不副实:只缺一人,广告却说要招聘五人;面试承诺月薪 5 000 元,背后却有难于登天的条件;招聘岗位名不副实等。

(2) 先购产品后上岗:它们在面试后与求职者约定,必须先购买一些它们的产品,并要求在规定时限内全部推销出去,这样才能证明是"胜任工作",否则,则被视为不符合招聘条件,有时甚至在招聘现场准备了一些"托儿"。

(3) 试用期永远不合格:它们在面试后通常不马上与求职者签订任何有效的书面劳动合同,只是口头承诺,待求职者工作一段时间后才付给极低的报酬,并以"试用考核不合格"而解聘求职者。

特别提醒:"注水招聘"虽然隐蔽,但往往有以下破绽:①招聘广告过于简单,没有岗位职责和应聘条件；②面试极为草率，面试官似乎对求职者的专业、能力不感兴趣；③刚面试完就告知求职者被录用，但却迟迟不签订劳动合同，被录用的职位也与应聘的岗位不相符，还向求职者提出各种不合理的要求；④双方口头或书面约定中有明显不公平的条款。

总之，大学生在求职过程中，既要主动出击，又要"多个心眼"，警惕各种欺骗行为，积极维护自己的合法权益。

案例 10-2

某高校毕业班大四下学期一开学就将到外地实习两个月，正当全班同学都在积极准备实习的时候，小王却不动声色地忙开了：他先去班主任家，留下自己的推荐材料，并拜托班主任若遇合适单位帮忙推荐；然后去所在系学生工作办公室，将自己的推荐材料及联系方式留给了负责就业工作的老师，请他们有重要信息及时告知自己；接下来走访了自己最要好的两位低年级朋友，请他们有重要信息及时告知自己；最后来到学校就业指导中心，查询实习离校的两个月期间各地人才招聘会的信息。做完这些工作后，小王安心实习去了。

实习期间，小王所在的学校多次将招聘、面试信息通知了他；班主任老师在他未及时赶回面试时，专门向招聘单位介绍了他的情况；最要好的两位师弟随时为他提供线索；他自己也经常打电话回学校联系，询问有关情况。这样，尽管小王在外地实习，却总比其他同学消息更灵通，实习结束不久，小王就顺利与用人单位签约了。

经常听到有毕业生抱怨：有这么多用人单位的需求信息，学校怎么就及时通知了他而我完全不知？太不公平了，那些捷足先登者肯定有特殊关系，得到了特殊照顾。其实，学校希望为更多的毕业生提供职位，一得到用人信息总想及时通知更多的毕业生，但由于信息不畅使许多难得的机会丧失。

第二节 择业技巧

什么叫工作？工作就是"给人们提供一个发挥和提高自身才能的机会，通过和别人一起共事克服自我中心的意识并得到心理满足，获得生存所需的产品和服务"。就是说，我们要生存，而且要生活得好，那么每个人都必须要工作。在竞争激烈的现实社会，人人都想成功地立足于社会，个个都想找到充分发挥自己特长、获得较高报酬的工作单位。可是，有许多大学毕业生，虽然拥有较高的学历和丰富的知识，但由于初次择业经验不足，缺乏必要的求职择业技巧而很难如愿以偿。求职择业是一门学问，也是一门艺术，有许多技术和技巧，它是择业成功的主要因素之一。所以要想找到一份理想的工作，学习一些求职择业方法，掌握一定的求职择业技巧是很有必要的。

一、个人与职业匹配的原则

（一）性格与职业匹配

有关专家认为，根据性格选择职业，能使自己的行为方式与职业工作相吻合，能更好地发挥自己的聪明才智和一技之长，从而得心应手地驾驭本职工作。国外一些用人单位在招聘时，甚至认为性格比能力更重要。

（二）兴趣与职业匹配

一个人选择的职业与自己的兴趣吻合，枯燥的工作也会变得丰富多彩，并会产生工作的动力，但个人的兴趣爱好只能作为职业选择的重要依据，而不是全部。

（三）能力与职业匹配

每个人都有自己的能力结构，而不同的职业对从业者的能力也有不同的要求。随着社会的发展，社会分工越来越精细，各种职业对人们提出了更高技能的要求。大学生在择业时，要选择适合自己能力、能充分发挥自己特长的职业。注意不要把兴趣误认为是特长。

（四）气质与职业匹配

在现实生活中，许多人不能做好自己的本职工作，究其原因，并不是他们的能力低下，而是因为他们的气质与所从事的工作不相适应。人的气质具有先天性和稳定性，它对一个人所从事的职业活动没有决定性作用，但会对我们从事的职业性质和工作效率产生影响。

（五）价值观与职业匹配

不同人对职业特性可能有不同的评价和取向，作为人们对待职业的一种信念和态度，职业价值观往往决定了人们的职业期望，影响着人们对职业方向和职业目标的选择。

二、求职技巧

（一）用智慧来推销自己

在求职的各个环节多动脑筋，把自己优秀的方面展现出来，恰到好处地张扬自己的外在和内在的特点和优势，让招聘者特别注意你并能留下良好印象。但记住智慧不等于耍小聪明，这个恰到好处就意味着既不要"王婆卖瓜"，也不要谦虚过度。

（二）有的放矢、适度包装

针对不同用人单位的不同要求，准备针对性较强的材料，强调自己与所应聘岗位相关的知识能力和专长经验，让用人单位觉得你就是最理想的应聘者。同时，包装已成为当代求职者在求职过程中推销自己的重要手段，适度的包装可以更有效地提升自己的地位和形象，但过度的包装却会使人反感。包装包括两方面：一是自荐材料的包装，应注意按照不同类型的单位准备不同形式的材料，一般可分3类，即国家公务员、学校教员、公司职员；二是对自身的包装，主要是着装、打扮，要求大方、得体、规范。

成功的应聘策略：实力+包装+推销技巧。

（三）诚信为本

大学生既要客观展示自己的优势和强项，又要正视自己的缺点和不足，其实用人单位并不会太在意你的缺点和不足（致命的缺点除外），主要是看你的发展潜力和对待问题的态度。切记：在编造"美丽的谎言"时一定要给自己留有余地。

（四）积极主动

就业信息都有很强的时效性，在对就业信息进行了充分论证后应主动出击，并做好各方面的准备，否则会坐失良机，正可谓"机不可失，时不再来"。应这样做以下几点：①不等对方索要，主动呈交；②不等对方提问，主动介绍；③不消极等待回音，主动询问。这样给人的感觉是态度积极、求职心切、胸有成竹。

（五）重点突出

在介绍情况时要重点突出自己的知识能力和与众不同的东西，还应有一定的举例说明，并且应体现在所表达的语言之中。

（六）出其不意

所谓出其不意，即通过与众不同的方式求职。

三、电话求职注意事项

随着通信事业的发达，电话求职已成为一种新时尚。电话求职不仅可以起到"先声夺人"的效果，还可以节省时间，避免求职的盲目性，增加面试机会，提高求职效率。在电话求职时应该选择并控制通话时间、准备通话要点、做好通话记录、注重礼貌及通话方式。具体应注意以下几个方面。

（一）调整好通话心情并做好相应准备

电话求职时应该准备一些应征理由和自我推销的说辞，以面试的心情通电话。通常，一般的公司在询问后会要求求职者寄履历表，甚至在电话中就进行第一关口试，决定是否进一步面谈；如果把事情想得太轻松、太简单，一旦突然被问到应聘的动机、工作经验等问题，恐怕会因为没有准备好而无法回答得很好。另外，最好准备好纸笔，可以方便记录一些问题。

（二）注意好通话场所

电话求职时尽量在安静的地方，如果一定要在外面联络，也应选择相对安静的环境，在吵闹的路边或热闹非凡的酒吧里都不合适，在这些地方通话除了听不清楚之外，也会容易让人烦躁与生厌。

（三）选择好通话时机

不要在对方可能忙于处理其他事务时去打电话，临下班前半小时不宜通电话，午休时间打电话影响别人休息，是不礼貌的，效果也不好。一般应选择上班时间打，在上班后半小时内打求职电话，效果最为理想，这有利于强化记忆和印象；一般不可以在临近下班时间打电话，否则可能会影响对方的情绪，影响通话效果。还有，如果估计通话时间较长，应该事先打电话预约一下。

（四）准备好通话内容

作为求职的一种方式，打电话的根本目的就是争取面试机会，电话里能讲的最多只有一两个中心内容，因此，电话求职时应一切都要围绕这个中心来准备通话内容，尤其是弄清楚打电话的目的与意义，弄清楚要告诉对方哪些有吸引力的信息，预期的结果可能是什么，自己可能会碰到什么阻碍，怎样处理意外事件，如何提出与对方会面的要求，再整理一下思路后拨通，接通后，按事先拟好的纲要，逐条讲述；求职电话一般应首先自我介绍，询问对方是否要人，要用什么样的人才，或直截了当的询问招聘广告中不明了的有关事宜。此外，手头上应准备一些必要的求职材料，以便准确回答对方的提问。

（五）把握好表达方式

既然应聘者决定打求职电话，说明其对用人单位有诚意。接通后，应有礼貌地问清对方单位的名称，说出要找的人的姓名。如果对方就是受话人，应先问候，然后谈话，如果对方不是要找的受话人，应有礼貌地请求对方去传呼受话人，受话人如果不在，发话人应先主动请接电话的人把自己的单位和姓名转告受话人。若需要受话人回电话，应告知电话号码，如果需要他人转告受话人的事情，要礼貌地请求对方记下。通话时，应注意语言、语调和语气，要表现出令人愉悦的气质，要热情、坚定、自信、咬字要清楚；音量要适中，以对方听清楚为准；不要过分客套，不要含糊其词。通话结束时，应该礼貌地说声"再见"，这是通话结束的信号，也是对对方表示尊重，听到对方把话筒放下，再把电话挂掉。

（六）运用好加深印象法

打电话认真是原则，但不妨来点幽默，给人留下开朗、活泼、朝气蓬勃的印象，不过不能失之轻浮、油腔滑调，应把握好"度"。打电话应语调连贯，不用"这个、那个"之类的习惯用语，也不可神情紧张、结结巴巴。要尽量用普通话，使接话人听得清、记得准，谈话要保持中速，不急不缓，因为说话从容往往给人以稳重、可靠的印象。说话要对着话筒，说话音量不要太大，也不要太小；咬字要清楚，吐字比平时略慢一些；语气要自然，当对方不够热情时，打电话更要注意语气和声调。

第三节 面 试

案例 10-3

在一个高校毕业生招聘会上，小刘正郁闷地从一机电公司招聘摊位前离开。"找份工作怎么这么难？"小刘不满地说，"唉！不少公司虽然接收了简历，可每次面试都通不过，前后算起来已经被 40 家单位拒绝了。"小刘是一所重点大学计算机专业的毕业生，对工作的要求也不算很高，从简历上看，他经验丰富，在大型计算机公司实习过，就是平时有些不拘小节，总体来看，应该是很多单位比较青睐的那种人才，为什么屡试屡败？

小刘就业不顺利的关键就是没把握好面试这个环节。在面试中，小刘根本不知道怎么推销自己，以为只要把学习过程和实习经历"流水账"似的说出来就可以了，再加之不拘小节的外表，难以给用人单位留下良好的印象。可见，面试需要高度重视。

面试是通过面对面的交流来考核应试者的一种方法，普遍存在于目前的大学生就业市场中，是大学生应聘过程中的关键一步，是大学生能否顺利签约的重要环节，也是大学生在一系列求职过程中最"望而生畏"的一个环节。尽管面试的形式多种多样，但面试的目的却只有一个，即考查应试者的背景、智商、情商、仪表、气质、性格、兴趣、专业、特长、能力、品质、口才、应变、形象等综合素质，又主要考量应试者的潜在能力和情商，并据此判断应聘者是否为本单位最合适的人才。因此可以说，面试是对毕业生进行综合素质测试的考场。面试是选择合适的人到合适的岗位，而不是考量人的优劣。

一、面试的类型及内容

（一）面试的类型

1. 结构式面试

这种面试的目的在于去除偏见，帮助雇主作出客观的决定。由面试主考官掌控全过程。他会按照事先设定的考核标准精心设计问题，制定标准的评判或计分方法，然后对应聘相同职位的应聘者进行相同问题的测试或谈话，以此考核应聘者的知识、能力、经验等，并作出相应评价。结构式面试属于常规式面试，为众多用人单位所采用。

2. 非常规面试

结构式面试之外的其他面试方式均可视为非常规面试，常见以下几种形式。

（1）自由式面试：由面试官海阔天空地与应聘者自由漫谈，就像拉家常一样，使应试者得到充分放松与自由发挥，显山露水，从而达到了解其庐山真面貌的目的。

（2）压力式面试：面试官有意识地向应聘者施加压力，或针对某一问题做一连串发问，刨根问底，使应试者疲于应付，十分被动，或故意为难应试者，使其陷入难堪的境地，以此考查应试者承受挫折的能力、随机应变的能力及心理素质等。

（3）即兴演讲式面试：一般采取现场抽签的方式，进行即兴命题式演讲。从应试者抽到演讲题开始准备到完成演讲，一般不超过15分钟。演讲时间一般为5分钟左右。这种面试主要考查应试者语言表达能力、思维敏捷性、逻辑性、知识渊博性等。产品销售员、公关人员、教师等职业领域较多采用即兴演讲式面试。

（4）角色模仿面试：由应试者现场模仿应聘岗位的角色，并据此判断应试者学习能力、语言表达能力、公关活动能力、业务水平、随机应变能力和对应聘岗位的认识程度、理解程度以及是否能胜任这一工作。

（5）情景式面试：设想某种场景，由应试者在该场景中扮演某种角色去完成某项任务，并据此判断应试者的反应能力和随机应变能力。

3. 评估中心

评估中心是一系列考核方式的综合，这是一些专业化程度较高的外资企业通常使用的方法。这种面试包括在公众面前的个人演讲、辩论、无领导的小组讨论、团队创建游戏等，其测试目的是考核应试者的适应能力和在一个全新的毫无准备的情境中处理问题的能力。

4. 无领导小组讨论

无领导小组讨论是指由一组应试者组成一个临时工作小组,讨论给定的问题并作出决策,在这种面试中,主试方要么不给应试者指定特别的角色,要么只是给每个应试者指定一个彼此平等的角色,并且既不指定谁是领导,也不告诉应聘者应该坐在哪个位置,而是让所有应试者自行安排、自行组织,主试人只是通过所安排的讨论题目,观察每个应试者的表现,从而对应试者的素质水平、能力作出判断。这种面试的目的是考核应试者的领导能力、组织协调能力、口头表达能力、说服力、洞察力以及处理人际关系的技巧。

5. 一对一的个别面试

一对一的个别面试经常应用于第一轮面试,其目的不是为了找出期望中的人选,而是通过对应试者所具备的知识技能和经验等进行初步的了解与核实,以剔除一些素质较差的应聘者。

6. 多对一的主试团面试

由人力资源部经理、业务部门经理,以及将来有机会与应试者共事的同事等多人组成面试团,对应试者的人格特质、业务素质、行为风格等进行考核。应试者要面对面试团成员的所有提问并进行回答,还要注意与他们之间的沟通,不能忽略其中任何一个人的问题。面试结束后,面试团会综合所有成员的意见给应试者一个评价。

7. 多对多的小组面试

主试方和应试者都是多人,主试方多人从不同角度轮流对一个应试者提问,并要求其他应试者对同一问题依次进行回答,从而对应试者进行比较和权衡。通过这种方式面试,主考官通常是想了解应试者与团队互动的情况、每个应试者在团队中的角色如何、谁会在团队中以领导身份出现等。注意,考虑周到、机智表现很重要,但是不要独占会谈场面。

8. 远程视频面试

运用现代网络技术手段,通过网络视频进行远程面对面网络交流活动的面试方式。

(二)面试的内容

1. 自我介绍

这是应试者与主聘者建立互动关系的第一步,在2~3分钟的陈述中,面试官将对应试者的精神风貌、表达方式、对工作的渴望态度等情况进行初步判断,从而形成至关重要的第一印象。

2. 背景陈述

面试官将通过这部分内容重点考核应试者是否具备与未来工作要求相符或者略有超越的基本能力。主要问题包括:
为什么选择本单位(组织)作为职业生涯的起点?

你的职业目标是什么？

概述以往的经历，并谈谈你从这些经历中获得了哪些经验和教训？它们对于你应聘的岗位有哪些直接或间接的帮助？

你是否喜欢自己大学期间的专业课？

你认为自己从事的哪项课外活动最有价值？

你有哪些领导经验？

你有什么理由认为你是最符合这项工作要求的候选人？

你认为要在这个领域获得成功需要具备哪些必要的个人品质？

未来5年的职业发展规划是什么？

你的优点和不足有哪些？

你是如何与老师和同学相处的？

……

如果面试官是应试者应聘岗位的部门负责人，也可能对应试者的专业背景进行"刨根问底"的提问，可见这部分问题的核心就是"为什么要雇用（聘用）你？"如果应试者所有的答案都围绕这个核心问题进行明确、肯定和有说服力的回答，即使不是最"准确"的，也一定是最"正确"的答案。

3. 交流讨论

这任何一个面试过程中都是最关键的部分。面试官将试图把应试者的资质和职业兴趣与单位（组织）可能提供的工作岗位进行有机对应。这部分讨论的内容可能是应试者未来工作中会遇到的难题，也可能是貌似与工作无关的宏观战略问题，显然，如果没有对工作职位的充分了解，没有对应试单位惯用思维方式和表达方式的熟悉，是很难回答好这类问题的。因此，任何一次与面试官进行的富有建设性和吸引力的对话，都是建立在对那些自己有兴趣并有信心做好的工作机会充分调查的基础之上的，进而才能说服主试者相信，自己正是他们在竭力寻找的恰如其分的而且立等可取的最佳人选。同时，在这一面试阶段，应试者还可以结合面试官没有涉及或是涉及不充分的与工作有关的问题与面试官进行交流。

4. 结束阶段

一般情况下，面试官会利用面试的最后几分钟时间对单位再进行简单的介绍，回答应试者仍然不太清楚的问题，同时说明应试者将在什么时候得到面试结果，并介绍接下来的考核方式。

一般而言，面试评分参考标准如下：思维能力（15%）、语言表达能力（15%）、责任感和进取心（20%）、计划组织能力（15%）、人际合作能力（10%）、应变能力（10%）、个性稳定性（10%）、举止仪表（5%）。

二、面试的准备

面试是大学生通往自己心仪单位的必经之路。所谓不打无准备之仗，那么，在面试前应该准备些什么呢？可从软硬两方面着手。

（一）硬件准备

1. 推荐材料的准备

面试之前根据用人单位的特点和要求准备几种格式的推荐材料，确保面试官想看什么自己就有什么。除此之外，还应准备好就业协议书。

2. 个人形象的准备

面试前应该准备一套合适得体的职业装，男性最好是深色西装，配同色系或互补色系的衬衫，还要系上领带、穿皮鞋。女性可以选稍休闲的职业装，若是裙装要穿丝袜、合适的高跟鞋。另外，保持良好的举止也是能够为面试加分的，如站姿、坐姿、眼神、表情等都要规范。穿着打扮既能反映一个人的修养，也是对面试官和用人单位的尊重。一般情况下，衣着不整、蓬头垢面会被认为是邋遢窝囊，而过于超前的打扮又会被认为是不成熟和不可信任。

3. 纸、笔、证件的准备

面试之前一定记住准备好用于面试时记录的纸和笔，并准备好用于证明自己身份和优秀素质的相关证件、证书，包括学生证、身份证、毕业证、相关荣誉证书、发表的各类作品等。最好将相关证书、作品等复印件整理装订成册，并带上原件。

（二）软件准备

（1）知彼知己。一方面，尽可能详细地了解用人单位的情况，用人单位情况包括组织内部情况和组织外部情况两方面。组织内部情况包括发展历史和最新动态、发展目标与组织文化、单位领导人的姓名、单位规模与行政结构、服务内容与类别、财政状况、绩效考核体系、培训体系、薪酬体系、正在招聘的职位及能力要求等；组织外部情况包括服务对象的类型及规模、组织的公众形象与社会评价、主要竞争对手的情况等。另一方面，尽可能全面地了解自己，包括基本情况、教育背景、知识结构、专业水平、组织管理能力、兴趣爱好、社会经验、公众评价、主要优缺点等应聘条件。只有知彼知己，才能在面试中胸有成竹、言之有物，增强面试的针对性和说服力。

（2）加强面试技巧的培训，特别注意语言表达能力和随机应变能力的训练，虚心听取他人意见。

（3）保持良好的心态，努力克服紧张心理。既要充分认识到求职竞争的激烈、残酷和困难，又要充分树立战胜自我、战胜他人的必胜信心。要敢于正视失败，要勇于丢掉思想包袱，轻装上阵、畅所欲言，不要患得患失。既不能把一次面试和工作机会看得过轻，抱着无所谓的态度，不屑一顾，又不能将其看得过重，从而背上沉重的心理负担和思想包袱。要在战略上藐视对方，在战术上重视对方。

（4）复习并组合面试中可能考核的知识技能。简历根据目标企业和目标岗位的不同，语言也就不尽相同，所以面试前应该对投递的简历进行回顾，重新熟悉内容，特别是在个人介绍部分要突出个人与职业的匹配度，让面试官相信你确实有可用之处。做好这些工作后，你就可以请一位有经验的朋友、同学或老师扮演面试官，对面试进行必要的模拟演练，对一些可能提到的问题进行预先的熟悉，以便于面试时能更好地发挥。

尽量避免有亲朋好友陪同参加面试。这是缺乏自信的表现，也是容易被面试官淘汰的重要情况。

如果可能，最好能了解面试官的基本情况，这会对面试有一定帮助。

三、面试各环节的把握

（一）做好自我介绍，留下良好而深刻的第一印象

好的开端是成功的一半。自我介绍要求求职者清楚说出自己的姓名，内容以 2~3 分钟为宜，做到思路清晰、重点突出，不要重复简历上的内容，主要陈述自己的强项、优势、专业知识技能、成就等情况，突出能为应聘单位做什么贡献。

1. 自我介绍中常见的问题

（1）准备不足，匆忙上阵。有些应试者由于事前准备不足，连如何介绍自己、应介绍些什么、哪些应重点介绍、哪些作一般介绍等都是一头雾水，甚至连应聘职位情况、用人单位情况、面试官情况等均一无所知，更有甚者连自己都不清楚自己到底有何兴趣、能力、特长，又怎能作好自我介绍。

（2）缺乏信心，紧张不安。有些应试者由于过于自卑，缺乏自信，或由于把本次应聘看得过重，心理负担太重，因而导致心理紧张，坐立不安，有的全身颤抖，有的语无伦次，还未作介绍，就先败下阵来。

（3）夜郎自大，盛气凌人。有些应试者自以为自身条件好，了不起，根本不把一般用人单位放在眼里，不屑一顾，一副盛气凌人、趾高气扬的神态。自我介绍尚未开始，就被招聘官判了"死刑"。

（4）不懂礼仪。包括：①不能正确使用称呼语。有些求职者不能主动热情地向面试官打招呼，在作自我介绍时不知如何称呼面试官。②语气粗俗，出口成"脏"。有些求职者不注意平时的修养，在作自我介绍时，语言低级庸俗，甚至不堪入耳，令人反感。③不讲卫生，打扮不得体。一些求职者不修边幅，如衣服脏兮兮的，皮鞋上面尽是泥土、污垢，蓬头垢面。

（5）过分夸耀，口出狂言。有些求职者在作自我介绍时，大量使用带有夸耀色彩的语言，言过其实，过分炫耀自己。如"希望我这匹千里马能被伯乐相中""我将以我 100%的工作能力加 200%的亲和力加 300%的社交能力加 400%的创造力，努力酿造出 500%的成果""您给我一个机会，我将给你一个奇迹""我认为我是最好的，如果不录用我，你们会后悔的"，此等话语，不胜枚举。

除此之外，常见的错误还有：①大话、空话、套话连篇，有用信息少；②类似演讲稿的背诵；③类似抒情散文一样的说辞；④语言简单；⑤思维混乱，颠三倒四；⑥吐词不清，音量不当；⑦面无表情，呆若木鸡。这些都严重影响了自我介绍的效果。

2. 抓住机会，充分展示自我，做好自我介绍

（1）树立信心，礼貌谦和。应试者在自我介绍时要做到满怀信心，精神饱满；沉着冷静，不慌不忙；面带微笑，彬彬有礼。礼貌谦和是中华民族的传统美德，也是在求职面试过程中博得面试官好感和欢心的行为。要尽量使用尊敬与谦虚的语言，要使用尊称，如"尊敬的领

导，您好"。称呼要得体，不要用"大家好""考官们好"一类的问候。

（2）重点突出，有的放矢。包括：①个人基本情况要讲清，重点要突出。如姓名、毕业学校、所学专业、本专业年级或班级排名（成绩排名、综合排名）、获奖情况、任职情况、社会实践等基本情况要讲清楚，不能省略，个人优点、能力、特长或特色要突出，要有鲜明的个性。②要根据用人单位的需要和应聘职业（岗位）的要求，有针对性地进行自我介绍。

（3）要用事实说话，事实胜于雄辩。要注意用事实说话，用真实可靠的数据说话，事实一定要具体，不能含糊其辞，要有说服力。如"多次获得奖学金""多次参加社会实践活动"等描述难以令人信服，而要说明"何时获得几等奖学金""何时何地参加何种社会实践活动、有何收获"等。忌大话、空话、套话连篇，有用信息少。

（4）尽量少用或不用形容词、副词，多用动词，注重用动词说话。由于自我介绍注重用事实说话，因此，不宜使用"很好""非常好""极大""一切""深入""很强""很高""非常高""各种""丰富""渊博""精彩""精通"等形容词或副词，要大量使用"获得""学习""操作""创造""参加""从事""担任""通过""熟练""进行""掌握""组织""参与""得到"等动词，使用动宾结构的话语更有说服力。

（5）尽量少用或不用模糊语言。自我介绍要令人信服，就必须用较为肯定的语言（气）说话，一般不使用模糊语言，要用"是""确定""一定"等判断词，给人以可信感。

（6）语言精练，把握时间。一般自我介绍时间为 3 分钟左右，很少超过 5 分钟。自我介绍时间长短，往往与应聘者人数、面试官性格、动机等因素有关。如参加面试者人数众多，则自我介绍时间会相应缩短；如参加面试者人数较少，则自我介绍时间会相应较长。

（7）思路清晰，层次分明。先讲什么、后讲什么、哪些该讲、哪些不该讲、哪些应多讲、哪些应少讲，都要做到心中有数，有条不紊。

（8）热爱单位，信念坚定。表明对应聘单位的仰慕憧憬之情，对应聘职业与岗位的热爱向往之心以及为之奋斗终生的坚定信心和决心。

（9）抓住机会，巧用赞美。切记良言一句三冬暖，恶语伤人六月寒。

（二）注意面试过程中的礼仪礼貌，确保面试的圆满完成

1. 仪表端庄、衣着得体

（1）衣着要求：质料不易皱折，剪裁合身，款式朴素、简练、精干。男生宜穿西服，女生宜穿裙装，不宜穿紧身衣服、太暴露的衣服、牛仔装。男生衣服颜色以黑、白、灰三色最保险，女生着装以不超过三种颜色为宜。

（2）发型要求：整齐、干净、有光泽，不宜太新奇。

（3）鞋袜要求：鞋面洁净、品质好，不宜穿凉鞋、丝袜、白袜。

（4）饰品要求：男生忌戴耳环、首饰，女生耳环不宜太大、最好不戴手镯，最好配一文件夹或公文包。

2. 遵时守约

这是最基本的职业规范，也是主考官重视的最基本的素质。一般应提前 5~10 分钟到达面试地点，这样一来有充裕的时间调整自己的心态、整理自己的仪表，二来以表示自己求职的诚意。

3. 耐心候试

在候试过程中切忌急躁失礼、坐立不安、不停地来回走动、与其他候试人大声交谈、试图从门窗探看面试情况等，在被通知进入面试室前要关闭通信工具，在进入面试室时一定要先轻轻敲门，得到允许后方可进入。

4. 妙用无声语言

在面试过程中应高度重视握手、眼神、面部表情、坐姿、手脚摆放、喝水、敲门、关门、关闭手机、随身物件的放置等无声语言的使用，达到"此时无声胜有声"的效果。

5. 礼貌退场，切莫粗心

一是离开面试室时要礼貌道别；二是离开时要带好自己的所有东西，切莫丢三落四；三是摆放好桌椅。

四、面试聆听及应答的技巧

（一）面试聆听的技巧

听，也是一种学问。据心理学家研究，人的思维速度是说话速度的几倍。一般情况下，说者还没说完，听者也许早就理解了，这时人的思想就容易开小差，表现出心不在焉的下意识动作或神情，而对对方的谈话听而不见。可见，善于倾听，成为一个优秀的"听众"，是面试成功的又一个重要方面。

1. 全神贯注，用心倾听

面试聆听时精力必须高度集中，切莫分心，要做到耐心、专心。

耐心，要求求职者在听面试官谈话时，应当保持耐心，不能表现出不耐烦的神色，更不能东张西望。

专心，要求求职者应全神贯注，始终保持精神饱满的状态，专心致志地注视着面试官。在面试官谈话过程中，求职者可不时发出表示听懂或赞同的声音。如果一时没有听懂对方的话或有疑问，可以适时地提一些有针对性的问题。

2. 尊重他人，姿势得当

无论是站着还是坐着，都要让面试官感觉到求职者是在"注意倾听"，是最优秀的"听众"，是"知音"。具体表现为身体要稍微向前弯曲，以缩短与面试官的距离，表示对他的话有兴趣，并用各种肢体语言来回答考官的问题，表明自己的机敏性。同时，还要注意姿势要自然、放松，不要出现用手捂嘴巴、两手抱着胳膊、双手抱肩、双手在胸前交叉等姿势，这些姿势既不礼貌，也反映一个人的紧张感。

3. 用好眼睛，适时互动

在面试官谈话的过程中，应聚精会神地注视对方，保持与面试官目光的接触，表示对面试官所谈内容有浓厚的兴趣，如果左顾右盼，目光飘移不定，就显得情绪不安；同时，与面试官形成互动,即将自己的关注传达给面试官,让面试官知道求职者在专心致志地听他讲,使面试官对继续讲话保持兴趣。

4. 察言观色,保持敏感度

在聆听面试官谈话时,应具备足够的敏感性,首先,应高度关注关键的字、词,善于从面试官的话语间找出他没有表达出来的意思,即理解对方的弦外之音;其次,要注意感受面试官对自己的话是否听进去、是否对自己谈的内容感兴趣;最后,还要细心观察面试官在谈话时的表情及姿势的变化,从而全面准确地把握面试官谈话的含义。

(二)面试应答的技巧

面试过程中,招聘方总会提出一系列的问题,正确应对和回答面试中的问题,主要把握以下几个方面。

(1)把握重点、简洁明了、条理清楚、有理有据。一般情况下回答问题要结论在先,议论在后,先把自己的中心意思表达清楚,然后再做叙述和认证。否则,长篇大论,会让人不得要领,而且面试时间有限,多余的话太多反而容易走题。

(2)讲清原委,避免抽象。面试官提问总是想了解一些应试者的具体情况,不要简单地仅以是否作答。针对所提问题的不同,有的需要解释,有的需要说明程度。过于抽象的回答,往往不会给面试官留下具体的印象。

(3)确认提问内容,切忌答非所问。面试中,如果对面试官提出的问题一时摸不着边际,以致不知从何答起或难于理解对方问题的含义时,可将问题重复一遍,并先谈自己对这一问题的理解,请教对方以确认内容。对不太明确的问题一定要弄清楚再作答,才不至于答非所问。

(4)有个人见解,有个人特色。面试官接待应试者若干名,相同的问题可能要问若干遍,类似的回答也要听若干遍,只有具有独到的个人见地和个人特点的回答,才会引起对方的兴趣和注意。

(5)知之为知之,不知为不知。遇到自己不知不懂不会的问题时,默不作声、牵强附会、不懂装懂的做法均不可取,诚恳坦率地承认不足之处,反倒会赢得面试官的信任和好感。

(6)"二八原则"。在面试中应试者说的话应该占80%,面试官说的话占20%。在与面试官进行谈话的时候,要适当补充面试官的话。例如,面试官说完,应试者可以接着说:"我觉得您的想法很好,我基本上同意您的看法,但是有一个小地方,我跟您的观点不一致,那就是……"

五、面试问题及面试官解析

(一)常见的面试问题解析

面试的问题形形色色,可能涉及学习、工作、生活的方方面面,可归纳为以下几方面。其中很多问题并无标准答案,只要理解了主试者提问的意图,并有针对性地回答,应试者的答案即使不是最准确的,也是最正确的。

1. 关于"性格、工作期望、理想"方面的问题

(1)请简单介绍你自己。

（2）请描述你自己的性格和倾向。

（3）你有哪些兴趣爱好？

（4）在学校中你和同学相处得如何？你通常与哪种人相处最融洽？为什么？

（5）你认为什么人最难相处？你会如何去面对他们？

（6）你认为在哪种工作环境中最能发挥你的才能？

（7）你有没有制定你的人生目标？是什么？

（8）什么是你选择工作的首选因素？

（9）对你5年以后的工作有什么期望？

（10）对你的事业有什么长远打算？怎样实现它？

（11）你认为怎样才算事业成功？

（12）如何处理你曾遇到的困难？

（13）你认为你是不是一个有野心的人？

问题（1）~问题（5）是用人单位想了解应试者的基本情况，是否能够与其他人和谐相处，主要考查应试者的处事能力、协调能力、团队精神、成熟和宽容。

后面几个问题是用人单位想从中了解应试者的价值观是否与单位价值相符，主要考查应试者对单位的价值观、组织文化有多大程度的认同，以确认应试者能否真正融入单位之中。这就要求应试者应该更多地了解单位的相关背景和业务以及行业发展前景等情况。

介绍自己的情况应与简历材料上的一致，介绍家庭情况主要突出家庭的和睦、家庭对自己接受教育的重视和支持、自己对家庭的责任感；介绍自己的兴趣爱好应是文明的。

2. 关于"学校生活、学习计划"方面的问题

（1）你在学校最喜欢和最不喜欢哪门课程？为什么？

（2）你认为考试成绩能否反映你的实际才能？

（3）在几年的学校生活中你最难忘的经历是什么？

（4）你从课外活动中学到了什么？

（5）你有没有继续深造的打算？

通过询问这些问题，用人单位能够了解应试者的学习生活和在学校的基本表现，从而考查他具备什么样的基本素质。在回答诸如所学课程、所参加活动等问题时，应试者最好回答与应聘岗位相关的内容。

3. 关于"应聘岗位与部门"方面的问题

（1）你为什么应聘这个岗位？

（2）你为什么想加入本单位工作？

（3）你对本单位了解多少？

（4）你了解这份工作的职责吗？哪一方面最吸引你？

（5）你认为你最大的缺点和优点是什么？

（6）假如你被录用将如何开展工作？

（7）你为什么认为你非常适合这份工作？

（8）你认为你的哪些经历会有助于你即将担任的这份工作？

（9）你认为在本单位成功发展需要什么样的条件？

（10）你还应聘了什么岗位？你若被多家单位录用如何选择？

（11）你能否到外地工作或经常出差？

（12）如果工作需要，你能否加班？

通过询问这些问题，用人单位能深入了解应试者的求职诚意、个人素质、职业态度、职业素质，从而判断应试者是不是本单位所需要的人。

用人单位了解应试者的优缺点（除非是致命的缺点）并不是通过它来确定取舍的标准，而是从职业发展考虑，主要了解应试者认识问题和解决问题的能力，因此要求应试者不能就事论事，在以适当的语言客观评价自己的缺点时，必须提出解决这些问题的方法。

4. 关于"工作经验"方面的问题

（1）你有什么工作经验和社会经验？

（2）简单描述你参加的一次活动的情况以及活动中你的职责。

（3）你从学校和社会的一些实践活动中学到了什么？

（4）在你参加的学校和社会活动中，你最喜欢什么？不喜欢什么？

（5）在学校和社会活动中你遇到的最大困难是什么？是如何解决的？

（6）你认为在学校获得的工作经验能否应付新工作？

用人单位希望从应试者有限的社会经验中衡量其有多大成分符合工作应聘的需要，因此，应试者应该强调自己在学校活动和社会实践中得到的经验能够运用到应聘的工作上。

5. 关于"工作技能、语言能力"方面的问题

（1）你有没有参加一些专业考试？成绩如何？

（2）你计算机水平如何？会哪些软件？

（3）你的普通话水平如何？能否用普通话作自我介绍？

（4）你能否用英语介绍你的基本情况？

（5）你有没有参加过与这个岗位相关的培训？

对这些问题，面试者一定要如实回答，切忌夸张失实，因为这些问题很容易当场进行测评，一旦有所闪失，用人单位便会认为你夸夸其谈、华而不实，会有受骗上当的感觉。

应试者应该从所学知识及相关培训与应聘岗位的要求方面进行介绍。

6. 关于"时事"方面的问题

（1）你看最近的政府工作报告了吗？有什么见解？

（2）你认为最近政府的哪些措施会对本行业发展产生重要影响？

（3）你主要注意哪些方面的媒体报道？

"两耳不闻窗外事，一心只读圣贤书"的大学生已不能适应现代社会的要求，关心时事，并从中敏锐发现相关信息，用人单位会对你刮目相看。这些问题主要考查应试者独立思考问题的能力，从中发现应聘者是否能够广泛吸取各方面信息，并是否能提出自己的观点。

7. "假设性"问题

（1）假设服务对象对你的工作不满意，并要投诉你，你会如何处理？

（2）假设由于你的失误而使工作出现问题，但你的上司并不知情，你将怎样处理？

用人单位利用这些问题主要是对应试者的应变能力和反应进行评估，因此，应试者在回答问题时首先要镇定，同时还要能够尽快作出反应。

8. 应试者咨询的问题

（1）与应聘岗位相关的问题：对于担任该职位的员工，单位有什么期望和要求？（该问题能够显示应试者对应聘岗位的兴趣与诚意）

（2）与该单位相关的问题：未来几年，单位会有什么新的发展计划？（该问题显示应试者对单位的兴趣，同时应试者可从中了解更多有关该单位的发展潜力、发展方向等重要资料，以决定自己的最后去向。）

（3）单位对进修的看法：单位对员工在业余时间的进修是什么态度？（该问题表示应试者有兴趣去进修及在该行业发展。）

这类问题是应试者表现自己的最后机会，因此，应试者应该借此机会对自己之前的失误或不足加以补救，同时表现出你的最大诚意，还可借此机会对用人单位作进一步了解，作为应聘与否的参考。应试者在提出薪酬方面的问题时不要操之过急，最好由用人单位提出，在回答这类问题时要讲究策略。

（二）解读面试官

面试是一项专业性很强的工作，许多单位的面试内容大同小异，但由于面试官个性差异、兴趣不同，在面试中的表现也大相径庭，能否在众多求职者中脱颖而出，获得面试的成功，除了应聘者自身的综合素质、临场发挥水平外，还取决于是否能赢得面试官的好感与信任，是否能征服面试官。因此，了解面试官、看透面试官，从而做到知己知彼、有的放矢，是赢得面试的重要因素。那么，一般有哪些类型的面试官？与不同类型的面试官交流时应注意什么？有哪些应对之道？

1. 冷若冰霜型

这种类型面试官对应聘者的出现无任何反应，好像应试者不存在，就算应试者非常客气地和他打招呼，他也不会表现出半点热情，并且不会注意应试者的一举一动。通常第一句话就是"请坐"，以后再无下文，直到应试者开口介绍自己后，他才会提问题。应付冷若冰霜型面试官的最佳方法是：耐心听讲，然后刺激他说话，作出认真倾听的样子，使他认为你是知音。

2. 深藏不露型

这种类型面试官城府深，说什么话都留有后路，他与应试者握手时仅是碰碰而已；他接待应试者礼貌、客气，但保持距离，好像外交谈判代表一样；他对人既热情又好像很冷漠，他不会对应聘者的谈话作出直接的反应；他的笑永远让人猜不透，问话总是话中有话。总之，他决不轻易让应聘者了解其心思。应付深藏不露的面试官，一是说的话要少而精，深思熟虑后再说不迟；二是在谈论自己能力、愿望、待遇时要慎重，最好说些具体的东西，而宏观而浪漫的目标、理想最好少谈；三是多以请教的口气向主试者提问。

3. 傲慢无礼型

这种类型面试官故意给人一种唯我独尊的样子，他们说话虽然客气，但装腔作势、眼神傲慢，脸上无一丝笑容，经常用鼻音或"哼、哈"之声应付人，甚至不理不睬。与这类面试官面谈，一是要彬彬有礼，通过必要的寒暄来缓解气氛，对他们所说的刺耳难听的话要不温不火，尽力保持平静；二是说话要简洁有力，尽量不得罪他们；三是不要太在意他们的反应，要意识到这是他们在测试你的心理承受能力。

4. 谦虚可亲型

这种类型面试官一见应试者又是让座又是握手，又是端茶又是问候赞美，仿佛招待贵宾，令你受宠若惊，好像面试的对象是他而不是你，这让你觉得一切都很顺利，自我感觉良好，心情轻松愉快，自信心很容易膨胀。其实这一切都是假象，他有严谨的思维，有超出一般人的洞察能力，有一双鹰一样的眼睛，他比应试者更会"演戏"，能够紧紧掌握着应试者，其实他们都很精明，慈祥的笑脸上有一双"火眼金睛"。面对这类面试官，应试者必须保持高度警惕，一是不要"演戏"，诚心诚意、老老实实谈自己的想法；二是不要一味迎合面试官，也不要妄自尊大，他既然如此谦虚，自己最好比他更谦虚。

5. 一言不发型

这种类型面试官好像是聋哑人，任凭应试者谈天论地、口若悬河，他就是呆若木鸡，死活不开口，最多在结束时说一句"你可以走了"。应付这类主试者的策略，一是不要试图撬开他们的嘴；二是减轻心理压力，要意识到"一言不发"正是他们设下的圈套；三是要无话找话，尽可能将自己想到的都充分地表达出来，直到对方示意结束为止。

6. 慢条斯理型

这种类型面试官总是不急不慌，好像总是慢三拍，给人感觉是工作效率低下、性格不够爽快，对别人总是不放心；他们在精心研读完应聘者的个人材料后仍然要问许多材料中已经写明的问题；他们与应聘者谈话总是从鸡毛蒜皮的小事开始，然后慢慢铺开，并不时"旧事"重提、反复询问；他们主持的面试好像没有主题、东拉西扯，他们很有耐心、心地善良，总是要把一切都弄明白，做事一丝不苟。与这类面试官面谈，首先是要有耐心，耐心倾听，耐心回答；二是谈话过程中要尽量保持谦虚温和的口气，多些说明，少些辩论，更不要进行理论性的阐述；三是专注倾听，多听讲少插话，即使有问题也应在对方说完后再提出来。

7. 喋喋不休型

这种类型面试官太过于健谈，克制不住自己的嘴巴，一张嘴就说个没完没了，他们对应聘者是否注意听讲极不放心，往往同一话题重复两三遍，他们经常提问但又无心倾听应聘者的发言，并不断插话评论。遇上这类面试官是应试者的福气，因为他们说话过多，总是放松了对应试者的观察，并让应试者能及时了解面试官的思想。应付这类面试官的策略，一是让他充分表达，处于一种自我兴奋状态；二是在聆听对方讲话时要显示出浓厚的兴趣，不断利用"很感兴趣"的表情促使对方继续说下去。

8. 心不在焉型

这种面试官一切都按部就班，似乎对一切都不太关心，一副漫不经心的样子，对应试者的到来毫无新鲜感，问话时总是心不在焉，在听应试者回答问题时总在一边做其他事。这些人多是长期从事人事工作，见识过形形色色的应聘者，他们熟悉一切对付应聘者的手段、技巧，知道怎样了解你的基本情况以及如何拒绝。应付这类面试官，一是要刺激他们的新鲜感，使他们对你产生格外深刻的印象；二是在面试时尽量表现得大方些，不要受主试者表现的影响。

第四节 笔 试

一、笔试的类型与内容

和面试相比，笔试是一种相对初级的甄选方式，也是一种常用的考核办法，主要是用以考核应试者特定的知识、专业技术要求或需要重点考核应试者对文字的运用能力以及基本素质的一种书面考试形式。它是用人单位对应试者所掌握的基本知识、专业知识、文化素养和心理健康等综合素质进行的考查和评估。笔试对应试者来说是相对公平的一种测试方式，也很适用于应聘人数较多、需要考核的知识面较广或需要重点考核文字能力的情况，因而大企业、大单位大批量用人，国家机关选聘公务员等，往往都会采用这种考核形式。

常见的笔试类型主要有以下几种。

（一）专业考试

这种考试主要是为了检验求职者的专业知识水平和相关的实际能力。例如，外贸外资企业招聘人员要考外语，公检法机关录用干部要考法律常识等。

（二）心理测试

心理测试是用事先编制好的标准化量表或问卷要求被测试者完成，根据完成的数量来判断其心理水平或个性差异的方法。一些特殊的用人单位常常以此测试应试者的态度、兴趣、动机、智力、个性等心理素质。

（三）命题写作

这种考试的目的在于考查求职者的文字表达能力以及分析问题和逻辑思维能力。例如，限时写出一份会议通知、请示报告或某项工作总结，也可能提出一个论点，请应试者予以论证或批驳等。

（四）公务员考试

国家公务员录用考试分 A 类和 B 类。A 类职位考试的公共科目为《行政职业能力倾向测试》（A）和《申论》。B 类职位考试的公共科目为《行政职业能力倾向测试》（B）一科。《国家公务员甲种考试公共科目考试试行大纲》具体规定了各科考试的内容及要求。

二、笔试的准备

了解了一些常见的笔试类型，接下来的问题就是如何准备这些笔试。笔试从某种角度来说，能更深入地检验大学生的综合素质、大学生平时的知识积累程度、对知识是否真正理解和掌握等，通过笔试这些情况能得到较好的体现。用人单位的出题方式远比学校灵活多样，更侧重于能力，而不是单纯的知识。因此，在笔试之前，大学生应对它进行深入的了解，做到知己知彼，不打无准备之仗。

（一）保持良好的身心状态

（1）要适当减轻思想负担，不可给自己施加过大的压力，否则适得其反。

（2）笔试的前一天要注意休息，保证充足的睡眠，避免考试时精神不振，影响正常思维。

（3）要适当参加一些文体活动，从而使高度紧张的大脑得到放松休息，以充沛的精力去参加考试。

（二）了解笔试类型，做到有的放矢

不同的笔试类型有不同的考试内容，应试者在考前应作详细的了解，针对不同情况作出相应的准备。例如，公务员考试就有明确的考试范围，并有指定的参考书，考生复习相对有针对性。而一些用人单位的笔试则相对灵活，范围也比较大，没有明确相关的参考书，毕业生可围绕用人单位划定的大致范围翻阅一些有关的图书资料。笔试成绩与毕业生平时的努力也有很大的关系，如果毕业生兴趣广泛，平时注意吸收各种信息，考试时就能驾轻就熟，得心应手。

（三）笔试的知识准备

1. 学以致用，理论联系实际

现在的应聘考试越来越强调用学过的知识来解决实际问题，具有很强的实用性。换句话说，现在的应聘考试主要是考核应聘者对知识的运用能力。因此，在复习过程中必须始终突出一个"用"字，通过各种实践，把学到的知识运用到工作实际中去解决各种具体的问题。

2. 提纲挈领，系统掌握

在知识与能力这两者中，知识无疑是基础，没有扎实的基础知识，也就无从谈什么能力的培养和提高。掌握知识的一个有效方法就是把零散的知识系统化。但应聘笔试往往范围大、内容广，存在着一定的随意性和盲目性，因此，凡是与求职有关的一些知识，如文史知识、科技知识、经济知识、法律知识和一般的电脑知识，均要系统地复习一遍。

3. 多读多练，提高阅读能力

提高阅读能力，对扩展知识面和回答应聘考试的各类问题很有益处。知识的获得，主要依靠传授；能力的提高，则必须通过实践。复习时经常做些阅读训练，有助于阅读能力的提高。在做阅读训练时，一定要做到"眼到"和"心到"，特别是"心到"。也就是说，对每个

问题都仔细揣摩，认真思考，分析比较，综合归纳，努力提高自己的阅读能力。

4. 敏锐思考，提高快速答题能力

为了适应笔试题量多、时间紧的特点，应该努力培养自己快速阅读、快速思维和快速答题的能力。因为现代阅读观念不只着眼于信息的获取，而且特别重视速度。所以，在准备笔试的时候一定要提高答题速度。

三、笔试技巧

在充分准备的基础上，还要注意笔试的技巧，以提高答题效率。笔试技巧主要包括以下几个方面。

（一）增强信心

信心是成就一切事业的重要保证。笔试怯场，大多是由于缺乏自信心。客观冷静地对自己进行正确评估，就能克服自卑心理，增强自信心。应聘笔试同高考不同，高考是一锤定音，而应试者有多次机会。而且"双向选择"是互相选择，用人单位在选择应试者时，应试者也在选择用人单位，并不是用人单位单方面地选择应试者，因此完全可以轻装上阵。

（二）做好考前准备

参加考试前，应试者最好先熟悉一下考场环境，这对消除应试时的紧张心理会有帮助。弄清楚考试的要求和注意事项，尽量按要求事先准备好，带好必要的证件和一些考试必备文具等。考试前要保证睡眠，确保考试时精力充沛。

（三）科学答卷

具体答卷也是有讲究的，拿到试卷后，先不要忙着做题，首先应通览一遍，了解题目的多少和难易程度，使自己对答题的顺序和重点有一个大概的把握。然后按照先易后难的原则排出各题顺序，先做相对简单的题目和分值较高的题目，最后再攻克难题，这样就不会因攻克难题时费时太多，白白丢掉本该拿到的分数。最后留出时间对试卷进行复查，注意不要漏题。卷面字迹要认真、清晰，书写过于潦草、字迹难以辨认也会影响考试成绩，因为求职笔试不同于其他专业考试，"醉翁之意不在酒"，有时招聘单位并不特别在意应试者考分的稍许高低，认真的态度、细致的作风、新颖的观点也会增加被录取的概率。

实训与练习

1. 按照所学知识，尝试着做一次就业信息的收集和处理练习。
（1）你获取就业信息的主要途径是什么？
（2）你怎样处理所获取的就业信息？
（3）结果如何？
2. 参加一次模拟面试和一次招聘会，并记录自己的感受。
（1）参加模拟面试的感受是什么？

（2）参加招聘会的体会是什么？
（3）你还需要做哪些面试准备？
3. 了解笔试的主要内容和方式。
（1）你将参加哪些招聘考试？
（2）这些招聘考试的主要内容有哪些？
（3）你的准备情况如何？

❓ 思考题

1. 就业信息对大学生就业有哪些积极作用？就业信息有哪些类型？
2. 熟悉择业的过程有哪些重点注意事项？
3. 面试主要包括哪些内容？面试有哪些主要类型？常见的面试官有哪些类型？
4. 常见的笔试类型有哪些？笔试应做哪些准备？

第十一章 融入职场

导读

完成了学业，大学生都将走向社会工作岗位，成为职场新人。新的环境、新的生活必然会有新的活动规则，在这一人生转折点上，如何顺利融入职场，尽快适应社会，走好事业发展第一步，是大学生就业前应该认真思考的一个重大课题。

要点与要求

加强情商修炼、实现角色转变是大学生从学校进入社会的必修课，是大学生顺利走向社会的开端。本章主要介绍大学生怎样充分发挥实习作用、正确认识和修炼情商、全面了解毕业前后角色的差异及转变的主要障碍与对策等主要内容，以便更好地融入职场。

案例引入

魏来，一名即将毕业的大学四年级学生，尽管已落实了就业单位，但一想到马上就要离开熟悉的校园，进入一个陌生的环境，一方面很留恋，另一方面感到无所适从，不知道现在该准备些什么？将来又该怎么做？

范江，下学期即将参加毕业实习的大学四年级学生，看到别人都落实好了实习单位自己还在犹豫就非常焦虑，现在还不知道怎样获取实习信息？究竟要实习什么？在哪里实习？

完成了学业，离开了校园，大学生就将走向社会工作岗位，成为职场新人，将面对另一种生活规则，进入人生的又一转折点。作为职场新人，从相对单纯的校园走向纷繁复杂的社会，大学生的职业理想和职业中的实际情形存在着差距、冲突和矛盾，新的环境可能带来兴奋的心情，兴奋之余还有少许的好奇和畏惧。如何顺利完成从大学生角色到职业角色转换，尽快适应新环境，令人满意地通过试用，树立自己良好的第一职业形象，走好事业发展第一步，是大学生就业前应该认真思考并积极努力解决的一个重要问题。

第一节 实习与就业

案例 11-1

张某，就读于某大学化工专业，2006年寒假开始在一家民营化工企业实习。他觉得这是一个难得的机会,在这里,他把所有的时间都用在所学知识的应用上,不懂的问题主动向同事请教,遇到一些新技术方面的问题积极向学校的老师询问,平时空余时间还了解企业的生产和管理状况,他的目的就是尽快适应环境,能学以致用。3个月实习很快结束了,临走时给单位决策者写了一封感谢信,在信中,除了对单位提供实习机会的感谢之外,还针对该企业存在的问题提出了自己的建议:为了提高企业产品竞争力,应大胆与相关高校结盟,这样既可解决企业技术进步方面的问题,也可充分利用高校的品牌优势,同时固定向相关高校提供一定经费支持以解决高校科研经费的短缺,可以实现企业与高校的双赢。

回学校两个月后,张某正准备论文答辩,意外地收到了该企业董事长聘他为助理的聘书,并委托他全权洽谈与学校合作事宜。后来,张某所在的学校与该企业顺利达成合作协议。

第一,实习绝不是简单的应付,而是为了学习课堂上没学到的知识技能,并把所学知识技能应用到实践中;第二,实习要有目的、有计划、带着问题去做,在实习过程中要善于总结,不断总结不仅有利于实习单位,也有利于自己;第三,实习也是就业的平台,如果实习期间表现出众,还能提前找到适合自己发展的机会。因此,大学生应把握好实习机会。

什么是实习?为什么要实习?通过实习应该收获什么?实习与就业有什么关系?怎样通过实习寻找就业机会?这些都是临近毕业的大学生顺利实现角色转变必须思考的问题。

一、实习的作用

实习就是在实践中学习,是大学生将自己所学知识技能应用于实践并在实践中学习的活动,是大学教育的重要组成部分。实习可分为专业实习和社会实践等形式。学习的目的是为了应用,掌握的知识必须通过实践来检验,大学生经过一段时间的学习,需要了解或熟悉自己所学的知识如何应用或者是否能满足社会需要,并通过实践学习新知识或弥补课堂教学的不足。

实习的作用主要体现在以下几个方面。

(1)通过实习可以验证自己的职业抉择,也可说是职业尝试。当大学生在了解自我的基础上确定未来的职业理想时,需要以身试水,需要在实际工作中检验自己是否真正喜欢这个职业,自己是否愿意做这样的工作,这样就可以及时的纠正和反馈自己的职业发展轨迹。

(2)通过实习可以了解目标工作内容。在确定自己适合某些工作之后,大学生必须明确这些工作的所有内容,包括工作的要求、工作的范围、工作流程、工作的时间地点、工作待遇、完成工作所需要的知识技能、工作应具备的技巧等方面。而这一切只有通过实习活动中的亲身经历才能加深了解,没有实习就只能是纸上谈兵。

(3)通过实习可以提高知识技能。实习是将所学知识技能应用于实践的过程,是对所学知识技能的活学活用。通过实习大学生能够明确自己的差距,并在实践中完善自己的知识技能和弥补自己的不足;实习还可激发大学生的学习兴趣,提高学习效率。

(4)通过实习可以顺利实现大学生与用人单位的"双向选择"。一方面,实习为大学生提供了全面深入了解用人单位的机会,为大学生施展自己才华搭建了平台,为就业抉择提供了参考;另一方面,也为用人单位发现人才和了解大学生情况提供了方便,从而有效降低了大学生的就业成本和用人单位的用人成本。

(5)通过实习大学生可以熟悉职场环境。大学生与职业工作者在思维方式、行为方式等方面都存在较大差异,工作经验和社会阅历的不足是制约大学生顺利就业的"短板",实习为大学生认识了解职业工作创造了条件,让大学生通过实习,能了解职场规则、熟悉职场环境、增强就业竞争力,顺利实现从学校向社会的转变、从学生向职业工作者的转变。

二、实习期权益

1. 实习期的鉴别

法律上区别是否为实习的唯一标准就是学生的身份,即以学生身份到用人单位工作的属于实习,不能视为就业,毕业之后以失业或待业人员的身份到用人单位工作的属于就业。从法律的角度来看,大学生在毕业之前到用人单位工作的,实习期和见习期是没有区别的;大学生毕业之后到用人单位工作的,见习期、试用期都应成为劳动合同期的一部分或者全部。

大学生毕业之后继续留在实习单位,就与用人单位形成或建立劳动关系,即使是在见习期、试用期,在法定工作时间内提供了正常劳动,用人单位应当支付不低于最低工资标准的劳动报酬。

2. 实习期不受劳动法保护

在校大学生在学校安排或者利用课余时间参加实习,与用人单位建立的关系不是劳动关系,不受劳动法调整和保护,大学生与实习单位之间发生的争议不能作为劳动争议处理。如果出现工伤等问题,可通过民事纠纷的渠道解决。

大学生毕业之前与单位和学校签订的高等学校毕业生就业协议,在法律上视为民事合同,如果大学生在与用人单位签订劳动合同之前违约,则须按协议承担违反民事合同的违约责任,而不须承担违反劳动合同的有关义务。

三、实习机会的寻找

(一)实习机会的判断标准

(1)紧密结合未来职业选择。选择实习的单位和岗位与自己的职业理想直接相关的,所选择的实习单位和岗位可以为你今后的职业发展加分。

(2)紧密结合个人目前状况。选择最能针对性地补充自己知识技能的实习单位和岗位,前一条是结合未来,这一条是结合当下。

(3)紧密结合外在机遇。选择有利于自己职业发展外在机遇的单位和岗位,并及时抓住这种机会为未来做准备,这种机会虽然可能不是立竿见影,但对长远的未来有较大的帮助,这种漫长的准备是值得的。

(4)必须衡量能力与赚钱的权重。赚钱与能力培养都是实习应当考虑的主要因素,但绝大部分时候,"鱼与熊掌"不能兼得,这时就必须权衡两者的轻重。一般情况下,目前能锻炼能力的工作今后都能赚大钱,当然也应结合个人的具体情况。

(二)获得实习机会的主要途径

(1)学校:学校各专业及就业指导部门都会根据教学计划、专业特点和社会需求安排或提供相关实习信息。

（2）传媒：网络、电视、报刊、广播等媒体发布的实习信息。

（3）人脉资源：老师、同学、朋友、亲人、熟人、邻居等人际关系推荐的信息。

（4）人才市场：人才管理中心、职业中介机构、招聘会等提供和发布的信息。

（三）选择实习单位的注意事项

（1）实习单位是否与自己的专业相关。一般情况下，选择一个与自己所学专业相关的实习单位是最理想的。

（2）实习单位是否知名。知名的单位管理规范、分工合理、机制完善，不仅能提供全面的锻炼机会，也能为就业开辟更广阔的领域。

（3）实习单位是否能提供培训机会。培训可提供宝贵的学习机会，使实习的收获更大、效益更高。

（4）实习单位的工作内容是否明确。明确实习的工作内容能让实习更得心应手，实习更顺利，成效更明显。

（5）实习单位是否有培养实习生的经验。有培养实习生经验的单位不仅把实习生作为招聘的对象，而且能全方位提升实习生的知识技能和社会适应能力。

四、开展实习的方法

1. 明确实习目标

在实习过程中应该随时明确自己为什么实习、实习应达到什么目的等，这样才能实现实习的意义、提高实习的积极性。

2. 制定实习规划

在实习之前应根据自身的情况和实习的要求制定包括实习地点、实习时间、实习内容、实习目标等方面的实习规划，并在实习过程中根据情况的变化适时调整。

3. 应避免的问题

（1）对自己缺乏深入了解。部分大学生对诸如自己适合做什么、喜欢做什么、擅长做什么、最在乎的是什么、家庭及社会允许做什么等有关自己个性、兴趣、能力、价值观、环境条件方面的问题缺乏认识，从而表现为别人选什么自己就跟什么、别人说什么自己就做什么的状况。

（2）对岗位和职业缺乏认识。实习前对实习岗位的工作内容、职责要求等基本情况缺乏必要的认识，对职场基本规则及职场与校园的差异缺乏了解，从而使部分大学生实习过程中无所适从。

（3）好高骛远或知难而退。部分大学生在选择实习单位时，要么只找名企、热门单位、大都市等，要么畏难情绪严重，一遇到困难就停滞不前，其结果就是找不到实习单位而无处实习。

（4）盲目实习。对实习缺乏规划、没有足够重视。具体表现如下：不遵守实习单位的规章制度，我行我素；做事虎头蛇尾，不善于总结；优越感强，不虚心学习；缺乏维权的法律意识。

五、实习与就业

实习是就业的准备,就业是实习的归宿,实习为大学生寻找及确定就业岗位提供了现实条件,就业使实习更富有成效。怎样充分利用实习机会顺利实现大学生就业,是大学生高度关注并亟待解决的问题,处理好实习与就业之间的关系,既能提高实习的效率,也能降低就业的成本。很多时候,实习岗位工作还可能转化为转正工作的实习。

(一)顺利度过实习期

实习期既是用人单位考察求职者是否称职的时段,也是求职者了解用人单位的工作条件、管理水平和工资福利待遇是否合意的时段,因此,实习期对用人单位和求职者都很重要和必要。

(1)端正心态。心态决定生活状态,唯有心态端正,你才会感觉到自己的存在,才会感觉到生活与工作的快乐,才会感觉到自己所做的一切都是理所当然的。应该主动放弃自己不切实际的优越感,虚心学习,千万不要这山望到那山高。

(2)化被动为主动。大学生实习是为了学到实践技能,虽然自己没有工作经验,但只要积极主动、尽心尽力、好学肯干,就会获得更多的施展才华的机会。

(3)作风严谨。大学生从走上实习岗位的第一时间,就应该清醒警觉、自省自查,彻底改掉迟到、早退、作风懒散、拈轻怕重、偷奸耍滑、敷衍拖沓等不良习惯,养成脚踏实地、认真负责的工作态度。

(4)积极适应环境。实习单位给你安排的工作可能不是你喜欢做的,能否做好那些自己不愿做的事情是一个人是否成熟的标志,也是一个人能否取得人生成功的重要因素。所以,在实习期间,大学生不仅要完成属于自己的工作,还要做好自己不愿做的额外事情,这是适应环境的重要方面。

(5)不要轻言离开。大学生在实习期间无论遭受何种挫折,只要还没有充分的理由必须放弃实习单位或岗位,就应该努力巩固自己目前已经获得的职位,争取了实习期,就表明你已向成功迈出了一大步,大学生必须珍视初次得到的实习机会。当然,通过自己努力,确实发现自己不适合从事某项工作,应该在征得实习单位同意后,果断转岗。

(二)实习单位最看重的品质

由于实习较一般的社会实践的时间更长、内容更广泛、考察更全面,大学生各方面的表现都随时置于实习单位的考察之中,经调研发现,以下几个方面是实习单位最看重的。

(1)是否具有奉献精神。在近半年的实习过程中,实习生的工作能力和工作态度都能完整呈现出来,一个新员工一般需要至少一年的培训,用人单位花这么大代价来培养一个新人,最重要的就是要衡量你是否具有奉献精神,因为奉献精神是为用人单位创造财富的关键。

(2)个人价值观是否与单位文化相容。个人价值取向与单位文化相容是个人融入单位的前提,是个人认同单位的基础,也是单位产生凝聚力和向心力的保障。尽管不同的单位有不同的文化,但每个单位都希望自己的员工认同自己单位的文化。

(3)对单位是否忠诚。忠诚就是尽心竭力,赤诚无私,忠诚度就是员工对单位的忠诚程度,忠诚度是员工行为忠诚与态度忠诚的有机统一。任何单位培养一个实习生都需要占用一定资源,如果实习生不能长期固定、频繁跳槽,会增加用人单位的管理难度,增大管理成本。

（4）是否具有学习能力。用人单位总是把单位的未来寄托在新员工身上，总希望新员工能成长为未来的骨干，这就要求新员工必须具有较强的学习能力，不断学习新知识、新技能、新观念、新思维，从而推动单位不断上新台阶。

第二节 角色转变

案例 11-2

小蒋是一名刚毕业的大学生，总觉得目前的工作与他刚进单位工作时想象的不一样，觉得自身的知识能力没有得到发挥，每天重复做着一些简单、单调的工作，和周围的同事相比落差很大，工作中也经常出错，同时感觉领导也没有重视自己。但因为认同单位的文化，他还是想在单位继续干下去，遇到这样的情况该怎么办呢？

大学毕业生刚走上工作岗位，遇到的很多问题是由于角色转换引起的社会适应不良。从大学毕业到进入社会，参加工作，对于每一位职场新人来说都需要经历比较大的角色转变。角色转变成功与否，关键取决于工作心态的调整。

所谓角色转换，就是指在不同时空条件下，调整相应的权利和义务，承担相应的责任。

一、大学生毕业前后的角色差异

根据社会心理学的角色理论，大学毕业生从学生角色的转变开始，必然伴随着角色冲突、角色学习和角色调整等一系列过程，因此，大学生充分认清毕业前后的差异并积极进行角色调整，是成功实现角色转变的基础。

社会角色是指人们所处的特定社会位置和身份所决定的规范体系和行为模式，是人们对具有特定地位的人的行为的一种期望，是社会群体的基础，它随着社会实践的变化和发展而不断更新内容。大学生就业以后，所扮演的角色从学生角色转换为职业角色，虽然完成变化的时间不长，但角色性质变化非常大，甚至可以说是职业生涯的转折。学生角色与职业角色的差异体现在以下几个方面。

（一）社会责任不同

学生角色的主要责任，是掌握科学文化知识，使德、智、体、美全面发展，为将来工作做准备。责任履行得如何，主要关系到本人知识掌握的多少和能力培养的程度。而职业角色的责任是以特定的身份去履行自己的责任，依靠自己的本领或技能完成职业角色所要求的任务。责任履行得如何，不仅会影响个人价值的实现，还会影响单位、行业的声誉。

（二）活动方式不同

大学生的主要活动是学习，因此，学生角色比较强调对知识的输入、吸收与接纳，对知识的输出与应用强调较少。从业者的主要活动是向外界提供服务，因此，职业角色强调从业者能够输出、应用与创造性地发挥自己的知识和技能，向外界提供专业服务。大学生就业以后，就要从输入、吸收与接纳知识等被动方式转变为输出、应用于创造性的发挥知识技能等主动方式，如果不能及时有效地转变活动方式，将会感到工作难以适应。

（三）生活管理方式不同

大学生的学习生活是一种集体生活，住的学生公寓，若干人同一间宿舍，在集体饭堂用餐。学校实行统一的生活作息制度，提出统一的行为规范，大家按照统一的时间表、同样的要求进行学习和生活，违反了纪律还要受到处罚。而成为从业者以后，单位只在工作时间对员工提出要求，其他时间主要由员工自由支配。在遵守国家法律法规和社会公德的前提下，员工在生活上享有很大的自由度，没有严格统一的管理方式来约束。

（四）认识社会的内容和途径不同

大学生是受教育者，对社会的认识、了解主要来自书本，来自课堂学习，认识的途径主要是间接的，认识的内容主要是理论性的，对社会的期望值也很高，有完美的理想，充满着浪漫的色彩。从业者则通过亲身实践加深对社会的认识、了解，认识的途径是直接的，认识的内容主要是实践性的、具体的，带有现实主义的。理想与现实总是存在着一定的差距，有的毕业生走上社会后，仍惯用在学校时的思维方式去认识社会，因此，遇到现实矛盾容易产生困惑、迷惘、彷徨，甚至失望，无法适应工作环境，难以转换角色；有的毕业生则能正确认识这一差距，通过艰苦的努力拼搏最终实现了理想。

（五）评价标准不同

学校评价的标准比较集中、单一，且主要是智力；而社会评价的标准是多样化的，最终是看贡献，即满足社会需要的程度。同时，学校评价学生的时候，注重发展，给学生改正错误的机会；而社会很现实，不相信"期货"，不等待你成长，不给你"补考"的机会。

二、角色转变的障碍

（一）大学生毕业前后角色转变的障碍

1. 思想认识障碍

大学生在社会上被视为"天之骄子"，这个"光环"使他们产生了强烈的优越感，这种优越感被带入工作之中，就会令其表现出目中无人、自以为是、高高在上，常以文凭、学位或毕业的学校而自居，很难给自己的工作作出一个恰当的定位。表现为：在工作中挑三拣四，挑肥拣瘦，只想做高层次工作，看不起基层工作和基层工作人员，甚至认为一个堂堂的大学毕业生干一些不起眼的事是大材小用，有失身份；对领导的工作安排不是不满意，就是不服从；在处理与同事的关系上，则目空一切，自命不凡，不能虚心地向有经验的同事学习。这种情况的出现，往往会导致光说不做，大事做不了，小事不愿做，产生与实际工作不相符的思想认识障碍。

2. 心理障碍

（1）社会心理障碍：毕业生初涉社会，对如何在社会中立足等问题缺乏必要的心理准备，对某些社会现象不能正确看待,对社会现实感到迷惘、困惑,这种对社会的不满情绪或恐惧心理,如果不加以及时调适,就会导致社会心理障碍。

(2) 职业心理障碍:由于职业目标定位太高或不切实际,一旦目标难以实现,便会产生失败感或挫折心理,从一开始的踌躇满志,准备大干一番事业,争取有所作为,到认为领导对自己不是很器重,工作不是很满意,对前途忧心忡忡,觉得鸿鹄之志难以实现,进而有的产生了不安、焦虑心理,有的甚至自暴自弃,以致不能正视本职工作,形成职业心理障碍。

3. 社交障碍

参加社会工作之后,毕业生发觉面对的是复杂且有利益冲突的微妙的人际关系,以往老师的谆谆教诲,同学的互帮互助,变成了现实同事间的"各自为政",说话"点到为止",使初涉职场的毕业生感到难以把握,无所适从,以致有的人把自己封闭起来,产生了社交恐惧感,影响了与同事的正常交往。如果毕业生长期处于极不和谐的人际关系之中,必然难以开展工作和学习,社会交际也将受到影响。

4. 其他障碍

(1) 依恋学生角色。一些毕业生参加工作以后,易出现怀旧心态,常常会自觉或不自觉地将自己置于学生角色来要求自己和对待工作,以学生角色的习惯方式观察事物、分析事物。面对复杂人际关系和职业责任压力,不禁会留恋相对单纯的学生时代。

(2) 工作消极被动,缺乏自觉性与独立性。工作上全靠领导安排,安排多少干多少,对自己的工作性质、范围、相互关系还没有足够的认识。在履行角色义务、掌握支配角色权利的尺度、遵守角色规范方面存在着一定的差距,不能独立承担职业义务。

(3) 自卑退缩,不思进取。面对新的工作环境和生疏的人际关系,缺乏应有的自信,工作中放不开手脚,看到别人工作经验丰富,驾轻就熟,相比之下觉得自己这也不行,那也不行,胆小、畏缩,不思进取,甘居人后,产生不求有功但求无过的消极心理。

(4) 心态浮躁,缺乏敬业精神。在角色转换过程中表现出不踏实、不稳定的特征,一段时间想干这项工作,过一段时间又想干那项工作,而对本职工作坚持不下去,缺乏敬业精神,不能深入地了解本职工作的性质、职责范围和工作技巧。

5. 职场新人的典型表现

调查显示,大学生在开始就业的一年时间里,最容易产生心理冲突或职业不适应问题,通常会有以下几种典型表现。

(1) 狂妄自大型:有些职场新人总认为自己是大学生,而同事没有自己的学历高,自己很了不起,狂妄自大。

(2) 拒绝合作型:部分职场新人年少轻狂,自以为是,不善于与人合作。

(3) 嘴无遮拦型:喜欢在大庭广众之下高谈阔论,一不小心就超越了限度。

(4) 频频跳槽型:有的新人自恃能力强,总觉得现在的工作太屈才,刚进单位就在计划跳槽,这山望到那山高,结果跳来跳去,总不满意。

(5) 不屑小事型:总认为自己是做大事的,现在所做的事是大材小用。

(6) 大吹大擂型:对自己的能力和表现夸大其词,实际表现平平。

（7）不懂装懂型：本来不懂却装出什么都懂的模样。
（8）将错就错型：当做错事被发现时，总是找借口或抱怨，总觉得"不是我的错"。
（9）不负责任型：该做的事不认真完成，敷衍了事。
（10）恃宠敷衍型：这种人只想在工作场所出风头，一心只想着讨好上司，不能踏踏实实做工作。

三、角色转变的对策

顺利实现从学生角色到职业角色的转变，是职场成功的关键，刚走出大学校园的大学毕业生要转变好自身角色，必须从绚丽的梦想中醒来，应从以下几方面努力。

（一）客观正视现实，摆正自身位置

1. 充分了解自我特征

大学生具有很强的进取心和积极向上、争强好胜的心态；具有较强的竞争力且愿意成就一番事业；开始组建家庭，逐步学习调适家庭关系的能力，并承担家庭责任。

2. 努力认清面临的问题

理想与现实的冲突，难以得到信任和重用，组织成员往往会对新成员存在偏见和嫉妒，组织人际关系太现实，积极熟悉组织环境，找准自己的位置。

（二）加强心理调适，适应角色转换

走上工作岗位的毕业生，从大学生群体迈向了从业者群体，由受教育者转变成教育者、管理者，由依赖型消费者转变为自给型的生产者，必然导致工作方式和生活方式的自立化、自主化。作为社会的一员，毕业生既享有成人的权利又要尽成人的义务。要尽快从昔日校园天真、无忧的生活中走出来，以求实的生活态度、实惠的消费行为、合理的时间支配、高效的工作作风、积极的精神面貌，勇敢地投身新的生活。要加强心理调适，做到"既来之，则安之"，增强对单位的热情和信心，建立起良好的职业心理、劳动心理和道德心理，使之与自己的社会角色相互适应和协调发展，以尽快地缩短角色转换和心理调适期。

（三）建立良好人际关系，积极适应社会需要

在一个集体中，要想有效地工作，就必须在相互之间保持心理和行为上最大的一致性和融洽性，建立起和谐的人际关系。刚刚走上工作岗位的大学毕业生，由相对单纯宁静的校园突然踏入纷繁复杂的社会，难免会产生种种的惶惑和不适应之处。社会不是真空，人不能孤立存在。工作上，需要他人支持；生活上，需要他人帮助；行为上，需要他人理解。在这段时期内，毕业生尤其需要建立和谐的人际关系，积极主动地去适应社会。要做到平等待人、互相团结、尊重他人、礼貌生活、宽以待人、严于律己、诚实守信、表里如一，努力学习和掌握与人相处的艺术，如对上级服从而不盲从，为人规矩而不拘谨，上班早到下班迟退，人与人相处态度和谐、面带微笑，学会忍让与坚持原则的统一等。具体应坚持以下原则。

1. 尊重他人，体谅他人

现代社会使平等的思想深入人心，在人际交往中由平等的基础发展出尊重的原则，尊重的原则要求人们在交往中尊重对方的平等权利和独立人格，不能贬损或伤害对方的自尊心。尊重的原则具体体现为敬、诚、信、厚、爱等交往方式。

（1）敬，就是要敬重交往的对方，包括尊重对方的人格、对方所从事的活动、对方的感情、习惯、兴趣爱好和劳动成果。

（2）诚，就是诚实和诚恳。在交往中，对人应真诚，不能口是心非、虚与委蛇、敷衍塞责，不掩饰朋友的缺点错误，不说违心的奉承话，对别人的缺点错误不讥笑、讽刺，不幸灾乐祸，以善意和友好的态度对待他人，批评也要与人为善。

（3）信，就是信任和信誉。信任交往对方是尊重对方的又一表现。信任还包括理解和肯定对方，以使对方在心理上得到较大满足。信誉既是个人立身的基础又是重视对方的表现。

（4）厚，就是宽容厚道。对交往者的志趣、爱好、个性特点要宽厚，不要自以为是，强求一致，对交往者的要求也不能过分和苛刻，不能强人所难，对交往者的缺点错误要宽厚，要学会体让和原谅别人。

（5）爱，就是关心人、爱护人、同情人、体贴人。这是尊重交往者的最典型的表现，交往的目的之一就是寻求友谊和支持，爱的给予可以使交往者得到极大的满足，使交往向更健康的方向发展，爱的具体方式是在别人困难时给予支持和鼓励，痛苦时给予同情和关心，犯错误时给予帮助和爱护，作出成绩时给予赞扬和感谢。

尊重的原则还表现为交往中的礼节和礼貌，"相见道好，委事道请，偏劳道谢，失礼道歉"，尊重的原则不仅促进了人与人的沟通、理解和友谊，保证了交往健康顺利进行，而且使人举止文明得体，精神高尚。

2. 发现自我，秉持本色

现代社会又是一个民主的社会、多元的社会，在人际交往中由民主的基础发展出个性的原则，个性的原则要求人们在交往中保持自己独立的人格，保持自己个性的稳定性和坚持性，不随身附和、随风倒和阿谀奉承，个性的原则具体体现为自尊、自察、自爱、自重、自强等交往方式。

（1）自尊：自己接受自己，自己肯定自己。一定程度的自我接受是健康生活必不可少的条件，也是在任何领域中挖掘自己潜力的条件，要以理智的态度对待现实的自我，要承认自己的优点和不足，要有改变自己、提高自己、发展自己的自信心，不能怀疑和排斥自己，不能过分自责和自卑；要肯定自己的人生价值，肯定自己在社会中的地位和作用，肯定自己是正确、有用的，同时又是不完善的，是变化成长的；接受和肯定自己的程度不仅影响自己与自己融洽相处的能力，也影响与他人和谐交往的能力，当一个人不能充分接受和肯定自己时，就可能过分敏感、过分依赖、过于脆弱，也就难以接受他人。因此，一个人要想与别人和谐相处，要想获得别人的尊重，必须首先尊重自己。

（2）自察：了解自己、认识自己、理解自己。意识自己的态度、情感、行为和价值，了解自己是什么样的人，了解自己在现实生活中所扮演的角色、潜在的能力和将要承担的角色，了解自己所要达到的目标，了解能影响自己行为和成就的力量，意识到自己的行为对他人和社会的影响,就能更明确自己的努力方向,充分意识到自己意欲改变的东西,就能更现实、更理智、更清醒地对待他人和社会,更好地与人交往。

(3)自爱:保持和维护自我形象,并且不断丰富和完善自我。在人际交往中,人们总是以一定的自我形象出现在他人面前,他人往往根据这一形象来判断、评价和反应,因此自我形象既是交往中个体的代表,又是交往中个体的资本,所以,必须珍惜自我形象,认真建树自我形象,小心保护自我形象,并不断丰富和提高自我、完善自我。

(4)自重:自我行为要谨慎、负责,不做有失自己身份的事。在现实生活中有各种各样的诱惑,人们内心也有许许多多的冲动,而其中不少是有悖于社会文明和道德的,如果去做了,就将被他人所不齿,或者导致交往中的矛盾和冲突,因此必须在众多的选择中,在外界的压力、诱惑和自己内心的冲动中选择负责任的行为,这种自我控制虽然要耗费时间和精力,有时甚至是痛苦的,但它是积极的,是有助于加强和改善人们在交往中的地位的。

(5)自强:自我调适和自我修养。没有一个人的自我是恒定不变的,随着年龄和阅历的增长,自我处在不断的发展过程之中。同时,必须根据社会的发展和需要调适自我目标,调适自己实现目标的策略和手段,调整自己的认识、情感和需要,使认识与现实更加一致,使情感不致干扰正常的目标追求,使需要和愿望更加现实可行。自我修养就是通过实践、内省、借鉴和学习培养自己的良好品质和素质,提高自己的适应能力。

3. 互利互惠,团结互助

利益是人际交往的目的和动力之一,人们投入交往是希望通过协作、配合、沟通或交换或获得或增进某种利益,由于交往双方都有一定的利益,并都带着扩大或增进自己利益的愿望和目的投入交往,因此交往的维系、巩固和扩大就必须是互利的,这样在利益的基础上就发展出互利的原则。互利的原则要求人们在交往中必须兼顾交往双方的利益,按照社会公平的标准进行对等的利益交换或互酬,不能只顾及自己利益的获取而忽略他人的利益,更不能损人利己、巧取豪夺。互利的原则具体体现为互酬、互助、互补等交往方式。

(1)互酬:交往双方在交往中获取自己利益时也回报对方以某种利益,让大家都能通过交往得到一定的收获,得到一种满足。互酬最简单的形式是直接的利益交换和等价交换,但人际交往中的互酬在许多情况下是不同步、不同质、不等量的,并且远远超出了物质和金钱的范畴,更多地表现为投桃报李、礼尚往来,表现为对别人提供的帮助要予以回报,对别人花费的代价要予以补偿,同时要求在交往中不能自私自利、坑害别人的利益。

(2)互助:交往双方在交往中彼此都应为对方提供方便和给予支持。在社会活动中,任何个人的力量都是单薄的、有限的,常常需要交往者的合作和帮助才能克服困难、解决问题,互助可能是同步的,也可能是不同步的,只有在对方困难时给予帮助,互助关系才能确立,交往才能深入发展,如果在交往中一方把另一方当成工具,利用别人作为自己实现目的的手段,或只期待对方给予自己以帮助,那么这种人际交往必定无法维系。

(3)互补:交往双方在交往活动中互相配合,取长补短,或使彼此心理上都得到满足,或使活动取得更好的效果,或使彼此的利益都得到更好的照顾。人无完人,每个人都有自己的缺陷和不足,都有自己想具备而未能具备的能力和品质,都有适宜做某事和不适宜做某事的特点,通过交往而相互配合,尤其是彼此都能扬长避短的相互配合,就可以更好地进行各种社会活动,更有效地达到某个目标。互补有两种:一种是能力上的互补,另一种是性格上的互补。

4. 热情、快乐、豁达、幽默

人是既有理智又有情感的社会动物，因此在其活动中，他不仅能意识到自己利益之所在，有理智地寻求利益、满足利益，而且他还非常注重使自己的情感得到满足。在人际交往中，人们不仅学会了情感的表现和表达，也丰富和发展了情感需要。有心理学家认为，情感的本性就是"趋乐避苦"，情感快乐与否的感受能够改变一个人的精神状态，提高或降低一个人参与人际交往的积极性，甚至影响一个人处世的态度和待人接物的方式方法，因此在长期的人际交往中，在情感的基础上发展出人际交往快乐的原则。快乐的原则要求人们在交往中注意满足对方的情感需要。快乐的原则具体体现为赞美、理解、豁达、幽默等交往方式。

（1）赞美：人们在交往中应对对方的成绩或优点加以肯定和赞扬。赞美之所以能使人感到快乐，是因为人们的努力得到了承认和肯定，人们的价值得到了认可，使人们的自尊心得到了满足，自信心得到了增强。赞美还使人们认识到了自己对别人的重要性。因此，恰当的赞美是人际交往中送给对方的最好礼物。但要注意真诚和分寸，一是必须发自肺腑，而不能虚与委蛇；二是应当具体明确，不要含糊不清。

（2）理解：人们在交往中对对方的所作所为和行为动机的体察和体谅。人作为独立的个体，难免会有孤独的感受，而一般的交往虽能使我们摆脱孤独感，但仅仅是肤浅、表面和暂时的，交往中的理解则能使我们更深刻地感受到"同道"的关注和同情，从而更彻底地摆脱孤独感，故有"人生得一知己足矣"的感叹；同时，由于理解是深入的洞察，便可避免种种误会和烦恼，理解是一种与人为善的宽容态度，更让人感到真诚和友好。因此，理解能使人快乐，增强人际交往的积极性。

（3）豁达：人们在交往中应有不争不较的大度和气量。在人与人的交往中，人们对问题的看法、处世的态度难免有分歧和矛盾，在利益的分配和交换上也可能有不对等的时候，如果对利益斤斤计较，对矛盾耿耿于怀，对分歧无法容忍，就必然给交往增添许多麻烦。而豁达则能使人们从这些不必要的麻烦中解脱出来，一是不必背上沉重的历史包袱，不必为旧账新算而发愁；二是不必拘泥于鸡毛蒜皮的小事和繁文缛节，不必纠缠在细枝末节之中；三是能畅所欲言地发表意见，这自然使交往者心驰神往。豁达还包括在自己受到误解和委屈时不计较，能够克制自己的情绪。

（4）幽默：人们在交往中用善意的嘲讽来对待、处理交往中的问题情景和乖讹之事，它反映了一个人的达观和风趣。在交往过程中，人们彼此间难免会因意见分歧和利益矛盾而出现紧张气氛，难免因失误和误解而出现尴尬场面，而幽默则能缓解紧张气氛，能通过诙谐涉趣使尴尬局面不消自除，使双方摆脱窘困境地；同时，人们在生活中还常常要感受到生活的压力或因某些事情不安发愁，适时的幽默能使人们在欢笑中顿觉轻松、舒畅，如沐春风，困顿全消。幽默还可使交往中的意见表达更加委婉，使双方的自尊心能最大限度地得到保全。幽默也是一个人成熟的表现，它显示了智慧、机智和洞察荒谬的能力。

（四）做好职业规划，脚踏实地奋斗

毕业生走上工作岗位，开始了人生旅途中的一段新征程。祖国辉煌的未来和人生事业的前景已经展现在面前。然而，通往成功之路并不平坦，只有确立合适目标，经过长期的艰苦奋斗，才能事业成功。

(1) 目标合适。确定目标，既要有一定高度，也要有可行性。目标短小，往往会被眼前的利益所左右，迈不开前进的步子；目标过于远大，容易心情浮躁，常常会被轻微的挫折所打击，甚至打败。

(2) 脚踏实地。踏实的工作作风，对毕业生尤为重要。仔细认真地做好每一步工作，要注意：一是循序渐进，坚持不懈；二是勤奋努力，坚定不移；三是大处着眼，小事着手；四是认真细致，精益求精；五是总结经验，不断提高。

（五）处理好个人价值观与单位文化的冲突

1. 分析差距，认同单位文化

每个单位都有自己在发展中形成的文化，大学生新进一个单位，必然会带来自己长期形成的价值观，而这些价值观不一定与新单位的价值观完全相容，出现自身价值观与单位价值观的冲突在所难免，这时最应该做的就是理智分析价值观的差距形成的原因，并尽力缩短这一差距，自觉认同单位文化，融入组织之中，这样不仅能创造和谐的工作环境，还有利于自身的身心健康。

2. 关注单位发展，增强团队意识和参与意识

任何个人都不可能游离于组织之外，都只有依赖组织谋发展，所以，大学生从走上工作岗位开始就必须随时关注单位的发展进步，牢固树立"众人拾柴火焰高"的团队意识，积极参与单位的发展建设和活动，既不要恃才傲物、自视清高，也不必缩手缩脚，羞于见人，切忌搞小圈子、拉帮结派。

3. 加强自我激励，对组织充满信心

无论是单位还是个人，在成长发展过程中都会遇到困难和问题，这时就必须加强自我激励，增强克服困难的勇气，只有对组织充满信心，才能看到希望，才能激发奋斗的动力。

（六）塑造良好的自我形象

良好的职业形象不仅能够提升个人的品牌价值，而且能提高自己的职业自信心。大学毕业生刚到一个新的工作环境，同事总会以一种好奇甚至挑剔的眼光打量大学毕业生，他们会通过大学毕业生的一言一行对其评头论足，而先入为主的第一印象通常会给人留下最鲜明、最深刻、最持久的定式，因此，大学生必须注意自我形象的塑造。自我形象与自身的容貌、风度、气质、思想、言行、化妆、服饰等方面相关联。

1. 外表仪态

衣着服饰是一个人文化素养的外在表现，人们通常会根据一个人的衣着外表来判断他的品位，如果一个人对自己的着装和修饰随随便便，他很可能被看作不修边幅甚至是放荡不羁。一个职业者的穿着打扮应该与所在单位的文化环境、周围同事保持一致。不同单位的着装要求虽然各异，但对刚走上工作岗位的大学毕业生来说，首先必须合乎单位大多数人的习惯，其次再考虑自己的身材特征、个性爱好及身份。如果对单位还不太了解，第一天上班的衣着应尽量普通大方、整洁得体，头发长度适中，双手洁净。女生使用化妆品要谨慎。

2. 言谈举止

言谈举止在人们日常待人接物时显得尤为重要，而亲切、热情、诚恳、讲道德、重信用、守纪律的行为举止总能给人留下美好而难忘的印象。所以，在与他人交往中，应热情坦诚、文明礼貌，应努力发现别人感兴趣的话题，不应过多谈论自己，同时还要善于倾听别人的言论，不应随便打断别人的谈话。如果发现看不惯的现象或对某些问题有不同意见，不要随意议论、轻易否定。为人处世要讲道德、重信用，如果确实有难处，一定要通过适当的方式争取对方的谅解。

3. 工作作风

良好的工作作风应该表现为服从工作安排、接受领导指示；准时上下班、完成一件工作后及时返回工作岗位；拥有积极的工作态度；按照规定的操作程序工作；能接受临时指派的工作；当同事需要帮助时能主动协助工作。切忌懒散、浮躁、漫不经心、丢三落四、虎头蛇尾。还要注意，不应长时间接打私人电话，不应长时间在办公室接待同学亲友，不应随便串岗，更不能随意翻看他人办公桌、公文、信件。

4. 严守秘密

有些保密性较强的单位，对工作人员的纪律要求较严，如军队、安全部门、公安部门等，到这些单位工作的大学生，应当严守机密，不要随便向外人透露内部情况（相关部门要做培训）。在日常生活中不得随意传播同事的个人秘密或小道消息。

5. 尽快熟悉工作，明确岗位职责

刚到公司，所有的工作对你来说都是陌生的，诸多事情都不知如何办理，因此多向同事求教是进步快的方式。要有一种从零做起的心态，放下架子，尊重同事，不论对方年龄大小，只要比你先来公司，都是你的老师，你只有虚心请教，不断学习加上埋头苦干，才能尽快熟悉工作。

6. 积极利用非正式场合熟悉周围的同事

充分利用闲暇时间或集体活动的机会，与同事一起沟通交流，增进相互了解，这不仅能让你获得更多的快乐，释放内心的压力，更有助于培养一个和谐的人际关系。

第三节 情商修炼

案例 11-3

名将周瑜，智商高，会领兵打仗，年纪轻轻就当了大都督，因火烧赤壁而名垂千古，但因情绪管控不好，竟然被诸葛亮三气而亡，时年36岁。在《三国演义》中留下了孔明三气周公瑾的故事，周瑜气得在马上大叫，箭疮崩裂，坠于马下，临死前仰天长叹"既生瑜，何生亮"。当时周瑜的事业正是如日中天，本来应该取得更大的成功，但他遇到逆境的时候，悲愤万分、动怒生气，最后早早地撒手人寰，可悲，可叹。

美国总统罗斯福"智力一般，但极具人格魅力"。他之所以能当上美国总统，带领美国走出经济萧条，在第二次世界大战中成为真正的赢家，这与他积极乐观的性格有着极大的关系。他真诚、坚强、富于人情味。在罗斯福走向成功的过程中，情商中的各项能力在他身上得到了近乎完美的体现。

情商的高度决定个人成功的高度，在人生旅途中情商比智商更重要，高情商的人能将自己有限的天赋发挥到极致。

一、情商理论

（一）情商的内涵

所谓情商，即情感商数（Emotional Quotient，EQ），又称为情绪智力（Emotional Intelligence）或情感智商，是近年来心理学家提出的与智力和智商相对应的概念。它主要是指人在情绪、情感、意志、耐受挫折等方面的品质。它是一个人感受、理解、控制、运用和表达自己及他人情感的能力。情商是情绪、情感商数的简称，也是情绪评定的量度。

情商属于发展心理学范畴。有趣的是，即使是"情商之父"丹尼尔·戈尔曼（Daniel Goleman），在《情商：为什么情商比智商更重要》一书中也并没有给出情商的准确定义（指抽象定义）。这也说明情商仍然是现代心理学中的一个新名词，其定义仍在不断更新、不断进步的过程中。戈尔曼在给该书的10周年纪念版作序时提到：他本人认为"情智"作为情绪智力的简称，比用"情商"更为准确。但是，情商的概念在全球已深入人心。

在全球的教育领域，一般将社会情绪能力学习（Social and Emotional Learning，SEL）等同于"情商训练、情商学习"，因此，情商成为与智商（Intelligence Quotient，IQ）对应的一个商业化名词。

（二）研究情商的意义

大量事实证明，人生的成功不仅仅由智商决定，这就对以往以智商评定人生成功的决定因素产生了质疑。"情商"的概念，1990年由两位美国心理学家约翰·梅耶（John Mayer）和彼得·萨洛维（Beter Salovey）首先提出，但并没有引起全球范围内的关注。直至1995年，戈尔曼出版了《情商：为什么情商比智商更重要》一书，书中主张情商应该比智商更能影响成功，才引起全球性的情商研究与讨论，因此，戈尔曼被誉为"情商之父"。

情商概念不是一个古老的概念，而是人类社会进步的产物。大量研究表明，一个人成功与否，智商因素只占20%，出身、环境、机遇等占20%，情商占60%；还有人认为，"智商决定择业，情商决定升迁"。科学论证得出结论："情商是人类最重要的生存能力"，今生的成就至多20%可归诸智商，另外80%则要受其他因素（尤其是情商）的影响。

在我们的日常生活中经常看到，一些受过高等教育的人，他们的智商使其具有非常丰富的知识，能顺利地进入一个单位就职或者从事一项研究工作，如果情商高，情绪稳定，适应环境能力强，有良好的人际交往技巧，不因外界因素的影响而情绪变化无常，受到挫折时能"重整旗鼓"，这样他们的智商和潜能就能得到充分发挥，在工作中游刃有余，走向成功；反之，一个人智商虽高，却以此自负，情商低下，经常为自己周围并不理想的环境所困扰，那他的结局或是愤世嫉俗、孤芳自赏、我行我素，没有良好的人际关系。这样，他就有可能或高不成低不就，或一辈子碌碌无为，或是走上邪门歪道，甚至毁于高智力犯罪。

从古至今，人生的成功有时非智力因素（尤其是情商）还要比智商更重要。虽说智商起到很大的作用，但并非起到决定性作用，以前太注重智商的作用而忽视非智力因素，从而抹杀了人的后天的努力和发展，对人才的培养起到很大的误导。其中应试教育就是一个典型的例子。由于应试教育只注重智商的考评和培养，导致学生、家长和老师一门心思就只看学生的成绩，所以常常有老师心目中不中意的学生到社会上后比优等生更成功。不中意的学生虽然智力因素不被老师认可，但是因为他们自己注重非智力因素的培养和磨砺，他们会出乎人们意料地比平时大家都很认可的高智商同学更有成就。例如，有些智商一般的同学在平时一旦树立一个目标，就持之以恒，克服重重困难，特别是在遇到自己无法克服的困难时适时地寻求帮助，或者建立团队精神，逐一攻破困难，低起点人生因攻破一个个人生目标从而达到意想不到的高度。而智商高的人，遇到困难总以为没有人比他更能解决这个问题，由于这种心理因素作怪，而不愿去寻求解决问题的办法，常常看不起别人是导致高智商人失败的致命原因。时间一长，智商一般的厚积而薄发，终于有一天超过了智商自以为高的人，让智商高的人惆怅万分。现在心理学家普遍认为，情商水平的高低对一个人能否取得成功也有着重大的影响作用，有时其作用甚至要超过智力水平。综上所述，研究情商对人一生影响的意义非常重大。

（三）情商的主要内容及评价

1. 情商的主要内容

与智商测试相比，对情商高低的判定并没有统一的量化标准。戈尔曼在其著作《情商：为什么情商比智商更重要》一书中对情商进行的 5 个方面的概括，可以作为我们衡量的大致标准。

（1）自我意识：了解自身情绪，知道自己当下的情感以及情感的缘由，也即自我察觉认识自身的情绪。了解产生情绪的原因，也就是对自己的情绪变化了解比较清楚，如恼怒时能马上意识到自己的失态。认识情绪的本质是情商的基石，这种随时随地认知自身感觉的能力对于了解自己非常重要。因为只有认识自己，才能很好地控制自己的言行，才能成为自己生活的主宰，否则必然沦为感觉的奴隶。

（2）自我调节：情绪的自我管理，能妥善管理自己的情绪。即使碰到了困难，也能控制自己的情绪。能够安抚自己，摆脱强烈的焦虑、忧郁、恐惧，控制情绪的根源。尤其在坏心情不期而至时，能很快冷静下来，甚至从另一个积极的角度重新审视。所以，情绪管理必须建立在自我认知的基础上，这方面能力较差的人常受低落情绪的困扰，而能控制自身情绪的人则能很快走出命运的低谷，重新奔向新的目标，即能调控自己。

（3）自我激励：面对挫折能坚持，面对任何困境都能及时地调整情绪，让自己朝一定的目标努力，提高注意力与创造力。它能够使人走出生命中的低潮，重新出发。前进时富有激情和目标，摔倒时很快爬起来。自我激励包含两方面的意思：①通过自我鞭策保持对学习和工作的高度热忱，这是一切成就的动力；②通过自我约束以克制冲动和延迟满足，这是获得任何成就的保证。

（4）有同理心：能认识他人的情感或识别他人情绪。人际交往能达到互动，最根本的因素就是能够察言观色，清楚地了解别人的情绪，理解别人的感受，察觉别人的真正需要，具有同情心理。这也是与他人正常交往，实现顺利沟通的基础，实际上就是觉察并理解他人的情绪，能想人所想、忧人所忧。戈尔曼用同理心（Empathy，即要设身处地理解他人情绪，心理学家把这种心理能力定义为"同理心"）来概括这种心理能力。可见，同理心是同情、关怀与利他主义的基础，具有同理心的人才能掌握人际交往的金钥匙。

（5）社交技能：通过倾听，理解和欣赏他人的感受，与人和睦相处。处理人际关系，也即人际关系的管理。能够理解并应对别人的情绪，建立良好的人际关系，即领导和管理能力。马克思说过，人是社会关系的总和，人离开别人而独自生活会困难重重。而人际关系的管理、处理人际关系是有艺术和技巧的。例如，第一次就记牢别人名字，而且再次相见要第一时间叫出他的名字，更容易被别人接受。在建立人际关系的同时还要掌握好恰当管理他人的情绪的尺度，这是处理好人际关系很重要的一种艺术。这方面的能力强，意味着他的人际关系和谐（人缘好），适于从事组织领导工作。显然，这种能力要以同理心为基础。

在这5个方面中，前3个方面只涉及"自身"，是对自身情绪的认识、管理、激励与约束；后两个方面则涉及"他人"，要设身处地地理解他人的情绪，并通过妥善管理他人的情绪来达到人际关系的和谐。换句话说，情商的基本内涵实际上包括两个部分：第一部分是要随时随地的认识、理解并妥善管理好自身的情绪；第二部分是要随时随地认识、理解并妥善管理好他人的情绪。

2. 美国《赫芬顿邮报》总结的判断情商高低的标志

美国《赫芬顿邮报》总结出判断情商高低的8个标志。

（1）喜欢交新朋友。喜欢结识新朋友，并会问他们很多问题，是情商高的标志。他们对陌生人感到好奇，并有兴趣从别人身上学到新知识。

（2）有自知之明。情商高的人能准确识别出自己的优劣势，这种意识能培养出强烈的自信心。

（3）能驾驭情感波动。许多人难以找出悲伤或愤怒的原因。高情商的人能驾驭情感波动，并避免坏情绪的影响。

（4）能和大多数人相处好。无论年龄长幼、地位高低，能与大多数人充实而愉快地相处，是情商高的表现。

（5）肯于帮助别人。能够放下手头的事情，时不时停下来关注别人，向有困难的人伸出援助之手，而不是完全沉浸在自己的小世界里，这样的人情商高。

（6）知道什么时候该拒绝。情商高的人懂得何时以及如何拒绝别人，并有强大的心理承受能力来有礼有节地拒绝。

（7）善于读懂别人的面部表情。面部表情是一种通用的情感语言。能领悟别人感受的人情商高。

（8）失败后能重新崛起。情商高的人无论遇到何等逆境，都会坚持下去，迅速调整情绪、恢复活力，具有很强的心理韧性。

3. 情商的评价

情商本身目前尚无衡量标准，心理学家对人类情商做了大量的实验，总结得到很多相关理论，比较著名的成果有《测试你的情商》《挖掘你的情商》等。不过，情商测试目前还不完善。

但是，衡量情商的探索还在继续，情商的特性比较复杂，囊括了很多的品质，决定了它很难有一个准确的评估标准。

（四）情商与智商的关系

智商，即人的智力发展水平，通常用智力商数来表示。智商反映了一个人的逻辑推理能力、分析推理能力、语言能力、方位判断力、观察力、记忆力、思维力、想象力、创造力等，其中思维能力是智力的核心。智商是一种评估人智力的测试，它的发展已经约有100年的历史了。智商测试可以测出大脑学习、保留和回忆客观信息的能力。智商测试反馈给我们的有推理（包括口头和算术两方面）、问题解决、抽象思考和分析能力。因此，一个人的智商分数越高（平均分大概在100分），他在学术和工作驾驭上的成功性更大，一般来说生活也更可能成功。

在很长一段时间，智商测试已经成了一个黄金标准（金本位）。然而，它却预测不了人享受生活和能否感到知足的能力，评估这种能力需要使用一套完全不同的生活技能。在21世纪，这些技能，需要情商这样的核心力量，将成为衡量成功（如幸福和满足感等积极情感的成功）新的准绳。

长期以来，智商一直作为测量与衡量一个人的智力的指标。但是，大量事实表明，高智商者不一定就能踏上成功的坦途，而智商平平者也不乏卓越超群的成功者。有人认为：一个人的成功，20%依赖于智力因素，80%依赖于情商，于是，越来越多的心理学家对智商的权威性提出了质疑与挑战。

1. 情商与智商的区别

情商与智商是两种不同的心理品质。

首先，智商和情商反映着两种性质不同的心理品质。智商主要反映人的认知能力、思维能力、语言能力、观察能力、计算能力、律动的能力等。也就是说，它主要表现人的理性的能力。它可能是大脑皮层特别是主管抽象思维和分析思维的左半球大脑的功能。而情商主要反映一个人感受、理解、运用、表达、控制和调节自己情感的能力，以及处理自己与他人之间的情感关系的能力。情商指的是非智力因素的测定，非智力因素是指人们进行各种活动时的智力因素以外的全部因素的总称，主要由兴趣、动机、信念、情感（情绪）、理想、意志、性格等要素组成。非智力因素是人们在实践活动过程中的一种综合性素质，情感（情绪）、意志是其中一些较活跃的因素，起着动力、强化作用。情商反映个体把握与处理情感问题的能力。情感常常走在理智的前面。它是非理性的，其物质基础主要与脑干系统相联系。大脑额叶对情感有控制作用。

其次，情商和智商虽然都与遗传因素、环境因素有关，但是它们与遗传、环境因素的关系是有所区别的。智商与遗传因素的关系远大于社会环境因素。据英国《简明不列颠百科全书·智力商数》词条记载："根据调查结果，70%～80%智力差异源于遗传基因，20%～30%的智力差异是由不同的环境影响所致。"情商的形成和发展，与先天的因素有关，但主要与非理性因素有关，它影响着认识实践活动的动力，容易受到社会环境的影响。

2. 情商与智商的联系

情商与智商虽然不同，但并不冲突，每个人都是两者的综合体，二者不是相互竞争的两种品质。它们仅仅是关注的概念不同，二者通常是相互补充的，很多情况下，一个智商高的人，情商也高（当然，反过来，智商低的人，很多时候情商也低）。没人说智商不是重要的黄金标准，它一直在衡量一个人的逻辑推理和理解力、计算的速度和准确性、记忆力、视觉和空间意识能力。智商高而情商低或情商高而智商奇高的人都很少见。一般而言，多数人都是情商与智商协调发展，很多研究表明：情商仍然是大学生人格能否健全、完整发展的重要因素。专家发现，学业上的聪明与情绪的控制关系不大，再聪明的人，也可能因情绪失控而铸成大错。情感智商是发自内心的智慧，不仅决定着现实智力水平的发挥，还可预示良好的发展趋势。

智商高的人，思维品质优良，学习能力强，认识深度深，容易在某个专业领域作出杰出成就。它通过影响人的兴趣、意志、毅力，加强或弱化认识事物的驱动力。智商不高而情商较高的人，学习效率虽然不如高智商者，但是有时能比高智商者成就更大。智商虽然是获取成功的极其重要的因素，但是以智商预测一个人的生活是否成功，已经显示出薄弱的一面，因为成功远远不单指超强的理解力。影响一个人一生的，更多的还是他的性格、世界观、价值观、耐心、信心、毅力、情绪、情感、品质。纵观古今，大凡成就一番事业者，不但智商高人一筹，而且情商也超乎寻常。因此，想成大事者，在才智过人的同时，磨砺情智显得非常重要。磨砺情商，才能有较好的自我抑制力、驱动力。唯有如此，才能顺应时代和潮流，成为有用之才，成为时代的佼佼者。

智商和情商，都是人的重要的心理品质，都是事业成功的重要基础。它们的关系如何，是智商和情商研究中提出的一个重要的理论问题。正确认识这两种心理品质之间的差异和联系，有利于更好地认识人自身，有利于克服智力第一和智力唯一的错误倾向，有利于培养更健康、更优秀的人才。

二、情商与职业

在现代社会，情商对成功起着决定性的作用。情商对于每一个人来说都至关重要，一个拥有良好情商的人不仅仅能承受各种心理压力，更能够坦然面对竞争，创造成功的机会。

人活于世靠的是职业，人花很长时间学习的是职业中需要的也恰好是我们赖以生存的技能技巧和专长。那是否是高智商就会获得理想的职业并获得相应的成功呢？

据调查，用人单位在关注应聘者的智商的同时，更注重测试其工作热情、工作主动性、工作责任心、人际交往能力以及再学习能力，不少单位都有一套测试学生情商的方法，在历年的各级公务员考试中也都增加了关于情商的内容。对于大学毕业生正确地进行职业选择和成功应聘具有很大的影响。可见，情商在职场中受到相当程度的重视。

（一）情商对职业发展的影响

戈尔曼在《情商：为什么情商比智商更重要》一书中提出：真正决定一个人成功与否的关键是情商能力，而不是智商能力。

一个智商很高的人可以成为一名出色的会计师，但只有智商和情商都很高的人才可能成为一家公司的高级主管;一个智商能力高的人可以成为一个研究婚姻问题的心理学家,而一个情商能力高的人才能营造美满的婚姻。

长期以来,"智商"这个概念曾是我们评判一个人是否成功的重要标准,可事实上,有不少出自名校的"高才生"在职场中的表现并不尽如人意,而许多职场成功人士也并非出自名门。因此,人们开始思考,到底是什么左右了职场的成功。

从理论上讲,情商是一种发掘情感潜能、运用情感的能力,它影响生活各个层面和人生未来发展的品质。职业情商是情商的 5 个方面在职场中的具体表现:①在职场上,对自己和他人情绪的了解和把握,以及如何处理好职场中的人际关系;②遇事是否能够理性认识,意志坚强;③做事是否易冲动,对环境的适应能力,是否能够了解并控制情感等。一般而言,职业情商高的人表现为职场社交能力强,外向而愉快,不易陷入恐惧或伤感,对事业较投入;为人正直,富有同情心,情感生活较丰富但不逾矩,无论独处还是与众人在一起都能怡然自得,职场人际关系和谐,事业心强,团队意识强,工作成绩也好。由此看出,职业情商对一个人职业发展有很大作用。当一个人步入职场,他的身份、地位、经济状况都发生了变化,他的职业在很大程度上决定了他在社会中的地位。在个体智商都相差不大的情况下,要想在职场中获得成功,情商的作用就显得尤其重要。

(二)大学生面临的主要情商问题

有学者调查发现:大学生情绪测验得分存在差异性。在被测的 21 个情绪项目得分中,大学生的自我意识得分最高,而责任心、自信心、主动性与沟通能力得分较低。有研究者发现:大学生情商不足主要表现在关爱家人、关怀别人、关注身边的人和事、关心国家和世界大事方面。通过自我观察及交流,目前大学生以下情商方面的问题比较突出。

1. 学习目标不明,学习动力不足

大学生在进入大学以前,往往还有一个明确的学习目标,那就是升入好的大学。一旦进入大学以后,仿佛木已成舟,许多人没有什么更高的奋斗目标了。不仅如此,近年来,大学生就业难,已使许多人感觉专业学习优势不再,找一个好工作似乎更多凭运气,学习缺乏内在动力,即使不少学生成天忙于考证,也是为考证而考证,希望以证书保就业。

2. 随性而为,缺乏责任感

目前,一些人对责任感认识不清,尤其不明确自己应尽的社会职责,注重个人价值,轻视集体与社会价值,重视个人权利,轻视个人应尽的义务。有时甚至把个人利益和集体利益、他人利益对立起来,随性而为,不惜牺牲集体利益或他人利益以满足个人需要。

3. 生活要求高,自理能力差

现在的大学生有许多独生子女,在生命历程中受到全家人的百般呵护,养尊处优,习惯了他人为自己服务。进入大学以后,一些人难以适应新的生活,生活上高标准,却不愿对自己严格要求,稍不如意就怨天尤人。

4. 意志较薄弱,承受挫折能力不强

随着社会经济的不断发展,今天的大学生学习生活环境越来越好。许多家长对孩子的过度保护,也使孩子的成长过于顺利,丧失了接受挫折教育的机会,身心都显得过于脆弱,难以有效面对学习、生活中的各种困难,稍有挫折,便一蹶不振。

5. 沉迷于虚拟世界,人际交往能力不强

虽然信息社会给人们之间的交往提供了更为宽广的平台,人们可以不受时空限制,随时结识新朋友,但它同时使一些人远离了现实世界,生活在虚拟的世界,不愿与身边的人交流沟通,而对网络语言及网络交流方式津津有味。

大学生存在的情商问题,不仅直接影响自身的学习与生活,对大学生的就业与持续发展也会产生持久而深远的影响,加强对大学生的情商修炼势在必行。

(三)高情商的表现

1. 拥有丰富的情感词汇

拥有高情商的人通常都能控制自己的情绪,因为他们理解这些情绪,并使用大量的情感词汇来描述它们。当一般人把感觉简单地描述为"感觉不好"时,情商高的人能够指出自己所感觉的是"烦躁的""沮丧的""压抑的""不安的"。你所使用的词汇越精细,你就能更深入地了解自己的情绪,知道产生这种情绪的原因,以及如何去处理这种情绪。

2. 对人很感兴趣

无论你是外向者还是内向者,情商高的人都对身边的人很好奇。这种好奇心源自于同理心,一种达到高情商水平的重要表现。你越关心身边的人以及他们的状况,你对他们的好奇心就越强。

3. 接受改变

情商高的人通常都很灵活并能随机应变。他们很清楚知道,害怕改变只会麻痹和威胁自己的成功和快乐。他们寻找潜伏在周围的改变迹象,并能制订计划以应对情况的改变。

4. 了解自己的优缺点

高情商的人不只是情感细腻,还清楚了解自己所擅长的和不擅长的。他们也知道如何驱使他们以及周围环境(地利、人和)让他们获得成功。拥有高情商意味着你了解自己的长处以及你知道如何充分利用它们,从而扬长避短。

5. 善于识别性格特点

大多数的情商因素都与社会意识有关,也就是能够读懂他人的心,了解他们的情况,揣摩他们的心理状况。随着时间的流逝,这项技能会让你成为一名出类拔萃的性格裁判,你能读透人们的心思,你理解他们的情况以及他们的动机,甚至那些隐藏在谎言背后的真相。

6. 不易动怒

如果你能坚持自己的个性,那么无论别人说什么、做什么都无法让你愤怒。情商高的人都很有自信并且心胸广阔,甚至会自嘲或让别人取笑自己,因为他能够很清晰地分辨幽默与讽刺的区别。

7. 懂得拒绝（自己或他人）

情商高意味着知道如何克制自己，喜欢先苦后甜，拒绝冲动。在一项调查中发现，如果对说"不"觉得越困难，那么就会经受更多的压力，面临沮丧甚至崩溃。说"不"对于很多人来说的确是一项自控力的挑战。

"不"是一个强有力的词汇，每个人都不应该害怕使用。当该说"不"的时候，情商高的人都会避免使用诸如"我不觉得我可以"或"我不确定"这样的说法。对新的承诺说"不"，其实能够为你建立信用并为你提供机会更成功地履行承诺。

8. 放下错误

情商高的人尽可能远离错误，但不会把它们遗忘。与错误保持安全的距离，在需要引以为鉴的时候唾手可得，这样就能够随时应对，调整自己，成就未来。

9. 付出且不求回报

当你自愿给予他人一点什么，并且不要求他的回报，这样会给他留下很深刻的印象。例如，你可能跟某个人交流一本书籍，一个月后再次与他会面，你就记得把书带上了。情商高的人能够与他人建立很好的人际关系，因为他们随时随地都在为他人着想。

10. 不记仇

记恨的负面情绪实际上是一种应激反应的表现。紧紧抓住仇怨意味着你紧紧抓住压力，然而情商高的人知道如何尽自己所能去避免。放下仇恨不仅让你感觉良好还会有助健康。

11. 中和负面情绪的人群

很多情况下与难相处的人打交道确实会让自己身心疲惫。情商高的人能够控制自己不与负面情绪的人群接触，但当他们与这些人接触时，他们就会理性地应对，他们能够清楚自己的情绪并控制怒气，避免火上浇油。同时他们也会考虑难相处的人的立场并能够找到折中的解决方案，即使事情完全失控，高情商的人都能够对负面的人有所保留，以此防止对方让事情变得更糟糕。

12. 舍弃对完美的追求

高情商的人不会把完美作为自己的最终目标，因为他们很清楚完美是根本不可能的，因为我们都会犯错。如果一个人把完美计划作为自己的目标，他就会永远面临着失败，就会让他想放弃或减少付出。

13. 珍惜目前所有

花点时间来反思自己所感恩的事情不仅是一件好事情，还能够让你的心情变好，因为这能够减少相当大的压力。一项研究发现，每天能够培养感恩态度的人心情会更好，精力会更充沛，身体会更强壮。

14. 适当与外界断联

找时间隔绝人群是高情商的表现，因为这能够帮助你控制压力并感受生活。当你每周每天都随时待命，你就让自己处于一个不断受到压力影响的环境。迫使自己断绝与环境的联系给自己的身心一个休息的机会。

研究发现，一件简单的小事情，如发一封邮件的时间都可以帮助你减轻压力。科技让人们之间的联系和期待维持随时待命的状态，这样就很难让人享受到工作以外的无压力的时间，因为一封邮件就能控制你的思考，也让你随时都离不开手机。

15. 控制咖啡因的摄取

摄取过量的咖啡因会促进肾上腺素的分泌，而肾上腺素就是让人攻击或逃避反应的激素来源。攻击或逃避，是避开理性思考，而追求更快的反应以确保生存。当咖啡因促使你的头脑和身体进入一个高度兴奋的压力状态时，你的情绪就会大大超越你的行为。咖啡因的长时效性让你持续情绪高涨，久久无法平静。高情商的人了解咖啡因是个潘多拉的魔盒，并不让自己去接触它。

16. 保持充足的睡眠

睡眠对提高情商和控制压力十分重要。当你进入睡眠状态，你的大脑再次充电，充满着白天的记忆，并把它们储存投射出来（也就是梦的来源），因此当你起床的时候就会头脑清醒。高情商的人知道，如果没有足够的睡眠，自控力、专注力和注意力都会降低，所以他们把睡眠当作自己的首要事情。

17. 停止自我否定

你越反思负面的想法，你就越来越消极。大多数的负面想法都仅仅是想法而已，并不是事实，当你感觉到某些事情总是发生或从不发生，这仅仅是因为你的大脑主动接受威胁的自然趋势（夸大事情的频率和严重程度）。情商高的人能够把想法和事实分离开来，以此脱离负面的恶性循环，走向积极的、全新的观点。

18. 不让他人影响自己的乐趣

当你的愉快和满足感被他人的观点影响了，你就不再能够感受到乐趣了。高情商的人对自己所做的事情感觉良好，他们不会受他人的观点或暗讽所影响；当你无法脱离他人对你的看法时，你也不必与他们比较，就可以远离他人的评头论足了。因此，无论他人说了什么或做了什么，你的自我价值都只来源于自己的内心。

（四）职场情商修炼

1. 对自己和职场因素要有清晰认识

一是要随时随地认识、理解并妥善管理好自身的情绪；二是要随时随地理解并妥善对待好他人的情绪。

哲学家苏格拉底曾经说过："人啊，你要认识自己！"孔子也曾有这样一句哲言："知人者智,自知者明,胜人者力,自胜者强。"人要全面了解自己,对未来有清晰的认识和合理科学的规划。大学生在步入职场之前要做全方位的准备工作,要对自己进行全面的分析,对未来的职业进行全方位的规划。在职业准备期对自己没有清晰认识,盲目而懵懂地进入与自身不相匹配的职场,到中途想退出重新选择,就如同身陷泥潭,进退失据。没对职场做预期规划,尤其是有关人际关系的修炼,难以在职场的人际网中理清头绪,缺乏处理上司、同事、下属之间关系的技巧,初入职场就难以立身于职场。

案例 11-4

某知名公司有一种员工 360 度全方位评估调查制度,每个员工都要得到上司、下属、合作者等各方面的认知评估调查,最后得到的若干份评价结论应该是一个别人眼中真实的自己。那么我们也可以用 360 度评估方法,让你周围的人以匿名的方法给你一个测评,以获得全方位的、真实的评价,从而发现自己情商方面的欠缺,以备在未来的时间里修炼、提升自己。

该公司里的范明明就是这么一位八面玲珑的人,任何一个人说到她的时候都不得不承认,这个 30 岁刚出头的女人是一个能够左右逢源的人。

无论是在哪个圈子里,都能看到范明明的身影。公司里新来了同事,她会热情邀请对方一起吃午饭,而第一顿饭,通常是她抢着付账;公司里的男同事,她把他们当哥们儿,教他们怎么追女孩子,和他们谈论他们喜欢的足球和"网游";公司里的女同事,她会不遗余力地为她们介绍最新的打折信息,陪她们逛街购物,跟她们一起看偶像剧;对老板,她更是不会忘记在吃饭时点老板最喜欢的菜,说不露骨但老板爱听的话……她懂得进退得宜,眼光独到而又善解人意,她脑袋里有城市的美食地图,她更是一本逛街购物的活指南,她总能和办公室里各个圈子的人打成一片。

但是,范明明并不是一个长舌妇。她开朗大方热情,但不会随便讲别人的闲言碎语。她说,并不是她特别宽容,而是多年的职场打磨,她已经很懂得职场的生存之道了。尽管范明明的工作能力不是最出色的,但是,从没人质疑她在公司的不可动摇的地位。她经得起 360 度测评,而且每次测评她都是最优的。

没有敏锐的情感感知能力,就不能很好地与别人的情感互通。设身处地为自己想想,假如你是该公司的一名员工,面对 360 度评估方法,你将要面对哪些方面的评估?你应该做好哪些方面的工作?结果将是什么?你都应该有清晰的认识。

案例 11-5

一个大学生刚找到一份自己中意的工作——一所学校的教师,他心中默默地告诉自己要尽自己的全力干好工作。刚到单位,领导十分"器重"他,什么事都叫上他,看他工作认真负责、效果好,结果领导争先恐后地把他抓在手里,工作安排生怕晚了别人一步。结果因为一个人的精力有限,无法应对铺天盖地的工作,他就只有顾此失彼,最失误的地方是他没做好直接管理他的领导安排的工作,引得该领导十分不满,后来的工作可想而知。学生中有人告他工作不公平,有同事到校领导处告他工作作风不好,直接影响他的职称评定。非常幸运的是,他遇到了具有丰富基层工作经验的校领导,让他的职称重新得到了评定。

本案例中的不幸者属于认识自身情绪的能力、认识他人(尤其是直接上司)情绪的能力和妥善管理情绪的能力欠缺所造成的人际关系恶化而导致的职场失败。最失败的地方是没有处理好与自己直接领导的关系，给自己今后的工作带来无穷的麻烦，别人轻而易举就能获得的东西，对他来说简直是难于上青天。在评职称的时候，有人来阻拦、搞破坏。假如他不是很幸运，没遇上经验丰富的校领导，他今后还不知道会遇到什么样的麻烦。

在校大学生平时要注重培养自己的处世之道，提前对职场中至关重要的因素进行规划，而且要学会评估自己的职业情商并不断予以修炼和提升，发现不足之处及时学习，才会立于不败之地。

2. 在职场中不断培养自己的自我激励能力

自我激励能力就是能够整顿情绪，保持高度热忱，让自己朝着目标不懈地努力。充分认识自我、激发自我潜力是成功的内在动力，遇到困难或失败时会一直不断地鼓励自己，提醒自己任何事情都有坏的一面也有好的一面，并尽可能地看到好的一面。当你一直面对太阳时，阴影永远在你背后。自我激励能力强的人善于度过困境，也能在顺境中把握自己。

3. 不断培养提升职业人际关系的管理能力

人际关系包括在社会交往中的影响力，倾听与沟通的能力，处理冲突的能力，建立关系、合作与协调的能力，说服与影响的能力等。人际关系是一个人社会适应能力的表现，是一个人成功的重要条件，主要表现为与他人的和谐相处及友好合作。

在处理人际关系中具体做到以下几点。

（1）善于豁达待人。为人处事要大方得体，不要处处斤斤计较，因小失大。豁达并非是糊涂、愚蠢，而是有博大的胸襟与恢宏的气度，它不仅是一种处世之道，也是一种人生态度。人都喜欢与给自己带来快乐的人相处，遇不愉快之事能利用智慧，化干戈为玉帛。只有胸存大志者才有大的气魄。切记，一个人为多大的事情发怒，他的心胸就有多大，要想成就事业，必须豁达待人。

（2）学会沟通。沟通是和谐人际关系的助手。良好的沟通建立在情商之上，高情商的人自省能力强，善于用流畅的语言和得体的动作表达自己的情绪，在与人交往时他们很会利用沟通技巧解除人与人之间的误解，达到双方融合的效果。

（3）学会称赞别人。在人与人交往中，恰到好处的赞美不仅让你倍感友善、和睦，还会提高你在对方心里的地位，提升美好的感情。任何人都有人生价值被肯定的心理渴求，使其得到一种成就感。丘吉尔曾经说过这样一句话："你要别人具有怎样的优点，你就要怎样去赞美他。"实事求是而不是夸张地赞美，真诚而不是虚伪地赞美，会使对方的行为更加规范。同时，为了不辜负你的赞美，他会在受到赞美的方面全力以赴。赞美是一种不可思议的推动力量，对他人的真诚赞美，就像荒漠中的甘泉一样让人心灵滋润。因此，在生活和工作中，我们应少点批评、责难和埋怨，多点让人倍感温暖的赞美。

（4）学会微笑。有一句话说得好：会笑的人命运不会差。哪怕遇到你的对手，你用微笑面对他，他也不会反其道而为之，俗话说：伸手不打笑脸人。面对一个微笑的人，你会感到他的自信、友好。同时，这种自信、友好也会感染你，使你油然而生地生出亲切和好感。当然微笑还必须是自发的、真诚的。正如英国谚语所说："一副好的面孔就是一封介绍信。"微笑将为你打开友谊之门。

（5）学会倾听和说话。倾听是人们最好的沟通方式，沟通不一定是说服对方，而是真正理解双方的想法。而对于说话，就一定要注意说话前三思，不能居高临下，切勿信口开河，更不要长篇大论。不能不顾别人感受而只顾说自己感兴趣的话题，要寻找共同话题。同时，还要有掌控说话氛围的能力，学会幽默。总之，会说话，是高情商的重要标志。

（6）突破交往舒适区。所谓交往舒适区，是指人们都习惯同自己脾气相投的人交往，这原是无可非议的，但人在职场，不仅要同你喜欢的人打交道，更要善于同你不喜欢的人打交道。因为你喜欢的人永远是你的支持者，而你不喜欢的人，同样也不喜欢你，他也可能是你职场上的对手。因此，要想获取职场成功，就必须学会与这些人交往，突破交往舒适区，突破自己的关系区。人际交往的过程中，最能培养能力的是与不同类型的人交往，这样才能从根本上改善你在职场的人际关系。

（7）学会低调做人。所谓低调做人，就是用平和心态来看待一切，就是要不喧闹，不卷入是非，不招人嫌，不招人嫉。也就是在自己显赫时做到大赢若亏，不骄不狂，即使自己满腹才华，能力比别人强，也要学会藏拙。这样不仅可以保护自己，融入人群，与人和谐相处，也可以使自己暗蓄力量，悄然潜行，在不显山不露水中成就事业。这就是山不解释自己的高度，并不影响它耸立云端；海不解释自己的深度，并不影响它容纳百川；地不解释自己的厚度，但没有谁能取代它作为万物之主的地位。

总之，职业情商是个人在职业发展的关键因素，提高情商的途径与智商不同。智商可以通过学习和积累来提高。而提高情商需要的是修炼、锤炼和锻炼，需要长期坚持，通过心态、习惯的修炼，完全可以取得极大的改进和完善，从而使自己在职场中如鱼得水，为自己的职业发展创造更多的机遇。

实训与练习

1. 访问1~3名工作时间在1~2年的大学毕业生，了解他们从大学走向社会的转变经历。
（1）你准备什么时间开展访谈？
（2）被访谈人物姓名、工作单位、工作时间是什么？
（3）访谈对你的启示是什么？
2. 如实记录自己的实习经历和感受。
（1）简述你实习的时间。
（2）简述你实习的单位及地点。
（3）你实习的岗位是什么？
（4）你实习中所做的主要工作是什么？
（5）你实习的收获有哪些？
（6）你实习的感受有哪些？
3. 情商练习。
（1）理解自己（道具：一面镜子）。
① 看看镜子里自己什么样的表情更加让人感到亲切。
② 生气时自己是不是有紧张到语无伦次的情况。
③ 再看看自己恼怒、抓狂时的样子。
（2）理解别人（在别人身上找答案，仔细想想你现在身边有没有这样的人）。

① 自己非常讨厌的人，但没有直接冲突。

② 彼此讨厌对方，而且有口角上的冲突。

③ 有些同学非常热心班上、系上事务，每次安排工作时总是用命令的口吻；每次同学们一起出去玩的时候，他不会主动掏钱买东西；每次评优评奖，同学举手表决时，总没有他，甚至很多同学孤立他。

④ 论长相她是我们中的佼佼者，论成绩她是我们中最优秀的，论文体活动她是最棒的，但是同学们总是成群结队地在一起玩，她却一个人孤零零的。她也意识到自己被孤立了，买上好吃的东西请同学们吃，同学们勉为其难，但其中有一个同学平时与她矛盾最深，怎么都不肯吃她的东西。结果当她和同学们正吃得非常高兴的时候，那位同学突然把杯子摔在地上，叫她们小声点，并把桌上的东西推到地上去。她们俩就争吵起来，差点动手。

讨论：这些不愉快的事情有好的办法应对吗？为什么？

（3）略施小计。

① 从今天开始看见自己认识的人，首先面带微笑并第一时间叫出他的名字。

② 班上同学有没有与你闹矛盾的，包括自己感觉到的和别人委婉告诉自己的。假如有，动动脑筋，想想问题究竟出在哪儿。试着就问题根源解释一下自己当时的想法和做法。

③ 你身边是不是有人对你忽冷忽热，实际上有可能平时你就是这样对人家的，这种感受舒服吗？好好体会一下，记住下次遇到别人的时候，千万别用得着人家，你就对人家热情万分，用不着人家就爱理不理。

④ 你身边有人对你敬而远之吗？自己反省一下，是否自己不小心说话刺激到人家敏感的内心。试着多方面了解他，下次遇见，先听他说，或者以微笑面对。

⑤ 从难以相处的人身上学到东西。这些难以相处的人是我们提高情商的帮手。你可以从多嘴多舌的人身上学会沉默，从脾气暴躁的人身上学会忍耐，从恶人身上学到善良。

⑥ 时不时尝试另一种完全不同的交流方式，你会拓宽视野、提高情商。人人都有自己的偏爱，如果可以选择的话，每个人都会选择自己偏爱的方式。然而，突破常规，尝试截然相反的行动会更有助于我们的成长。

⑦ 找一个生活中鲜活的榜样。在周围的人中找出你学习的榜样，他们比你聪明、所受教育更好、层次更高，比你更有毅力，你在追赶他们的过程中自然地提高自己的情商。

⑧ 扫除一切浪费精力的事物。什么是不利于我们提高情商的力量，答案就是一切浪费精力的事物。我们的神经系统就像父亲的手一样长了厚厚的老茧，已经意识不到精力的消耗。我们需要去除缓慢地浪费精力的事物，集中精力提高我们的情商。

⑨ 找一个适合自己的方法，在感觉快要失去理智时使自己平静下来，从而使血液留在大脑里，作出理智的行动。美国人曾开玩笑地说：当遇到事情时，理智的孩子让血液进入大脑，能聪明地思考问题；野蛮的孩子让血液进入四肢，大脑空虚，疯狂行动。事实上，科学实验证明，在压力之下我们会变得过度紧张，血液就会离开大脑皮层，从而举止失常。

⑩ 学会划定恰当的心理界限，这对每个人都有好处。你必须明白什么是别人可以和不可以对你做的，当别人侵犯你的心理界限时，告诉他，以求得改正。如果总是不划清心理界限，那么你就需要提高自己的认知水平。

⑪ 在恋爱中多替对方着想，恋爱会让你甜蜜无限；在婚姻中多替配偶着想，婚姻会让你幸福无限；在职场中多替别人着想，工作会带给你成功无限。

思考题

1. 从学生角色到职业角色的转变有哪些障碍？你的对策是什么？
2. 寻找实习机会的途径和方法有哪些？
3. 怎样做好你的第一份工作？
4. 情商的构成因素有哪些？情商与智商的关系是什么？提升职场情商的方法是什么？

附　　录

附录一　职业索引——职业兴趣代号与其相应的职业对照表

R（现实型）：木匠、农民、X光机操作技师、工程师、飞机机械师、鱼类和野生动物专家、自动化技师、机械工（车工、钳工等）、电工、无线电报务员、火车司机、长途公共汽车司机、机械制图员、机器修理师、电器师。

I（研究型）：气象学者、生物学者、天文学家、药剂师、动物学者、化学家、科学报刊编辑、地质学者、植物学者、物理学者、数学家、实验员、科研人员、科技工作者。

A（艺术型）：室内装饰专家、图书管理专家、摄影师、音乐教师、作家、演员、记者、诗人、作曲家、编剧、雕刻家、漫画家。

S（社会型）：社会学者、导游、福利机构工作者、咨询人员、社会工作者、社会科学教师、学校领导、精神病工作者、公共保健护士。

E（企业型）：推销员、进货员、商品批发员、旅馆经理、饭店经理、广告宣传员、调度员、律师、政治家、零售商。

C（常规型）：记账员、会计、银行出纳、法庭速记员、成本估算员、税务员、核算员、打字员、办公室职员、统计员、计算机操作员、秘书。

下表是与职业兴趣代号相对应的职业表。对照的方法如下：首先，根据你的职业兴趣代号，在下表中找出相应的职业，如你的职业兴趣代号是RIA，那么牙科技术人员、陶工等是适合你的职业兴趣的职业。然后，寻找与你的职业兴趣代号相近的职业，如你的职业兴趣代号是RIA，那么，其他由这3个字母组成的编号（如IRA、IAR、ARI等）对应的职业也较适合你。

职业兴趣代号	具体职业
RIA	牙科技术员、陶工、建筑设计员、模型工、细木工、链条制作人员
RIS	厨师、林务员、跳水员、潜水员、染色员、电器修理工、眼镜制作人员、电工、纺织机器装配工、服务员、玻璃安装工人、发电厂工人、焊接工
RIE	建筑和桥梁工程、环境工程、航空工程、公路工程、电力工程、信号工程、电话工程、一般机械工程、自动工程、矿业工程、海洋工程、交通工程技术人员、制图员、家政服务人员、计量员、农民、农场工人、农业机器操作、清洁工、无线电修理、汽车修理、手表修理、管子工、线路装配工、工具仓库管理员
RIC	船上工作人员、接待员、杂志保管员、牙医助手、制帽工、磨坊工、石匠、机器制造工人、农业机器装配工、汽车装配工、缝纫机装配工、钟表装配和检验工人、电动器具装配、机车（火车头）制造工人、鞋匠、锁匠、货物检验员、电梯机修工、托儿所所长、钢琴调音师、装配工、印刷工、建筑钢铁工人、卡车司机
RAI	手工雕刻工、玻璃雕刻工、制作模型人员、家具木工、皮匠、绣花工人、手工钩针编织工人、排字工人、印刷工人、图画雕刻、装订工
RSE	消防员、交通巡警、警察、门卫、理发师、房间清洁工、屠夫、锻工、开凿工人、管道安装工、出租汽车驾驶员、货物搬运工、送报员、勘探员、娱乐场所服务员、起卸机操作工、灭害虫者、电梯操作工、厨房助手

续表

职业兴趣代号	具体职业
RSI	纺织工、编织工、农业学校教师、某些职业课程教师（诸如艺术、商业、技术、工艺课程）、雨衣上胶工
REC	抄水表员、保姆、实验室动物饲养员、动物管理员
REI	轮船船长、航海领航员、大副、试管实验员
RES	旅馆服务员、家畜饲养员、渔民、渔网修补工、水手长、收割机操作工、搬运行李工人、公园服务员、救生员、登山导游、火车工程技术员、建筑工人、铺轨工人
RCI	测量员、勘测员、仪表操作者、农业工程技术人员、化学工程技师、民用工程技师、石油工程技师、资料室管理员、探矿工、煅烧工、烧窑工、矿工、保养工、磨床工、取样工、样品检验员、纺纱工、炮手、漂洗工、电焊工、锯木工、刨床工、制帽工、手工缝纫工、油漆工、染色工、按摩工、木匠、农民建筑工人、电影放映员、勘测员助手
RCS	公共汽车驾驶员、一等水手、游泳池服务员、裁缝、建筑工人、石匠、烟囱修建工、混凝土工、电话修理工、爆炸手、邮递员、矿工、裱糊工人、纺纱工
RCE	打井工、吊车驾驶员、农场工人、邮件分类员、铲车司机、拖拉机司机
IAS	普通经济学家、农场经济学家、财政经济学家、国际贸易经济学家、实验心理学家、工程心理学家、心理学家、哲学家、内科医生、数学家
IAR	人类学家、天文学家、化学家、物理学家、医学病理学家、动物标本剥制者、化石修复者、艺术品管理员
ISE	营养学家、饮食顾问、火灾检查员、邮政服务检查员
ISC	侦察员、电视播音室修理员、电视修理服务员、法医、目录编写者、医学实验室技师、调查研究者
ISR	水生生物学者、昆虫学者、微生物学家、配镜师、矫正视力者、细菌学家、牙科医生、骨科医生
ISA	实验心理学家、普通心理学家、发展心理学家、教育心理学家、社会心理学家、临床心理学家、目录学家、皮肤病学家、精神病学家、妇产科医生、眼科医生、五官科医生、医学实验室技术专家、民航医务人员、护士
IES	细菌学家、生理学家、化学专家、地质专家、地理物理学专家、纺织技术专家、医院药剂师、工业药剂师、药房营业员
IEC	档案保管员、保险统计员
ICR	质量检验技术员、地质学技师、工程师、法官、图书馆技术辅导员、计算机操作员、医院听诊员、家禽检查员
IRA	地理学家、地质学家、水文学家、矿物学家、古生物学家、石油学家、地震学家、声学物理学家、原子和分子物理学家、电学和磁学物理学家、气象学家、设计审核员、人口统计学家、数学统计学家、外科医生、城市规划家、气象员
IRS	流体物理学家、物理海洋学家、等离子体物理学家、农业科学家、动物学家、食品科学家、园艺学家、植物学家、细菌学家、解剖学家、动物病理学家、作物病理学家、药物学家、生物化学家、生物物理学家、细胞生物学家、临床化学家、遗传学家、分子生物学家、质量控制工程师、地理学家、兽医、放射治疗技师
IRE	化验员、化学工程师、纺织工程师、食品技师、渔业技术专家、材料和测试工程师、电气工程师、土木工程师、航空工程师、行政官员、冶金专家、原子核工程师、陶瓷工程师、地质工程师、电力工程师、口腔科医生、牙科医生
IRC	飞机领航员、飞行员、物理实验室技师、文献检查员、农业技术专家、动植物技术专家、生物技师、油管检查员、工商业规划者、矿藏安全检查员、纺织品检验员、照相机修理者、工程技术员、编计算机程序者、工具设计者、仪器维修工
CRI	簿记员、会计、记时员、铸造机操作工、打字员、按键操作工、复印机操作工
CRS	仓库保管员、档案管理员、缝纫工、讲述员、收款人
CRE	标价员、实验室工作者、广告管理员、自动打字机操作员、电动机装配工、缝纫机操作工
CIS	记账员、顾客服务员、报刊发行员、土地测量员、保险公司职员、会计师、估价员、邮政检查员、外贸检查员
CIE	打字员、统计员、支票记录员、订货员、校对员、办公室工作人员
CIR	校对员、工程职员、海底电报员、检修计划员、发报员
CSE	接待员、通讯员、电话接线员、卖票员、旅馆服务员、私人职员、商学教师、旅游办事员
CSR	运货代理商、铁路职员、交通检查员、办公室通信员、簿记员、出纳员、银行财务职员
CSA	秘书、图书管理员、办公室办事员
CER	邮递员、数据处理员、航空邮件检查员
CEI	推销员、经济分析家

续表

职业兴趣代号	具体职业
CES	银行会计、记账员、私人秘书、速记员、法院报告人
ECI	银行行长、审记员、信用管理员、地产管理员、商业管理员
ECS	信用办事员、保险推销员、各类进货员、海关服务经理、售货员、采购员、会计
ERI	建筑物管理员、工业工程师、农场管理员、护士长、农业经营管理人员
ERS	仓库管理员、房屋管理员、货栈监督管理员
ERC	邮政局长、渔船船长、机械操作领班、木工领班、瓦工领班、驾驶员领班
EIR	科学、技术和有关周期出版物的管理员
EIC	专利代理人、鉴定人、运输服务检查员、安全检查员、废品收购人员
EIS	警官、侦察员、交通检验员、安全咨询员、合同管理者、商人
EAS	法官、律师、公证人
FAR	展览室管理员、舞台管理员、播音员、驯兽员
ESC	理发师、裁判员、政府行政管理员、财政管理员、工程管理员、职业病防治员、售货员、商业经理、办公室主任、人事负责人、调度员
ESR	家具售货员、书店售货员、公共汽车驾驶员、日用品售货员、护士长、自然科学和工程的行政领导
ESI	博物馆管理员、图书馆管理员、古迹管理员、饮食业经理、地区安全服务管理员、技术服务咨询者、超市管理员、零售商品店店员、批发商、出租汽车服务站调度
ESA	博物馆馆长、报刊管理员、音乐器材售货员、广告商售画营业员、导游、事务长、飞机上的服务员、船员、法官、律师
ASE	戏剧导演、舞蹈教师、广告撰稿人、报刊专栏作者、记者、演员、英语翻译
ASI	音乐教师、乐器教师、美术教师、管弦乐指挥、合唱队指挥、歌星、演奏家、哲学家、作家、广告经理、时装模特
AER	新闻摄影师、电视摄像师、艺术指导、录音指导、丑角演员、魔术师、木偶戏演员、骑士、跳水员
AEI	音乐指挥、舞台指导、电影导演
AES	流行歌手、舞蹈演员、电影导演、广播节目主持人、舞蹈教师、口技表演者、喜剧演员、模特
AIS	画家、剧作家、编辑、评论家、时装艺术大师、新闻摄影师、男演员、文学作者
AIE	花匠、皮衣设计师、工业产品设计师、剪影艺术家、复制雕刻品大师
AIR	建筑师、画家、摄影师、绘图员、环境美化工、雕刻家、包装设计师、陶器设计师、绣花工、漫画工
SEC	社会活动家、退伍军人服务人员、工商会事务代表、教育咨询者、宿舍管理员、旅馆经理、饮食服务管理员
SER	体育教练、游泳指导
SEI	大学校长、学院院长、医院行政管理员、历史学家、家政经济学家、职业学校教师、资料员
SEA	娱乐活动管理员、国外服务办事员、社会服务助理、一般咨询者、宗教教育工作者
SCE	部长助理、福利机构职员、生产协调人、环境卫生管理人员、戏院经理、餐馆经理、售票员
SRI	外科医师助手、医院服务员
SRE	体育教师、职业病治疗者、体育教练、专业运动员、房屋管理员、儿童家庭教师、警察、引座员、传达员、保姆
SRC	护理员、护理助理、医院勤杂工、理发师、学校儿童服务人员
SIA	社会学家、心理咨询者、学校心理学家、政治科学家、大学或学院的系主任、大学或学院的教育学教师、大学农业教师、大学工程和建筑课程的教师、大学法律教师、大学数学、医学、物理、社会科学和生命科学的教师、研究生助教、成人教育教师
SIE	营养学家、饮食学家、海关检查员、安全检查员、税务稽查员、校长
SIC	描图员、兽医助手、诊所助理、体检检查员、缓刑犯监督员、娱乐指导者、咨询人员、社会科学教师
SIR	理疗员、救护队工作人员、手足病医生、职业病治疗助手
SAC	理发师、指甲修剪师、包装艺术家、美容师、整容专家、发式设计师
SAE	听觉病治疗者、演讲矫正者
SAE	图书馆管理员、小学教师、幼儿园教师、学前儿童教师、中学教师、师范学院教师、盲人教师、智力障碍人的教师、聋哑人的教师、学校护士、牙科助理、飞行指导员

附录二 我的生涯规划档案

姓名　　　　　日期

一、你如何描述自己?

1. 你的霍兰德类型: _____; _____; _____。

请根据"霍兰德职业兴趣类型"表和职业兴趣测试报告中对 6 种类型的描述,在下面列出最能描述你自己的语句。

"霍兰德类型"表中符合你自身情况的描述:

_____
_____;
_____
_____;
_____
_____。

2. 你的 MBTI 偏好类型: _____; _____; _____。

请根据"MBTI 维度解释表"和 "MBTI 16 种性格特征与职业匹配表"中对 MBTI 类型的描述,写下最能描述你自己的语句。

_____
_____
_____
_____
_____
_____

ENFP:

注意:你所考虑的职业至少应当在一定程度上允许你表达自己的兴趣和个性。如果在阅读完相关材料并做完测试后你仍不能确定自己的类型,请与职业生涯咨询师约谈。

二、职业清单

1. 你的霍兰德类型建议你考虑的职业

根据你的兴趣探索结果,列出至少 10 种与你的霍兰德类型相对应(或近似)的职业,并标出每种职业的霍兰德代码。

　　　　　职业　　　　　　霍兰德代码(3 个字母)
　(1) _____　　_____

(2) _____   _____
(3) _____   _____
(4) _____   _____
(5) _____   _____
(6) _____   _____
(7) _____   _____
(8) _____   _____
(9) _____   _____
(10) _____   _____

注意：同时请参考你所做的其他兴趣练习。

请思考：什么样的职业令你感兴趣？_____

2．你的 MBTI 类型所建议的职业

根据你的 MBTI 类型偏好，从相关测评或资料所列举的职业中挑选出你感兴趣的职业，至少要有 10 种。

(1) _____。
(2) _____。
(3) _____。
(4) _____。
(5) _____。
(6) _____。
(7) _____。
(8) _____。
(9) _____。
(10) _____。

注意：这些工作有什么共通之处吗？请根据自己的 MBTI 类型思考：什么样的职业能使你感到满意？

三、将你清单上的职业进行分类和进一步探索

对你在前面所列出的每一个职业进行分类，并把它填在相应的横线上。例如，若"医生"这个职业在你的兴趣列表和 MBTI 列表中都有出现，就将它列在第一类中。在第四类中，列出那些你特别感兴趣但在前面未曾出现过的职业。

第一类：很有可能。

在兴趣和个性探索中都曾出现过的职业：_____。

注意：这些职业都值得你去深入地探索，你的职业探索最好首先集中在这些职业上。了解这些职业的要求和工作环境等细节，根据目前你对自己的兴趣和个性的了解，考虑一下你将会如何从事这份工作。

第二类：比较有可能。

在兴趣或个性探索中曾出现过一次的职业：

_____　_____

_____　_____

_____　_____

_____　_____

_____　_____

注意：这些职业也有比较大的可能性供你进行下一步的探索。

第三类：有些可能。

根据你的兴趣和个性，探索符合你一方面的情况却与另一方面的情况有冲突的职业：_____。

注意：考虑一下，如果你从事这些职业，会出现什么情况？是否会有矛盾冲突？如何解决？

第四类：其他的职业。

在兴趣和个性探索中都未曾出现且与之没有共同点的，但你感兴趣的职业：_____。

注意：这些职业的可能性通常不是很大。问问自己：你为什么会对它感兴趣？是出于什么样的动机？想想你的目标和信念是否与这些工作相配。

四、你的价值观

你最重要的五项价值观，并请具体说明它们的含义。

1. _____

2. _____

3. _____

4. _____

5. _____

五、你的技能

找出你最擅长并愿意在未来职业中运用的技能。

1. 你最重要的 5 项自我管理技能（形容词）：

（1）_____。

(2) _____。
(3) _____。
(4) _____。
(5) _____。

2. 你最重要的5项可迁移技能（动词）：
(1) _____。
(2) _____。
(3) _____。
(4) _____。
(5) _____。

3. 你最重要的5项专业技能（名词）：
(1) _____。
(2) _____。
(3) _____。
(4) _____。
(5) _____。

六、继续探索的职业清单

重阅你在前面所列出的所有职业，根据你对自我的了解，结合你的价值观和技能，在下面空白处列出那些你想继续探索的职业（可以是上面曾出现过的，也可以是未曾出现但符合上面共同特点的职业）。

_____ _____
_____ _____
_____ _____
_____ _____
_____ _____

注意： 在选择你想继续探讨的职业时，请不要在未对它有任何了解前就轻易地将它排除。在这张清单上，你需要有足够的职业供自己探索，但也要有一定的目标。也就是说，最好不少于5个，不多于10个。请你将精力集中于在下面的这些职业上。

作为职业探索的一部分，下一步我打算：

☐ 收集、研究与特定领域的职业有关的书面信息。
☐ 采访有关人士，对我感兴趣的职业领域有进一步的了解。
☐ 从职业咨询老师或其他老师那里寻求更多个人帮助。
☐ 通过选修课程来检测自己对某一相关职业领域的兴趣。
☐ 通过参加社团活动来检测自己对某一相关领域的兴趣。
☐ 通过业余兼职、实习或做志愿者等方式来检测自己对某一相关职业领域的兴趣。
☐ 其他：_____。

七、目标设立与行动计划

1. 我的长期目标: _____

2. 为了做到这一点,我还需要以下信息和帮助: _____
_____

3. 为了实现这一目标,在这一个月内我应该做的事: _____
_____
_____

八、我的简历

姓名:　　　　　　　　　　　　性别:
电话:　　　　　　　　　　　　宅电:
地址:　　　　　　　　　　　　邮编:
E-mail 地址:　　　　　　　　　求职意向:
个人特点:
-
-

教育背景:
-
-

相关经历(全职、兼职、志愿工作、实习、社区服务等):
-
-

附录三　国家创新创业支持政策

一、支持大学生创业系列文件

(1)《中共中央、国务院关于深化体制改革加快实施创新驱动发展战略的若干意见》(中发〔2015〕8号)。

(2)《关于进一步做好新形势下就业创业工作的意见》(国发〔2015〕23号)。

(3)《关于大力发展电子商务加快培育经济新动力的意见》(国发〔2015〕24号)。
(4)《关于大力推进大众创业万众创新若干政策措施的意见》(国发〔2015〕32号)。
(5)《关于支持农民工等人员返乡创业的意见》(国发〔2015〕47号)。
(6)《关于积极推进"互联网+"行动的指导意见》(国发〔2015〕40号)。
(7)《关于加快构建大众创业万众创新支撑平台的指导意见》(国发〔2015〕53号)。
(8)《教育部关于做好2017届全国普通高等学校毕业生就业创业工作的通知》(教学〔2016〕11号)。

二、支持大学生创业优惠政策

（一）税收优惠

持人社部门核发《就业创业证》(注明"毕业年度内自主创业税收政策")的高校毕业生在毕业年度内（指毕业所在自然年，即1月1日~12月31日）创办个体工商户、个人独资企业的，3年内按每户每年8 000元为限额依次扣减其当年实际应缴纳的营业税、城市维护建设税、教育费附加和个人所得税。对高校毕业生创办的小型微利企业，按国家规定享受相关税收支持政策。

（二）创业担保贷款和贴息

对符合条件的大学生自主创业的，可在创业地按规定申请创业担保贷款，贷款额度为10万元。鼓励金融机构参照贷款基础利率，结合风险分担情况，合理确定贷款利率水平，对个人发放的创业担保贷款，在贷款基础利率基础上上浮3个百分点以内的，由财政给予贴息。

（三）免收有关行政事业性收费

毕业2年以内的普通高校学生从事个体经营（除国家限制的行业外）的，自其在工商部门首次注册登记之日起3年内，免收管理类、登记类和证照类等有关行政事业性收费。

（四）享受培训补贴

对大学生创办的小微企业新招用毕业年度高校毕业生，签订1年以上劳动合同并交纳社会保险费的，给予1年社会保险补贴。对大学生在毕业学年（即从毕业前一年7月1日起的12个月）内参加创业培训的，根据其获得创业培训合格证书或就业、创业情况，按规定给予培训补贴。

（五）免费创业服务

有创业意愿的大学生，可免费获得公共就业和人才服务机构提供的创业指导服务，包括政策咨询、信息服务、项目开发、风险评估、开业指导、融资服务、跟踪扶持等"一条龙"创业服务。

（六）取消高校毕业生落户限制

高校毕业生可在创业地办理落户手续（直辖市按有关规定执行）。

（七）创新人才培养

创业大学生可享受各地各高校实施的系列"卓越计划"、科教结合协同育人行动计划等，同时享受跨学科专业开设的交叉课程、创新创业教育实验班等，以及探索建立的跨院系、跨学科、跨专业交叉培养创新创业人才的新机制。

（八）开设创新创业教育课程

自主创业大学生可享受各高校挖掘和充实的各类专业课程和创新创业教育资源，以及面向全体学生开发开设的研究方法、学科前沿、创业基础、就业创业指导等方面的必修课和选修课；同时享受各地区、各高校推出的资源共享的慕课、视频公开课等在线开放课程，和在线开放课程学习认证和学分认定制度。

（九）强化创新创业实践

自主创业大学生可共享学校面向全体学生开放的大学科技园、创业园、创业孵化基地、教育部工程研究中心、各类实验室、教学仪器设备等科技创新资源和实验教学平台。参加全国大学生创新创业大赛、全国高职院校技能大赛和各类科技创新、创意设计、创业计划等专题竞赛，以及高校学生成立的创新创业协会、创业俱乐部等社团，提升创新创业实践能力。

（十）改革教学制度

自主创业大学生可享受各高校建立的自主创业大学生创新创业学分累计与转换制度；还可享受学生开展创新实验、发表论文、获得专利和自主创业等情况折算为学分，将学生参与课题研究、项目实验等活动认定为课堂学习的新探索。同时享受为有意愿、有潜质的学生制定的创新创业能力培养计划，以及创新创业档案和成绩单等系列客观记录并量化评价学生开展创新创业活动情况的教学实践活动。优先支持参与创业的学生转入相关专业学习。

（十一）完善学籍管理规定

有自主创业意愿的大学生，可享受高校实施的弹性学制，放宽学生修业年限，允许调整学业进程、保留学籍休学创新创业。

（十二）大学生创业指导服务

自主创业大学生可享受各地各高校对自主创业学生实行的持续帮扶、全程指导、一站式服务，地方、高校两级信息服务平台，为学生实时提供的国家政策、市场动向等信息，和创业项目对接、知识产权交易等服务。可享受各地在充分发挥各类创业孵化基地作用的基础上，因地制宜建设的大学生创业孵化基地，以及相关培训、指导服务等扶持政策。

附录四　四川省支持大学生创新创业政策

2017年，四川省人力资源和社会保障厅等部门出台了促进大学生就业创业的相关意见。

一、就业扶持政策

（一）离校前

（1）求职创业补贴。对在毕业年度有就业创业意愿并积极求职创业的低保家庭、残疾及获得国家助学贷款的高校毕业生，给予一次性800元补贴。由高校会同校区所在市（州）人社部门和财政部门负责办理。

（2）职业技能培训和鉴定补贴。在校大学生参加职业技能培训和鉴定，可以享受一次培训补贴和鉴定补贴。由校区所在地人社部门负责办理。

（3）家庭经济困难和就业困难毕业生帮扶补助。对家庭经济困难和就业困难毕业生，离校前给予一次性就业帮扶补助400元。由高校和教育厅负责办理。

（4）免费师范毕业生项目。由基础条件较好、培养能力较强的省属高等师范院校实施免费师范生培养工作。选拔乐教适教的优秀学生免费攻读师范类专业，为我省艰苦地区农村公办义务教育学校、幼儿园和特殊教育学校定向培养教师。免费师范生在校期间免缴学费、住宿费，并享受在校期间每学年10个月生活补助。优秀免费师范生按有关规定可同时享受奖学金资助政策。免费师范生与培养学校、生源地市（州）或报考服务地市（州）教育行政部门签订三方协议，毕业后从事教育教学工作时间不低于8年，其中，在县（市、区）以下农村义务教育学校和农村幼儿园［不含县（市、区）本级及城关镇］工作时间不低于5年。鼓励免费师范生长期执教、终身从教。免费师范毕业生在协议服务期内不能脱产提升学历，支持、鼓励免费师范生在职提升学历。

（5）机关考录公务员、事业单位招聘工作人员。高校应届毕业生毕业学年可报考市（州）及以下机关公务员。国家统一组织的政法体改生专项招考项目单设名额，定向招录高校应届毕业生；艰苦边远地区基层机关、事业单位公开招聘工作人员，对符合条件的大学生可考核招聘；落实降低门槛的政策措施，可放宽开考比例和专业限制，设置一定数量的岗位面向本地户籍大学生。公务员公招考试中，特殊困难家庭高校毕业生免收公共科目笔试考务费用。

（6）鼓励应征入伍服义务兵役。应征入伍的高校学生（含新生），服役期间保留学籍或入学资格，退役后2年内允许复学或入学。入伍时对其在校期间缴纳的学费实行一次性补偿或获得的国家助学贷款实行代偿，退役后自愿复学或入学的，学费减免标准：本专科学生每人每年最高不超过8 000元，研究生每人每年最高不超过12 000元。高职（专科）在校生（含高校新生）入伍经历可作为毕业实习经历；具有高职（专科）学历的毕业生，退役后免试入读成人本科；荣立三等功以上奖励的高职（专科）在校生（含高校新生），在完成高职（专科）学业后，免试入读普通本科；退役大学生士兵专升本实行招生计划单列，录取比例我省扩大至50%。面向退役大学生士兵、硕士研究生实行专项招生；将服兵役情况纳入推免生遴选指标体系；在部队荣立二等功及以上的退役人员，符合研究生报名条件的可免试（指初试）攻读硕士研究生；将考研加分范围扩大至高校在校生（含高校新生），在继续实行普通高校应届毕业生退役后按规定享受加分政策的基础上，允许在完成本科学业后3年内参加全国硕士研究生招生考试，初试总分加10分，同等条件下优先录取。放宽退役大学生士兵复学转专业限制，退役复学后，经学校同意并履行相关程序可转入本校其他专业学习。应届高校毕业生应征服兵役，退役后1年内可同等享受离校未就业高校毕业生就业扶持政策。

(7) 建立大学生实训基地。支持高校实行校企对接，鼓励和支持大、中、小型企业接纳大学生实习，建立相对稳定的大学生实习基地。组织开展"逐梦计划"大学生实习活动，拓展就业实习、见习基地的领域和功能，积极培育、认定一批学科齐全、门类完备且集实习、见习功能于一体的实训基地，相关补贴按现行政策规定执行。由高校创办及高校与企业联办的大学科技园、电商基地，纳入实训基地认定范围，对认定的实训基地实行动态管理。

(8) 高校双选会补助。对部分高校举办毕业生就业双选会予以支持。

（二）离校后

(1) 就业见习补贴。离校1年内未就业毕业生，可参加3~12个月的就业见习，并享受就业见习补贴和人身意外伤害保险。就业见习补贴标准按当地最低工资标准的80%执行。其中，国家级见习基地补贴标准可上浮20%，省级见习基地补贴标准可上浮10%。对留用的毕业生，见习期应作为工龄计算。

(2) 岗位补贴和社保补贴。离校1年内未就业毕业生灵活就业后，可享受最长2年、额度不超过实际缴费2/3的社保补贴。小微企业招用毕业年度高校毕业生，可给予1年的社保补贴（补贴企业缴纳的养老、医疗和失业保险）。用人单位招用认定为就业困难人员的大学生，可给予3年的社保补贴和岗位补贴。

(3) 创业担保贷款及贴息。对当年新招用包括高校毕业生在内的符合创业担保贷款申请条件的人员达到企业现有在职职工总数30%（超过100人的企业达15%）以上，并与其签订1年以上劳动合同的小微企业，经办金融机构可对其发放最高不超过200万元、期限不超过2年的创业担保贷款。财政部门按照贷款合同签订日贷款基础利率的50%给予贴息。

(4) 艰苦地区工资高定。对到艰苦边远地区或国家扶贫开发重点县就业的高校毕业生，在机关工作的，试用期工资可直接按试用期满后工资确定，试用期满后级别工资高定1~2档；在事业单位工作的，可提前转正定级，转正定级时薪级工资高定1~2级。

(5) 专业技术职称评定。到中小企业就业的大学生，在职称评定方面，享受国有企事业单位同类人员同等待遇。解决城乡基层特别是基层岗位工作大学生的职称评定困难。在乡镇工作的，可免予职称外语、计算机应用能力考试。

(6) 选调优秀大学毕业生到基层工作。全日制大学本科毕业及以上学历应届毕业生和服务期满、考核合格的在川服务基层项目毕业生符合选调生招录条件的，可按照选调生招录程序报考乡镇机关，最低服务年限为5年（含试用期）。

(7) 鼓励参加"三支一扶"项目。从毕业2年内的全日制专科及以上学历的毕业生中，招募到农村基层从事支教、支农、支医和扶贫服务。服务期间，享受工作生活补贴（参照本地乡镇事业单位从高校毕业生中新聘用工作人员试用期满后工资收入水平确定，在艰苦边远地区工作的，发放艰苦边远地区津贴），参加社会保险（在建立补充医疗保险制度的地方，办理补充医疗保险），新招募且服务满6个月以上给予一次性安家补贴2 000元；支医人员在乡镇卫生院的服务时间，计算为城市医生在晋升主治医师或副主任医师前到基层累计服务的时间；"三支一扶"服务年限计算为专业技术工作年限。服务期满考核合格，可报名参加服务基层项目人员中定向考录公务员的考试；可直接考核进入乡镇事业单位；报考事业单位工作人员时，在乡镇及以下每服务满1周年，笔试总成绩加2分，最高加6分；进入事业单位工作，不再约定试用期；服务期间考核合格满后3年内报考硕士研究生的，初试总分加10分，同等条件下优先录取；高职（高专）毕业生可免试入读成人高等学历教育专科起点本科；已被录取为研究生的应届高校毕业生，保留学籍；考录为公务员或事业单位工作人员后，其服务期计算工龄；按规定享受学费和助学贷款代偿政策；连续两年考核优秀并符合选拔条件的，可按选调生选拔程序充实到选调生队伍中。经服务单位所在县"三支一扶"办同意，按省"三支一扶"办统一安排，可续期服务2年。

（8）鼓励参加大学生村官选聘。从全日制本科及以上学历毕业生中，定向推荐选聘大学生村官，聘期两年。任职期间，享受村官补贴（研究生2 600元/月、本科生2 200元/月，民族地区分别增加200元/月。年底考核合格的增发1个月补贴）。经选举担任村党组织书记和村民委员会主任的，保留大学生村官补贴，同时可享受同级村干部补贴。养老保险、医疗保险参照当地乡镇事业单位干部标准执行。任职期满，服务期间考核合格，报考硕士研究生的，3年内享受"初试总分加10分，同等条件下优先录取"的优惠政策；可报名参加服务基层项目人员定向考录，考录为机关公务员和事业单位工作人员的，其聘任期计算工龄。

（9）鼓励参加"农村义务教育阶段学校教师特设岗位"项目。从师范类专业应届专科毕业生、具备教师资格条件的应届本科及以上学历毕业生和取得教师资格证、同时具有一定教育教学实践经验、年龄在30岁以下往届本科及以上学历毕业生中，招聘到项目实施县的村小任教，聘期3年，期间执行国家统一的工资制度和标准（包括绩效工资，其他津补贴由各地根据当地同等条件公办教师年收入水平和中央补助水平综合确定）。享受当地相应社会保障待遇。服务期满、每年年度考核合格，且自愿留在本地学校的，在编制和岗位总量内，经县教育部门审核，县人社部门批准，由县教育部门办理事业单位人员聘用手续。期满报考硕士研究生的，3年内享受"初试总分加10分，同等条件下优先录取"的优惠政策。推荐免试攻读教育硕士，三年聘期视同"农村学校教育硕士师资培养计划"要求的三年基层教学实践。

（10）鼓励参加"大学生志愿服务西部计划"。从普通高等院校应届毕业生或在读研究生中选拔招募，实施基础教育、农业科技、医疗卫生、基层青年工作、基层社会管理等专项服务。服务期为1～3年，服务协议1年1签。服务期间，享受工作生活补贴（每人每月不低于1 600元），所在地列入国家艰苦边远地区津贴范围的，执行所在地科员艰苦边远地区津贴标准，按月发放；在当地参加社会保险，统一为西部计划志愿者购买综合保障险。志愿者依实际服务年限计算服务期及工龄；服务期满，可报名参加从服务基层项目大学生中定向考录公务员的考试；服务期满、服务期间考核合格报考硕士研究生的，3年内享受"初试总分加10分，同等条件下优先录取"的优惠政策；报考事业单位工作人员时享受相关优惠政策。

（11）公开国有企业招聘应届高校毕业生信息。国有企业要建立公开招聘应届高校毕业生制度，在企业官方网站和四川公共招聘网、四川省人才网上联合公开发布招聘信息。除涉密等不适宜公开招聘的特殊岗位外，坚持公开、平等、竞争、择优的原则，实行公开招聘，扩大选人用人范围，切实做到信息公开、过程公开、结果公开。

（12）基层单位就业学费补偿和国家助学贷款代偿。中央部门所属全日制普通高等学校应届毕业生，自愿到中西部地区和艰苦边远地区县以下基层单位工作、服务期在3年以上（含3年）的，可分年度向就读高校申请学费补偿和国家助学贷款代偿，资助标准为：本专科学生每年最高8 000元、研究生每年最高12 000元。省级部门所属全日制普通高等学校应届毕业生，到我省艰苦边远地区（国家规定的77个县市区）县以下基层单位，连续不间断服务满3年的，可向就业所在地县（市、区）教育局申请学费奖补。奖补金额按在校期间实际缴纳的学费计算（享受了部分减免的应予以扣除），每学年最高不超过6 000元。

（13）鼓励应征入伍服义务兵役。对参军入伍的大学生（包括往届毕业生）发放一次性入伍奖励。设立"退役大学生士兵"专项硕士研究生招生计划，专门面向退役大学生士兵招生。应届毕业生应征入伍服义务兵役退役后3年内参加全国硕士研究生招生考试，初试总分加10分，同等条件下优先录取。对报考川内高校和研究生培养单位并通过全国硕士研究生招生考试（指初试）的退役大学生士兵，同等条件下，优先复试和录取。高校毕业生士兵退役后1年内，可视同当年的应届毕业生，凭用人单位录（聘）用手续，向原就读高校再次申请办理就业报到手续，户档随迁（直辖市按照有关规定执行）。退役高校毕业生士兵服现役，视为基层工作经历。国家统一组织的政法体改生专项招考项目中，单设名额定向招录大学生退役士兵。

（14）鼓励继续升学。落实专升本政策。对未就业本科毕业生，鼓励继续攻读"双学位"。

（15）税收优惠。自2015年5月1日至2016年12月31日，对商贸企业、服务型企业、劳动就业服务企业中的加工型企业和街道社区具有加工性质的小型企业实体，在新增加的岗位中，当年新招用在人力资源社会保障部门公共就业服务机构登记失业半年以上且持《就业创业证》或2015年1月27日前取得《就业失业登记证》（注明"企业吸纳税收政策"）的高校毕业生等人员，与其签订1年以上期限劳动合同并依法缴纳社会保险费的，在3年内以实际招用人数按每人每年5 200元为定额依次扣减增值税（全面推开营改增试点前为营业税）、城市维护建设税、教育费附加、地方教育附加和企业所得税。纳税人在2016年12月31日未享受满3年的，可继续享受至3年期满为止。

（16）中小企业补助。招收高校毕业生达到当年新增职工人数20%及以上的中小企业，申报中小企业补助项目时，应优先考虑安排扶持中小企业发展资金，并优先提供技术改造贷款贴息。

（17）鼓励科研项目单位吸纳就业。高校、科研机构和企业，在所承担的民口科技重大专项、"973"计划、"863"计划、科技支撑计划、国家自然科学基金以及省级各类科技计划等重大重点项目实施过程中，通过签订项目聘用合同聘用优秀高校毕业生为研究助理或辅助人员参与研究工作，聘用高校毕业生的劳务性费用和有关社会保险费补助可从项目经费中列支。合同期满，根据工作需要可以续聘或到其他岗位就业，就业后工龄与参与研究期间的工作时间合并计算，社会保险缴费年限合并计算。

二、创业扶持政策

（一）扶持创业大学生

（1）扶持对象。省内普通高等学校全日制在校大学生和毕业5年内、处于登记失业状态的普通高等学校全日制毕业生（含国家承认学历的留学回国人员）。服务基层项目的大学生同等享受大学生创业培训补贴和创业补贴。大学生村官、服务期满"三支一扶"人员可按规定享受创业担保贷款政策。

（2）创业培训补贴。大学生在常住地（在校生可在就读高校）参加创业培训并取得培训合格证的，可享受培训补贴。在校大学生可以利用周末、节假日和晚自习等时间，在40天内完成规定的培训内容。

（3）创业补贴。对大学生创业实体和创业项目，给予1万元补贴。领办多个创业项目，最高不超过10万元。

（4）省级创业大赛获奖项目前期孵化补助。对省级及以上相关部门（单位）组织的创业大赛获奖项目，进入前期孵化，可享受5万~20万元的补助。

（5）创业担保贷款贴息。高校毕业生创业可申请贷款额度最高不超过10万元、贷款期限最长不超过3年的创业担保贷款，贷款利率可在贷款合同签订日贷款基础利率的基础上上浮一定幅度。其中：贫困地区（含国家扶贫开发工作重点县、全国14个集中连片特殊困难地区）上浮不超过3个百分点，其余地区上浮不超过2个百分点（含）。对贫困地区高校毕业生由财政部门给予全额贴息；对其余地区高校毕业生由财政部门第1年给予全额贴息，第2年贴息2/3，第3年贴息1/3。同时，由政府设立担保基金提供担保。

（6）领办创业实体的在校大学生，可向就读高校申请额度不超过10万元、期限不超过2年的创业担保贷款。获得贷款后，由所在县（市、区）人社部门负责贴息。

（7）创业吸纳就业奖励。大学生创业实体吸纳就业并按规定缴纳社会保险费的，可向创业所在地公共就业服务机构申请一次性奖励。招用3人（含3人）以下的按每人2 000元给予奖励，招用3人以上的每增加1人给予3 000元奖励，总额最高不超过10万元。

（8）青年创业基金贷款。创业大学生可向创业所在地市（州）团委申请额度不超过10万元、期限不超过3年的免息、免担保青年创业基金贷款，并配备一名志愿者导师"一对一"帮扶。在蓉在校大学生创业，可向省大学生创新创业活动中心申请。

（9）新型职业农民培育。在项目区域内，将符合政策条件的从事农业就业创业的大学生纳入新型职业农民培育计划，享受培训补贴。

（10）税费减免。2016年12月31日前，对持《就业创业证》（注明"自主创业税收政策"或"毕业年度内自主创业税收政策"）或2015年1月27日前取得的《就业失业登记证》（注明"自主创业税收政策"或"毕业年度内自主创业税收政策"）的大学生从事个体经营的，在3年内按每户每年9 600元为限额依次扣减其当年实际应缴纳的增值税（全面推开营改增试点前为营业税）、城市维护建设税、教育费附加、地方教育附加和个人所得税。毕业2年内从事个体经营（除国家限制的行业外）的大学生，自登记之日起，3年内免收管理类、登记类和证照类等有关行政事业性收费。

（11）创业典型补助。省委组织部（省人才办）会同省人力资源和社会保障厅、省教育厅、共青团四川省委定期开展优秀大学生创业典型评选，并给予创业典型每人10万元的奖励性资助。

（12）科技创新苗子补助。科技厅采取"人才+项目"的方式，对大学生创新创业给予支持，其中，重点项目补助10万元/个，培育项目补助2万~5万元/个。

（二）扶持创业服务平台和创业指导专家

（1）省级大学生创新创业园区（孵化基地）补贴。对评定为省级大学生创新创业园区（孵化基地）的，由省人力资源和社会保障厅给予30万元补助；对每年复核合格的省级大学生创新创业园区（孵化基地），由省人力资源和社会保障厅给予15万元补助。

（2）创业指导补贴。县级以上人社部门认定的创业专家、顾问，为大学生创业提供指导服务的，给予一定补贴。

（3）大学生创新创业园区补助。根据大学生创新创业园规模和发展情况，由省科技厅、省经信委、省发改委给予100万~500万元的资金补助。对在"51025"重点产业园区中的创新创业园，所需补助资金从省科技厅管理的创新驱动发展专项资金、省经信委管理的产业园区产业发展引导资金等列支,对在其他园区中的创新创业园,由市(州)、县(市、区)政府给予资金补助。

(4)科技创新苗子基地补助。重点支持大学生创新创业苗圃等基地建设,补助不超过100万元/个。

(5)省级大学生创新创业俱乐部补助。对高校自建或与省级以上产业园区共建并经认定的省级大学生创新创业俱乐部,省委组织部一次性给予100万~300万元的补助,各地各高校按不低于补足总额的50%给予配套。

(三)扶持创业服务活动

创业活动补贴。县级以上人社部门和省级相关部门为增强大学生创业意识,提高大学生创业能力,举办创业讲座、报告、大赛、表彰、宣传等活动,可给予大学生创业活动补贴。

三、综合扶持政策

(1)取消户籍限制。农村户籍、异地户籍离校未就业高校毕业生,可凭本人居民身份证、毕业证、居住证(暂住证),在常住地公共就业服务机构办理失业登记,领取《就业创业证》,享受相关扶持政策。

(2)享受公共就业创业服务。公共就业人才服务机构为大学生提供免费的就业失业登记、职业指导、职业介绍、就业见习、人事档案管理等公共就业服务,以及项目选择、开业指导、投(融)资等公共创业服务。各地将符合当地住房保障条件的稳定就业创业的大学生纳入住房保障范围,支持使用住房公积金贷款购房,使其留得下、稳得住、有发展。

(3)就业创业指导教师队伍建设。建设职业化、专业化、专家化的就业创业指导工作队伍,建立相关专业教师、创新创业教育专职教师每2年至少2个月到行业企业挂职锻炼制度。高等学校、园区对做出贡献的导师,在工作量认定、职称评定、待遇报酬等方面给予激励。专职就业指导教师和专职工作人员,与应届毕业生的比例原则上不低于1∶500。

(4)学分管理。高校将就业创业课程列入必修课或必选课,纳入学分管理。建立创新创业档案和成绩单,实施弹性学制、保留学籍休学创新创业等具体措施,优先支持参与创新创业的学生转入相关专业学习。设置合理的创新创业学分,建立创新创业学分积累与转换制度,设立创新创业奖学金。

参 考 文 献

[1] 宿春礼，刑群麟. 对工作负责就是对自己负责[M]. 北京：人民邮电出版社，2006.
[2] [美]马库斯·白金汉. 现在，发现你的职业优势[M]. 苏鸿雁，谢京秀，译. 北京：中国青年出版社，2007.
[3] 杨一波. 战胜职场[M]. 北京：清华大学出版社，2007.
[4] 王革，刘伟. 大学生职业生涯规划[M]. 西安：西北农林科技大学出版社，2008.
[5] 訾红，张云霞. 大学生职业发展与就业指导[M]. 重庆：重庆大学出版社，2008.
[6] 李斌成. 大学生职业生涯规划[M]. 武汉：华中科技大学出版社，2008.
[7] 王文芳. 大学生职业生涯规划研究[M]. 西安：西北工业大学出版社，2008.
[8] 钟谷兰，杨开. 大学生职业生涯发展与规划[M]. 上海：华东师范大学出版社，2008.
[9] 赵培勇. 毕业不失业，职业生涯步步高[M]. 北京：机械工业出版社，2009.
[10] 张宏杰. 大学生竞争力决定出路[M]. 广州：南方日报出版社，2009.
[11] 章加裕，余康发，陈述发. 大学生就业指导概论[M]. 成都：西南交通大学出版社，2009.
[12] [英]韦尔丁. 情商[M]. 尧俊芳，译. 天津：天津教育出版社，2009.
[13] 王兴明，张赣源. 大学生职业发展与就业指导[M]. 北京：北京理工大学出版社，2010.
[14] 曹占东. 大学生就业指导[M]. 北京：北京师范大学出版社，2010.
[15] 杜俊峰. 大学生就业与创业指导[M]. 天津：南开大学出版社，2012.
[16] 刘万韬. 大学生创新与创业教程[M]. 天津：南开大学出版社，2013.
[17] 阮学勇，任迎虹，侯济民. 大学生职业发展与就业指导[M]. 武汉：武汉大学出版社，2014.
[18] 李莉. 创业基础实训教程[M]. 北京：北京理工大学出版社，2015.
[19] 刘胜辉. 大学生创新创业基础[M]. 北京：北京理工大学出版社，2016.
[20] 张应辉. 大学生创业教育导论[M]. 北京：清华大学出版社，2016.